HOMO PROSPECTUS

일러두기

- 이 책은 마틴 셀리그먼Martin Seligman, 로이 바우마이스터Roy Baumeister, 피터 레일턴Peter Railton, 찬드라 스리파다Chandra Sripada의 공저서로, 각 장마다 집필한 저자의 이름이 표기되어 있다. 일부 장의 경우 공저자 외 해당 연구에 참여한 사람의 이름을 함께 표기했다.
- 인명, 지명 등 고유명사의 표기는 국립국어원 외래어표기법을 따랐다.
- 각주는 원서에 표기된 것이며, 역주는 각주에 '―옮긴이'라고 표시했다.
- 원서에 표기된 참고문헌의 출처는 괄호 안에 표기했다. 저자가 원문에서 이탤릭으로 강조한 단어는 굵게 표시했다.

HOMO PROSPECTUS

전망하는 인간,
호모 프로스펙투스

마틴 셀리그먼·로이 바우마이스터·피터 레일턴·찬드라 스리파다 지음

김경일·김태훈 옮김

오직 인간만이 미래를 생각한다

웅진 지식하우스

잭 템플턴Jack Templeton, 1940-2015에 대한 애정과 깊은 감사를 보낸다.

―마틴 셀리그먼Martin Seligman

미래를 전망하는 능력은 인간의 조건이다

김경일 (인지심리학자, 아주대학교 심리학과 교수)

수많은 심리학자가 좋아하는 질문이 있다. "이 사람 왜 그런 걸까요?"다. 이 질문에 심지어 이제 막 세부 전공을 시작한 석사과정 대학원생도 자기가 공부한 꽤 많은 심리학 이론을 하나 혹은 그 이상 이어 붙여가며 대답을 한다. 대답은 박사학위를 받고, 그 이후 더 많은 경력을 쌓아갈수록 더욱 유창해진다. 그리고 그 설명에는 유전과 기질 등 꽤 생물학적인 것에서부터 트라우마나 불우한 가정사, 더 나아가 사회적 환경과 인문적 요인에 이르기까지 다양하기 그지없는 요인이 포함된다. 자신의 전공이나 관심 분야에 따라 무엇에 더 초점을 맞추느냐가 달라지며, 때로는 자기가 설명하는 요인이 더 중요하고 설득력이 높다고 논쟁을 벌이기도 한다.

그런데 정말 극소수의 심리학자들만이 겨우 대답할 용기를 내는 질문이 있다. 바로, "그렇다면 이 사람은 앞으로 어떻게 될까요?"다. 이 질문에 대부분의 연구들은 매우 곤란한 표정을 짓는다. 심지어는 '내가 점쟁이도 아닌데 그걸 어떻게 아느냐'는 식의 반응을 보인다. 이를 과학자의 학자적 양심에 기초한 솔직한 답변이라고 봐야 할까? 조금 전까지의 그 유창한 설명에 비하면 비겁하면서도 무능한 답변이라고 보는 사람들이 훨씬 많을 것이다. 아주 간단한 예로, 어떤 기사에서 한 사안의 원인에 대한 전문가의 분석이 등장하면 '일이 다 벌어지고 난 뒤 저런 해석은 누가 못하냐'는 댓글이 지배적이다. 역자 역시 예외가 아니었다. 노스트라다무스를 비롯한 수많은 예언자들을 꽤 열심히 신봉하는 친구가 있었다. 그에게 '그런 것들을 믿는 사람들의 심리'를 장황하게 설명해주었더니, 냉소 섞인 한마디 질문이 돌아왔다. 바로, "그럼 넌 앞으로 세상이 어떻게 될 것 같아?"였다. 거칠게 말해 철저한 사후 해석의 노예인 학자들의 의미 없는 답변에 실망하고 화가 난 모습이었다.

심지어 더 곤란한 질문도 있다. "앞으로 어떻게 살아가야 할까요?" 이 질문에 심리학자들의 대답은 더욱더 비겁해진다. 왜냐하면 과거의 수많은 요인 중 바꿀 수 있는 것은 거의 없기 때문이다. 그러니 기껏해야 이런 공허한 대답이 뒤를 잇는다. '사회의 지속적 관심'과 '본인의 끊임없는 노력'이 필요하다는 것이다. 하지만 이 세상에서 우리가 이른바 배울 것이 많다고 생각하는 사람들에게는 그 이상이 있다는 한결같은 공통점이 있다. 한마디로 그들에게는 자신을 미래로 이끄는 생각들이 있다. 그렇다. 지금까지의 심리학은 물론이고 인간을 다루는 거의 모든 과학은 수많은 과거의 데이터에 기초해 현재를 해석하는 데 그쳐왔지만, 실제로 이 세상에서 우리가 닮고 싶은 사람들은 미래를 향해 가게 만드는 현재의 감정과 상태에 집중했던 것이다.

마틴 셀리그먼과 로이 바우마이스터는 그 이름을 모르는 심리학자가 없다고 해도 될 정도의 석학이다. 피터 레일턴과 찬드라 스리파다는 앞선 두 심리학자가 가장 많은 영감을 받아온 철학자다. 그리고 이 네 사람은 우리가 어떤 공상, 소망, 기대 그리고 꿈을 꾸고 살아가야 하는가에 대한 실마리를 주고 있다. 바로, 미래에 대한 전망과 관련된 생각이 어떻게 현재의 나를 미래의 모습으로 이끌어가는가에 관해서 말해주고 있다. 이 네 사람의 2013년 논문, 그리고 바로 이 책 『전망하는 인간, 호모 프로스펙투스』에서 첫 번째로 인용한 심리학자 대니얼 길버트가 알려주었듯이, 인간만이 '넥스팅Nexting' 하는 존재다. 즉 미래를 생각한다는 것이다. 이 능력이 없다면 인간은 그저 동물이다. 번역하는 과정에서 내내 느낀 것은 이 책이 우리가 인간답게 살아가는 방법에 대한 가장 과학적인 안내서라는 것이다. 한 사람의 심리학자로서가 아니라 한 사람의 인간으로서 앞으로의 인생에 대한 생각을 그 어떤 시절보다 많이 할 수 있었다. 이 책이 독자들에게도 그런 기회가 되어주기를 바란다.

전망은 인간의 생각과 행동, 삶을 좌우한다

김태훈 (인지심리학자, 경남대학교 심리학과 교수)

호모 사피엔스는 지구에서 가장 강력한 존재이면서, 가장 불안해하는 존재다. 그 이유는 바로 미래를 전망하는 능력 때문이다. 미래를 전망하는 능력을 가진 덕분에 호모 사피엔스는 즉각적인 만족이 아닌 미래를 대비하는 생각을 할 수 있었다. 현재의 생각과 행동은 스스로 예측하는 미래의 결과와 밀접하게 연결되어 있다.

하지만 미래는 항상 전망한 대로 펼쳐지는 것이 아니기 때문에 인간은 불안하다. 이러한 불안감은 미래를 대비하기 위해 다양한 계획을 세우는 동력이 되며, 이때 정서의 영향이 강력하게 작용한다. 정서는 구체적인 대안을 떠올리고 평가하게 만들 수도 있지만, 잘못 작용하면 낙담을 넘어서서 우울과 같은 심적 장애로 이어질 수도 있다. 실제로 심적 장애를 가지고 있는 사람들의 상당수는 미래에 대한 근거 없는 부정적 전망을 가지고 있다고 보고된다.

이처럼 미래에 대한 전망은 인간의 생각과 행동 그리고 살아가는 모습에 영향을 준다. 그런데 우리가 살아가는 세상은 이전과는 비교도 할 수 없을 만큼 빠르게 변화하고 있고, 예측하지 못하는 혹은 예측하기 어려운 일이 점점 더 자주 발생하고 있다. 미래를 전망하고 예측하려는 욕구와 필요성은 점점 더 커지고 있으나, 이를 학문적·이론적으로 명확하게 보여주는 문헌은 상당히 부족했다. 『전망하는 인간, 호모 프로스펙투스』는 그러한 측면에서 우리의 궁금증에 대한 해답과 전망에 대한 통찰을 보여주는 책이라고 감히 단언할 수 있다.

이 책의 대표 저자인 마틴 셀리그먼이 서문에서 언급했듯이, 심리학에서 미래에 관한 연구는 지난 100여 년 동안 거의 관심을 받지 못했다. 그렇다고 해서 심리학 연구자들이 미래에 전혀 관심이 없었던 것은 아니며, 전망과 관련된 여러 주제에 대한 연구가 진행되어왔다. 대표적으로 피드포워드feed-forward, 즉 맥락과 환경을 고려하여 현재의 생각이나 행동이 이후에 미치게 될 영향을 미리 예측하는 방식에 관한 연구가 다양한 분야에서 이루어졌다. 또한 미래 계획 기억prospective memory, 즉 미래에 수행하려고 계획한 행동에 대한 기억에 관한 연구도 활발하게 진행되어오고 있으며, 이 책에서 중요하게 다루고 있는 정서에 관련된 연구도 이제 심리학의 주류에 편입되었다고 해도 과언이 아니다.

셀리그먼과 세 명의 공저자는 그동안 산발적으로 진행된 전망에 관한 연구를 고찰하고 아주 흥미롭게 연결하였다. 이들은 수시로 모여 공동 연구를 수행했으며, 단지 연구 결과를 모아서 책을 집필하는 것을 넘어서서 전망을 관련 분야의 주요 연구 주제로 만드는 역할을 했다. 특히 전망이라는 프레임을 제시하고 미래에 대해 인간이 생각하는 방식을 보여줌으로써, 이 분야의 연구자뿐 아니라 일반인에게도 의미 있는 통찰을 전하고 있다.

이 책은 크게 2부로 구성되어 있다. 1부에서는 호모 프로스펙투스를 소개한다. 철학자인 피터 레일턴은 1장에서 낚시꾼이나 온도 조절기 등의 일상적인 에피소드를 통해 인간이 호모 사피엔스가 아닌 호모 프로스펙투스로 정의되어야 하는 이유를 설명했다. 2장에서는 직관적인 사고와 전망의 관련성, 특히 암묵적 전망이 직관의 기저를 구성한다는 주장을 제기했다. 이어 철학과 정신의학, 신경과학 분야 연구자인 찬드라 스리파다는 3장에서 일반적으로 알려진 것과 달리 직관적 사고와 심사숙고하는 사고가 연결되어 있다는 흥미로운 주장을 펼친다. 4장에서는 일상적으로 경험하는 마음 거닐기가 창의적 사고보다는 학습과 밀접하게 연결되어 있다는 근거를 보여주었다. 나아가 5장에서 저명한 사회심리학자 로이 바우마이스터는 전망이 개인이 아닌 공동체에 기반을 두고 문화적 영향을 받게 된다는 것을 흥미로운 사례로 보여주었다.

2부에서는 전망이 실제 우리의 삶에서 어떻게 작용하는지에 관한 논의를 진행한다. 6장에서 로이 바우마이스터는 영화 〈터미네이터 2〉와 〈슬럼독 밀리어네어〉의 대사를 인용하며 운명에 대한 결정론을 심도 있게 논의하고, 실제 인간의 삶에서 전망이 실용적으로 작동한다는 사실을 다양한 사례로 증명한다. 7장에서 찬드라 스리파다는 자유의지에 대해 형이상학적 논쟁이 아닌 대안을 구축하는 능력이라는 측면으로 접근하여 설명하면서, 결국 선택지를 구성하는 능력이 인간이 가진 중요한 능력이라고 주장한다. 정서를 '모든 것을 갖춘 정서'와 '자동적 정서'로 구분하여 미래의 시뮬레이션에 미치는 영향을 살펴본 8장(로이 바우마이스터)에 이어, 9장에서 피터 레일턴은 도덕적 딜레마 문제를 여러 가지 변형된 시나리오로 제시하여 인간의 도덕적 판단과 이후의 생각에 미치는 영향을 설명한다. 전망이 잘못된 방향으로 전개되었을 때 심적 장애로 이어질 수 있음을 주지하며 이들에 대한 치료적 접근으로 전망의 적용 가능성을 탐색해본 10장(마틴 셀리그먼과 앤 마리 롭케)은 주목해볼 만하다. 마지막으로 11장에서 마틴 셀리그먼은 다양한 인지 능력이 연령이 증가함에 따라 어떻게 인간의 생각에 영향을 주는지, 더 나아가 창의적 생각과는 어떤 관련성이 있는지를 개괄적으로 살펴보았다.

이 책은 호모 프로스펙투스를 이해하는 첫 발걸음이 될 것이다. 전망이라는 개념을 제대로 이해할 때 지금까지 인류의 발자취뿐 아니라 앞으로 우리 인류가 어떤 모습으로 진화해나갈지에 대한 통찰을 얻을 수 있다. 그리고 개개인의 삶에서도 과거나 현재에 묶여 있는 생각이 아니라 미래를 내다보고 행동하는 중요한 계기로 작용할 것이라 믿는다.

차례

1부   호모 프로스펙투스

2부 전망, 삶에서 지속되는 질문들

서문

'호모 사피엔스'로 충분한가

마틴 셀리그먼

'지혜로운 인간'이라는 의미를 가진 호모 사피엔스Homo sapiens라는 이름은 잘못 붙여졌다. 도구를 사용하는 인간이라는 의미의 호모 하빌리스Homo habilis나 직립 인간 호모 에렉투스Homo erectus는 그 의미 그대로 쓰였으나, 호모 사피엔스는 우리를 있는 그대로 설명하는 것이 아니라 우리의 염원을 담았을 뿐이다. 진정한 지혜로움을 가진 사람을 찾기는 결코 쉽지 않다.

지혜로움이 아니라면 호모 사피엔스에게는 다른 종과 달리 대체 어떤 장점이 있는 걸까? 몇 개만 나열해보자. 언어, 도구, 살인, 이성, 포식자에 대한 야비한 행위, 협동. 그런데 다른 포유류나 조류, 개미나 벌 같은 사회성 곤충의 행동을 자세히 살펴보면, 인간이 이들보다 그다지 특별해 보이지 않는다. 하지만 하버드대학교 심리학과 대니얼 길버트Daniel Gilbert의 말처럼, 대안을 떠올리고 그 이후를 예측할 수 있는 능력, 즉 전망prospection은 그 어느 종에게도 없는 능력으로, 호모 사피엔스의 특징을 명확하게 보여준다.

전망은 지혜로운 생각과 행동을 가능하게 해주는 능력을 말한다. 그렇다면 우리 인간을 호모 프로스펙투스Homo prospectus로 부르는 게 더 낫지 않을까?

이 명칭을 깊이 들여다보면, 단어의 의미보다 훨씬 많은 것을 파악할 수 있다. 미래, 특히 미래에 대한 인지적 처리는 지난 100년이 넘는 세월 동안 심리학에서 뒷전에 머물러 있었다. 그동안 표준적인 인간, 호모 사이콜로지쿠스Homo psychologicus는 과거와 현재의 포로였다. 그래서 심리학에서는 미래 행동을 예측하고 싶다면, 아래 네 가지에 주목해야 한다고 말해왔다.

1. 이력
2. 유전자
3. 현재의 자극
4. 현재의 동기와 정서

정신분석학이나 행동주의, 심지어는 인지심리학조차 이러한 가정에 기반을 두고 있다. 반면 인간이 가진 정말 중요한, 인간의 존재 이유라고 할 수 있는 특징, 과거와 현재를 분석하고 통합하여 미래를 예측하는 능력은 간과해왔다. 바로 전망이다. 호모 프로스펙투스는 전망이라는 개념을 심리학에서 가장 중요한 위치에 놓을 것이다.

표준적인 인간이 호모 프로스펙투스가 된다면, 그래서 미래를 예측하는 능력이 인간이 가진 결정적인 능력이 된다면 어떻게 될까?

- 지각 과정이 단순히 존재하는 정보를 처리하는 것이 아니라 기대를 반영하여 실재하지 않는 무언가를 경험하게 만드는 것이라면 어떨까?
- 기억이 단순한 사진첩이 아니라 이후 펼쳐질 가능성을 모아놓은 것이라면 어떨까?
- 정서가 현재에 대해 느끼는 불안이 아니라 미래의 안내자라면 어떨까?
- 행복이 현재 상태를 말하는 것이 아니라 앞으로 어떻게 변할 것인지에 대한 예측이라면 어떨까?
- 도덕이 지금 행동에 대한 평가가 아니라 특질과 그 영향력에 대한 예측이라면 어떨까?
- 임상적인 장애를 치료하는 것이 과거에 경험한 갈등을 해결하는 것이 아니라 당사자가 겪을 미래를 어떻게 바꾸어나가야 하는지에 관한 것이라면 어떨까?
- 마음이 지식의 보고가 아니라 예측의 동력이라면 어떨까?
- 간단히 말해서, 우리가 과거의 영향을 받는 것이 아니라 미래로 이끌리고 있다면 어떨까?

이 책에서는 위와 같은 명제를 다룰 것이다.

미래에 대한 새로운 체계

이 책은 현재에 대한 불만족에서 출발했다. 긍정심리학 분야에서 10여 년간 긍정적 정서, 긍정적 특질, 긍정적 제도에 관한 연구를 진행하면서, 필자는 현재까지의 심리학이 긍정에 대한 단순한 무시보다 무언가 더 깊은 것을 놓치고 있음을 느꼈다.

사람들을 불편하게 하는(슬프거나 불안하거나 화나게 하는) 것은 대부분 현재나 과거와 관련되어 있다. 반면에 사람들이 바라는 것은 대부분 미래와 관련되어 있다. 그동안 주로 부정적인 문제를 다루어온 심리학은 이제 과거와 현재를 강조하고 미래를 과거와 현재의 부산물로 보는 인식을 바꾸어야 한다. 그래서 지난 120년 동안 심리학을 지배해온 (과거의) 기억과 (현재의) 지각에서 벗어나서 예측, 기대, 의지와 같은 개념을 좀 더 심도 있게 연구해야 한다. 또한 인간의 행동이 이미 정해져 있으며 과거 경험에 의해 통제된다는 엄격한 결정론에 대해서도 치열하게 논쟁해야 한다.

나와 같은 생각을 하는 로이 바우마이스터Roy Baumeister 교수는 과거와 현재가 과대 평가되어 있다고 주장한다. 바우마이스터와 나는 심리학에서 완전히 방치해버린 주제인 심적 에너지(심적 에너지는 심리학이 프로이트의 수리 이론hydraulic theory을 포기하면서 마치 고아처럼 되어버렸다)에 대한 공동 연구를 수행하고 있다. 바우마이스터는 의식이 미래의 가능성을 시뮬레이션해보는 것이라고 주장했으며, 나도 그의 의견에 완전히 동감한다. 우리는 이 아이디어를 글로 풀어나가면서 구체화했다. 그동안 바우마이스터와 E. J. 마시캄포E. J. Masicampo는 의식에 관한 편향된 관점을 깊이 있게 고찰한 논문을 《사이컬로지컬 리뷰Psychological Review》에 발표했으나, 편향된 관점에 관한 내용은 리뷰 과정에서 상당 부분 희석되었다.

2010년 10월에 미시간대학교 철학과의 태너강연에 긍정심리학 특강을 하러 갔을 때였다. 찬드라 스리파다Chandra Sripada 교수가 이전에 들어본 적 없는 기본 신경망default network에 대해 언급했는데, 기본 신경망이야말로 바우마이스터의 아이디어인 미래의 가능성을 시뮬레이션하는 데 매우 적합해 보여 정말 흥미로웠다.

그날 저녁 미시간대학교 철학과 및 심리학과 교수와의 만찬에서 피터 레일턴Peter Railton 교수와 환담을 나누었다. 그는 추동drive이 인간을 끌고 나가는 과정보다는 욕망desire이 미래의 긍정적 이미지를 형성하는 것이 얼마나 중요한지에 더 관심이 많다고 언급했다. 그 시점에, 간단한 인사말을 해달라는 요청을 받고는, 예전에 무척 감명 깊게 읽은 모턴 화이트Morton White의 1956년 저작 『철학의 재결합을 향해Toward Reunion in Philosophy』를 떠올렸다(이 책에서는 철학이 이제 의붓자식인 심리학과 다시 손을 잡아야 한다고 주장한다).

그때 나는 이렇게 말했다. "오늘 만찬에 참여한 모든 사람이 학제간 연구의 중요성을 이야기했습니다. 그럼 지금부터 우리가 기존의 방식과는 다르게 할 수 있는 일을 한 사람씩 말해보는 건 어떨까요? 피터 레일턴 교수와 나는 지금부터 시작하려고 합니다. 우리의 관심을 가져간 미래에 관해 공동으로 논문을 작성할 겁니다."

레일턴 교수는 내 말을 듣기 전까지 공동 연구를 하게 되리라고는 생각지 못했다. 그런데 놀랍게도 며칠 후에 우리는 공동 연구를 시작했다. 레일턴 교수와 스리파다 교수는 여러 편의 관련 논문을 보내주었고, 나 역시 두 주가 지나지 않아 이 책의 근간이 되는 상당한 양의 원고를 그들에게 보냈다. 먼저 요점을 네 개로 정리해보았다.

1. 모든 과학은 통계에 근거하고 있기 때문에 엄격한 결정론은 작동하기 어렵다.
2. 인간의 의식은 대부분 미래의 시뮬레이션에 관한 것이고, 기본 신경망이 이를 보조하는 것으로 보인다. 그리고 전망은 종종 정서적 가치를 가진다.
3. 전망은 기대, 선택, 결정, 선호, 자유의지를 아우른다.

4. 주관성의 존재 이유에 관한 '의식의 난제hard problem of consciousness'는 주관성이 다
   차원적 시뮬레이션을 진행하는 과정에서 정말 복잡한 선택을 간단하게 만든다
   는 가능성으로 설명할 수 있다.

나는 인간의 행위는 과거의 영향을 받을 뿐 아니라 미래에 의해
유발되는 것이라는 결론을 내렸고, 철학자인 레일턴 교수와 신경과학
자이면서 철학자인 스리파다 교수는 이 결론을 상당히 낯설어했다.
그렇지만 그들은 결국 이 책을 함께 저술했다.

존 템플턴 재단에 대한 이야기를 해보려고 한다. 나는 연구비를
지원받기 위해 오랫동안 노력해왔다. 1996년까지 40년 가까이 연구
비를 받기 위해 무릎이 거의 닳아 없어질 정도로 읍소했다. 나는 미국
심리학회 회장으로 취임하면서 심리학이 이제는 삶을 방해하는 것이
아니라 가치 있게 만들어주는 것에 관심을 쏟아야 한다고 제안했다.
그때부터 예기치 못한 일이 생기기 시작했다. 오히려 연구비를 들고
찾아오기 시작한 것이다.

그들 중 하나가 바로 존 템플턴 재단이었다. 회장이 된 후 저명한
신경외과 의사이자 재단 이사장인 잭 템플턴Jack Templeton이 기념 논문집
을 제안하는 호의적인 편지를 보내왔다.

그때 아내 맨디가 재단의 웹사이트를 보고 나를 진정시키면서 말
했다. "이 재단은 종교적인 의제를 가지고 있으니까, 전화해서 당신은
별로 관심이 없다고 해."

물론 나는 아내의 말을 따랐다. 그런데 이튿날 재단의 간부가 나
를 찾아와서 이렇게 말했다.

"우리 재단이 종교적인 의제를 가지고 있는 것은 사실입니다. 우

리 재단은 종교와 과학이 만나 정신에 관한 새로운 정보를 탐구하는 연구에 자금을 지원합니다. 교수님은 종교가 아닌 삶을 가치 있게 만들어주는 것에 관한 연구를 하고 계시고, 우리 재단은 그 연구에 자금을 지원하고 싶습니다. 우리 재단은 교수님을 끌어들일 생각이 없고, 그건 교수님에게도 마찬가지입니다." 그들은 이렇게 약속했고 고지식할 정도로 그리고 관대하게 자신들의 약속을 지켰다. 그들은 믿을 수 있고, 충직하며, 호의적이고, 친절하며, 이외에도 이루 다 말할 수 없을 정도다.

그때 이후로, 재단은 주도권을 가지고 진취적인 연구를 진행해달라고 내게 정기적으로 요청했다. 그들은 국립정신건강연구소National Institute of Mental Health와 같은 기관이 관심을 갖는 병리학적 의제보다는 인간의 번영에 대해 존 템플턴John Templeton이 보여준 비전과 맞닿을 수 있는 연구를 원했다.

"내가 이 연구를 주도적으로 진행하고 있지만 우리 팀에는 선도적인 연구를 수행할 수 있는 팀원 세 명이 더 있습니다."라는 말과 함께 연구의 아이디어를 설명했다.

재단의 이사인 버나비 마시Barnaby Marsh의 첫 반응은 "이 연구는 존 템플턴 경이 분명 좋아할 겁니다."였고, "그는 상상력(미래지향적 사고)이 성공의 열쇠라고 생각합니다."라는 말을 덧붙였다. 존 템플턴 재단은 우리 네 명의 저자에게 이 책의 저술과 전망에 관한 심리학 및 신경과학 연구를 수행할 수 있는 연구비를 지원해주었다. 재단은 연구비를 두 배로 늘리고, 게다가 전망의 측정, 기제 적용, 향상과 관련된 학술대회를(www.prospectivepsych.org)위해 300만 달러를 추가로 지원했다.

이 책은 그 상세한 결과물이다. 네 명의 저자는 최소한 20개 이상의 초고를 바탕으로 첫 번째 논문을 완성하여 이론적 논의를 다루는 대표 학술지인《사이컬로지컬 리뷰》에 제출했다. 편집장은 자신이 읽은 논문 중 가장 흥미롭지만, 이론적 토대가 충분하지 않다는 이유로 출간을 허락하지 않았다. 물론 우리는 이제 시작이라고 생각했고, 우리의 논문을《사이컬로지컬 불레틴Psychological Bulletin》에 보냈다. 결과는 마찬가지였다. 다음으로 또 다른 대표 학술지인《퍼스펙티브스 온 사이컬로지컬 사이언스Perspectives on Psychological Science》에 제출했다. 이 학술지의 편집장인 바비 스펠먼Bobbie Spellman은 자신의 역할은 훌륭한 논문을 출간하는 것이며, 우리의 논문이 매우 훌륭하다고 말했다. 우리의 첫 번째 논문(Seligman, Railton, Baumeister & Sripada, 2013)은 그렇게 출간되었고, 목적론을 거부하는 과학의 역사를 보여주는 동시에, 전망을 심리학의 새로운 체계로 받아들일 수 있는 여러 함의를 제시했다.

이외에도 과거-현재라는 낡은 체계에서 전망이라는 새로운 체계로 바라보아야 할 상당히 많은 주제(학습, 기억, 지각, 정서, 직관, 선택, 의식, 도덕, 성격, 창의, 심적 장애)가 있었다. 그래서 우리는 이후 3년 동안 정기적으로 만나 토론하고 논쟁하며, 이를 글로 정리했다. 이 책의 각 장에서 우리는 한 명이 주도적으로 이끌어가면서 각각의 의견을 반영했다. 마지막으로 내가 모든 원고를 모아 정리하고 윤문하는 역할을 했다.

그렇게 4년이 지나 이 책을 출간하게 되었다. 이제 미래에 대한 새로운 체계를 같이 경험해보자.

1부

호모
프로스펙투스

1장
호모 프로스펙투스의 탄생

피터 레일턴

심리학의 아버지 윌리엄 제임스William James는 대표작 『심리학의 원리』에서 "나의 생각은 처음에도, 마지막에도, 그리고 언제나 내 행위에 관한 것이다."(James, 1890, p. 960)라고 선언했다. 진화적으로 보면 분명 적합한 주장이다. 자연은 대학 입시와 다르다. 단순히 답을 제시해서 얻을 수 있는 것은 없다. 오히려 답을 얻는 과정이 행위에 영향을 주기 때문에 훨씬 더 중요하다. 식량을 구하고, 은신처를 찾고, 짝짓기 상대와 내 편을 찾고, 아이를 양육하는 것처럼, 불확실한 이득을 얻기 위해 위험을 감수하는 모든 과정이 그렇다. 그리고 이런 행위가 자손과 동종의 운명을 바꾼다.

그리고 제임스는 아마도 "나의 모든 행위는 시간의 축에서 **앞으로**

이어지며, 뒤로 가지는 않는다."라고 덧붙였을 것이다. 너무나 분명해 보이는 이 표현은 마음의 구조에 관해 심오한 의미를 함축하고 있다. 인간의 마음이든 동물의 마음이든 혹은 자연적인 마음이든 인공적인 마음이든 상관없다. 일상의 작은 행동을 떠올려보자. 울창한 숲을 가로지르는 사슴, 바람에 흔들리는 나뭇가지에 다가가는 새, 약속에 늦어 낯선 건물의 복도를 급하게 뛰어가는 사람. 앞으로 일어날 일을 예측할 수 있다면 이런 모든 행동을 훨씬 효과적이고 효율적으로 수행할 수 있다. 사슴은 몇 걸음 앞을 내다보고 경로를 예측하여 흩어져 있는 나뭇가지와 쓰러진 나무 사이를 빠르게 지나갈 수 있고, 새는 나뭇가지가 흔들리는 움직임을 예측하여 둥지에 안착할 수 있다. 인간은 어느 방향으로 갈지를 예측하여 잘못된 방향으로 가거나 되돌아가거나 갑자기 멈추는 등의 행위를 피할 수 있다. 행동은 예측에 기반을 둘 때 성공할 가능성이 크므로 더 효과적이다. 그리고 같은 과제를 수행하면 통상 시간과 노력이 덜 들고 부상의 위험성도 낮아지기 때문에 더 효율적이다.

모든 동물은 사용할 수 있는 에너지와 시간에 제한이 있어서, 고갈되기 전에 재충전해야 한다. 그런데 이것은 심각한 제약이다. 미국어치라는 새는 먹이를 저장하기만 하고 거의 먹지 않는다. 그래서 해질 녘에는 축적된 에너지가 충분하지 않아 긴긴 겨울밤을 무사히 견디기 어렵다. 반면 먹이를 저장하지 않고 너무 많이 먹으면 그날 밤은 견딜 수 있지만, 이튿날 먹이를 찾지 못하면 그 밤은 견디기 어렵다. 현생 인류 역시 시간과 에너지의 제약을 가지고 살아온 조상의 후손이며, 지금도 이러한 제약에서 벗어나지 못하고 있다. 누군가에게는 영양분을 충분하게 섭취하는 방법을 찾는 것이 반복되는 어려움인 반면, 누군가에게는 시간이 제약 요인이기 때문에 예측에 따라 효과적이고 효율적으로 시간을 투자하는 것이 삶을 영위해나가는 데 매우 중요하다. 음식 부족은 배고픔과 식욕을 유발하지만, 예측으로 현명하게 동기를 조절하여 배고픔을 피할 수 있다.

경쟁에서도 예측이 중요하다. 포식자는 먹잇감보다 예측을 잘한다. 먹잇감의 움직임을 보며 언제 공격하는 것이 가장 좋을지 예측하고 돌진한다. 지구에서 가장 치명적인 포식자는 가장 힘이 세거나 빠른 것이 아니라 예측할 수 있는 시간의 범위가 가장 큰 호모 사피엔스다. 포식자나 먹잇감, 혹은 그 어떤 동물이든 예측 능력을 향상시키는 것이 힘이나 속도 혹은 재능을 키우는 것보다 훨씬 더 가치 있을 것이다. 실제로 예측 능력의 향상만으로 힘이나 속도 혹은 기술을 향상시킬 수 있기도 하다. 뛰어가는 사슴, 둥지로 돌아가는 새, 서두르는 사람의 사례에서 보이듯, 다음에 발생할 일을 예측하면 근육과 관절을 더 효과적이고 효율적으로 사용할 수 있다.

예측은 협조와 협력이 필요한 상황에서도 도움이 된다. 다른 사람이 어떻게 행동할지를 기대하기 어렵다면 협조와 협력이 가능할까? 자신이 무엇을 할 수 있고 무엇을 하고 싶은지 예측하기 어렵다면 어떨까? 예측은 우리를 더 영리하게 만들어주기도 한다. 최근에 멍청한 표현을 하거나 구매, 베팅, 약속 등을 하고 나서 '조금만 미리 생각해 보았더라면…' 하고 생각했던 상황을 떠올려보라. 사회적 동물에게는 동종(짝, 새끼, 친척, 잠재적인 동료와 경쟁자)과의 상호작용이 물리적 세계와의 상호작용만큼 번식 성공에 중요하다.

결핍과 경쟁, 그리고 협조와 협력은 진화라는 동전의 양면이다. 세대나 가계를 가로지르는 협조와 협력은 지능이 있는 동물이 결핍과 경쟁으로 인한 위협에 대항하는 핵심적인 방법이다. 종합해보면, 예측 역량을 발달시킨 존재가 자연선택에서 살아남게 되고, 예측 역량으로 행동을 조절한다는 것이다. 그래서 우리는 '미리 생각해보기 thinking ahead'를 '행위doing'와 결부해야 한다고 수정 제안하고자 한다. 아마 윌리엄 제임스도 이에 동의했을 것이다.

그렇다면 인간이 예측할 수 있는 시간의 범위가 다른 생명체보다 긴 이유는 무엇일까? 그저 우연히 미래를 알아맞추는 것이 아니라 제대로 예측하는 것은 미래를 자세히 들여다볼수록 매우 복잡하다는 것을 알 수 있다. 상상이나 계획, 자기 통제와 같은 행위에서 이러한 사전 정보를 이용하는 심적 구조 역시 마찬가지다. 예측을 가능하게 하는 기본적인 심적 구조는 무척 단순하며, 지능이 있는 동물은 거의 모두 마찬가지다. 하지만 인간처럼 1년 이상 미리 생각하면서 성공적인 예측을 하고, 이를 현재의 삶을 조절할 수 있을 정도로 정교하게 적용하려면 두뇌가 아주 뛰어나야 하며, 매우 오랜 기간 연습해야 한다. 그래서 다른 역량과 마찬가지로 예측 능력을 개발하는 데는 이득과 손실이 공존한다. 이를 감안하여 주어진 환경에서 결핍과 경쟁이라는 문제를 효과적으로 풀 수 있는 여러 방법이 있다. 꼭 호모 사피엔스 수준까지 도달할 필요는 없다. 세상에는 모양이나 크기 그리고 시간을 능숙하게 예측하는 존재가 무척 많다.

예측은 중요하다. 그런데 예측을 잘하려면 과거 경험이 필요하지 않을까? 근거를 찾으려면 과거를 돌아봐야 하는데, 앞을 본다고 말하는 이유는 무엇일까? 기량은 연습 기간으로 결정되는데, 연습 과정에서 예측을 할 수 있게 만들어야 한다고 말하는 이유는 무엇일까? 물론 예측 과제를 잘 해내려면 학습은 필수적이다. 성인과 두 살 아기가 보이는 신체적·심적·사회적 재능을 비교해보면 금방 알 수 있다. 모든 학습은 과거에 발생했다. 그런데 여기서 놓치고 있는 것이 바로 학습의 **방법**에 대한 묘사다.

학습은 실수를 확인하고 경험을 선택적으로 **가공하여** 사용 가능한 정보로 만들 수 있다는 기대를 통해 이루어지기 때문에, 효과적인 학습에는 예측이 핵심이다. 그렇다면 기억은 어떤가? 기억의 본질은 미래 경험에 대한 예측이 아니라 과거 경험의 보존이다. 하지만, 이러한 주장에 동의하지 **않는** 연구 결과가 많이 제시되고 있다. 기억은 지금 떠오르는 생각 및 진행되고 있는 경험과 지속적이고 역동적으로 상호작용하면서 저장된 내용을 "수정"한다(Nader, 2003). 얼핏 잘못된 해석으로 보일 수 있지만, 실제로 이러한 주장이 맞는 이유를 이 책에서 논의할 것이다.

이 책에서는 **전망**prospection이라는 용어를, 미래의 가능성을 계획하고 평가하며 이를 생각과 행동의 지침으로 사용하는 심적 처리 과정이라는 의미로 사용할 것이다(Buckner & Carroll, 2007; Gilbert & Wilson, 2007). 과거금 탐사자처럼, 전망의 심적 처리 과정은 앞에 놓인 풍광을 분석하고 그것을 관통하는 경로를 찾는 것이다. 확실하지도 않고 정보도 부족하지만 여러 경로 중 하나를 선택해야 한다. 위험과 손실의 가능성을 고려하여 수요가 많은 경로와 비교해 다른 경로의 성공 가능성을 **추정**해야 한다. 미래 가능성이나 그 추정 가치는 보이거나 들리거나 냄새가 나거나 느낄 수 있는 것이 아니기 때문에, 과거나 현재의 지각 과정으로 표현할 수 있는 특징이 아니다. 인간의 사고 체계에 별도로 **추가**해야 한다. 그래서 사고 체계는 미래 가능성이나 추정 가치를 **표상하는** 방법을 알고 있어야 하며, 이에 대한 심적인 모습도 물리적 환경처럼 실제적이고 확실하게 만들어야 한다. 전망하는 사고는 미래의 모습을 **시뮬레이션하여** 지금 '보고 느끼는' 것처럼 만든다. 그것이 바로 전망의 임무다.

그리고 그것이 바로 호모 사피엔스라는 용어가 인간 본성의 근원이 아니라 결과를 기술한다고 주장하는 이유이기도 하다. **사피엔스**라는 단어에 **현명하다**는 의미가 있다고 해서 인간이 현명하게 태어나는 것은 아니다. 씨앗이 싹을 틔우고 열매를 맺는 것처럼 성장하면서 현명해지는 것도 아니다. 인간은 학습을 통해서만 현명해질 수 있다. 그리고 학습은 경험에서 정보를 추출하기 위해 예측 구조가 얼마나 잘 작동하는가에 영향을 받는 불확실한 과정이다. 즉 인간은 태초부터 호모 프로스펙투스였고, 최종적으로 **사피엔스**가 될 수도 그렇지 않을 수도 있는 존재다. 하지만 '호모 프로스펙투스'라는 표현 역시 그 어떤 인간도 온전히 혼자만의 힘으로 학습하여 사피엔스가 될 수는 없다는 점에서 핵심적인 부분을 빠뜨리고 있다고 볼 수 있다. 삶을 살아가면서 우리는 개인적인 경험이 아니라, 다른 사람에 대한 관찰이나 그들과의 상호작용을 통해 배운다. 물론 다른 종도 사회적 학습을 한다. 하지만 자신을 다른 사람의 관점에 투영하여 바라보는 능력이 제한적이어서 한계가 분명하다. 이런 이유로 호모 사피엔스의 진정한 기원은 엄청난 예측 역량 그리고 다른 사람과 함께 살아가며 학습하는 능력의 조합이라고 할 수 있다. 그리고 그것이 바로 이 책의 주제, 호모 프로스펙투스 소셜리스Homo prospectus socialis, 간단하게 호모 프로스펙투스다.

이제 호모 프로스펙투스를 만나보자.

호모 프로스펙투스는 누구인가

　아주 차갑고 맑은 어느 겨울날에 초기 인류가 눈에 반쯤 파묻힌 오두막집에서 떠오르는 태양과 함께 나타나는 장면을 상상해보자. 손에는 지난해 여름에 근처 언덕에서 찾은 부싯돌을 잘 갈아 만든 뾰족한 창이 들려 있다. 그 창은 건초 더미로 만든 노끈으로 묶였다.

　그는 나무로 걸어가 눈 속에서 큰 돌을 파낸 다음, 평소에 자주 다녀 잘 다져진 눈길로 돌을 옮기고 있다. 그가 얼어붙은 호수로 향하는 것을 보면 무거운 돌을 나르는 이유를 금방 알 수 있다. 그는 꽤 멀리까지 나아가 무릎을 꿇고 돌을 내리치면서 얼음 조각을 치우고 있다. 그는 손을 보호하기 위해서 가죽 장갑을 끼고 있다. 지난가을 덫으로 잡은 여우의 가죽을 벗기고 털이 있는 쪽을 안으로 한 다음 코요테의 턱뼈로 만든 송곳과 힘줄로 꿰매어 만든 것이다. 돌질로 얼음을 깨고 가장자리를 잘 다듬어 구멍을 만든다. 그런 다음 자루에서 몇 달 전에 잡은 딱정벌레를 한 줌 꺼내어놓았다. 쓰러진 나무 둥치에 송진을 발라 딱정벌레가 거기서 나오지 못하고 말라 죽게 해서 얻은 것이었다.

　이제 창을 든 팔을 구부린 채로 최대한 움직이지 않고 기다리기 시작한다. 오래지 않아 별 낌새를 채지 못한 물고기가 다가와서 말린 딱정벌레를 조금씩 먹기 시작한다. 구멍 주위를 천천히 돌고 있는 물고기를 오로지 눈으로만 신중하게 따라간다. 이 노련한 낚시꾼은 이런 기회가 다시 오지 않는다는 것을 알고 있다.

　아주 중요한 상황이다. 늦은 겨울 그와 식구들은 눈 위로 황량하게 삐져나온 건초처럼 앙상하다. 게다가 겨울이 일찍 찾아와서 열량과 단백질이 거의 고갈되었다.

여기서 당신은 물고기를 쫓는 그의 세밀한 눈의 움직임을 '훈련된 반사 행동' 혹은 '자동화된 행동'으로 기술하고 싶은 생각이 들 수 있다. 어쨌든 눈의 움직임은 의식적인 사고보다 낮은 수준에서 이루어지고 있으며, 그는 낚시에 매우 능숙하다. 게다가 물고기의 위치는 낚시꾼의 지각 체계가 알려주는 것이고, 과거의 비슷한 경험을 정확하게 떠올려 그때 성공적으로 수행했던 행동 패턴을 반복하여 물고기를 잡을 수 있다고 말하고 싶을 수 있다.

그렇게 말하고 싶겠지만 정확한 표현은 아니다. 눈 움직임은 반사적·자동적·본능적이 아니라 자발적으로 이루어진다. 그래서 상당한 노력이 필요하며, 이로 인해 피곤해지기도 한다. 움직이는 물고기에 계속하여 집중하려면 적극적으로 주의를 기울여야 한다. 그리고 예전에 창을 어떻게 썼는지 그리고 물고기가 어디 있는지를 알지 못하면 당연히 물고기를 잡을 수 없다. 즉 과거의 경험을 지금 상황에 맞게 적용해야 한다는 것이다. 물고기가 어느 시점에 어느 쪽으로 움직일지 예측하고 이에 맞추어 창을 던질 때의 움직임을 가다듬어야 한다. 창으로 물고기를 정확하게 찌르려면 팔에서 물고기까지의 정확한 거리, 손에 든 창의 정확한 무게와 균형 상태, 물고기 껍질의 질긴 정도 같은 중요한 정보를 업데이트해야 한다. 이전에 성공했던 동작을 그대로 반복하는 것은 빗나간 주먹질과 별반 다를 것이 없다.

여러 해 동안 낚시를 해왔다 하더라도 지금 당장 중요한 점을 찾아서 고민해야 한다. 비슷한 예로, 야구 경기에서 경험이 풍부한 타자는 아마도 수천 번 이상 위기 상황을 겪었을 것이다. 하지만 그 경기의 그 시점에 투수가 던질 공을 예측해야 한다. 빠르게 회전하며 날아오는 작은 공을 정확한 각도, 시점, 힘에 방망이로 때리는 것은 상당히 힘든 작업이어서 루틴이나 단순한 **습관**으로는 해낼 수 없다.

전망의 두 가지 원리

우리는 여기서 비대칭성에 주목해볼 필요가 있다. 모든 유기체의 경험은 현재에서 **과거로** 이어지는 반면, 욕구 충족이나 상황 개선을 위한 모든 유기체의 전망은 현재에서 **미래로** 이어진다. 다음과 같은 원리를 살펴보자.

행위는 시간의 축에서 항상 앞으로 이어지기 때문에, 사고방식도 그러해야 행위를 수행할 수 있다.

게다가 두 번째 비대칭성은 더 암울하다. 확실한 성공을 위해 필요한 조건을 이해하면 마음의 작동 방식에 관한 단서를 알 수 있다는 이유는 무엇일까? 그건 우리가 아래 문장의 의미를 알고 있기 때문이다.

인생이라는 경기에서, 삶은 매일 매 순간 이겨야 하지만 죽음은 단 한 번만 이기면 된다.

그래서 행위에 필요한 조건을 충족하는 것은 단순한 이점이 아니라 필요조건이다. 동물은 에너지를 사용하여 살아가며 에너지가 소진

되면 언제나 죽음에게 패배한다. 즉 에너지 사용의 효과성과 효율성은 매우 중요한 부분이며, 예측의 신뢰도를 통해 이를 증진시킬 수 있다는 의미다. 위의 두 가지 비대칭성으로부터 심적 처리 과정의 핵심 요소인 주의, 지각, 학습, 인지, 기억, 동기, 행위 통제의 이해 방식은 물론 인간 문화의 본질까지도 재구조화할 수 있다. 그 영향은 시스템 전반에 걸쳐 나타날 것이고 때로 우리를 놀라게 할 것이다.

전망의 원리로 보는 기억, 지각, 학습

지각에서부터 전망 원리prospective principle에 대한 고찰을 시작해보자.

언뜻 보기에, 지각 처리는 환경으로부터 정보를 **받아들이는** 일이다. 하지만, 지각 처리를 **단지** 수동적으로 받아들이는 과정으로만 여긴 것은 이미 오래전 일이다. 인간의 주의는 예기치 못한 광경이나 소리에 끌리기도 하지만, 낚시꾼이 물고기를 열심히 살펴볼 때처럼 의식적으로 자극에 집중하여 지각의 흐름을 만들어낸다. 그래서 마음이 보고 듣는 것을 이해한다면, 지각적 처리는 감각적 느낌의 흐름을 조직화해야만 한다. 하지만 보고 듣는 것은 여전히 외부에서 내부로 들어오는 정보를 처리하는 것이다. 그래서 외부가 아닌 내부의 정보를 처리하는 것을 지각이 아닌 **환각**이라고 부르는 것이다. 인간의 지각적 경험이 바로 이러한 특징을 가지고 있다는 것이 조금씩 드러나고 있다.

시간이나 에너지처럼 심적 처리 과정과 신경 통로의 용량에는 한계가 있다. 그래서 변하지 않거나 혹은 쉽게 예측할 수 있는 시각 자극은 굳이 입력하고 해석하고 저장할 이유가 없지 않을까? 정보의 가치는 예측 가능성에 반비례하기 때문에, 기존 지식으로 예측할 가능성이 높을수록 추가적인 학습을 할 가능성은 낮아진다. 완전히 중복되는 정보는 습득 가치가 없다.

의사소통 이론은 정보 가치와 예측 가능성의 역관계에 대한 인식에서 출발했다. 그래서 전문가들이 정보를 효과적이고 효율적으로 **부호화하는** 방법을 찾을 수 있었다. 대표적인 사례로 모스 부호가 있다. 모스 부호는 자주 쓰이는 알파벳 철자에 짧은 시간 간격과 단순한 코드를 할당하여 가능한 한 많은 메시지를 보낼 수 있게 구성되어 있다. 그래서 (자주 사용하는) 'e'는 점 한 개로 표시하고, (자주 사용하지 않는) 'q'는 선 세 개와 점 한 개로 표시한다. 우리의 지각 체계 역시 효율적으로 부호화할 수 있게 설계되어 있다. 그래서 시각 장면이 변하지 않거나 예측 가능한 방식으로 변할 때는, 그 장면 전체를 직접 기록하여 지각적 처리 경로로 보낼 필요가 없다. 인간의 뇌는 효율적인 그래픽 처리 장치나 파일 압축 프로그램처럼 변하지 않거나 예측 가능한 것은 예측 시스템을 사용하여 처리하고 중요 채널과 처리 용량을 확보해 예측 불가능한 것을 처리한다. 이렇게 해서 인간의 뇌는 유용한 정보를 습득할 가능성이 가장 큰 곳에 가용한 자원을 투자할 수 있게 만든다. 관련 연구 결과도 지각이 이러한 원리로 작동함을 보여준다 (Clark, 2013; King, Zylberberg, & DeWeese, 2013).

> 지각은 모르는 정보를 받아들이는 만큼 이미 알고 있는 정보를 자가 생성하는 것이기도 하다.

인간의 시신경이 지나가는 경로에는 '맹점blind spot'이라는 것이 있다. 하지만 일상에서 무언가를 볼 때 맹점을 경험하지는 못하는데, 그 이유는 지각 체계가 주변부의 정보를 이용해서 맹점에 맺히는 상을 예측하고 능동적으로 이를 보정해주기 때문이다. 이를 좀 더 확대해 석해보자. 효율적인 처리를 위해 눈으로 들어오는 정보의 흐름을 파악하고, 이를 바탕으로 보게 될 것과 듣게 될 것을 효과적으로 예측하여 정보를 선별할 수 있을 것이다. 사실 우리가 무언가를 볼 때, 우리는 망막 가운데의 아주 작은 영역인 **중심와**yellow spot에 집중하고, 나머지 영역은 맹점과 유사한 방식으로 내부적으로 자료를 제공받는다. 그래서 시계의 초침 소리처럼 완벽하게 예측할 수 있는 신호는 곧 지각할 필요가 없어진다. 그러나 시계로 주의를 다시 돌리면, 지각 체계는 초침 소리를 다시 들리게 해준다.

바로 이러한 특징이 지각 과정에서 예측이 하는 역할과 학습 과정에서 예측이 하는 역할을 직접적으로 결부시킨다. 지능이 있는 동물의 학습은 약 30년 전부터 다시 고찰되기 시작했다. 이전에는 'T자형 미로에서 왼쪽으로 회전하면 먹이가 있다'와 같은 특정 자극과 반응 간의 연합을 반복적으로 강화하여 마치 습관처럼 만드는 것으로 동물의 학습을 이해했다. 하지만 실제로 동물의 행동을 관찰해보니 이러한 설명이 적절하지 않다는 것을 확인할 수 있었다. 오히려 유아를 포함하여 지능이 있는 동물은 자극-반응의 반복적 연합보다 여러 종류의 사건 사이에서 예측할 수 있는 관계에 더 많은 관심을 보이는 것으로 나타났다(Aslin, Saffran, & Newport, 1998; Rescorla, 1988). 그런 맥락에서 다음의 문장을 살펴보자.

기대는 우리가 살아가는 세상에 대한 '가설'과 같은 기능을 한다. 지각 체계는 가설이 맞는지 추정해보고 오류를 탐지하도록 설계되어 있어, 지각 체계에 입력된 정보가 기대한 것과 맞지 않을 때 부정적 피드백을 생성하고 최신 정보로 갱신한다. 경험은 실험이고 오류는 '교육용 신호'의 역할을 한다.

이 문장이 함축하는 바는 형식 학습 이론의 토대가 되었다. 전망에 대한 철학적 사례를 논의할 때 살펴보겠지만, '비편향적인unbiased' 학습은 굳이 논의할 가치가 없다. 앞으로 펼쳐질 상황을 예측하지 않고 단순히 개별 경험을 축적하는 시스템은 무분별하게 수집한 팩트 더미를 만들어낼 뿐 이후 발생할 일에 관해서는 아무런 정보도 제공하지 못한다. 결국 축적된 정보는 이미 발생한 사건에 대한 것일 뿐이다. 그래서 이후의 행동 지침을 요구해도 시스템은 아무 반응을 하지 못하게 된다. 효과적인 학습을 하려면, 향후 발생할 일을 생각해보고 그 생각이 실제로 경험한 것에 얼마나 잘 들어맞는지를 확인하고 필요에 따라 피드백을 통해 다시 가다듬어야 한다. 그래서 기대는 시행착오를 통한 학습 과정에서 '시행'에 대한 지침과 '착오'의 가능성을 뒷받침한다.

우리의 지각 체계 안에서 기대는 두 가지 역할을 수행한다. 기대는 유입되는 정보를 효율적으로 부호화하는 데 핵심적이며, 또한 지각이 의미하는 것을 효과적으로 학습하는 데 필수적이다. 마음에서 떠오르는 징조를 이해하는 데 전망-기반 접근이 매우 효과적인 것은 너무나 당연하다.

이제 세 번째 심적 체계인 기억을 살펴보자. 지난 수십 년의 연구 및 기억 관련 뇌 영역이 손상된 환자를 대상으로 진행한 임상 기록 덕분에, 신경과학자는 기억이 기능에 따라 여러 부분으로 구성된 시스템이라는 것을 알고 있다. 하지만 초기 근대 철학자 중 일부가 제안한 대로, 마음은 단순히 경험을 새기는 납판wax tablet이 아니다. 기억과 회상은 뇌의 '**활동**'이라서 에너지를 소모하고 심적 자원을 점유한다. 그래서 효율과 효과를 고려해야만 한다. 그런 차원에서 전망에 기반하여 기억을 설명하면 기억의 처리 과정을 쉽게 이해할 수 있다.

기억은 크게 단기기억과 장기기억으로 나뉜다. 단기기억은 가장 가까운 정보를 보관하는 온라인 작업 공간이라 말할 수 있다. 이 공간에서는 방금 본 전화번호나 직전의 경험, 금방 떠올린 아이디어 등을 보관한다. 단기기억은 매우 유연하고 쉽게 접근할 수 있지만 용량이 제한되어 있어 대부분 네 개에서 일곱 개의 항목만 보관한다. 새로운 항목이 들어오면, 오래된 항목은 밀려 나간다.

장기기억은 여러 측면에서 단기기억과는 반대되는 특징을 보인다. 오랜 기간 정보를 저장하는 오프라인 기록 보관소라 할 수 있다. 장기기억은 유연하지 않은 편이고, 사실상 용량의 제한이 없어 새로운 정보를 추가한다고 해서 이전 정보를 밀어내지 않는다. 엄청난 용량의 정보를 저장하고 있어 접근하기가 항상 쉽지는 않지만, 정보를 저장할 때 사용한 범주가 정보와 연합되어 인출을 쉽게 만들어준다.

장기기억에 저장된 정보는 세 가지 종류로 구분된다. '일화기억episodic memory'에는 특정 사건(예를 들면 상사와 처음으로 점심식사를 하는 도중 와인을 엎지른 사건)에 대한 정보를 저장한다. '절차기억procedural memory'에는 무언가를 하는 방법(예를 들면 모르는 단어를 사전에서 찾는 방법)을 저장한다. '운동기억motor memory'에는 수행 방식(예를 들면 자전거를 타는 방법이나 알파벳 q를 쓰는 방법)을 저장한다. 참고로 지능이 있는 동물 중 일부와 인간에게는 '의미기억semantic memory'이 있는데, 여기에는 개념, 범주, 단어와 같은 정보를 저장한다. 예를 들어, 생물과 무생물의 차이, 들보는 마루를 받치는 기둥이고 서까래는 지붕을 받치는 기둥이라는 사실 등과 같은 정보를 말한다.

설계의 관점에서 보면 상당히 적절하게 구성되어 있다(잘 만든 로봇이라면 세 가지 기능, 지능이 있다면 네 가지 기능을 조화로운 방법으로 수행할 것이다). 그런데 기억에는 특이한 속성이 많아서 앞서 이야기한 내용을 오해하게 할 수도 있다.

첫째, 장기기억의 '기록 보관소archive'를 살펴보자. 기록 보관소에 저장한 서류는 누렇게 되어 찢어지기 쉽지만, 내용이 사라지거나 변경되지는 않는다. 시간이 지나도 변하지 않기 때문에, 기억을 확인하고 토지 소유자를 찾고 소송을 해결하고 역사적 가설을 검증할 때 기록 보관소를 사용한다. 이는 매우 중요한 특징으로, 기록 보관소에 저장한 정보는 최근에 사건의 영향을 받아 변경되지 **않는다.** 연구자는 보관된 그대로의 상태로 서류를 검토해야 하며 오로지 필기도구와 사진기만 사용하여 기록할 수 있다. 사용자가 자신의 현실에 맞추기 위해 찾은 정보를 바꾼다면 기록 보관소에 저장된 내용은 아무런 의미가 없을 것이다. 그런데 인간의 기억이라는 보관소는 대체 왜 이렇게 다른 것인가?

인간의 기억이 고정되어 있지 않고 **역동적**이라는 것은 이제 널리 알려져 있다. 다른 사람의 영향을 받기 쉽고, 합성될 가능성이 크며, 뒤죽박죽으로 저장된 경험을 의미 있는 일련의 사건인 것처럼 만들어버리기도 한다. 새로운 맥락에서 회상할 때는 일화기억에서 정보를 추출하여 작업기억으로 보내는데, 다시 저장할 때 새로운 정보가 매끄럽게 포함된다. 경찰, 검사, 혹은 피고 측 변호사가 목격자의 거짓 증언을 유도할 때, 기억하는 것에 대해 거짓을 말하라고 목격자를 압박할 필요는 없다. 오히려 그들이 원래 기억하고 있는 것을 미묘하게 다르게 기억하도록 유도하면, 법정에서 증언할 때 바뀐 기억을 진실된 것으로 생각하고 증언하게 된다.

기억의 역동성은 좀 더 즉흥적인 형태로 나타나기도 한다. 새로 습득한 정보는 자연스럽게 기존의 기억을 강화할 수도 있고 삭제할 수도 있다. 정서나 목적은 현재의 경험에서 무엇을 저장할지 그리고 어떻게 해석하고 정교화하여 다른 기억과 연결할지에 영향을 준다. 구술사의 전환점으로 인정받는 논문에서 알레산드로 포르텔리Alessandro Portelli는 이탈리아 움브리아주 테르니에서 수년 전 노동자 루이기 트라스툴리Luigi Trastulli가 살해당했을 때 시위에 참여한 사람들이 그 사건을 어떻게 다르게 기억하고 있는지 묘사했다(2010). 그들의 기억은 무작위로 달라지지는 않았지만, 트라스툴리의 죽음이 노동운동에 상징적인 의미를 부여하고 개인에 따라 달라진 노동운동과의 관계를 반영하는 방식으로 시위 발생 일자와 원인을 다르게 기억했다. 기억은 이야기가 가진 의미에 따라 달라진다. 그리고 구술사는 그렇게 매번 달라진다.

기억의 요점을 역사를 기록하여 보관하는 것으로만 본다면 매우 부적절하다. 물론 때로는 그대로 기록하여 보관한다. 하지만 기억의 핵심이 현재와 미래를 바라보는 능력에 긍정적으로 기여하는 것이라고 가정한다면, "기억은 행위다."라고 말할 수 있을 것이다. 그리고 기억이 현재와 미래에 대응하는 가능성을 높이기 위해 필요한 것은 무분별하게 쌓여 있는 서류 창고가 아니다. 후속 증거를 고려하고 지금 혹은 이후 상황과의 적절성을 반영하여 정보를 추출하고 재결합하는 능력이다(Genovesio, Wise, & Passingham, 2014; Schacter, Addis, & Buckner, 2007). 이러한 처리 과정은 개개인에 가용한 모든 정보를 사용해야 하고, 이전 것과 새로운 것을 통합하여 앞으로 발생 가능한 일을 상상할 수 있는 형태로 보여주어야 한다. 그런 다음 기억을 강화하고 재조직하는 처리 과정을 반복적으로 수행한다. 하나의 맥락에서 추출한 정보를 다른 맥락에 적용하고, 과거의 생각이나 지각을 수정하며, 미래에 투사할 수 있는 방향으로 발전시킨다. 이를 위해 이야기를 들은 시점에는 인식하지 못했던 부분도 매우 그럴듯한 순서로 구성하고, 관심을 가지고 있거나 관심을 불러일으키는 것에 관련성이 높은 정보를 선택적으로 저장하고 회상한다.

행위에 대한 기억은 고정된 기록 보관소가 아니라 기록을 갱신하고 새로운 환경에서의 적용 가능성을 예측하고 평가할 수 있는 역동적인 **관계형 데이터베이스**여야 한다. 보관소의 기억은 놀라울 정도로 정확할 때도 있지만, 사후 확신편향으로 얻을 수 있는 이점이 없고 엄청난 시간과 에너지를 소모하기도 한다. 기록관리학자 중 아무에게나 물어보라. 그들은 우리가 이미 알고 있는 사건의 결과에 도달하기 위해 그 사건의 순서를 재구성하는 데 수개월에서 수년을 투자한다. 기록관리학자는 자신의 자원과 기술에 충실히 의존한다. 그들은 미래를 **예측하는** 방식, 즉 상황이 달랐다면 이러**했을 것**이라고 추정하는 방식을 거부한다. 그들은 "기록 보관소는 그렇게 말할 수 없다. 그것은 전문가의 의견이라기보다 아마추어로서 추측하는 것이다."라고 알려 줄 것이다. 하지만 개인으로서는 다른 선택을 했다면 더 좋았을 것이라는 방식으로 예측하고 확인하고 학습하는 데 최선을 다하는 것 이외에는 다른 방법이 없다. 과거에서 미래로, 실제에서 가능성으로 투사하는 데 전문성이 없다면, 정확한 기억이라는 것은 별 소용이 없다. 그래서 다음과 같은 결론에 도달하게 된다.

> 기억은 수동적이고 고정된 것이 아니라 능동적이고 구성적이어야 한다. 생각이나 행동을 선제적으로 안내하는 데 효과적이고 효율적인 형태로 정보를 변형하고 합성해야 한다.

흥미롭게도 미래와 반사실적 가능성counterfactual possibilities을 상상하여 의사결정을 수행하는 심적 회로는 기억 회로에 내장되어 있고(Doll, Shohamy, & Daw, 2015), 뇌 활동의 기본 모드에서 세 가지 기억과 관련하여 항상 활성화되어 있다(Buckner, Andrews-Hanna, & Schacter, 2008). 과거를 철저하게 조사하여 미래로 투사하는 것은 뇌가 항상 수행하고 있는 통합적인 과제로 보인다. 그리고 실제로 그러하다. 이 부분에 대해서는 4장에서 좀 더 자세히 다루어보자.

전망 제어기

수렵-채집인의 삶으로 돌아가보자. 그는 얼음 위에서 미동도 하지 않고 있다. 발가락은 점점 감각을 잃어가고 있지만, 구멍에 들어온 물고기를 낚을 한 번의 기회를 노리고 있다. 원하는 목표에 따라 기억이나 지각을 수정할 수 있다는 것은 인간의 뇌가 현실에서의 제약과 무관하게 소망 달성의 기제로 작동한다는 의미일 수 있다. 하지만 배고

폼이나 추위보다 더 현실적인 것은 없으며, 한겨울 북반구의 털 없는 영장류는 북극의 추운 겨울 날씨 탓에 기분 좋은 것들이 눈앞에 가득하거나 머릿속에 떠오르는 그런 호사를 누리지는 못한다. 인간의 지각과 기억은 자원이 부족하고 시간에 제한이 있을 때 성공 확률을 증가시키는 방식으로 자립해야만 한다. 그래서 지각과 기억은 정보부나 국가 기록 보관소와 같은 독립 부서처럼 작동하지 않고, 상호 협력하는 방식으로 작동하여 습득한 정보로 가능한 한 효과적이고 효율적으로 행동을 이끈다.

여기서 의문이 생긴다. 가장 효과적이고 효율적으로 행동을 통제하기 위해서는 어떤 방식의 구조가 좋을까? 이제 현대 과학과 공학에서 가장 역동적이고 흥미로운 주제 중 하나인 **행위 통제**action control라는 문제를 논의해보자. 우리가 어떻게 작동하는지를 더 잘 이해하려면 다른 시스템의 작동법을 참고하는 것이 좋다. 시스템 이론가인 로저 코넌트Roger Conant와 로스 애슈비Ross Ashby(1970)가 제안한 제어기 정리에 따르면, **효과적이고 효율적인 시스템 제어기가 그 시스템의 본보기다.** 이 주장이 수렵-채집인에게는 어떻게 적용될까? 먼저 "시스템"이 무엇인지부터 확인해보자. 뇌를 의미하는 것인가, 아니면 유기체 전체를 말하는 것인가? 정답은 둘 다 아니다. 제어해야 할 시스템은 환경 **안에서**의 수렵-채집인이다. 이들은 환경에 내포된 욕구, 목적, 역량을 가진 개인으로, 자신의 역량을 사용하는 방식에 따라 그러한 욕구의 충족이나 목적 달성을 가능하게 할 수도 있고 방해할 수도 있다. 그래서 수렵-채집인의 뇌와 신체는 시스템이 아니라 유기체-환경의 상호 교류가 이루어지는 시스템의 **제어기다.** 그래서 제어기 정리는 뇌와 신체에 상호 교류 **모형**을 구축해야 한다고 제안한다. 이 모형은 '자원 축소-증가' 혹은 '목표 달성-위험 감수'의 상황에서 신뢰 수준과 영향을 고려하여 원인과 결과의 관계를 구상한다. 물론 모형에서 가장 두드러진 원인은 실제 행할 수 있는 행위의 배열일 것이고, 가장 확실한 결과는 그 행위의 영향일 것이다.

그렇다면 **제어기**는 무엇인가? 제어기는 매우 폭이 넓으면서도 기술적인 개념이다. 가정용 온도 조절 장치를 생각해보자. 그것은 냉난방 장치를 작동하거나 정지하여 실내 온도를 제어한다. 사용자가 온도를 설정하면, 조절 장치는 설정 온도와 실내 온도를 비교하여 냉난방 기능을 작동-정지시키는 스위치 기능을 수행한다. 실내 온도가 설정 온도에 다다르면 실내 온도나 설정 온도가 바뀔 때까지 냉난방을 중지한다.

하지만 이런 단순한 방식의 제어기는 별로 효과적이지 않다. 무척 더운 오후에 숨이 막힐 듯한 집에 들어와서 실내 온도보다 훨씬 더 낮게 설정하면, 냉방 기능은 최대로 작동한다. 만약 온도 조절 장치가 집에 언제쯤 들어올지를 예측하고 실내 온도가 30도가 넘는 상태를 원하지 않는다는 것을 알았다면, 사람들이 도착하기 전에 냉방 장치를 효율적으로 가동하여 실내 온도를 서서히 낮출 수 있을 것이다. 게다가 사람들이 집에 들어왔을 때 실내 온도가 낮아질 때까지 불편하게 기다릴 필요도 없을 것이다. 마찬가지로, 일반적인 출근 시간을 예측할 수 있다면, 냉방을 서서히 줄이다가 끌 수 있고 이렇게 되면 스위치를 끄지 않아 에너지를 낭비하는 일을 피할 수 있을 것이다. 겨울에도 낮에 외부 온도가 상승한다는 것을 예측할 수 있으면, 동틀 녘에 난방 출력을 점차 줄이고 해 질 녘에 점차 늘릴 수 있을 것이다. 온도 조절 장치에 관련 정보가 잘 적용되어 좀 더 스마트하게 작동할수록,

사용자가 느끼는 불편감은 줄어들고 에너지를 절약하며 온실가스 배출량도 줄어들 것이다. 효과와 효율을 높일 수 있는 이유는 온도 조절 장치가 작동 환경에서 행동을 예측하는 구조 혹은 모형을 만들었기 때문이라는 것을 명심하자.

그렇다면 이러한 모형을 어떻게 **학습**할 수 있을까? 출근하지 않는 주말 아침에, 사용자는 온도 조절 장치의 설정을 중단해 온도를 직접 설정할 것이고, 온도 조절 장치는 이러한 사례를 저장하여 주중-주말에 따라 예측을 적절하게 바꿀 것이다. 지능형 온도 조절 장치를 일정 기간 사용하고 나면, 점검 장치가 재설정한 예측을 들여다보고 주 단위의 리듬과 최근 날씨를 파악할 수 있을 것이다. 여기서 온도 조절 장치가 내부 모형을 사용하여 작동 방식을 설정하고 예측하며, 예측과 실제 결과가 다르면 설정을 재조정하는 방식으로 학습한다는 것을 유의해서 보자. 내부 모형을 반대 방향으로 적용하여 이러한 불일치를 줄이는 쪽으로 작동할 수도 있다. 그래서 아래와 같이 말할 수 있을 것이다.

> **효과적이고 효율적인 행동 제어기는 효과적이고 효율적인 학습 장치이기도 하다. 두 기능 모두 작동 모형을 구축하고, 환경을 아우르며, 환경과 상호작용하는 것이 핵심이다.**

모형 기반 제어는 어떤 행위를 했을 때 실수였음을 알려줄 기회를 제공하는 방법이라는 점에서 매우 강력한 학습 방법이다. 실제로 살아가는 환경이 보여주듯이 위험하고 변화무쌍한 환경에서 먹이를 찾는 동물은 동시에 **정보**를 찾고 있기도 하다. 정보에 대한 갈망은 먹이에 대한 갈구만큼 강력한 힘이다.

지능이 있는 동물은 사전에 프로그램된 기계보다는 스마트 기계와 좀 더 비슷할 것이다. 행동은 본능적이고 선천적이며 단순한 자극-연합과 엄격한 습관에 의한 것이라기보다는 대체로 모형 기반이며 유연할 가능성이 크다. 모형의 피드포워드-피드백 학습과 이에 기반해 모형이 제시하는 작동 방식을 지능형 온도 조절 장치에 사용하는 비교적 단순한 전기 회로로 구현할 수 있다면, 자연선택이 이렇게 복잡한 수준의 뇌를 선호할 필요가 있었을까? 빠른 속도로 대사 작용을 하는, 그래서 생존을 위해 쉴 없이 먹이를 찾아야 하는 온혈 동물이 효과와 효율에 대한 끊임없는 압박을 느낀다는 점, 그리고 그러한 동물이 복잡하고 불확실한 환경에서 거의 최적화된 수렵-채집 방식을 비교적 빠르게 발달시켜올 수 있었다는 점을 고려할 때(Dugatkin, 2004), 지능이 있는 동물이 고도의 학습 역량을 가지고 있으며 환경에 대한 모형을 이용하는 것은 당연하다고 할 수 있을 것이다. 다음 장에서, 지난 10여 년 동안 이와 관련하여 축적된 증거를 확인할 것이다. 시스템 이론가 코넌트와 애슈비는 1970년에 제어기 정리에 대해 다음과 같이 예측했다.

생존을 위한 성공적이고 훌륭한 제어기로 작동하기 위해서 살아 있는 두뇌는 환경에 관한 모델을 형성하여 학습을 수행해야 한다는 당연한 결론에 다다르게 된다. (p.1)

나아가 지능이 있으며 사회적인 동물의 경우 자신의 경험뿐만 아니라 다른 사람의 경험으로부터 배운다. 인간은 자신이 학습한 것을 다른 사람에게 직접적으로 전달할 수 있으므로 이를 통해 학습을 가

1부 호모 프로스펙투스

속화하고 그 품질을 향상시킨다. 대형 호텔의 모든 객실에 설치된 온도 조절 장치가 정보를 공유한다고 가정해보자. 그렇게 되면 개별 장치가 좀 더 많은 수의 투숙객의 선호도를 예측하고, 더 나아가 특별한 취향과 행동 패턴을 가진 투숙객을 구분할 수도 있을 것이다. 그래서 아마존이나 넷플릭스에서처럼 알고리즘으로 추천이나 제안이 이루어지는 스마트 시스템을 가지게 될 것이다. 다음을 고려해보자.

다양한 경험을 가진 사람들이 정보를 공유하는 방법으로 여러 측면에서 변화하는 환경에 대한 학습을 향상시킬 수 있다. 그래서 사회적 동물은 환경 그리고 환경과의 상호작용에 대한 정확한 모델링을 할 가능성이 가장 큰 동물이다.

정보를 공유하는 능력만으로는 충분하지 않다. 정직하게 소통해야 한다. 꿀벌은 꽃가루를 찾아서 모으기 시작하거나 동료들이 탐색한 정보를 통합해서 사용할 때 무리에 속한 다른 벌의 춤에 의존하기도 한다. 그 이유는 같은 무리에 속한 꿀벌이 유전적으로 매우 가깝기 때문이다. 같은 무리의 꿀벌은 엄마가 모두 같다는 점에서 관계성을 보여주는 극단적인 사례이긴 하지만, 이처럼 가장 소통을 많이 하는 사회적 동물도 서로 어느 정도 관련 있는 개체로 구성된 그룹 안에서 살아간다. 인간은 정보를 교환하는 능력을 가지고 관련이 없는 대규모 사람들과 대체로 평화롭게 살아가며, 마을이나 도시, 국가를 생산적으로 만들어가기 위해 협력하는 능력을 가지고 있다는 점에서 매우 독특하다. 그리고 이는 대학, 무역 시장, 인터넷과 같은 제도에서부터 현대 과학으로 만들어낸 수준 높은 예측 모형에 이르기까지 엄청난 결과들을 통해 확인할 수 있다. 하지만 단순히 대규모의 협력과 협동의 결과로 인해서 이러한 모형이 오랫 동안 강력한 효과를 나타낸다고 보기는 어렵다. 게다가 이와 같은 모형은 낯선 사람을 처음 만났을 때 관계를 맺고 신뢰를 쌓아가는 데 필수적인 역할을 한다.

정보를 공유하는 온도 조절 장치조차도 제한된 환경 안에서 작동한다. 조절 장치의 과제는 매우 간단하다. 기능은 몇 개 정도로 제한적이고 생산과 재생산은 누군가에 의해 이루어지며 스스로 결정해야 할 목표가 없다. 전기가 끊겼다고 해도, 그건 **조절 장치**가 해결해야 할 문제는 아니다. 전기가 끊기면 죽거나 사라지는 것이 아니라 단순히 작동을 멈추게 되며, 전기를 복구하자마자 통제 상황으로 돌아온다. 당연히 지능이 있는 동물이 전형적으로 보여주는 유기체-환경의 상호 교류와는 매우 다르다. 이러한 동물은 삶을 유지하고 재생산하기 위해 자기 자신을 돌봐야 하고, 변화하는 환경에 적응하기 위해 새로운 행동을 고안해야 하며, 욕구와 목적이 변화함에 따라 우선 사항을 조정해야 한다. 간단히 말해서 이들은 삶의 비용과 이득을 전체적으로 고려하여 행동을 제어해야만 한다. 이러한 점으로 인해 전망 기반 모델링은 필수적이며, 사전에 프로그램되거나 자극에 단순히 반응하는 사고방식에 비해 전망 기반 모델링이 훨씬 더 효율적으로 작동하는 것이다.

그렇다면 모형은 어떤 모습일까? 우리는 지금까지 예측에 대해 이야기해왔다. 예측은 **만약 그렇다면**if-then의 형태로 생각할 수 있으며, 예를 들어 행위와 맥락을 결과, 비용, 이익과 연결하는 것이라고 할 수 있다. 하지만 모형은 이보다는 더 구조적이다. 먼저 **심적 지도**mental map에서부터 출발해보자. 심적 지도는 우리를 둘러싼 환경을 구성하고, 특징, 위치, 가용한 경로나 행위를 보여준다. 그런데 모형은 **평가**

적이기도 해서, 그 경로 혹은 다른 경로를 선택했을 때 학습한 이익, 손실, 위험과 연합되어 있다. 때로는 부모, 형제자매, 다른 사람의 경험에서 학습한 이익, 손실, 위험과 연합하기도 한다.

하지만 우리에게 매우 친숙한 지도와 달리, 심적 지도의 "경로"는 공간상의 궤도만을 의미하지 않고 특정 장소나 목적에 이르는 잠재적인 **행위**를 포함한다. 그래서 이 지도는 전향적인 시도와 관찰 그리고 목표 달성에 필요한 행동의 역추론을 뒷받침하는 인과관계를 포함한다. 사실 쥐의 사고방식에 대해 논할 때는 이러한 점을 받아들이기 어렵다. 하지만 최근 발표된 연구 결과를 보면 놀랍게도 동물의 뇌를 어떻게 연구하고 관찰해야 하는지에 대해 더 많이 알게 될수록 실시간 전망 기반 구조가 더 잘 들어맞는다.

수렵-채집인이 며칠 동안 덫에 먹이가 걸리지 않았을 때 호수에서 낚시를 하기로 결정했는지 이유를 설명해줄 수 있는 것이 바로 전망이다. 그리고 이렇게 생각을 바꾸면 다른 방식으로 행동할 수 있다. 새로운 목표를 떠올리고 밤이 오기 전에 창을 고치고 얼음을 깨는 돌과 말린 딱정벌레를 챙겨야 한다는 것을 기억하게 된다. 추위를 뚫고 나서기 전 오두막에서 따뜻함을 즐기며, 심적 지도의 경로를 머릿속에 떠올려보고, 잘 드는 창이 물고기를 잡을 확률을 높이고, 날카롭지만 묵직한 돌이 얼음에 구멍을 뚫고 낚시할 확률을 높이며, 미끼를 사용하면 물고기를 그 구멍으로 유인할 확률을 높일 수 있다는 생각을 한다. 아무런 준비도 없이 꽝꽝 언 호수 위를 돌아다니면서 얼음 위에 생긴 구멍을 찾아 그 속으로 손을 넣어 물고기를 잡으려고 하는 상황과 비교해보면, 이처럼 집에서 시행착오의 과정을 **시뮬레이션해보는 것**이 효율과 효과에서 훨씬 더 이득이라는 것을 쉽게 알 수 있다.

창, 돌, 딱정벌레는 스스로 혹은 다른 사람의 행동을 보고 학습하여 전망 구조를 만들어낸 결과다. 덕분에 괜찮은 결과가 예상되는 경로가 앞에 놓여 있다. 하지만 계획한 기간이 짧았다면 가능하지 않았을 경로일 것이다. 따라서 심적 지도는 과거의 함수이기도 하지만, 인간의 문화와 기술이 점점 더 발달할수록 과거의 **전망**이 지도의 형태와 분기 경로를 결정한다는 것 역시 사실이다. 이에 대해서는 5장에서 자세히 살펴보자. 전날 밤 수렵-채집인은 오두막에 앉아서 따뜻한 옷에 담요를 덮고 말린 고기와 과일을 씹으면서 온통 이튿날의 일을 전망한다. 이는 그가 엄마가 보여준 대로 풀을 땋아 창을 묶을 강한 줄을 만들게 해준 방법이기도 하다. 그리고 자신만의 발명품으로 이어지게 만드는 방법이다. 그는 지난여름 송진으로 잡은 딱정벌레를 보면서, 나무껍질을 좀 더 벗겨내고 말린 벌레를 미끼로 사용하려고 저장했다.

중요한 점은 이러한 전망 능력이 새로운 행동을 고안하게 했을 뿐 아니라 미래의 보상을 **떠올리게** 하여 행동의 **동기**로 작용할 수 있다는 것이다. 그러한 행동을 이전에 단 한 번도 보거나 행한 적이 없고 이와 관련된 별다른 보상이나 처벌이 없었다고 하더라도, 이렇게 구조화되고 노력과 시간을 요하는 일련의 행위는 즉시 보상을 기대할 수 있을 때 갑자기 나타날 수 있다.

전망이 효과적으로 작동하려면 미래의 이득과 손실을 상상할 수 있게 현재에서 동기를 부여해주는 시스템이 있어야 한다. 이러한 전망적 동기는 욕구와는 구별된다. 단순한 충동이나 조건화된 추동, 혹은 즉시 흥미를 끄는 유혹이 아니다. 시간적으로 멀리 떨어져 있거나 새로운 특성을 가지고 있다고 해도 특정 행위로 얻게 되는 것을 좋아해서 그 행위를 할 때 형성되는 이미지에 의해 움직이는 능력을 말한다.

미래의 이득이나 손실에 대한 생각에 따라 현재의 동기를 움직이는 역량은, 위의 낚시꾼 사례에서 보듯이 인간의 혁신을 보장하는 데 상당히 중요한 역할을 수행했다. 그리고 인간의 사회적·도덕적·경제적 삶의 토대를 만들었다(Railton, 2012). 예를 들면, 우리를 **신뢰할 수 있는** 존재로 만들어주었다. 그래서 속임수로 이득을 볼 수 있는 상황에서도 우리가 맺은 계약을 지키려는 동기가 작동한다. 그리고 기발한 생각이 **이상과 원칙**에 의해 추진력으로 바뀌고 손실, 도전, 실망 앞에서도 우리를 받쳐준다. 그래서 도덕성, 사회적 규범, 법은 기술과 결합하여 미래에 대한 구조를 만들고, 행위와 결과를 가능하게 한다.

오랜 시간에 걸친 지능적 행위는 인과 모형을 고려한 선택만이 아니라 가능성을 만들어내는 것을 포함한다. 이는 먼 목표에서 그 전제 조건이라 할 수 있는 가까운 행위 쪽으로 '뒤로 생각하는 것working backwards', 그리고 새로운 방식의 행위를 지속할 아이디어와 이상적인 것을 떠올려 행동하는 '앞으로 생각하는 것working forward'을 말한다.

지금까지의 논의를 보면 전망은 매우 복잡해 보인다. 쥐의 사고방식을 넘어설 뿐만 아니라 일상적으로 생각하는 인간의 사고방식과도 무척 달라 보인다. 과연 우리 중에 몇 명이나 살아가면서 잠시라도 가능한 경로, 손실, 이득, 위험에 대한 능동적인 전망을 할까? 이와 관련해 윌리엄 제임스의 글을 살펴보자. "10억 명 중에 단 한 명도 저녁을 먹을 때 그 유용성에 대해 생각하지 않는다. 그냥 음식이 맛있고 먹고

싫기 때문에 먹는다"(1890, Vol., II, p. 386).

하지만, 이에 대한 현대의 발달심리학과 인지-정서 신경과학의 반응은 **모든** 인간 그리고 지능이 있는 영장류는 기본적으로 이렇게 생각한다는 것이다. 터무니없게 들리는가? 결국 생각은 단순히 의식적인 심사숙고가 아니라 표상representations에 의한 정보 처리 과정이라는 것이다. 아주 어린 아이들은 세상에 대한 인과 모형을 구성하는데(Gopnik et al., 2004; Gopnik & Wellman, 2013), 최근 연구에 의하면 쥐도 그렇다(Blaisdell, Sawa, Leising, Waldmann, 2006). 신경과학자는 쥐를 비롯한 다른 포유류 뇌(인간 뇌의 관련 영역을 포함하여)의 신경세포 체계가 다차원의 '인지도cognitive maps'를 생성하며 조건화된 행위-결과 예측을 지속적으로 형성하고 갱신한다는 증거를 발견했다(Moser, Kropff & Moser, 2008; Stern, Gonzalez, Welsh, & Taylor, 2010; Tobler, O'Doherty, Dolan, & Schultz, 2007). 이러한 처리는 의식에 직접적으로 접근 가능한 영역이 아니라 표상적 사고, 계산, 시뮬레이션을 충분히 수행할 수 있는 영역에서 발생한다. 이 연구에 대한 흥미로운 이야기와 풍부한 표상으로 구성된 '예측 엔진'에 대해서는 이후의 장에서 다룰 것이다.

미래의 선택지를 만들어내기 위해 우리의 낚시꾼이 보여준 차별화된 방법은 새나 원숭이의 사례에서 볼 수 있는 단순한 도구의 사용과는 차원이 다르다. 인간은 어떻게 신도 버린 듯 얼어붙은 땅에 들어갈 생각을 했을까? 분명 자연선택에 의해 이런 틈새를 비집고 진화한 것은 아니다. 주위의 동물과 비교해보면, 겨울 날씨에 적응할 수 있도록 특화된 능력은 오히려 부족하다. 그러나 인간은 자연선택을 극복하고 극도로 다양한 환경에서도 적응할 수 있는 능력만을 예외적으로 가지고 있다. 북방 동물의 털을 잘 사용할 수 있다면, 북방에 적응하기 위해 털을 기를 필요가 없다. 부싯돌을 얇게 저며 예리한 날을 만들어 창을 만들고, 나뭇가지를 구부리고 풀을 땋아 덫을 만들거나 대팻밥에 막대기와 노끈으로 마찰열을 일으켜 불을 붙이고 씹기 힘든 고기를 요리할 수 있다면, 북방의 겨울에 물고기를 잡아먹는 데 적응하기 위해 날카로운 발톱, 용수철 같은 다리, 거대한 이빨을 가질 필요가 없다. 그래서 인간은 통계적 학습에 기반하여 능동적으로 구축해온 **창의성**을 바탕으로, 새로운 생각을 생성하여 도구를 만들거나 새로운 적응을 가능하게 하는 인공물을 만들었다(나이가 들면서도 그렇다. 11장 참조).

창의성의 힘은 우리 모두에게 익숙하다. 하지만 우리가 당연하다는 듯 찬양하는 창의성보다 더 기본적인 두 가지 특징은 분명하게 보이지 않는다.

전망, 평가, 정서, 그리고 동기

훌륭한 지도가 있어도 목표가 없으면 우리는 방황할 수 있다. 물론 우연히 자신이 원하거나 필요한 것을 발견할 수 있다. 이는 목적지나 경로에 대한 **평가**가 그것을 구조화하여 완전히 지각과 인지의 수준으로 맞추는 것 만큼이나 사고방식의 기본적인 기능이라는 것을 의미한다. 우리는 전망적 구조화가 평가를 포함한다고 언급했는데, 그것은 어떻게 가능한가? 그리고 어떻게 평가가 그러한 가치를 실현하는 데 필요한 동기로 전환될 수 있는가? 일단 아래의 논의를 살펴보자.

생명 체계에 존재하는 지능적 행동을 이해하려면 생물학은 물리적·사회적 환경과 그 가능성을 표상하는 방법을 찾아야 할 뿐만 아니라 현안의 가치를 비교하여 표상하는 방법도 찾아야 한다. 그래서 이득과 손실이 행위의 선택과 노력 배분에서 가중치 함수로 작동해야 한다.

뇌가 가치를 표상하는 방식은 불활성화된 상태일 수 없다. 행동을 수정하기 위해 주의, 지각, 기억, 추론, 행위-준비에 조화롭게 영향을 주어야 한다. 우리의 가치가 비현실적 희망을 넘어선다면 우리를 목적 **지향적으로 움직이게** 전력을 다해야 한다. 가치는 **정서가**valence(긍정적 대 부정적 작용력)를 가져야만 하며, 이는 강도와 긴급성의 **정도**에 따라 달라져야 한다. 가치는 넓은 범위의 잠재적 손실, 이득, 위험에 상응하는 **특성**을 가져야 한다. 이는 위험부터 건강까지, 부모나 배우자를 잃는 것부터 친구를 얻는 것까지, 사회적 지위에 대한 위협부터 다른 사람의 도움을 받는 것까지, 정보 부족부터 이해까지, 사회적 규범의 위반부터 공동의 가치를 지키는 것까지 등을 포함한다. 가치는 전망 지도에서 인과관계를 모델링하는 **만약 그렇다면**과 같은 기대처럼 경험의 형태에 민감해야 한다. 그렇지 않으면 가치 있는 것을 학습지 못하거나 가치를 두지 않아야 하는 것을 지나치지 못할 것이다.

이러한 모든 특징(정서가, 강도와 긴급성의 정도, 폭넓은 특성, 경험 민감성, 직접적이고 조화로운 주의, 지각, 기억, 추론, 행위와의 연결)에 기반하여 태어난 시스템 생물학은 대체로 **감정**, 정서 체계, 이해이다. '정서 우선성affective primacy'에 관한 로버트 자이언스Robert Zajonc의 선구적인 연구(1980, 1984) 이후로, 정서는 마음과 뇌에 대한 논의의 주변부에서 중심부로 이동했다. 정서는 새로운 경험을 할 때 뇌가 가장 먼저 하는 반응으로 보인다. 잠재적 위협을 시사하는 감각 정보에 대한 공포 반응은, 그러한 자극이 있다고 믿고 바로 주의를 환기해 관련 기억을 떠올리고 좀 더 경계하여 이후 행동을 준비하기 전에, 지각의 흐름에서 실시간으로 나타난다. 이는 '정서 우선성affective primacy'의 사례로, 새로운 정보에 심적 반응을 **맞추어 나가는** 것이다. 그리고 정서는 흥미가 기억의 지속 과정에 영향을 주는 것부터 놀람이 새로운 추리를 시작하게 하는 것까지, 이후의 모든 심적 처리 과정에 사실상 영향을 주는 것으로 보인다. 그래서 전향적인 관점이 우리 자신 그리고 마음에 대해 생각하는 방식을 개조할 수 있다는 결론에 다다를 수 있다.

> **정서가 성공적인 예상과 행위에 공헌할 수 있도록 만들어졌다면, 정서의 주요 기능은 불안이 아니라 정보와 평가이며 각성이 아니라 오리엔테이션과 지침일 것이다.**

그래서 정서는 전통적으로 바라보았을 때 인지와 마찬가지로 지능과 표상 역량의 중요한 부분이며, 최근에 점점 더 많은 신경과학자가 정서-인지의 이분법적 구분에 의문을 제기하고 있다(Pessoa, 2008).

정서는 지금 그리고 여기에서만 작동하지 않는다. 일이 잘못된 방향으로 간다고 생각하게 되면 불안의 전형적인 모습인 의심과 두려움이 나타난다. 부정직한 행위를 생각하게 되면 행위를 하는 동안 죄책감을 느끼고 그걸 들키게 되면 수치스러움을 느낄 것이라고 전망한다. 병원에서 친구와 시간을 보내는 것과 호숫가에서 낚시를 하는 것 중 하나를 선택한다면, 그 과정에서 불편감, 즐거움, 후회, 죄책감, 자부심, 배은망덕 등 일련의 감정을 경험하게 되고, 오랜 세월 관계를 유지하는 것에 관한 여러 가지 소중한 가치를 떠올리게 한다. 그래서 미래의 행위나 결과를 상상할 때 떠오르는 정서를 **공감에 기반하여 시뮬레이션할 수 있는** 능력은 우리가 중요한 관계를 유지하는 데 필수적이다.

지금까지 이야기한 표상, 기억, 창의성, 평가 과제는 부담이 크기 때문에 그걸 해결하기 위해서 우리는 특별한 방식으로 뇌를 구축해 왔다. 바로 정서를 중심으로 구축된 뇌다. 결과나 다른 사람의 행동 혹은 그 이외의 중요한 것을 예측하게 해주는 것과는 별개로, 정서 중심 뇌는 **공감**에 대한 인간의 역량을 펼칠 수 있게 해준다. 이렇게 인간은 다른 사람의 생각과 감정을 시뮬레이션하는데, 이때 '다른 사람'은 미래의 자신일 수도, 현재의 친구일 수도, 과거의 적일 수도 있다.

공감은 **동정**이나 **연민**이 아니다. 공감은 '내적으로' 다른 사람의 삶을 시뮬레이션하는 역량으로(Buckner & Carroll, 2007; Ruby & Decety, 2001), 낯선 사람의 의도를 파악하고, 경쟁자의 다음 행동을 예측하며, 아이가 감정을 숨기는 것인지 아니면 단순히 부끄러워하는 것인지 느끼고, 미래의 자신이 기회를 잘 포착했다고 기뻐할지 아니면 다른 사람의 믿음을 배신하여 괴로워할지를 감지하는 데 도움을 준다. 공감은 예상하는 능력에 필수적인 부분이다. 단순한 예상이 아니라, 미래 혹은 타인의 정서를 모델링하여 현재의 선택을 효과적으로 이끄는 예상이다. 수년 동안 금연을 시도한 의사결정 분야의 전문가인 친구가 어느 날 병원에서 투병 과정을 긍정적으로 보여주는 「당신과 당신의 폐기종 You and Your Emphysema」이라는 흥미로운 안내 책자를 보았다. 책자는 흡연을 지속했을 때 마주할 미래의 삶이 어떠할 것인지를 공감에 기반하여 생생하게 시뮬레이션해주었다. 그랬더니 지금까지 접했던 어떤 섬뜩한 경고보다 효과적으로 금연 욕구가 사라졌고, 결국 친구는 금연에 성공했다. 예상을 정교하게 하면 냉정할 정도로 정확하게 이전의 **정서 표상**을 분석하여 이후 행위를 좀 더 정교하게 안내할 수 있다.

인간은 탁월한 공감 능력을 가지고 있다. 그런데 결국 좀 더 먼 미래를 내다보거나 다른 많은 사람과 연합하는 것이 약속된 이득을 가져올 수 있다면, 시간의 측면에서 그리고 사회적 범위에서 예상하는 능력을 발달시켜야만 한다.

공감은 가능성을 시뮬레이션하는 능력과 정보를 습득하고 정서적으로 평가 및 이해하는 능력을 합친 것이다. 자신만의 삶 그리고 타인과의 삶에서 정확하고 효과적으로 미래를 전망하고 미래에 대한 생각을 현재의 행위로 바꾸어나갈 수 있는 역량을 키우기 위해 공감 능력을 광범위하게 발달시켜야 한다.

자기 이해력과 상호 소통 능력이 합쳐진 덕에 인간은 동물 세계에서는 볼 수 없는 협력과 협동을 할 수 있었다. 공동의 목적을 가지고 대규모로 행동할 수 있을 뿐 아니라(Decety & Stevens, 2009), 그 목적을 도덕적이고 신중하게 평가할 수도 있다.

도덕에 대해 해결되지 않는 의문점이 있다. 진화 과정에서 도덕성으로 무장하게 된 이유, 도덕성이 사회생활에 따른 이해 상충에도 불구하고 인간의 삶에 중요한 영향력을 미치게 된 이유, '도덕적 직관moral intuitions'의 의미, 도덕적 직관의 신뢰 수준 향상 여부. 이러한 의문점은 사회적 평가에 대한 전망과 공감적 특성을 고려하면 훨씬 더 풀어나가기 쉬울 것이다.

이러한 모든 점을 고려해볼 때, 과거와 현재 지향적인 관점에서 벗어나 미래 지향적인 체계를 가진다면 마음과 신체의 작용을 더 잘 이해할 수 있을 것이다.

미래 지향적인 체계를 마음에 가득 담고, 마지막으로 얼음 위의 낚시꾼, 호모 프로스펙투스의 이야기를 다시 해보자.

전망에 기반한 행동 지침이 완벽하지 않아 물고기를 놓친 낚시꾼이 돌과 창을 들고 풀이 죽은 채 터덜터덜 집으로 돌아가고 있다고 가정해보자. 눈으로 주변을 훑어보면서 혹시나 다른 먹잇감이 있는지 찾아보고 있다. 가족들이 겪을 허기와 추위가 떠오른다. 오두막에 빈손으로 돌아갔을 때 실망할 것 같은 모습은 지금 느끼는 배고픔보다 더 고통스럽다. 그래서 '오두막으로 돌아가기 전에 돌과 창을 내려놓고 장작과 나무껍질을 모을 거야. 식량을 가져다주지는 못해도, 최소한 따뜻하게는 해주어야지. 정말 빈손으로 돌아갈 수는 없어'라고 생각한다. 그래서 주변을 둘러보며 자작나무 껍질과 마른 나뭇가지를 모으기 시작한다.

그런데 가만히 생각해보니 얼음 속 구멍에 떠 있는 말린 딱정벌레가 떠올랐다. 낚시에 성공하지 못해 좌절감을 느끼고 기진맥진한 상태로 그곳을 떠났지만 내일 다시 시도하려면 회복해야 한다. 지친 상태로 먼저 돌을 내려놓은 다음 창을 내려놓으려고 할 때, 석양의 태양이 그림자를 길게 늘어뜨려 눈 덮인 얼음 위에 펼쳐지는 것을 보는 순간 또 다른 생각이 떠올랐다. 그는 사냥할 때 동물이 깜짝 놀랐던 장소로 돌아가는 것을 본 적이 있다. 마치 놀라게 한 것이 무엇인지 확인하거나 미끼를 다시 확인하기 위해서인 것처럼 보였다. 그렇다면 물고기도? 이런 생각을 하게 되자 낚시꾼의 태도가 바뀌었다. 허기와 추위를 잊어버리고 갑자기 에너지가 온몸에 감도는 듯했다. 방금 전까지 무거운 발길을 옮기던 모습은 완전히 사라지고, 창을 꽉 잡은 채로 돌아서서 가볍고 빠르게 걸어간다. 자기 그림자가 얼음 구멍에 닿으려는 지점에 이르자 재빨리 옆으로 비켜서서 그림자가 구멍 위로 지나가지 않게 했다. 아마도 구멍으로 돌아온 물고기가 놀라지 않게 하려는 행동인 듯 보인다. 그리고 나서 다른 쪽으로 조심스럽게 돌아서 구멍에 다가갔다.

구멍에 가까워질 때 잠시 멈추어서, '이번에는 물고기를 보자마자 온 힘을 다해 빠르게 창을 던질 거야'라고 생각한다. 다른 사람이 창을 물속으로 깊숙이 찔러 얼음 속에서 놓친 것을 잡을 때 썼던 방법을 떠올리고는, 몸을 구부려서 긴 노끈으로 창과 발목을 묶었다. 그리고 끈을 밟지 않게 조심하면서 빠르게 다가간다. 구멍 안쪽을 보기 전에 표면의 잔잔한 물결을 확인하고 석양을 보면서 한쪽 눈을 찡그린다. '물고기가 딱정벌레를 조금씩 뜯어먹으려고 돌아왔구나.' 이제 팔을 곧추세우고 마지막으로 한 걸음 다가간다. 구멍의 가장자리에 닿기 전에, 힘을 더 많이 가하기 위해 몸을 더 많이 구부려서 창을 내다꽂았다. 갑자기 멈춘 채 움직이지 않는 창을 보면서 낚시에 성공했다는 것을 알았다. 물고기는 옆쪽이 창에 꽂힌 채로 달아나기 위해 요동치고 있지만, 낚시꾼은 빠르게 창을 거두고 물고기를 얼음 위로 건졌다. 그 와중에 축축하게 젖은 얼음판에서 노끈에 걸려 미끄러지면서 뒤로 넘어졌다. 갑자기 엉덩방아를 찧었지만 한바탕 웃음이 났다. 가족들을 다시 생각하면서 자부심과 가족에 대한 사랑으로 볼이 발그레해진다. 오늘은 아늑한 오두막에서 행복하고 풍요로운 밤을 보낼 것이다.

우리는 이 간단한 장면에 드러난 호모 프로스펙투스의 광범위한 역량을 살펴보았다. 우리의 낚시꾼은 다른 사람에게서 배운 것, 과거에 했던 것, 그리고 즉흥적으로 떠오른 것을 섞어 자신의 행동으로 만들었고, 그렇게 잡고 싶었던 물고기보다 한 수 앞설 수 있었다. 낚시꾼은 이전에 시도해본 적 없는 여러 가능성을 상상하면서, 현시점에서 앞을 내다보고 실현해야 할 목표로부터 되짚어가는 방식으로 생각하며 새로운 행동을 만들어냈다. 물고기의 관점에서 생각하면서 배고픈 물고기가 어떤 행동을 할지 그리고 그중 그가 보거나 듣지 못한 것은 무엇인지를 상상할 수 있었다. 그래서 다음과 같은 생각을 미리 해보았다. 식량을 구하지 못하고 돌아가면 아내와 아이들에게 어떻게 보일지에 대한 정서적 전망, 구멍에 물이 반짝이는 장면부터 물고기가 너무 굶주린 나머지 정신 없이 먹이를 뜯느라고 갑자기 창을 던져도 놀라 도망가지 않는 장면에 대한 추론, 한 번도 가보지 않은 장소에 가서 머릿속으로 떠올려본 방식으로 행동을 조정하는 능력, 그리고 전망에 기반한 심상으로 모든 에너지를 사용할 수 있는 동기를 생성해내는 능력. 그러고 나서 과거의 경험을 반영한 결과물과 함께 그 장면에 돌아가서 기존 맥락에서 기억을 끄집어내고 재결합하여 새로운 가능성을 만들어낼 수 있었다. 하지만, 미래에 대한 흥분으로 현재를 놓치는 우를 범하지 않을 정도의 자기 통제력과 집중력을 가지고 있었기 때문에, 그림자가 얼음 구멍 위로 지나가기 전에 노끈으로 창을 묶어야 한다는 것을 기억했다.

이 정도면 앞으로 이어갈 이야기의 서막(그리고 전망)으로 충분하다. 다음 장에서는 인간이 가진 놀라운 능력을 자세히 들여다보고 인간이 진정 호모 프로스펙투스인지 그리고 지구에서 왜 특별한 존재인지를 입증해보고자 한다.

2장
직관, 행위를 이끄는
암묵적 전망

피터 레일턴

과연 호모 프로스펙투스가 될 수 있는가

지금쯤 독자들은 점점 더 회의감을 느낄지도 모르겠다. 인간의 사고방식에서 전망이 근본적인 구조적 특징이고, 전망하는 사고방식이 정보를 습득하여 이후에 나타날 다양한 행위를 만들고 평가하는 방식이라면, 우리가 경험하는 심리적 삶이 그것과 사뭇 다르게 느껴지는 이유는 무엇인가? 일상적인 사고에서 지금 이 시점과 최근의 일에 사로잡혀 미래를 명시적으로 떠올리고 계획하는 데 거의 시간을 투자하지 않는 이유는 무엇인가? 종종 이와 같은 충돌이 있기도 한데, 인간은 습관(익숙할 때)과 짐작(익숙하지 않을 때)을 혼합한 것처럼 보이는 행동을 한다. 미래를 보고 결정하기를 중단했을 때에도 한두 가지 선택지만 생각해보는 경우는 거의 없으며, 우리 앞에 놓인 선택지의 이득, 손실, 위험을 체계적으로 설명해보려는 시도도 하지 않는다. 다음과 같은 설명을 보면 분명히 알 수 있다. 지난 수십 년 동안 심리학은 인간이 확률을 이성적으로 추정하지 **못하고** 시간에 따른 기대 가치를 일관성 있게 비교하지 **못한다**는 것을 분명히 보여주지 않았는가? 그리고 우리가 그렇게 영리하다면, 왜 부자가 되지 못했을까? 개인적이면서 사회적이고 세계적인 인간은 앞날을 미리 생각해보지 못해서 결과에 후회하며 특히 힘들어한 것으로 보인다.

그렇다면 여기서 제시하는 전망에 대한 개념은 단순히 **심리적 사실주의**에 기반하는가? 1장에서 행위에 대한 전망적 지침의 핵심 구성 요소를 주의 깊게 살펴보았다. 하지만 구체적인 증거가 있다기보다는 스토리텔링에 가까웠다. 그리고 일상의 의식적 경험이 전망 프로세스와 어떻게 관련되어 있는지도 명확하게 설명하지 않았다. 그래서 2장에서 이러한 결함을 해소하기 위해 호모 프로스펙투스의 심리학에 대한 좀 더 큰 그림을 제시하고, 그것이 우리의 일상적 경험에서 어떻게 작동하는지를 구체적으로 설명하고자 한다.

세 가지 핵심 구성 요소와 관련된 논쟁부터 시작해보자.

- **직관**Intuition: 생각이나 행동을 할 때 심사숙고하기보다는 직관적으로 순간순간 지침을 내린다. 예를 들어, 누군가와 대화를 할 때 대화가 진행됨에 따라 거의 완성된 형태의 생각이 즉각적으로 떠오른다. 그래서 생각을 이야기할 때 사전에 깊이 생각하거나 고민하는 일은 거의 없고, 적절하거나 재치 있는 생각이 빠

르게 떠올라 자신도 놀랄 때가 종종 있으며, 부적절한 생각이 떠올라서 후회하기도 한다.

- **정서**Affect: 전망 가설은 우리가 지속적으로 대안을 평가하고 선택하기 때문에 정서 체계가 항상 능동적으로 활동한다고 주장한다. 두려움, 분노, 기쁨, 놀람, 슬픔, 죄책감과 같은 정서를 떠올리면 일반적인 모습에서 벗어난 정도에 대한 단편적이고 불연속적인, 때로는 정상적인 모습에서 벗어났을 때의 반응으로 보인다. 기분과 같은 정서적 상태는 훨씬 오래 지속된다(만성적 우울, 불안, 분노 증상을 보이는 사람을 생각해보라). 그러한 상태는 상황 변화에 민감하게 조절한 반응이 아니라 세상에 대한 전반적인 반응이다.

- **정보**Information: 전망 기반 안내 시스템은 **정보 집약적**이어서 개개인이 많은 변수에 주의를 기울이고 경험에 따라 변수의 가치를 지속적으로 수정하기를 요구한다. 하지만 우리가 받아들이고, 능동적으로 인식하면서 보유하고, 오랜 시간 유지할 수 있는 정보의 양은 상당히 제한되어 있는 것으로 보인다. 일상적인 생각이나 행동을 할 때 직전의 정보나 과거의 단편적인 기억에 과도하게 의존하거나 기본적인 방식, 경험칙, 습관적 반응을 사용하는 것으로 보인다.

직관, 정서, 정보는 서로 어떤 관련이 있으며, 호모 프로스펙투스라는 그림에는 얼마나 잘 어울릴까?

직관과 정보의 관계

우리는 대부분 우리가 무엇을 하고 왜 그것을 하는지 인식하며 살아간다. 상황에 대한 느낌, 상황이 괜찮은지에 대한 생각, 제안한 해결책이 적절할지에 대한 예감을 확인한다. 이러한 상태를 흔히 **직관**이라고 하는데, 영어 단어 intuition은 '안을 보다'라는 뜻의 라틴어 단어에서 파생되었다. 직관은 정교한 추론이나 계산이라기보다는 즉시적인 지각과 더 가까워 보이기 때문에 '보는 것'이다. 앞으로 **어떻게 될지**에 대한 아주 빠르고 즉흥적인 느낌이다. 직관을 서술할 때 사용하는 **감**sense, **느낌**feeling, **인상**impression과 같은 단어가 이를 증명해준다. 지각과 같이 직관은 외부의 대상을 다루지만, 감각적인 느낌은 대부분 '내부'에서 온다. 영어에서 직관을 'gut feeling(내장의 감각)'이나 'instinctive responses(본능적 반응)' 혹은 'feeling in the bones(뼈에서 오는 느낌)' 등과 같은 단어로 표현하는 이유가 그것일 것이다.

게다가 감각과는 다르게 직관은 **구체적이지 않은, 추상적인** 대상에 대해서도 나타난다. 의도한 행동, 가설적인 시나리오, 주장하는 수준의 설명에 대해서도 직관을 가질 수 있다. 오감과 다르게 범위가 국한된 것도 아니다. 직관은 대상을 표현하는 데 사용할 수 있는 무한한 서술적·평가적 속성을 가지고 있는 것으로 보인다. 직관의 신뢰도는 높을 때가 많다. 예를 들면, 직원의 의욕을 고취하기 위해 상사가 제안한 방법이 상태를 더 악화시킬 것이다, 소심한 사람도 내면은 강하다, 골대로 돌진하지 말고 패스해야 한다, 애도 편지에는 너무 갑작스럽다는 표현을 사용해야 한다, 즉흥 연주를 하는 음악은 장조로 올려야 한다, 제품 설명은 너무 좋으면 믿기 어렵다 등이 그렇다. 직관을 서술하기 위해 본능적인 언어를 사용하고 직관이 확실히 본능적인 느낌을 **주고** 있는데도, 이 굉장히 전문적이고 미묘한 개념이 위나 창자의 작동에서 기원했다는 사실은 믿기 쉽지 않다.

종종 갑작스럽게 발생하는 직관은 어디에서 왔으며 근거가 무엇인지 설명하기가 무척 어렵다. 판단이 이루어지기 전에 나타나는 것으로 보이며, 종종 판단을 위한 정보를 제공하긴 하지만 심사숙고한 결론을 완고하게 거부하기도 한다. 예를 들어, 자신의 행동에 대해 도덕적인 이유를 들어 당위성을 설명하면서도, 그 행동이 옳지 않으며 그러한 느낌을 무시하면 안 된다고 생각하기도 한다(이와 관련된 사례는 9장에서 다룰 것이다).

그런데 판단 과정에서 직관이 저항하는 타당한 이유에 대해서는 적절한 설명을 하기 어렵다. 아리스토텔레스가 『분석론 후서Analytica Posteriora』에서 언급했고 루트비히 비트겐슈타인Ludwig Wittgenstein이 『철학적 탐구』에서 주장한 대로, 추론은 항상 전제에서 출발하여 규칙이나 관계에 따라 이루어지므로 절대로 완전히 독립적일 수 없다. 뒤로 물러서는 한이 있더라도 추론 자체로는 이를 지지할 수 없다. 그래서 추론 이외의 능력으로 언제 시작하는 것이 좀 더 정당하고 타당하며 유망한지를 찾을 수 있게 도와주어야 한다. 그렇지 않으면 결코 추론을 시작할 수 없을 것이다. 아리스토텔레스의 말처럼 정답은 '첫 번째 전제first premises'와 '첫 번째 원리first principles'를 얻는 방법이다.

여전히 의문은 남는다. 직관이 도대체 무엇이기에 생각이나 행동을 이끄는 권한을 가지고 있는 것인가? 직관이 양육이나 문화 혹은 인간이 가진 고질적인 충동에서 유래한 그저 내재화된 편견일 가능성은 없는가? 즉 진화적 혹은 역사적 사건의 부산물은 아닐까?

여기서는 모든 직관을 동등하게 다루지 않을 것이다. 상대적으로 직관이 더 뛰어난 사람이 있는데, 이건 판단이나 행동을 이끄는 직관의 신뢰도에 관한 문제다. 일반적으로 직관이 뛰어난 사람은 관련 경험이 많다. 관찰자가 아니라 참여자이며, 일반적으로 수준이 높고 성공한 전문가다. 이들은 일정 수준의 창의성과 한 걸음 앞서 생각하는 능력이 있을 뿐만 아니라 상황 변화에도 민감하게 반응한다. 그런데 한 영역에서 뛰어난 직관을 가진 사람이 다른 영역에서는 그러지 못한 경우도 있다. 정치부 기자는 법률 통과 여부에 대해서는 직관이 좋지만 동료 기자와 잘 지내는 방법에 대해서는 직관 수준이 떨어지곤 한다. 이러한 측면에서 직관은 다른 형태의 지식과 매우 유사해 보인다.

그렇지만 직관은 다른 형태의 지식과 구분된다. 직관은 일반적으로 명시적인 지도보다는 암묵적으로 습득하며, 어떻게 특정한 직관에 다다랐는지는 종종 설명 불가능하다. 새내기 수학자에게 성공한 증명 기법을 이용해 수많은 증명 과정을 상세하게 가르칠 수는 있다. 하지만 기존과는 다른 방법 혹은 기대보다 높은 수준의 문제에도 이들이 그런 기법을 적용할 수 있을 정도로 믿을 만한 수준의 **감**을 가지는 데 필요한 직관은 강의실에서는 얻기 어렵다. 중대한 발전을 이루거나 새롭게 통합할 때 선구적인 역할을 하는 것은 명시적 추론이 아닌 직관으로 보이고, 직관의 근본적인 처리 과정은 사실이 제시된 이후에도 설명하기 어려울 것이다. 이러한 측면에서 직관은 방법과 사실에 대한 숙달이 아니라 **기량, 전문성, 창의적 능력**과 더 유사해 보인다. 하지만 직관은 **가장** 높은 기량이나 창의적 능력이 아니다. 모든 사람이 직관에 대한 나름의 측정 기준을 가지고 있다. 그리고 직관이 발휘될 것이라고 기대하는 영역(풍부한 경험과 배경지식을 가진 영역)에서 좀 더 높은 신뢰도를 보인다.

그럼에도 직관이 어떻게 생성되는지 그리고 직관이 왜 그런 특징을 가지게 되었는지에 대한 설명은 충분하지 않다. 이에 답하려면 전망의 작동 방식을 잘 알아야 하며, 둘 중 하나를 이해하면 다른 문제에 대한 이해도 쉬워질 수 있을 것이다.

먼저 직관이 가장 광범위하게 사용되는 영역 중 하나인 **언어적 직관**linguistic intuitions을 살펴보자. 언어적 직관은 문법성이나 문장의 용인 가능성에 대한 원어민의 자연스러운 판단을 말한다. 영어가 모국어인 사람은 아래의 문장을 볼 때 즉각적으로 구분할 수 있다.

Oscar pushed the toy car along the floor. (오스카가 바닥에서 장난감 차를 밀었다.)

The floor along the toy car Oscar pushed. (오스카가 밀었던 장난감 차의 바닥)

영어 원어민은 두 번째 문장이 이상하다고 하겠지만, 어떤 문법적인 오류가 있는지까지 말할 수 있을까? 언어학자는 화자에게 무제한으로 자연스러운 언어적 직관이 있어 잘 구성된 문장과 비문법적인 혹은 특이한 문장을 구분할 수 있다고 주장해왔다. 이들의 직관은 모국어에 대한 암묵적인 지식에서 자연히 **발생**하며, 언어의 원칙과 규칙성에 대해 드러나지는 않지만 완벽하게 숙달된 것이다. 따라서 직관은 습득한 문장이나 형태의 단순한 저장소가 아니며 새로운 사례로 제한 없이 확장될 수 있다.

이러한 암묵적인 숙달 상태로 또 다른 주목할 만한 사실을 파악할 수 있다. 원어민은 문법 규칙을 고민하지 않은 채 무제한적으로 많은 수의 문장을 **생성**할 수 있고, 이렇게 생성한 문장은 다른 원어민이 쉽게 이해할 수 있다. 그래서 해당 언어의 주요 측면에 대한 능숙함은 원어민 간에 별 차이가 없을 것이고, 일부 전문가만의 전유물이 아닌 대부분의 사람이 습득할 수 있는 무언가가 있어야 한다는 것이다. 한 문화권에서 성장한 사람은 모국어의 발화와 이해에 능숙해지고 새로운 문장도 처리할 수 있다. 대부분의 사람이 공유하고 구조화되어 있으며, 대체로 무의식적으로 나타나는 언어 생성의 능숙함은 일상적인 경험에서 간단히 습득할 수 있다. 이런 원리에 기반하여, 인간의 사고 방식을 설계해야 할 것으로 보인다. 그리고 이렇게 복합적인 능력을 가지고 있기에 의식적인 수준에서 자연스럽게 새로운 직관을 생성할 수 있고 특별한 노력이나 계산을 하지 않고도 빠른 속도로 능숙하고 독창적인 문장을 만들 수 있다.

언어는 특별하다. 그래서 언어 학습이 점점 더 다른 인지적 능력과 통합되는 것처럼 보이긴 하지만, 뇌가 언어에 할당된 모듈이나 관련 능력을 가지고 있다는 주장도 제기되어왔다(Chater & Manning, 2006; Fodor, 1983; Griffiths, Steyvers, & Tenenbaum, 2007; Hauser, Chomsky, Fitch, 2002; Markson & Bloom, 1997). 그렇다면 뇌에 새로운 형태의 생각이나 행동을 생성하거나 이해하는 능력을 가진 직관을 발달시킬 수 있는 영역이 있을까? 각각의 영역마다 특별한 모듈이 필요할까? 혹은 '자연스레 생성하는generative' 능력을 부여하는 복잡하고, 대체로 무의식적이며, 구조화된 지식 체계를 습득할 수 있는 좀 더 일반적인 능력일까(Tenenbaum, Kemp, Griffiths, & Goodman, 2011)?

직관이 즉흥적이고 빠르기 때문에, 직관을 구조화된 지식 혹은 정보 시스템 내에서 이루어진 복잡한 계산의 산물이 아니라 **직접적·즉시적·비계산적·비분석적** 반응으로 여기는 경향이 있다. 분명 직관은 완성된 모습으로 다가오는 것처럼 보이지만, 그 실체를 그대로 보여주기보다는 의식적인 사고방식을 어떻게 건드려야 하는지에 대한 깊은 고민으로, 일종의 '착각'일 수도 있다.

이러한 생각을 이어가기 위해서, 먼저 우리의 동반자인 노트북 혹은 태블릿 컴퓨터를 떠올려보자. 식탁에 앉아 스크린을 보면서 이메일을 처리하고 있는 상황이다. 받은 편지함에서 우연히 알게 된 사람이 보낸 이메일이 있는데, 제목이 "토요일에 집으로 초대합니다"였다. 깜짝 놀라서 메시지를 클릭하고, 친구들의 모임에 초대한다는 이메일을 읽게 된다. 그런데 뭐라고 답해야 할지 모르겠다. 참석하지 않는 것이 좋겠다는 생각과 못 간다고 대답하면 안 될 것 같다는 생각이 동시에 떠오른다. 초대한 사람과 그렇게 편한 사이는 아니어서 모임 초대에 조심스럽게 반응해야 한다. 잠시 가만히 머릿속에서 어찌해야 할지 고민해보았지만 답이 떠오르지 않는다.

컴퓨터는 어떤가? 타이핑을 하지 않고 있기 때문에 처리해야 할 새로운 정보가 없어서 쉬고 있는 상태로 당신이 무언가를 하기를 기다린다. 하지만 하드디스크가 활성화되어 있다는 상태 표시등이 깜빡거리고 있다면 혹은 컴퓨터의 리소스 현황을 확인해본다면, 컴퓨터가 지속적으로 가동되고 있다는 것을 알 수 있을 것이다. 잠잠한 외관과 윤기 나는 케이스 아래에서 컴퓨터는 계속 작동하고 있다(사실 기계의 냉각 팬이 작동하는 것일 수도 있다). 즉 스스로 프로그램을 작동시키고, 파일에 색인을 달고, 데이터와 프로그램을 업데이트하며, 관련 데이터와 프로그램을 연결하고, 디스크 공간을 재조정하고, 기본적인 관리 프로그램에 자원을 할당하며, 통신망과 연결 신호를 주고받고, 바이러스를 감시하며, 일정을 확인하는 등의 작업을 진행하는 것이다. 마치 꿀벌의 행동과 같다. 활동이 구조화되고 계층화되어 있어서 여러 일을 상호 의존적으로 진행하는 꿀벌처럼 전체 시스템이 지속적으로 효과적이고 효율적으로 기능하는 것이다. 단지 그 결과물은 꿀이 아니라 **능력**이다. 예를 들어, 이전에 한 번도 찾아본 적이 없는 문제에 대해 즉각적인 답을 제시하는 능력, 잊어버린 약속을 상기시키는 메시지를 보내는 능력, 혹은 한 프로그램의 정보를 겉보기에 별다른 노력 없이 다른 프로그램에서 사용할 수 있게 만들어주는 능력 등이다.

초대에 어떻게 답해야 할지 여전히 낑낑대고 있다가 탐색 기능을 사용하여 이전의 기억을 상기해보기로 결정했다. 아주 빠르게 시간순으로 나열된 긴 목록의 이메일이 화면에 나타났다. 이메일에는 답장 여부가 표시되어 있고 '중요' 마크가 붙어 있었다(내게 직접 보낸 이메일인가? 아니면 다른 사람이 전달해준 건가?) 지금은 거의 바로 탐색 결과가 나타나지만, 예전에는 이전에 주고받은 편지를 찾으려면 설령 가지고 있다고 해도 여기저기 뒤져야 했다. 당신이 정리를 잘하는 편이고 운이 좋다면 관련 폴더를 찾을 수 있었을 것이다. 그다음에는 편지들을 훑어보고 이전에 초대를 거절했는지 그랬다면 언제였는지 확인할 수 있는 편지를 찾아야 했다. 탐색이 끝나고 나서도 원하는 편지를 찾았건 아니건 간에 모든 편지를 다시 정리해서 당신만의 정리 원칙에 따라 분류해야만 했다. 그러고 보면 이메일은 정말 인간의 기억 체계에 엄청난 도움을 줄 수 있게 개선된 시스템이다.

사실 예전에도 과거의 모든 것을 체계적으로 탐색하기 위해 꼭 노력을 해야 하는 것은 아니었다. 대신 폴 슬로빅Paul Slovic 연구팀이 제안한 '정서 휴리스틱affect heuristic'에 의존하여 지름길로 갈 수 있었다(Slovic, Finucane, Peters & MacGregor, 2007). 모임에 참여하면 어떻게 느낄지, 지난번 초대에 너무 예의 없게 대응했다고 느끼는지, 이번에 못 간다고 하면 어떻게 느낄지, 이번에 참석한다고 하면 마음이 편할지 등을 스스로 확인해보는 것이다.

여기서 한 가지, 이메일이 당신에게 필요한 답을 제공하는지 물어보자. 이전 이메일을 잘 정돈된 상태로 보여주기는 하지만, 현재 관심사와는 그다지 관련이 없는 방식으로 표시되어 있다. 그런데 이런 이메일로 무얼 할 수 있을까? 결국 오래된 편지가 보관된 파일을 훑어보는 것처럼 아주 귀찮게 이메일을 분류해야 한다. 물론 운 좋게 필요한 내용을 찾을 수도 있지만, 그렇다고 해서 당신이 이전에 매우 부정적이었는지를 알려줄 가능성은 별로 없다. 곧 그동안 교환한 이메일을 분류하는 데 지쳐서, 지금까지 찾은 것으로 볼 때 어떻게 느끼는지, 결정하기에는 충분한지, 지나치다 싶을 정도로 주의하는 게 좋을지 등등을 스스로 물어봐야만 한다. 간단히 말해서, 정서 휴리스틱으로 돌아가게 된다는 것이다.

자, 이제 어떤 생각이 드는가? 당신의 동료 그리고 그의 친구들과 보내는 저녁을 떠올렸을 때, 그들이 술을 과하게 마실 것이고 그들이 하는 농담은 불쾌하게 느껴질 것이라는 생각이 들면서 저녁 초대가 그다지 달갑지 않게 생각된다. 그러면 초대한 사람이 당신이 별로 즐기지 않고 있다는 것을 금방 알아차리겠지만, 당신은 다른 사람의 시선을 의식하며 즐거운 척하려고 노력할 것이다. 그럼에도 못 간다고 하기는 여전히 꺼림칙하다. 그순간 최근에 그를 제치고 당신이 승진했다는 사실이 떠올랐고, 즉각 못 간다고 할 수 없다는 게 명확해졌다. 못 간다고 하면 그는 상당히 부담을 느낄 것이고, 그렇다고 그가 납득할 만한 확실한 핑계를 찾지도 못했다. 그래서 "좋습니다. 몇 시쯤 가면 될까요?"라고 답장을 쓴 다음, 한숨을 쉬면서 '전송'을 클릭했다.

이처럼 당신은 결정을 내릴 때 정교하게 계산하지 않았다. 오히려 대체로 직관에 의존하여 갑자기 든 생각에 반응했고, 모든 가능성, 비용, 이득을 고려하지 않았으며, 느낌대로 '정서적 지름길affective shortcut'을 따라갔다. 그런데 동료의 초대를 놓고 고민하는 동안 컴퓨터가 얼마나 바빴는지를 떠올려보자. 당신의 뇌는 결과적으로 지름길을 선택하지 않았을지는 모르겠지만, 의식적인 수준의 생각과 그 과정에서 경험한 느낌은 가능성, 손실, 이득을 파악하는 처리 과정을 반영했다. 질문을 던져놓고 잠시 두었을 때, 관련 정보와 기억을 가져오고 시나리오를 속으로 실행해보고, 간다고 했을 때의 느낌과 못 간다고 했을 때의 느낌 등 여러 관점에서 짚어보면서 그 문제를 해결하기 시작한다. 이렇게 당신은 초대와 관련하여 상충된 경험과 정보로 인해 내부적으로 혼란을 겪으면서 초대자가 보낸 이메일의 제목을 읽기 시작했고, 제목을 모두 읽자마자 여러 감정이 든 이유와 응답을 망설인 이유를 설명할 수 있다. 이러한 내부적 혼란을 직접적으로 통제하지는 못한다 하더라도, 이런 혼란이 무작위로 발생하는 것은 아니다. 컴퓨터의 색인 시스템처럼 '중요' 표시를 따라갈 수 있다. 그래서 메시지를 보낸 사람, 그 사람과의 관계, 메시지의 요청 내용, 요청에 대한 선택지 등등에 따라 달리 행동할 수 있다. 이렇게 하면 당신의 생각이 흘러가는 동안, 가장 관련성이 높은 경로를 선택하여 엄청난 자료 더

미에서 빠르게 빠져나간다. 금세 상충하는 생각들이 의식적으로 떠오르게 되고, 그러자마자 바로 어느 쪽에 더 큰 비중을 두어야 하는지에 대한 사실이 기억에서 떠올라 문제를 해결한다. 당신은 승진했고 그는 승진에 실패했다. 방향성이 없는 고민에 나쁜 방법은 아니다.

개인용 컴퓨터의 혁명에는 점점 더 작은 칩으로 계산 속도와 용량을 증가시키는 기술의 발전뿐만 아니라 놀랄 만큼 복잡하고 강력한 프로그램의 개발도 한몫했다. 공학이나 프로그래밍 지식이 없는 사람들에게 컴퓨터 세계의 문을 열어준 것은 바로 그래픽사용자인터페이스(GUI)로, 컴퓨터나 태블릿에서 볼 수 있는 익숙한 화면을 말한다. 예전에는 검색 기능을 수행하려면 코드를 직접 작성하고 검색의 매개 변수를 설정하여 분류나 선택 기능을 수행하라고 지시해야 했다. 그러면 코드를 카드에 찍고 오류를 확인하여 수정하고 명령어 구문을 확인한 다음 핵심 처리 공간을 할당하고, 저장 테이프와 디스크를 지정하기 위해 작업-제어 카드를 추가하고, 물리적으로 저장 테이프를 고정한 다음 원하는 결과 포맷을 만든다. 지금은 사용자는 검색창에 한두 개의 명령어를 입력하면 거의 즉각적으로 답을 받을 수 있다.

잘 만든 GUI는 **직관적**이다. 사용자가 가장 흥미로운 것을 찾아 집중하게 만들어 컴퓨터가 작업하는 동안 내부의 처리 과정을 굳이 알 필요가 없으며, 그다지 힘들지 않게 원하는 결과를 얻을 수 있다.

인간의 직관 그리고 뇌의 GUI처럼 보이는 의식적인 경험을 생각해보자. 직관적인 '감각'은 뇌에 가용한 자원으로 통합할 수 있는 것을 손쉽게 인식할 수 있고 용이하게 사용할 수 있는 형태로 제공한다. 여기에는 최근 경험, 관련 기억, 선호도, 사회 규범, 불확실성, 책무, 특정인이나 상황 그리고 사회적·물리적 세계에 대한 지식, 대안을 떠올리는 능력, 동기 등등이 포함된다. 이 모든 것을 통합해야 맞닥뜨린 문제를 해결하는 데에 뇌의 자원을 최대한 활용할 수 있다. 하지만 시급한 것, 더 중요한 것, 좋거나 나쁜 결과, 위험 등등에 대한 **감각**이 있어 결과에 따라 대응하는 방식으로 **반응**할 수 있다면, 정보의 총합과 같은 것을 생각할 필요가 없을 수도 있다.

비의식적인 뇌가 엄청난 양의 정보로 정신없이 작동하고, 대안을 계획하고 관련 이득과 손실을 추적하며, 동료의 메시지를 읽을 때 드는 특별한 느낌이나 생각을 잘 정돈할 수 있을 정도로 **빠르다**고 믿는 것은 비현실적이지 않을까?

우선, 뇌는 컴퓨터나 구글과 달리 검색을 할 때마다 맨땅에서 시작할 필요가 없다. 지능형 운영 체제 혹은 검색 엔진의 업무는 작업 중에도 연결을 유지하고 정보를 업데이트하며 시스템 부하를 추적 및 예측하는 것이다. 흥미를 끄는 블로그의 글을 클릭할 때도 그렇게 작동한다. 인간의 뇌가 가진 이런 종류의 역량에 대해 린 하서Lynn Hasher와 로즈 잭스Rose Zacks의 1984년 연구에서 작은 힌트를 얻을 수 있다. 인간의 마음이 외견상으로는 무의식적으로 상대 빈도를 추적하며, 이러한 작업은 심지어 다른 과제를 수행할 때도 진행된다(Hasher & Zacks, 1984). 1980년대 이후에 폭발적으로 진행된 무의식적 마음에 관한 연구는 "전망과 두뇌의 처리 과정"에서 자세하게 논의하기로 하고, 지금은 이들의 연구 결과가 그다지 놀랄 만한 것은 아니라고 언급할 필요가 있다. 뇌가 동시에 수행할 수 있는 과제의 수가 적고 의식적인 생각의 속도와 방식으로 작동한다는 아이디어는 의식의 GUI의 이면을 제대로 보지 않았기 때문에 발생하는 착각이다.

구글에서 "내 컴퓨터에서 파일을 찾을 때 화면에 나타나는 회전

1부 호모 프로스펙투스

하는 파란색 원을 무엇이라고 부르는가?"를 검색하면, 1.49초 만에 24만 개의 검색 결과를 보여준다는 사실은 경이롭기까지 하다. 그런데 구글은 질문을 전송하여 파일 탐색, 대기, 그리고 이를 상징하는 아이콘에 대한 질의와 관련한 정보와 연결하기도 전에 검색 결과를 보여준다. 검색 엔진의 기본은 (아무도 검색하지 않을 때도) 잠재적인 관련성이 있는 항목 간의 관계를 지속적으로 구축하는 것이다. 그래서 검색을 수행할 때 즉시 답을 제시한다. 검색 엔진이 더 많은 질의를 받고 처리할수록 그리고 검색 결과에 대한 사용자의 응답을 더 많이 추적할수록, 사람들이 가장 궁금해할 만한 것에 대한 링크를 더 잘 만들고 사람들이 읽을 가능성이 가장 큰 결과를 더 잘 제공하게 된다(다른 검색 엔진인 빙Bing에 같은 질문을 했을 때 약 1.5초 만에 9만 4,000개의 검색 결과를 보여주었다).

하지만 구글의 검색 능력은 뇌에 비해서는 그다지 인상적이지 않다. 우선 구글은 충분히 선택적이지 않다. 가장 처음에 제시된 결과는 회전하는 파란 원을 제거하는 방법 그리고 이와 관련한 윈도 사용자의 불만 사항에 관한 것이었다. 잘 알려진 이름인 '트로버throbber'*는 검색 결과의 상단 근처에 있지도 않았고, 그걸 찾아내려면 여러 개의 목록을 살펴봐야 했다. 만약 개념, 단어, 이름, 의미 등에 대한 기억인 '의미기억'이 이 정도로 번거롭다면, 인간은 절대로 유창하게 언어를 구사하지 못했을 것이다.

단어와 이름을 불러오는 것은 받은 편지함에 있는 초대 이메일을

---

* 프로그램이 로딩 중이라는 것을 알려주는 아이콘 ─ 옮긴이

보았을 때 머릿속을 가득 채웠던 것에 비하면 간단한 작업이다. 구글이 검색 질문에 대해 보기 번거롭고 긴 검색 결과를 보여주는 그 시점에, 우리의 뇌는 그 이메일을 보낸 사람의 이름을 인식하고 그 사람을 떠올린 다음 제목을 보자마자 이메일의 내용을 예상하기 시작하며 상충하는 생각 그리고 그 사람과의 과거 경험에 대한 느낌이 머릿속을 채우기 시작하면서 어떻게 답을 보내야 할지 잘 모르겠다는 생각이 들었고, 상황을 조심스럽게 다루어야 하니 고민을 해야겠다고 생각했다. 그렇게 짧은 시간 안에 위치를 찾고 인출하여 현재 진행 중인 일에 맞추어 넣기 위한 엄청난 양의 정보를 처리하고 평가를 내리는 일인데도 심지어 파란 작은 원의 이름에 대한 구글 검색 결과보다 훨씬 더 효과적인 방법으로 수행했다.

어떻게 이게 가능한 것인가? 성인의 뇌는 800~900억 개의 신경세포로 구성되어 있고, 개별 신경세포는 수백 개에서 수천 개의 다른 신경세포로 뻗어 있어 수조 개의 시냅스를 구성하고 있다. 게다가 뇌의 여러 영역에서 동시다발적으로 처리가 이루어지기 때문에 '인간 컴퓨터'의 유효 사이클 타임$_{\text{cycle time}}$*을 볼 때 초당 800억~15조 회의 활동전위가 발생한다고 추정된다. 인간 기억의 저장 용량은 10~100테라바이트로 추정된다. 물론 2.5페타바이트(250만 기가바이트)에 이른다는 추정치도 있다. 참고로 2.5페타바이트는 컬러 텔레비전이 300년 동안 연속으로 재생하는 정보를 저장하기에 충분한 용량이다(Reber, 2010).** 물론 이러한 추정치는 추측에 근거하고 있다. 그런데 여기에는 신경

---

* 컴퓨터에서 기억 장치를 읽는 속도— 옮긴이.
** 자세한 논의를 살펴려면 이어지는 "신경세포와 시냅스"를 참고하라.

1부 호모 프로스펙투스

세포보다 훨씬 많은 교세포의 일종인 성상세포astrocyte에 의한 추가적인 처리 및 저장 용량은 포함되지 않았다. 성상세포는 수십 개의 화학적 경로를 포함하여 수만 개의 연결을 구성하며, 시냅스의 장기강화작용long-term potentiation과 기억 형성 과정에서 신경세포의 활성화에 중요한 역할을 한다(Henneberger, Papouin, Oliet, & Rusakov, 2010; Suzuki et al., 2011). 앞의 질문으로 돌아가자. 그게 가능했던 이유는 수천 개 이상의 고성능 컴퓨터를 병렬로 연결하여 만든 슈퍼컴퓨터만이 용량과 복잡성에서 그나마 견줄 수 있을 정도의 저장과 인출 시스템이 있기 때문이다.

심적 처리 과정에서 속도와 복잡성 간에 분명한 상쇄 효과가 있다는 주장이 종종 제기되고 있다. 하지만 초당 수십억 개의 시냅스 연결이 가능한 뇌는 인간의 기준으로도 아주 짧은 시간에 엄청나게 복잡한 것을 처리할 수 있다.

인간의 생각과 행동 대부분은 명시적인 궁리와 결정이 아닌 암묵적이고 직관적인 처리 과정이 이끈다(Bargh & Chartrand, 1999; Baumeister, Bratslavsky, Muraven, & Tice, 1998). 만약 암묵적이고 직관적인 생각이 통계 수치를 주의 깊게 살펴보지 않고 단순한 지름길에만 의존한다면 엄청난 문제가 발생할 것이다. 물론 암묵적인 사고방식의 수준이 낮다는 것은 아니다. 의식적으로 과제에 집중하든 혹은 별다른 목적 없이 이런저런 생각을 하든 뇌의 신진대사 활동은 놀랄 정도로 일정하게 유지되는데, 신체 질량의 2% 정도인 뇌는 15~20%의 산소와 칼로리를 소모한다(Richle & Gusnard, 2005). 인간의 뇌가 경이로운 계산 속도와 저장 용량을 보유하도록 진화하고 신진대사의 측면에서 엄청난 손해를 감수하면서도 지속적으로 활성화하는 동안, 대부분 그저 자극-반응 연합, 습관, 광범위한 연산을 피하기 위한 지름길 사용 정도의 활동을 하고 있는 이유는 무엇인가?

이에 대한 답으로는 언뜻 관련이 없어 보이는 두 가지가 있다. 하나는 도처에 산재해 있는 '서버 팜server farms'*이고, 다른 하나는 영감은 준비된 자에게만 온다는 루이 파스퇴르Luis Pasteur의 명언이다. 검색 엔진은 이전에 언급한 대로 검색을 수행하기 전에 이미 검색을 시작한다. 쓰인 그대로 변하지 않는 정보를 제공하는 백과사전과는 달리 검색 엔진은 시시각각 진행되는 질의에 최대한 집중한다. 그것이 정식 출판물, 비공식 글, 질의 경향, 구매 패턴, 사용자의 반응 패턴에 접근을 시도하고 모니터하는 문제든 아니든 상관없다. 이게 가능한 것은 엄청난 양의 정보를 순간적으로 처리하고 저장하며 업데이트할 수 있기 때문이다. 그런데 에너지 사용량이 엄청나다. 하지만 가상 공동체virtual community에서 빠르게 변화하는 정보 요구를 쫓아가며 충족할 수 있는 유일한 방법이기도 하다. 컴퓨터는 비싸기 때문에 상호 연동 시스템을 설계하여 과제를 할당 및 재할당하는 방식으로 컴퓨터가 지속적으로 고성능으로 작동할 수 있게 했다. 물론 최근에는 전 세계 전력의 10% 정도를 사용할 정도로 지구의 자원에 대한 "신진대사 부하"를 높이고 있기도 하다(Walsh, 2013).

마찬가지로 암묵적 사고도 정보 처리 수준을 유지하는 데 필요한 대용량의 기억과 빠른 계산을 가능하게 하기 위해 신체에 높은 수준의 신진대사 부하를 지속적으로 가한다. 여기에는 질문에 답하는 것 외에도 생각과 행동을 중단 없이 안내하는 것까지 포함한다. 4장에

---

* 서버와 운영 시설을 모아 놓은 곳—옮긴이.

1부 호모 프로스펙투스

서 자세히 논의하겠지만, 과제 부하가 약해졌을 때 뇌의 상태인 기본 작동 모드에서는 뇌가 컴퓨터와 비슷하게 과제를 통합하고 정리하며 예측한다는 이론이 제기되어왔다(Bollinger, Rubens, Zanto, & Gazzaley, 2010; Buckner, Andrews-Hanna, & Schacter, 2008; Lewis, Baldassarre, Committeri, Romani, & Corbetta, 2009). 이렇게 비용이 많이 드는 인간의 뇌는 빈둥거리거나 나태한 세상에 대처하는 데 상당히 높은 가치를 가진 자원이다.

그래서 인간의 뇌도 컴퓨터나 검색 엔진과 마찬가지로, 가만히 앉아서 응답을 만들어내기 위해 노력하는 동안 여러 행동으로 정보를 공유하는 꿀벌의 무리와 같다고 생각하는 것이 비합리적이지는 않다. 문제를 명시적으로 생각하지 **않고** 다른 과제를 수행하거나 "이후로 결정을 미루는" 동안 생각에 스며들게 해도 문제를 해결할 수 있다는 주장은 근거 없는 믿음이 아니라 오히려 정말 흔한 사실이다. 심사숙고하며 한 걸음 한 걸음 해답에 다가가는 일은 설령 있다 하더라도 극히 드물다. 오히려 어느 시점에서 갑자기 떠오르거나 그럴듯해 보이는 아이디어나 가능성에 의존하기도 하고, 의식하지는 못하지만 이전 경험에서 떠오른 기억이나 유추를 사용하기도 한다. 그러한 직관 혹은 영감이 경험에 기반하고 자료 집약적이며 개념적으로 조직화된 처리 과정으로 작동할 수 있다. 이는 삶의 모든 영역에서 검색 엔진을 동반자로 만들어준 것과 같은 종류의 처리 과정이다.

이러한 처리 과정이 스크린에 빠르고 쉽게 나타나는 것처럼 보인다 하더라도 구글이 직감, 본능, 습관, 연합 반사, 혹은 단순한 휴리스틱에 기반하여 결과를 보여준다고 생각하지 않는다. 검색 엔진도 GUI처럼 복잡한 구조와 알고리즘을 능숙하게 가리고 사용자 친화적이고 직관적인 모습을 보여준다. 그렇다면 암묵적 사고가 비용이 많이 드는 고성능 컴퓨터를 운영하는 것과 같다고 보는 이유는 무엇인가?

뇌의 신진대사 부하를 강조하는 것은 효과와 효율을 강조한 것과 배치되는 것처럼 보인다. 그렇다면 에너지를 절약하는 방법은 무엇인가? "학습이 비용이 많이 든다고 생각하면 무지를 좇아라."라는 옛 격언에서 답이 확실하게 보인다. 뇌가 계산을 통해 몇 분의 1초 만에 특정 행동 순서를 생성하고 평가하며 다른 순서에 비해 기대 가치가 낮을 때는 제거하기도 한다면, 그 과정에서의 에너지 사용량은 실제 경험을 통해 생산성이 낮다는 것을 학습할 때의 사용량보다는 훨씬 작을 것이다. 이러한 특징은 제대로 설계한 제어기에서 일반적으로 볼 수 있다. 이러한 제어기는 다른 용도로 쓰일 수 있는 에너지를 **소비하기도** 하지만, 그 양은 제어기가 아끼는 양에 비해서는 아주 적다. 지능형 온도 조절 장치의 회로를 한 시간 가동할 때 소비하는 에너지는 냉방기를 필요 이상의 수준으로 1분 동안 가동할 때보다 훨씬 더 작다. 그래서 지능형 기술은 실제로 매우 효율적이며, 점차 사물 인터넷의 세계로 이동함에 따라 전 세계의 에너지 공유 방식 역시 확실하게 성장해나갈 것이다. 유례없는 속도로 전 세계에 퍼진 인터넷은 사실상 우리 삶의 모든 측면에 영향을 주고 있다. 이 정도 속도는 지질학적 시간에서 호모 사피엔스가 지구를 뛰어넘어 인근 행성을 채우는 정도와 비슷하다.

이제 "영감은 준비된 자에게만 온다."는 루이 파스퇴르의 명언을 살펴보자. '준비된 자'의 의미를 따지게 되면 미묘하지만 필수적인 구분이 모호해지므로, 이 부분에 대한 논의를 잠시 멈추고 호모 사피엔스와 호모 프로스펙투스를 인간의 사고방식을 이해하는 체계에 따라 좀 더 명확하게 구분해보자. 체스의 그랜드마스터, 엘리트 운동선

수, 최고의 재즈 음악가, 화재진압대장, 고도로 숙련된 장인이 보여주는 행동처럼 가장 잘 준비된 직관적 반응을 떠올려보자. 심리학자들은 의식적으로 심사숙고하기 위해 잠시 멈추기보다는 상황을 판단하여 놀라울 정도로 능숙한 반응을 보이는 이들의 능력에 매료되어왔다. 전문가의 직관적 행동을 설명하는 유력한 모형 중 하나는 이들이 수천 시간의 경험을 통해 '상황-행위'에 대한 '형태 재인pattern recognition'과 '움직임 프로그래밍motor programming'의 방대한 목록을 습득하고 기억에 저장한다는 것이다. 그들은 상황의 구체적 특징을 지각할 때 이러한 상황-행위의 쌍을 떠올려 실행한다. 예를 들어, 노벨 경제학상 수상자 허버트 사이먼Herbert Simon은 그의 유명한 논문에서 "상황은 단서를 제공한다. 전문가는 단서를 보고 기억에 저장된 정보에 접근하고, 이 정보로 답을 찾는다. 직관은 재인과 다름없다."고 주장했다(Simon, 1992, p. 155). 게리 클라인Gary Klein과 노벨 경제학상 수상자인 대니얼 카너먼Daniel Kahneman은 "일부 뛰어난 사람만 사용하는 직관을 종종 창의적이라고 한다. 하지만 다른 직관과 마찬가지로 창의적 직관도 기억에서 찾은 유효한 형태에 근거한다. 이것을 다른 사람보다 더 잘하는 사람이 있다."라고 주장했다(Kahneman & Klein, 2009, p. 521). 이렇게 형태 그리고 움직임 절차(혹은 루틴)를 저장해놓으면, 의식적인 사고를 통해 상황별로 새로운 반응을 만들어낼 필요가 없다. 이렇게 스스로 의식하는 노력이 필요한 사고에서 힘들이지 않는 암묵적인 처리 과정으로 옮겨 가게 되며, 신참에서 전문가로 발전할수록 제어의 부담이 점진적으로 감소한다. 이것을 전문적 직관에 대한 호모 사피엔스 모형이라고 생각할지도 모른다. 그런데 전문성은 지식 혹은 지혜라 할 수도 있지만, 기억에 저장된 패턴의 구체적 방식에서 나오며, 재인 능력을 숙달하면 단서가 주어질 때 이러한 패턴에 바로 접근할 수 있다.

하지만, 전문가에 대한 이와 같은 설명은 베이즈 의사결정 이론의 가장 강력한 이론인 규범 이론normative decision theory에서 주장하는 최적화된 행동과는 상당히 차이가 있다(Berger, 1980; Jeffrey, 1965; Raiffa, 1974). 규범 이론에 의하면, 최적화된 행동은 가능한 행위를 나열하여 비용과 이득을 계산 및 비교하고 상황 정보를 지속적으로 갱신하여 향후 전망과 위험을 확인하고, 그 시점에 기대치가 가장 높은 행위를 선택하는 방식으로 이루어진다. 선택한 행위는 이전에 한 번도 수행하거나 관찰한 적이 없을 수도 있고, 그 행동을 선택하는 데 사용한 정보와 평가 역시 새로운 정보에 따라 바뀐다. 이것이 바로 전문가에 대한 호모 프로스펙투스 모형이다. 전문성은 역동적으로 진화하는 전망 기반 모델링, 시뮬레이션, 평가 그리고 선택에 관한 역량에서 찾을 수 있다.

전문가의 수행을 설명하는 두 번째 모형인 베이즈 모형은 형식적인 측면에서는 최적의 모형이라고 볼 수도 있으나, 이들의 의사결정이 시간 제약이 매우 큰 상황에서 이루어진다는 점에서 심리학적으로 간단하게 구현 가능한 모형이라고 보기는 어렵다고 생각해왔다. 예를 들어, 스포츠 경기나 게임에서 상대방의 실력이 우수하고 속도가 빠르면 몇 분의 1초 만에 반응해야 하며, 다양한 선택지를 시뮬레이션하고 평가할 시간이 없어서 선택한 안이 최상의 안과는 거리가 있을 수도 있다. 그래서 전문성을 재인recognition으로 바꾸어야 한다는 아이디어를 보자. 훈련이 잘되어 있으면, 단서가 주어졌을 때 관련된 해결책을 의식적으로 심사숙고하지 않고 아주 짧은 순간에 대안을 떠올릴 수 있다. 전문가의 경우 더 많은 해결책을 저장하고 있어서 단서를 훨씬 더 빨리 발견하고, 관련 해결책을 떠올려 적용하는 데 훨씬 더 능숙하다.

이러한 접근이 맞다면, 즉 호모 프로스펙투스가 인간을 현실성 있게 보여준다면, 이 두 번째 의사결정 모형이 훨씬 더 최적의 설명을 제공할 수 있기 때문에 전문가나 엄청난 직관적 수행능력을 설명하는 기초가 될 것이라고 기대할 수 있다. 그런데 과연 그럴까? 스마트하고 역동적이며 계산과 정보 처리에 집중하는 인공 시스템으로 비유한 이유는 그 시스템이 어떤 모습을 보일지 점차적으로 확인할 수 있기 때문이다. 현재 계산 속도와 용량의 수준을 고려할 때, 이러한 시스템은 필요한 계산과 비교를 실시간으로 수행할 수 있다. 폭풍처럼 밀려오는 엄청난 양의 계산은 사용자에게 보이는 단순하고 직관적인 GUI 뒤로 간단히 숨긴다.*

일상에서 발생하는 직관적 전문성의 사례를 들어 조금 더 현실에 가깝게 비유해보자. 직관적 전문성의 결과물이 바로 직관적 GUI, 지각 체계다. 지각 체계는 주변의 잡음이 섞인 엄청난 양의 연속적인 감각 정보를 잘 조직화하여 외부 세계를 정상적으로 지각하게 하는 데 능숙하다. 1,000분의 1초 단위로 변하는 망막에 맺힌 2차원 자극은 비교적 안정적인 3차원 세계로 변환되어 배경과 구분되고, 조망, 근접

---

* 물론 실제 세계에서, 심지어는 고성능의 인공 계산으로 구성된 세계에서 최적화는 속도, 성능, 자료에 대한 제약과 어느 정도 관련되어 있다. 여기서 중요한 것은 의사결정 과정이 사이먼, 클라인, 카너먼이 서술한 대로 재인과 회상이라는 기제에 의해 심리적으로 현실화될 수 있는지 아니면 역동적이며 실시간으로 진행되는 모형-기반 최적화의 형태를 취하는 것인지다(추가로 언급해야 할 점은 실제로 재인과 회상 전문가를 만들려면 잡음이 많은 데이터에서 형태 재인과 형태 추상화를 할 수 있는 능력을 구축할 필요가 있다는 것이다. 이러한 능력은 기계 학습에서 일반적으로 베이즈 혹은 통계적 최적화 절차로 구축하게 된다. 관련 논의에 대해서는 Tenenbaum, de Silva, & Langford, 2000을 참조하고 기술적인 부분은 Webb & Copsey, 2011을 보라).

성, 입사광이 계속해서 변함에도 불구하고 모양, 크기, 색깔, 정체성을 유지한다. 우리는 인공적인 대상-재인 시스템을 설계하려는 시도를 통해 이러한 처리 과정이 엄청난 양의 계산 그리고 외부 환경이나 그 안에서 개개의 움직임에 대한 비-시각적인 정보의 추출을 필요로 한다는 것을 알고 있다. 물론 인간의 시각 시스템과 같이 전문적인 대상 식별 시스템은 일련의 방대한 정보와 확률 계산으로 성가시게 하지 않고, 외부 세상에 대해 깔끔하게 조직화되어 있고 모호하지 않은 직관적 그래픽 인터페이스를 제공한다. 그러한 전문성은 단서에 기반하여 저장된 시각 반응을 회상하는 방식을 취할까? 거의 그렇지 않을 것으로 생각하는데, 이는 우리가 마주하는 변화는 무한정 거대하며 역동적으로 발달하여 이전에 마주친 적이 없는 상태로 바뀌기 때문이다. 오히려 시각 체계에서 대상 식별과 추적이 베이즈 추론과 유사한 학습 알고리즘으로 구축한 위계적으로 구조화된 네트워크를 통해 실시간으로 작동하고, 베이즈 결정 이론과 유사한 처리 과정으로 모호함과 변화 가능성을 해결한다는 증거가 축적되고 있다(Kersten, Mamassian, & Yuille, 2004; Najemnik & Geisler, 2005).

고도로 구조화된 시야가 시각 체계가 제공하는 GUI라면, 전문성이 제공하는 인터페이스는 무엇인가? 지금까지 어떤 행동이 좋은 아이디어가 아니라고 보는 것 그리고 누군가가 진심을 다한다고 **느끼는 것**에 관해 논의했다. 그런데 좋은 생각이 아니라거나 진심을 다한다는 것은 색깔이나 질감과 달리 감각적으로 드러나는 것이 아니다. 오히려 선택을 하거나 사람을 만나거나 행동할 때 받는 즉각적인 **느낌** 혹은 우리가 가진 신념이나 사용한 비유에 대한 **확신**의 정도에서 **정서적으로** 드러난다. 하지만 정서가 어떻게 영향을 준다는 것인가?

정서와 정보의 관계

정서는 상당히 중요한 주제라서 8장에서 더 자세히 논의할 것이다. 여기서는 정서 혹은 감정이 호모 프로스펙투스의 심적 구조에서 중추적인 역할을 하는 방법과 그 이유를 개략적으로 살펴보고자 한다.

철학자들은 정서를 인지나 추론과 대비해왔고, 심리학자도 마찬가지였다. 하지만 지난 수십 년 사이 정서에 대한 생각에 혁명적인 변화가 있었다. 이로 인해 정서를 인간의 주요 역량 중 하나이며, 물리적·사회적 세계를 표상하고, 그 세계에서 우리가 직면하는 전망이나 위험을 평가하며, 이에 맞추어 적절하게 생각과 행동을 이끌어주는 능력으로 다루기 시작했다(de Oliveira-Souza, Moll, & Grafman, 2011; Pessoa, 2008).

정서가 이렇게 중심 역할을 하게 된 이유는 무엇일까? 먼저 심리학에서 '정서 혁명affect revolution'을 촉발한 로버트 자이언스의 연구에서 출발해보자. 그는 정서 반응이 인지 반응에 선행하고 인지 반응을 형성한다는 '정서 우선성' 가설과 유기체의 요구와 목적에 관련한 정보의 원천이라는 주장에 대한 실험적 증거를 제시했다(Zajonc, 1980, 1984). 자이언스가 심혈을 기울인 연구는 1990년대 뇌 영상 촬영 역량이 엄청나게 발달하기 시작한 1990년대 이전에 진행되었고, 반응 시간을 측정하는 고전적인 방법으로 이루어졌다. 진화적인 관점에서, 두려움, 분노, 놀람 반응이 빠르게 나타나 위협, 위해, 혹은 예기치 않은 사건에 대응할 수 있게 해주어야 한다는 주장은 상당히 타당하다. 예를 들어, 위협적인 동물이 나타나면, 심지어 시각적으로 전혀 예측하지 못했고 주의를 기울이고 있는 정보가 아니었다 하더라도, 포유류의 두려움 반응은 0.1초 만에 시작되어 초점을 바꿔 각성을 강화하고 뇌 활동을 가속화하며 과거의 비슷한 사건에 대한 기억을 불러오고, 심장 박동이 빨라지면서 소화는 억제되고 행위 준비성을 늘려 반응할 준비를 한다(Luo et al., 2010). 이렇게 마음의 핵심 체계인 주의, 지각, 인지, 기억, 동기, 경험, 행동 그리고 신체에 대해서도 즉각적이고 직접적으로 작용하는 것이 바로 정서의 특징이다. 그래서 정서는 물리적·사회적 환경에서 발생하는 방대한 종류의 도전이나 기회에 대한 반응을 잘 조정할 수 있어야 한다(Rolls, 2007).

최근 사회인지심리학cognitive social psychology에서는 관례적으로 정서가 (긍정적 혹은 부정적 정도)를 정서의 필수적이고 특징적인 속성으로 언급하고 있다. 정서가는 평가와 해석을 위한 뇌의 화폐와 같이 기능한다(Shuman, Sander, & Scherer, 2013). 정서가가 평가에 쓰일 수 있다는 아이디어는 정서 반응에서 자연스럽게 도출된다. 정서 반응은 생각과 행동을 상황에 맞추어 조절할 때 이루어지는 평가와 같은 역할을 수행한다. 애호와 사랑, 희망과 신뢰, 존중과 존경은 긍정적인 정서가를 가지고 있어서 매력, 접촉, 수용, 믿음을 직접적으로 유발한다. 두려움과 불신, 혐오와 역겨움, 증오와 경멸은 부정적인 정서가를 가지고 있어 회피, 방지, 거부, 불신을 직접적으로 유발한다. 조너선 하이트Jonathan Haidt는 정서 혁명이 사회심리학을 휩쓸었다고 설명하며 다음과 같이 언급했다. "뇌는 지각하는 모든 것을 항상 자동적으로 평가하는 데, 정서 반응은 고차원적 사고에 선행하고 거기에 스며들어 영향을 준다는 것이 핵심이다"(Haidt, 2007, p. 998).

두려움, 분노, 놀람과 같은 정서 상태는 각성과 관련되어 있어 인간의 마음을 "평상시와 다름없는 행위"에서 고조된, 그리고 재초점화된 행위로 옮겨 가게 한다. 이러한 정서는 의식적으로 느꼈을 때 특별해 보여서 주의를 끄는 경향이 있다. 반면 확신, 흥미, 애호, 만족처럼 각성이 낮은 정서 상태는 일상의 모든 것을 지탱하고 삶을 살아가게 해준다. 이와 같이 각성 수준이 매우 낮은 일상의 정서는 마음의 기본 설정으로 기능하여, 불안하고 흥분한 정서가 사라졌을 때 건강한 마음이 돌아올 수 있게 해준다. 이는 기본적인 특징으로 별달리 특별한 모습은 보이지 않는다. 즉, 업무를 수행하려면 (컴퓨터의 기본 프로그램처럼) 사용자 인터페이스에 혼동을 주지 않고 체계적이고 업무와 관련된 방식으로 정보를 처리하고 반응을 준비해야 한다. 예를 들어, 눈과 귀는 들어오는 정보를 처리하는 데 능숙하기 때문에 거의 인식하지 못하는 동안 자연스럽게 지각적인 학습을 수행하고 믿음을 형성한다. 갑자기 눈앞이 흐릿해지거나 이명이 들리거나 불안 발작으로 자기 확신이 사라져버렸을 때와 같이 특이한 상황이나 조건에서 이러한 능숙함이 저하될 때, 이를 수행할 수 있는 능력과 그 결과물에 대한 기본적인 신뢰감이 어떤 의미인지 명확히 드러난다.

기본 정서가 대체로 긍정적이어야 하는 이유는 명확해 보인다. 일반적으로 지각, 사고, 행동 역량에 대한 자신감이 **없거나**, 다른 사람을 신뢰하지 **않거나**, 욕구 충족이나 목표 달성을 즐기지 **못하거나**, 삶에 대한 긍정적인 관심이 **없다면**, 아마 스스로를 무너뜨리는 위험한 상황에 놓인 것일 수 있다. 감각을 신뢰할 수 없다면 경험에서 배울 수도 없다. 생각에 대한 확신을 유지하지 못하면 추론을 이어나가거나 기억을 사용하기도 어려울 것이다. 욕구 충족에 대한 바람이나 즐거움이 없다면, 자기 자신을 돌보고 관계를 유지하며 목표를 추구해나갈 동기를 잃어버릴 것이다. 인간은 자신의 마음으로 인해 삶과 학습으로부터 내쳐질 수도 있다. 이에 관해 여러 국가에서 수만 명을 대상으로 연구를 진행한 결과 86%가 주관적 안녕감이 보통 이상이라고 보고했다. 참고로 10점 척도에서 6점 이상을 기록한 국가에서 삶의 만족도는 평균 수준이었다(Diener & Diener, 1996). 요약하자면, 우리가 대체로 긍정적이지 않다면, 만성 우울이 학습, 기억, 사고, 동기, 행동의 문제를 유발하는 것과 비슷하게 **정서기능장애**를 겪을 수도 있다. 10장에서 논의하겠지만, 정서기능장애와 **전망기능장애**dysfunctions of prospection는 심오한 관련성을 가지고 있다. 여기서는 전반적으로 잘 진행되고 있을 때 정서가 전망과 어떻게 협력하는지를 주로 살펴보고자 한다.

정서의 평가 기능은 가치에 대한 **학습**과 **표상**뿐만 아니라 생각과 행동에 대한 **가치-기반 안내**를 포함한다. 정서 콘텐츠의 대부분은 그 자체로 전망이다. 예를 들어 목표를 가지는 것은 그걸 이룰 수 있다는 긍정적인 정서 태도와 기대를 가지고 있다는 의미다. 그래서 목표를 달성할 수 있는 수단에 대한 긍정적인 정서 태도로 바뀌게 된다. 정서는 정서가를 가지고 있으며 본질적으로 동기와 연결되어 있기 때문에, 이러한 호의적인 태도는 목표 달성에 필요한 수단을 사용하거나 그걸 방해하는 장애물을 제거하기 위해 필요한 노력에 동기를 부여한다. 노력과 장애물을 떠올리면, 이것이 가지고 있는 정서적 의미가 부담이 적거나 어렵지 않은 수단을 찾을 수 있도록 동기를 부여한다. 장애물을 제거하기가 어렵다는 것을 확인하면, 좌절에 대한 부정적 정서가 실패를 받아들이기보다는 더 노력하여 해결책을 찾게 하고, 그러한 노력도 소용이 없다면 계획을 변경하게 한다. 반면 목표를 향해 잘 나아가고 있다면 그저 만족감을 느끼기보다는 스스로를 격려한다. 이러한 방식으로 정서는 계획과 행동으로 바꾸어나가는 데 필요한 실용적인 힘에 가치를 부여한다.

정서 체계가 정보를 제공하고 행동을 안내하는 데 도움을 주는 쪽으로 진화해왔다면, 정서 체계가 환경에 대한 반응 방식을 결정하는 것 이상의 무언가가 있다고 기대할 수 있다. 정서 체계는 가능한 한 유용한 존재로 남기 위해 환경에 따라 모습을 바꿀 것이다. 쥐를 대상으로 진행한 실험에서는 위험과 보상에 대한 뇌의 정서 입력 방식은 고정된 것이 아니라 그들이 접한 위험과 보상 수준의 변화에 따라 조율된다고 한다. 좀 더 위험한 환경에서는 측좌핵 세포nucleus accumbens shell의 상당 부분이 공포 생성을 담당하여 위험의 정도를 세분화해서 구분할 수 있게 만들어준다. 위험이 사라지고 좀 더 우호적인 환경이 조성되면 측좌핵 세포의 상당 부분이 긍정적 정서와 식욕의 정도를 세분화하는 데 투입된다(Reynolds & Berridge, 2008). 다른 생물학적 시스템과 마찬가지로 이런 방식의 조율이 완벽하지는 않다. 경험이나 약의 종류에 따라 여러 가지 이유로 입력 방식의 조율에 문제가 발생할 수 있다. 유아기의 만성 불안과 스트레스, 청소년기와 성인기의 중증 외상은 특정 상황이나 약물에 대한 과민 증상으로 이어진다. 이때 평소에는 여러 우여곡절에 잘 대처할 수 있게 도와주는 유연하고 적응적인 시스템이 삶을 훨씬 더 힘들게 만드는 쪽으로 변형될 수 있다. 그래서 여러 종류의 이상 증상이나 중독을 유발할 수도 있다(Herman, 1992; Knudsen, Heckman, Cameron, & Shonkoff, 2006; Lupien, McEwen, Gunnar, & Heim, 2009). 긴급 상황이나 큰 위험이 닥친 상황을 맞닥뜨렸을 때는 확신과 불안, 호감과 반감, 분노와 상냥함과 같이 정서를 적절하게 조율하여 쌍으로 구성하는 것이 매우 중요하다. 과도한 확신은 무모하고 사회적으로 무감각하며 자신의 의견을 과신하고 증거나 다른 사람의 감정을 인식하지 못하게 만들 수 있는 반면, 과도한 불안은 초조하고 스스로를 고립시키며

우유부단하고 의심하며 방어적이며 비열하게 만들 수 있다. 조율되지 않은 정서 반응은 물리적·사회적 세계를 성공적으로 헤쳐나갈 때 부실한 감각이나 협응만큼 큰 장애물이다. 실제로 최근 연구를 보면 정신 장애와 정서 체계의 학습 실패는 서로 연관되어 있다.

그래서 현대 심리학에서는 정서 체계의 개념을 경험으로 보정한 정보-처리 시스템이라고 보는 사람들이 증가하고 있다. 이 시스템은 세상에 대한 전망과 위험을 고려하여 학습, 예상, 평가, 추정, 행동하는 능력을 쌓는 데 핵심적인 역할을 한다(Nesse & Ellsworth, 2009). 인지를 형성하고 행동을 안내하는 데 도움을 주는 '정보로서의 정서affect as information'는 후속 연구를 통해 많은 지지를 받아왔다(Schwarz & Clore, 1983, 2007). 일상이 정서로 가득 찬 것으로 보이지는 않지만, 일단 이유가 무엇이든 기본 정서 반응을 상실했을 때 우리의 모습을 생각해보면, 그런 상황에서 건강하고 대체로 긍정적인 정서가 나타난다는 것을 인식하게 된다.

이와 같은 정서 체계를 통해 행복, 조금 더 정확하게 말하면 최근의 정서 상태와 전반적인 삶의 만족도에 대한 자기 평가인 주관적 안녕감에 관한 심리학 연구의 헷갈리는 결과를 설명할 수 있다. 주관적 안녕감을 평가하면 어느 사회에서나, 심지어는 생활 수준이 상대적으로 낮은 곳에서도 높은 점수가 나오는 이유를 이미 확인했다. 그런데 상당한 수준의 물질적 풍요를 얻게 되면(2008~2009년 기준으로 미국에서 대략 6만~8만 달러), 소득이 급격히 증가할 때만 만족도가 증가할 뿐 전반적인 긍정 정서는 사실상 거의 증가하지 않았다는 것에 사회과학자들은 혼란스러워했다(Diener, Sandvik, Seidlitz, & Diener, 1993; Kahneman & Deaton, 2010). 엄청난 부가 행복을 가져오지 않는 이유는 무엇일까? 그리고 개인이 겪는 주관적 안녕감의 평균 수준은 한 국가 내에서 혹은 오랜 시간에 걸쳐서 비교적 일정함에도 불구하고, 일주일 혹은 하루 정도의 짧은 기간 동안의 상태나 상황 **변화**에 따라 변동이 크다는 것 또한 굉장히 흥미롭다(Eid & Diener, 1999, 2004; Schimmack & Oishi, 2005). 노동자가 월급이 올랐다는 소식을 듣게 되면 삶의 만족도가 상승하지만, 그 효과는 대개 시간이 지나면서 사라지고 수개월 후에는 삶의 만족도가 월급이 오르기 전과 비슷한 수준으로 나타난다. 이러한 현상을 '쾌락의 쳇바퀴hedonic treadmill'라고 하는데, 이는 항상 자신만의 '설정값'으로(개인에 따라 다르긴 하지만) 돌아가면서도 지속적으로 자신의 안녕감을 증가시키기 위해 분투하는 모습을 말한다(Brickman & Campbell, 1971; Watson & Clark, 1994). 그와 동시에 미세하게 결이 다른 일상의 사건도 주관적 안녕감을 요동치게 만든다(Suh, Diener, & Fukita, 1996). 그래서 아침에 겪은 사소한 일이 삶의 만족도를 끌어내릴 수 있고, 오후에 거둔 사소한 성공이 삶의 만족도를 올려줄 수 있다. 하지만 삶의 모든 변화가 이와 같은 방식으로 작동하지는 않는다. 예를 들어 선진국에서 원하지 않게 실직한 사람 중에는 그러한 변화가 삶의 만족도를 지속적으로 떨어뜨리는 경우도 있다(Lucas, Clark, & Georgellis, & Diener, 2004).

지금까지의 이야기를 정리해보면, 정보로서의 정서를 언급하지 않고는 주관적 안녕감이라는 그림에 잘 들어맞지 않는다. 앞에서 기본 정서가 긍정적인 범위에 있어야 통상적인 삶을 유지할 수 있다고 언급했다. 하지만 순간순간 일이 잘 진행되고 있는지, 그리고 전망이 개선되고 있는지 혹은 악화되고 있는지, 그래서 행동의 변화나 조정이 필요한지 아니면 지금 그대로 유지하면 되는지를 주관적 안녕감이 알려준다면, 미세한 변화가 주관적 안녕감을 요동치게 한다는 지적은 타당하다. 설정값으로 돌아가는 것은 효과적인 정보 감지 시스템의 일반적 특징이다. 이득이 발생하고 시스템이 상승해 특별한 문제가 생기기 전까지 그 수준에서 유지된다면(안녕감과 관련해서 삶이 더 좋은 방향으로 가면 그 수준이 더 높아져, 최상위 수준에까지 이르게 된다면) 감지 시스템의 계측 바늘은 가장 높은 수준까지 상승하고, 이후에 이득이 발생할 가능성은 점차 줄게 된다. 하지만 해고와 같은 난관을 극복하기 위해 계속 애써야 하는 상황이라면, 평상시로 돌아갈 수 **없기** 때문에 주관적 안녕감이 지속적으로 하락한다(Lucas et al., 2004). 물론 지금까지 논의한 것은 모두 추측에 근거한 것이지만, 정서가 삶의 크고 작은 도전에 직면했을 때 기본적으로 사고와 행위를 안내하는 정보를 제공하는 것이라고 생각하면, 삶의 주요 사실에 대해 분명하지 않았던 것을 들여다볼 수 있는 새로운 렌즈를 얻을 수 있다. 더욱이 이는 정서의 **전망적** 특징을 직접적으로 가리킨다. 정서 상태는 심적 상태와 신체적 상체가 협력하여, 단순히 **지금 있는 일과 과거에 있었던 일**에 대한 반응을 기록하는 것이 아니라, **향후 발생할 일**을 준비하게 한다.

이제 이메일 초대에 어떻게 응답할지 고민하는 상황으로 돌아가 보자. 메시지를 처음 보았을 때는 즉시 거절하고 싶다고 느꼈을 것이다. 하지만 그런 생각이 머릿속을 스치자마자 거절이 적절한지 확신하지 못하고 불편해진다. 그래서 생각의 범위를 조금 넓혀서 개인적 느낌과 사회적 감정의 복잡한 상호작용을 생각해보게 되는데, 이 두 가지 정서를 바탕으로 초대에 관해 여러 측면으로 고민해본 다음 전체적인 감정을 형성하여 결국 초대를 수락하자는 결론에 도달한다. 이럴 때는 소위 '정서 팔레트affective palette'라는 것을 직접적으로 이용하는데, 이는 머릿속에서 가능한 대안을 떠올려보고 팔레트를 사용하여 그림에 색을 입히는 것처럼 대안에 대한 상대방의 반응을 그려보는 것이다. 이런 과정은 공감적 투사의 즉각적이고 비자발적인 형태, 즉 자신의 정서 체계를 테스트베드로 사용하여 동료가 어떻게 보거나 느낄지를 시뮬레이션하는 것과 관련된다. 지각 체계를 이용해 주위의 물체에 발생하는 것을 지속적으로 살펴보는 것처럼, 우리는 공감을 이용해 주위 사람들에게 발생하는 것을 지속적으로 살펴본다. 두 가지 모두 인간이 사회적 존재로 성장하는 데 항상 필수적인 정보의 흐름이다.

일반적으로 이러한 정보의 흐름은 의식적인 개입이 없어도 지속적으로 잘 흘러간다. 복도에서 동료를 만났을 때 설령 다른 것에 집중하고 있다고 해도 그들의 얼굴에서 분노나 슬픔 같은 감정을 볼 수 있다. 활발한 대화가 오갈 때도 상대방의 말에 대한 반응이 달라지면 바로 그것을 발견할 수 있다. 이를 뜯어보면 대화가 어색하고 비능률적으로 흘러갈 수 있다. 우리는 "그래, 우리 거기에 대해서 얘기해보자. 그런데 그 사람들이 내 말을 안 듣는 것 같아."와 같은 말을 흔히 한다. 동료의 이메일에 어떻게 반응해야 할지 곤혹스러운 이유 중 하나는 얼굴을 보고 소통하면서 시각 정보를 확인할 수 없으니 상대방의 반응을 예상해야만 하기 때문이다. 공감은 한계가 있고 인지, 상상, 정서 능력의 한계와 얽혀 있다. 다양한 상황과 태도로 인해 공감하기 어려울 때가 있고, 문화나 삶의 경험에서 차이가 크다면 정서 체계에서 다른 사람을 바로 이해할 수 있는 반응의 범위에도 한계가 있을 것이다.

전망의 관점에서 공감에 대해 주목할 만한 점은 타인의 공감을 즉각적으로 시뮬레이션하게 되면 그들의 심적 모형을 예측할 수 있다는 것이다. 이 모형은 가용할 수 있는 심적 자원에 따라 정확도가 달라질 수 있다. 더 효과적으로 공감할수록 모델링과 예측이 더 우수해진다. 앞서 언어 능력에 대해 논의할 때, 화자가 즉시 사용할 수 있는 암묵적이고 구조화된 지식이 있다고 가정할 필요가 있다고 언급했다. 그래야 보편적이고 효과적으로 모국어를 배울 수 있고 엄청나게 많은 새로운 문장을 만들고 받아들일 수 있다. 하지만 문장의 생성과 이해가 문법으로만 이루어질 수는 없다. 대화에서 가장 어려운 부분은 무엇을 말해야 하는지, 어떻게 표현해야 하는지, 언제 말해야 하는지, 다른 사람의 말이 어떤 의미인지, 다른 사람이 어떻게 생각하고 느끼며 그에 따라 어떻게 조절해야 하는지를 파악하는 것이다. 이러한 **사회언어적 능력**이 모든 인간이 일정 수준 이상으로 성취할 수 있는 개방적(제한이 없는) 능력이 되기 위해서는 즉시 사용할 수 있는 암묵적이고 구조화된 지식과 정보의 양이 방대해야 한다. 그러지 않으면 사회생활을 하거나 의사소통을 하기가 어렵다. 이건 사회생활을 해나가면서 서로에 대한 다차원적인 내적 모형을 자연스럽게 형성할 때만 가능하다. 언어의 사례에서 보듯이, 인간의 사고방식은 진화 과정을 거치면서 다른 사람의 행동에서 정보를 추출하여 그들이 어떻게 생각하고 느끼는지 알려주는 내적 모형을 형성하도록 구성되었다고 추정할 수 있다. 예를 들어, 발달심리학에서는 신생아도 다른 사람의 감정과 의도를 구분할 수 있다는 연구 결과가 제시되었다(Barrera & Maurer, 1981; Meltzoff, 1995; Onishi & Baillargeon, 2005; Serrano, Iglesias, & Loeches, 1992; Southgate, Senju, & Csibra, 2007).

1부 호모 프로스펙투스

전망과 두뇌의 처리 과정

　지금까지 심적 처리 과정 그리고 전망과의 연결에 대해 추측해보았다. 언어 혹은 다른 사람의 생각, 감정, 예상되는 행동에 관한 의식적인 느낌이나 직관은, 무의식적이고 정보가 풍부하며 모델을 구축하여 미래를 투사하고 평가하여 결정에 이르는 심적 처리 과정을 나타내는 징후일 수 있다. 그래서 종종 불완전해 보이는 인간의 뇌가 답해야 할 것이 많다. 이를 바탕으로 신경과학자가 의식적인 마음의 표면 아래로 들어가게 되면서 확인한 것에 대해 예측해보자. 지난 20년 동안 신경과학은 다음과 같이 단호하게 답해왔다. 뇌는 의식적인 마음이 단서를 제공하지 못한다고 해도 이처럼 풍부한 정보를 처리하는 과정에 관여하고 있다는 증거가 다수 제시되었다.

　서로 간의 즉시적 공감을 모델링한 연구부터 살펴보자. 연구에 따르면 약한 수준의 전기 충격을 경험하고, 비슷한 충격을 받을 것이라고 예상하며, 다른 사람이 그 정도의 충격을 받는 것을 본 뒤, 그러한 충격이 누군가에게 가해질 것이라고 상상하게 되면, 정서 체계와 관련된 영역의 상당 부분과 그 인접 영역이 활성화된다(Decety & Ickes, 2009; Ruby & Decety, 2001).* 즉, 모든 사례에서 정서 반응은 같거나 매우 유사했고, 달랐던 곳은 전기 충격을 받으면 어떤 느낌일까에 대해 뇌가 정서 부호화를 하는 부분이었다. 이 정보는 즉각적인 행동이나 향후 발생할 일에 대한 기대나 감정, 혹은 다른 사람의 감정에 대한 기대를 안

---

* 　해당 영역의 상세한 분석에 대해서 Singer & Lamm, 2009도 참고하라

내하기 위해 제공될 수 있다. 더욱이 이러한 능력이 상당히 부족한 사람은 자신의 미래를 예상하거나 다른 사람의 마음 상태를 바로 이해하는 직관 능력을 습득하거나 효과적으로 사용하는 데서 특별히 어려움을 느낀다(Baron-Cohen, 1997; Decety & Ickes, 2009).

행동과 관련하여, 시스템 엔지니어는 복잡한 움직임에 대한 제어 과정이 매우 효과적으로 작동한다는 것을 발견했다. 뇌에 움직임 명령이 하달되면, 뇌는 명령을 수행했을 때 예상되는 결과에 대한 '예측 모형forward model'을 생성하여 감각 정보로 피드백을 제공하기 전에 예상 결과와의 차이를 탐지한다. 예상 결과와의 차이는 '역 모형inverse model'을 통해 피드백으로 작용하여 시스템이 원하는 상태와 더 가까워질 수 있게 움직임 명령을 어떻게 변경할지 결정한다(Craig, 1986). 짐작하는 바와 같이 이러한 능력의 기저에는 상황, 가능한 행위, 예측 결과에 대한 인과 모형을 구축하고 업데이트할 수 있는 역량이 있다. 이러한 접근은 생명체의 움직임 제어에 이론적으로 적용되었으며(Lacquaniti, Borghese, & Carrozzo, 1992; Miall & Wolpert, 1996), 신경 기제에 대한 탐색이 즉시 시작되었다.

지난 10년 사이 움직임 제어에 기반한 이론 모형을 지지하는 경험적 증거가 상당히 많이 제시되었고, 행동 선택에서 불확실성과 최적화의 원리에 관한 베이즈 접근으로 훨씬 더 복잡한 역학 모형을 논의하기 시작했다(Körding & Wolpert, 2006; Liu & Todorov, 2007; Todorov & Jordan, 2002). 감각 피드백의 속도가 느리기 때문에 시스템에서의 예측은 필수적이다. 이러한 예측 모델링과 역 모델링 능력은 공감을 고려하여 사용되는 것으로 보인다. 그래서 시뮬레이션 후 다른 사람의 행동을 예측하고 관찰 결과를 해석한다. 시뮬레이션의 기제에 대해서는 아직 더 논의해야 하지만, 시뮬레이션은 관련된 행동을 안내하는 데 필요한 예측을 생성하고, 아직 수행하지 않은 행위에 대한 반응을 준비하며, 사회 학습이나 협력과 같은 과제를 촉진한다(Calvo-Merino, Glaser, Grèzes, Passingham, & Haggard, 2005; Lamm, Batson, & Decety, 2007).

인과적이고 예측 가능한 내적 모형은 최근 경험을 해석하고 그에 대한 반응을 선택할 수 있게 해주며, 자신과 다른 사람에게 모두 적용할 수 있다. 공감은 단순히 감정이 전염되어 다른 사람의 태도나 행동을 그대로 반복하는 것이 아니다. 누군가가 화가 났다고 해서 우리도 화가 나지 않고, 누군가가 지루해 보인다고 해서 지루해지지 않는다. 공감 시뮬레이션은 정서 체계를 '오프라인'으로 사용한다. 그래서 행위와 연결할 때 본인과 타인의 표상에 의해 조정하게 된다. 시뮬레이션에서 나타나는 이러한 차이를 잘 들여다보면 신경세포 수준에서도 차이가 난다(Ruby & Decety, 2001).

인간과 인간의 직계 조상은 유대가 강한 사회에서 세상에 나오고 성장하여 살아가고 번식해왔기 때문에 주위 사람들의 생각, 감정, 의도, 예상 행동의 변화에 실시간으로 맞추어 나가는 것은 뇌의 핵심 기능일 수밖에 **없다**. 작은 규모의 인간 사회에서 욕구를 충족하고 목표를 달성하고자 할 때, 과연 다른 사람과의 관계보다 더 중요한 것이 있을까?

하지만 공감이 작동하려면, 기저의 예측 모형을 구축하고 업데이트하는 데 필요한 정교한 학습을 할 수 있어야 한다. 인과관계와 의도를 파악할 수 있게 충분한 정보를 습득해야 한다. 그래서 지도 학습뿐만 아니라 '자율 학습unsupervised learning'으로도 학습이 이루어질 수 있어야 한다. 사실 사회적 상황에서는 명시적 지도나 지시는 드물고 암묵적 학습이 훨씬 더 일반적이다. 신생아는 처음부터 다른 사람의 지도나 지시에 어떤 몸짓이나 말이 잘 들어맞는지 스스로 학습해야 한다. 동물이나 유인원의 조상으로부터 물려받은 학습 체계가 정보 집약적이고 계산이 복잡한 과제를 감당할 수 있는 정도였을까?

이렇게 암묵적으로 이루어지는 개인적·사회적 학습을 이전의 보상이나 처벌에 따라 자극-반응의 관련성이 스며든 완전한 연합 처리 과정으로 간주하는 한, 앞에서 설명한 과제는 거의 실현 불가능한 것으로 보인다. 이러한 연합 처리 과정은 정보를 느린 속도로 습득하고 변화하는 환경에 잘 적응하지 못하며 자극과 반응의 지엽적인 연결만 가져오기 때문에 경험 이면에 있는 기제를 설명할 수 있는 고차원의 모델링을 지원하지 못한다.

하지만, 학습 이론에서도 혁명적인 변화가 일어나, 지능이 있는 동물이 실제로 학습하는 방법을 훨씬 더 풍부하고 자세하게 설명하게 되었다. 이러한 변화는 신경과학자가 미세 전극을 사용하여 단일 신경세포의 반응을 기록하여 보상 학습의 신경계 구조에 대한 그림을 만들어나가면서 시작되었다. 볼프람 슐츠Wolfram Schultz와 공동 연구자들(Schultz, Dayan, & Montague, 1997)은 마카크원숭이의 중뇌에 있는 도파민 신경세포에 미세 전극을 꽂아서 원숭이에게 기대하지 않은 보상(달콤한 과일주스)을 주었을 때 발생하는 일련의 활동전위를 관찰했다. 이후 원숭이를 조건화하여 주스를 주기 1.5초 전에 불을 켜서 보상을 기대하게 만들었다. 결과는 사뭇 놀라웠다. 기대하지 않은 주스(무조건자극)를 주었을 때 도파민 신경세포에서 활동전위가 발생했다. 그렇다면 결국 도파민이 즐거움에 중요한 것인가? 하지만 조건 자극(빛)에 대한 노출 빈도가 증가할수록 주스를 주었을 때 발생한 활동전위가 점차 불을 켰을 때로 옮겨 가기 시작했다. 주스를 주고 1.5초가 지난 후에는 활동전위가 발생하지 않았다. 그러면 마카크원숭이는 주스에 무관심해진 대신 불빛에 즐거워하게 된 걸까? 슐츠의 연구팀이 불을 켜고 1.5초가 지난 후에도 주스를 주지 **않았더니** 놀라운 사건이 발생했다(Schultz et al., 1997). 일반적으로는 신경세포에서 기저 수준이라 할 수 있는 최소한의 활동전위가 무작위로 발생한다. 하지만 주스를 주지 않자, 도파민 신경세포는 1.5초에 주어진 단서에 거의 반응하지 않았다.

그렇다면 도파민 신경세포에서 처음에 나타난 활동전위는 즐거움이나 보상 때문이 아니라 보상이 있을 것이라는 전망에 대한 **정보** 때문이었을 것이다(Brooks & Berns, 2013; de la Fuente-Fernández et al., 2002). 조건 자극을 제시하기 전에 갑자기 무조건 자극(과일주스)을 주면 예상보다 훨씬 더 좋은 뉴스가 될 것이다. 그런데 조건 형성이 이루어지고 나면, 이전에는 그저 실험실의 지루함을 조금 해소해주는 정도의 불빛으로 뉴스의 가치가 옮겨 간다. 이제 불빛이 좋은 뉴스가 된다. 그래서 불빛이 켜진 1.5초 후에 과일 주스가 정확히 주어지면, 과일 주스의 도착은 별다른 뉴스가 되지 않는다. 주스는 특별할 것 없는 사건이 되고 활동전위가 나타나지 않는다. 그런데 불빛이 켜진 1.5초 후에 주스가 제공되지 않았다면, 예상보다 나쁜 결과가 즉시 도파민 신경세포의 일상적인 활동을 억제한다. 명확하게 구분되는 '오류 신호'다. 이 오류 신호는 마카크원숭이에게 '안내 신호'로 작용하여 과일 주스가 계속 제공되지 않으면 불빛과 연합된 활동전위가 감소하다가 사라지게 된다.

마카크원숭이는 주스와 불빛을 단순히 연합하지 않고, 불빛이 제공한 정보를 가지고 앞으로 전개될 일을 내적으로 구체적으로 예측했다. 이와 같이 미래 표상을 형성하여 1.5초 후 주스가 제공된다고 기대하게 하고, 1.5초 후에 주스가 제공되지 않으면 단순히 지루한 날에 생긴 지루한 순간이 아니라 **실수**, 즉 신경 체계에서 미래 표상에 **오류** 신호를 보내는 별개의 사건이라고 생각하게 만든다. '예측-오차 prediction-error'에 근거한 학습이 이루어지면, 오차-감소 학습으로 확률과 보상에 대한 내적 표상을 습득하고 유지할 수 있는 것으로 보인다. 이러한 과정을 구조적으로 기술해보면 아래와 같다.

> **[A]** 표상 → 예측 → 관찰 → 불일치 탐지(피드백) → 오차-감소를 반영하도록 표상 수정 → 수정한 예측 → 관찰 → 불일치 탐지…

이러한 과정을 반복적으로 적용하면 동물의 내적 표상이 실제 상황에서 나타나는 발생 빈도에 맞추어 조정된다.

주스가 제공되는 확률을 바꾸면 어떻게 될지 확인해보기 위해 확률을 75%, 50%, 25%로 설정했다. 그 결과 영장류와 쥐의 뇌가 이와 같은 확률 변화를 정확하게 추적하고 있음을 확인했다. 예를 들어, 50%의 확률일 때는 활동전위가 100%일 때의 절반 정도로 나타났고, 75%일 때도 비슷한 비율로 나타났다(Fiorillo, Tobler, & Schultz, 2003). 주스의 양을 변화시키는 방식으로 보상의 **가치**를 바꾸면 어떻게 될까? 안와전전두피질orbital prefrontal cortex의 신경세포 발화율을 모니터해본 결과 변화의 양에 따라 반응이 바뀌었다. 변화의 절대적인 수치뿐만 아니라 기대와 선호도 영향을 주었다(Tremblay & Schultz, 1999). 후속 연구를 보면 마카크원숭이와 쥐는 확률과 보상 가치에 따라 개별적인 표상을 형성했을 뿐 아니라 두 개를 모두 고려한 **기대 가치**(확률×보상)를 계산하여 선택하는 데 참고한 것으로 보인다(Preuschoff, Bossaerts, & Quartz, 2006; Schultz, 2002; Singer, Critchley, & Preuschoff, 2009; Tobler, O'Doherty, Dolan, & Schultz, 2006). 결국 바나나 슬라이스와 달콤한 주스 한 컵 사이에서 원숭이의 선택으로 완전하고 일관된 '한계 효용 함수'를 재구성할 수 있을 것이다(Stauffer, Lak, & Schultz, 2014).

포유류는 이성적 결정 이론이 제안하는 방식으로 정보와 보상에 반응하는 것으로 보인다.* 게다가 학습 패턴은 최적화된 베이즈 확률 모형에서 제안하는 행동 방식과 유사했다. 이 모형에서는 이전에 기대했던 것과 새로운 증거 그리고 기대를 반영하는 일종의 함수인 조건화를 통해 경험을 고려하여 기대를 업데이트한다. 연속적으로 업데이트가 이루어지게 되면 증거가 축적됨에 따라, 결과를 앞서서 예측할 때의 정확도가 점차 증가하게 된다. 거기에 더해 지능이 있는 동물과 인간의 뇌는 개별 사건에 대해서만 기대를 형성하여 반응하는 것이 아니다. 사건과 결과가 보여주는 **높은 수준의 규칙성과 그 형태**에 대해서도 기대를 형성하여, 과학자처럼 인과-설명 모형을 만들어낸다(Badre & Frank, 2012; Courville, Daw, & Touretzky, 2006; Frank & Badre, 2012; Gershman & Niv, 2015l Tenenbaum et al., 2011).

철학자, 수학자, 통계학자는 베이즈 학습이 인간과 같은 존재와 인

---

* 확률과 보상이 오랜 기간 변하지 않으면 동물은 과도한 수준의 훈련을 받게 되고, 확률이나 보상이 변했을 때 도파민 신경세포가 역동적으로 적응하는 속도가 저하되어 단순히 습관적인 행동을 반복하게 된다(Adams & Dickinson, 1981; Dickinson, 1985). 인간도 비슷한 것으로 보인다 (Tricomi, Balleine, & O'Doherty, 2009). 예를 들면, 고장 난 전구를 교체하려고 할 때도 좀 더 잘 보기 위해 스위치를 올려 그 전구를 켜려고 한다

간의 조상인 수렵-채집 동물에 대한 수많은 중요한 특징을 가지고 있다는 것을 보여주었다. 먼저 **기대**가 학습의 핵심이며, 학습이 행동을 안내한다. 학습은 과거 사건의 대규모 기록이 아니라 모형에 근거한 경험을 업데이트하는 데 사용되는 확률 정보를 효율적으로 추출하는 것이다. 과거 사건의 기록은 아무리 중요하다 하더라도 이후에 발생할 일을 전혀 알려주지 못한다(저장된 정보의 시간과 날짜는 현재 시점보다 항상 이전이다). [A]로부터 추출한 기대 혹은 베이즈 처리 과정은 사실상 과거 정보의 영향을 실행할 수 있게 요약한 것으로, 증거의 비중을 결정하기 위해 기억을 광범위하게 탐색하지 않고 학습한 것에 대한 최종 결론에 즉각 접근할 수 있게 한다. 성장하고 살아나가야 하는 멸종 위기종에게는 신경 구조상 엄청난 이득이다. 흔히 직관적으로 느끼는 믿음의 강도나 불확실성의 정도를 사용하여 심사숙고하는 인간에게도, 그러한 처리 과정은 직관이 명시적·암묵적으로 학습한 것에 민감할 수 있다는 기제를 제안하며 얼마나 믿을 만한지도 보여준다.

두 번째, [A]와 같은 과정 혹은 베이즈 처리 과정은 '자가 수정'을 한다. 실제로 발생하는 것을 확인하지 않고 결과를 예상하기 때문에, 예측은 항상 편향을 유발할 수 있다. 하지만 예측이 경험에 의해 지속적으로 변형된다면, 새로운 경험이 실제 빈도에 맞추어 예측 오차를 줄일 수 있게 조절함에 따라 최초 예측의 영향은 점점 사라질 것이다. 베이즈 이론에서 언급한 대로 경험의 규모와 다양성이 증가함에 따라 최초 예측은 사라져버리는 경향을 보인다. 그래서 최초의 가정이 달랐다 하더라도 비슷한 경험을 하게 되면서 예측이 수렴하는 경향이 나타난다. 중요한 것은 상황에 대한 실제 '자연 통계actual natural statistics'로 수렴되는 경향을 보인다는 것이다(베이즈 정리에 기반한 뇌에 대한 관점은 Chater & Oaksford, 2008과 Hohwy, 2013을 참조하라).

연합 학습은 빠르게 변화하는 환경에 맞추어 미세 조정을 하기에 너무 느리다는 비판을 받아왔다. 연합 학습은 특징을 축적해나가고 과거 경험에 큰 비중을 두어 최근 경험의 변화를 상쇄하려고 하는 경향을 보인다(Lieberman, 2000). 하지만 [A]와 같은 방법에 통계를 적용해서 보면 조금 달라진다. 특정 결과를 **더 강하게** 예측할수록, 그 결과가 나타나지 않았을 때 더 **놀라게 되고** 예측을 더 크게 수정한다. 동물과 인간이 [A]와 같은 과정으로 학습한다면, 친숙한 경험보다는 **특이한** 경험에 훨씬 더 주목해야 한다. 그렇게 해서 잠재적인 가치가 큰 정보를 학습에 제공한다. 영아의 주의 패턴을 보자. 아기는 태어난 지 몇 주만 지나도 모국어의 음소가 뒤죽박죽으로 들리면 큰 관심을 보인다(Saffran, Aslin, & Newport, 1996). 8개월 정도 되면 인공어의 부자연스러운 점을 구별할 수 있고, 조건에 따라 적절하게 예측을 업데이트하는 것으로 보인다(Aslin, Saffran, & Newport, 1998). 최근 연구를 보면, 생후 1년 정도가 되었을 때 맥락에 따른 통계 정보를 활용하여 단어의 뜻을 참조하고(Smith & Yu, 2007), 다양한 영역에서 인과 학습 및 통계 학습에 대한 일반적인 능력을 보여준다(Kirkhan, Slemmer, & Johnson, 2002; Sobel & Kirkham, 2006). 쥐의 인과 학습 연구를 보면, 쥐도 완전한 연합 학습을 하기보다는 상황에 따른 인과 모형을 통계적으로 적용하고 사건의 부재와 증거의 부족을 구분한다(Blaisdell, Sawa, Leising, & Waldmann, 2006; Waldmann, Schmid, Wong, & Blaisdell, 2012). 대상 재인에 관한 '딥러닝deep learning' 모형과 베이즈 인과 학습에 관한 최신 연구에서 경험을 축적함에 따라 위계적 정보 구조가 발달하면서 새로운 범주를 형성할 수 있다는 것이 밝혀졌다. 깊은 수준의 위계 구조로 학습하여 부호화한 대상의 정보를 많이 사용하게 되면,

몇 개의 대상만 접해도 새로운 범주의 사례를 정확하게 확인할 수 있다. 아이들이 자전거와 스쿠터를 몇 대만 보고도 둘의 차이점을 빠르게 발견하는 것과 같은 방식이다(Lake, Salakhutdinoy, & Tenenbaum, 2015).

통계 학습은 인간의 사회적 상호작용에서 나타나는 **암묵적 편견**이라는 어려운 문제를 해결할 수 있는 실마리를 던져준다. 먼저 안 좋은 소식은 아이들이 편향된 표본으로 사람들의 능력과 적성을 평가하는 방법을 배우는 것으로 보인다는 것이다. 일반적으로 미국의 아이들이 자라면서 만나는 사람들이 편향된 표본인 데다 이후에도 이들은 거주지와 기초 교육 수준이 확연히 다른 상태로 계속 살아가게 된다. 아이들은 여섯 살 정도가 되면 이미 사회가 가진 편견을 암묵적으로 학습한 것으로 보이는데, 심지어는 낙인 찍힌 집단의 아이들도 그렇다 (Baron & Banaji, 2006). 학습이 암묵적으로 이루어지기 때문에 개개인이 의식적으로 편견을 가지지 **않으려고** 노력해도 여전히 영향을 줄 수 있다(Macrae, Bodenhausen, Milne, & Jetten, 1994). 그렇다면 암묵적 편견은 해결 불가능한 문제일까? 다행히 좋은 소식이 있다. 통계 학습 기제를 사용하면 상대적으로 편향되지 않은 표본을 접했을 때 암묵적 편견을 줄일 수 있다(Dasgupta, 2013). 불평등한 사회적 관계에서 살아가면서 [A]와 같은 방식으로 편견을 학습한다면, 좀 더 평등한 사회적 관계에서 살아가게 하여 마찬가지로 [A]와 같은 방식으로 편견을 줄일 수 있을 것이다. 내집단/외집단을 대하는 선천적인 태도에서 발생한 바람에 해결 불가능한 것처럼 보이는 문제는 오히려 통계 학습을 반영하여 바꿀 수 있는 것으로 보인다. 9장에서 도덕성을 논의할 때 수 세기에 걸친 편견을 학습이 어떻게 바꾸어나갈 수 있는지 보여주는 놀라운 실험과 함께 암묵적 편견을 다시 살펴보자.

　　　　　　　　　　　　　　　　　　　　　　1부 호모 프로스펙투스

풍요롭고 다채로운 환경에서 이루어진다면, 강화 학습은 지속적 반복을 통한 습관 강화가 아니라 환경에 있는 중요한 단서에 주의를 기울여 이후 발생할 일에 대한 확률 표상을 구축하는 것이다(Gallistel, Mark, King, & Latham, 2001; Rescorla, 1988). 1장에서는 훌륭한 제어기의 개념을 소개했고, 개개인에게 주어진 도전을 그들이 살아가는 물리적·사회적 환경에서의 상호작용을 제어하여 그들의 욕구를 충족시키고 목표를 달성하게 만드는 것으로 생각해야 한다고 제안했다. 훌륭한 제어기는 시스템의 **내적 모형**을 구축해야 하며, 시스템의 행위가 시스템 자체와 환경에 어떤 영향을 주는지 내적 모형을 참고하여 결정을 내려야 한다.

제어기가 정확한 시스템 모형을 구축하려면 [A]와 같은 방식의 학습만으로는 부족하다. 제어기는 인과관계의 구조적 모형을 구축하기 위해 습득한 확률 정보를 **사용**해야 한다(Tenenbaum et al., 2011).* 아이들은 일찍부터 이러한 종류의 인과 모형에 관여하며(Gopnik et al., 2004; Sobel & Kirkham, 2006), 지능이 있는 동물이 환경을 살펴보고 탐색할 때도 공간적 관계와 그 환경에서 가능한 행위에 대한 표상을 사용하고 발달시

---

* 주요 연구 경향 중 하나는 강화 학습에서 모형에 기반하지 않은 학습과 모형에 기반한 학습을 구분하는 것이다(물론 용어의 정의가 명확하지 않은 측면이 있긴 하다). 모형에 기반하지 않은 처리에서는 잠재적 행동에 대한 기대 가치 표상의 형성과 이러한 표상을 고려한 행동 선택이 이루어진다. 모형-기반 처리는 모형에 기반하지 않은 시스템의 확률과 가치 추정치에 의존한다(Balleine & O'Doherty, 2010; Doll, Shohamy, & Daw, 2015). 파블로프 조건화에 관한 최근 연구를 보면 모형-기반 설명이 신경세포가 제공하는 데이터에 더 잘 들어맞고(Dayan & Berridge, 2014; Prévost, McNamee, Jessup, Bossaerts, & O'Doherty, 2013), 두 시스템은 대부분 광범위하게 겹치는 것으로 보인다(Doll, Simon, & Daw, 2012). 여기서는 [A]와 같은 방식의 학습으로 형성한 기대 가치 표상과 대안 경로에 대한 대규모의 인과적·공간적 모델링을 구분하고자 한다.

킨다는 증거들이 제시되었다(Moser, Kropff, & Moser, 2008). 최근에 지능이 있는 동물이 인과-설명 모형을 사용한다는 것을 보여주는 연구 결과들이 제시되기 시작했다(Blaisdell & Waldmann, 2012). 특히 모형 기반 학습에서 실시간으로 이루어지는 행동의 **역동적인 유연성**에 대한 이해가 특히 중요하다. 습관 기반 모형에서는 구축하기 어렵고(Balleine & Dickinson, 1998), 전통적으로 습관이라고 생각했던 행동조차도 사실 훨씬 더 복잡한 행동으로 재해석하고 있기 때문이다(Smith & Graybiel, 2014).

1장의 주인공인 얼음 낚시꾼을 다시 불러보자. 그가 영리하게 새로운 접근법을 즉흥적으로 적용하여 물고기를 잡을 수 있었던 것은 모형에 기반한 행위의 유연성 덕분일 것이다(Gillab, Otto, Phelps, & Daw, 2015). 낚시꾼은 물고기를 잡았을 뿐 아니라 물고기를 낚는 새로운 **방법**을 찾았다. 그리고 낚시의 성공으로 인해 새로운 행동 패턴이 강화되어 다음에도 적용할 수 있을 것이다. 그렇다고 해서 베이즈 학습과 동떨어진 것은 아니다. 일생에 걸쳐 다양한 종류의 인과관계에 대해 [A]와 같은 방식으로 반응하게 되면, 낚시꾼은 물고기를 잡는 방법에 대한 간단한 수준의 기대뿐만 아니라 세상의 규칙성에 대한 고차원적인 수준의 기대도 가능하고, 각각의 사례를 통해 낚시법을 추정할 수 있게 된다. 즉 낚시꾼은 베이즈 위계적 학습과 같은 방법을 사용하여 세상에 대한 인과 모형을 개발하고 평가한다. 실제로 인간은 이런 방식으로 오래된 귀납 문제를 푸는 것으로 보인다. 대신 귀납이 아니라 인과 모형을 사용하여 과거의 기대로부터 출발하고 경험에 근거하여 그 기대를 업데이트한다(Gopnik et al., 2004). 사회적 인간의 세상에서 정보를 교환하는 경험은 정말 중요하다. 상황에 따라 즉흥적으로 대처할 수 있는 인간의 놀라운 적응 능력은 뇌뿐만 아니라 그들이 물려받은 언어와 문화의 영향을 받았다고 추측된다(이는 호모 프로스펙투스 소셜리스에서 소셜리스Socialis와 연관된 것으로, 5장에서 논의할 예정이다). 이러한 언어적·문화적 유산 덕분에 직접 체험하는 경험의 수준보다 월등히 풍부한 물리적·사회적 세상에 대한 표상을 습득할 수 있었다.

하지만 인간만이 적응을 통해 혁신하는 존재는 아니다. 전망이라는 개념의 깊이를 이해하기 위해서는 진화한 뇌와 그 덕분에 가지게 된 엄청난 이점을 이해해야 한다. 그래서 우리가 알고 있는 것처럼, 문화가 출현하기 오래전부터 전망의 핵심 능력이 인간 조상의 마음속으로 어떻게 들어가게 되었는지를 확인할 필요가 있다. 실험심리학에서 자주 사용하는 실험동물인 흰쥐보다 더 좋은 출발점이 있을까? 흰쥐는 수십 년 동안 미로 학습 연구를 수행함으로써 연합 학습 이론을 검증했고 행동주의 이론을 구축하는 데도 큰 역할을 했다. 연합 학습 연구에서는 흰쥐가 미로를 탈출하는 데 성공하면 강화물(음식)이 바로 주어졌다. 따라서 쥐는 미로에서 탈출할 수 있는 정확한 방향 찾기 학습을 하게 된다. 반복적으로 학습하면 미로 찾기 반응은 쥐에게 익숙해진다.

유명한 실험주의자인 칼 래슐리Karl Lashley는 행동주의가 각광을 받기 시작하던 1920년대에 쥐가 학습한 것이 무엇인지에 관한 연구를 수행했다. 쥐가 미로의 시작점에서 벗어나 구조물 위로 올라간 일이 있었다. 쥐는 무엇을 한 걸까? 조건 반응 모형에 따르면 쥐가 가령 열 발짝 앞으로 걸어간 다음 방향을 바꾸고, 다섯 발짝을 더 걸어간 다음 방향을 다시 바꾸어 음식을 찾을 것이라고 예측할 것이다. 그게 지금까지 지속적으로 강화가 주어진 행동 패턴이기도 했다.

그런데 쥐가 미로 위로 올라가 날쌔게 **대각선으로** 움직여 음식이 있는 곳으로 바로 향했다(Lashley, 1929). 실험 절차상 쥐는 음식으로 돌진하지 못하게 되어 있었다. 그런데 쥐는 무언가 다른 것, 즉 미로에서 훈련을 받는 동안 **배운** 것보다 좀 더 추상적인 생각을 한 것이다. 그래서 쥐가 단순히 자극-반응 조건화에 종속되어 있는 것이 아니라 공간을 확장하여 **위치와 경로**에 대한 심적 표상을 형성하고, 그 환경에서 유연하고 지능적으로 완전히 새로운 길을 찾아나갈 수 있던 것이다. 그뿐만이 아니다. 새로 보인 행동은 한 번도 강화를 받은 적이 없는 행동이었다. 과연 외적인 보상이나 처벌이 없어도 **내적으로 표상된 가치나 목표**에 따라 학습이 이루어질 수 있는 것일까?

여기서 한 단계 더 나아간 사람이 바로 버클리대학교 심리학과의 에드워드 톨먼Edward Tolman이다. 톨먼은 쥐는 강화물 없이 자신이 위치한 환경을 탐색하는 것만으로도 학습할 수 있다고 주장했다. 그래서 미로 내에서 이루어지는 특별한 형태의 움직임과는 관련이 없는, 미로의 공간 구조에 대한 '인지도'를 만들어나가는 것으로 보인다고 가정했다. 톨먼은 쥐가 음식을 얻기 위해 새로운 움직임을 수행해야 하는 일련의 실험을 진행하여 자신의 가설을 증명했다(Tolman, 1948). 그의 실험에서 쥐는 방향을 바꾸는 능력을 외과적으로 제거한 후에도 방향을 바꿀 수 있게 일련의 순서에 따라 몸을 구르거나 회전해서 먹이를 받았다. 톨먼은 쥐를 **목적의식이 있는** 존재로 보기 시작했고, 쥐의 인지도가 '자율적인autonomous' 방식으로 목표를 추구할 수 있게 해주었다고 생각했다. 쥐는 사방이 막힌 미로에서 정보를 추출하여, 보상 없이도 목표를 추구할 수 있는 범용의 심적 표상을 구축했다.

역설적으로, 톨먼의 관심사는 자율성이었다. 그는 표현할 수 있는 경로나 수단을 줄이지 않았고, 학문의 자유를 지키기 위해 캘리포니아대학교 이사회가 요구한 충성 맹세에 서명을 거부했다. 이사회는 톨먼이 연구자로서 쌓은 명성에도 불구하고 1950년대 초에 그의 해임을 요청했다. 물론 톨먼은 뛰어난 연구 업적을 쌓아왔기 때문에 캐나다의 맥길대학교에서 연구를 계속할 수 있었다. 그리고 자율성에 대한 신념을 바탕으로 캘리포니아대학교 이사회를 고소했고, 캘리포니아주 대법원은 1955년 학교의 충성 맹세를 폐지하고 톨먼의 복직을 명령했다. 현재 버클리대학교 심리학과와 교육학과가 위치한 건물을 톨먼홀Tolman Hall이라고 명명하여 자신의 길을 추구하는 자유를 상징하고 있다.

톨먼의 인지도는 함께 언급되는 '자율성autonomy'과 '목적적 행동주의purposive behaviorism'가 그랬던 것처럼, 자극-반응으로 행동 패턴을 설명하는 방식에 확고부동한 믿음이 있는 강경 행동주의자의 엄청난 비판을 받았다. 하지만 신경과학 기술의 발전 덕분에 70여 년이 지난 후에 쥐의 심적 상태에 관한 톨먼의 주장을 직접적으로 검증하는 실험을 진행할 수 있었다. 그 결과 톨먼의 인지도 가설이 사실이라는 것이 확실하게 증명되었다. 쥐가 환경을 탐색할 때는 해마의 장소세포와 내후각겉질entorhinal cortex의 그리드 세포가 환경에 대한 상대적 지도와 절대적 지도를 각각 구축한다. 이 시스템은 현재의 위치를 추적하며, 가능한 위치를 종합적으로 표상한다(Ainge, Tamosiunaite, Wörgötter, & Dudchenko, 2012; Derdikman & Moser, 2010; Langston et al., 2010). 이 지도는 직접 경험한 것과는 상당히 독립적이며, 쥐가 미로에서 출발하기를 기다릴 때나 미로 훈련을 한 뒤 잠을 잘 때 REM 수면 상태에서 반복적으로 활성화되었다(Ji & Wilson, 2007). 그리고 쥐가 **많이 가보지 않은** 장소에 있을 때와 경로를 앞**뒤**로 오락가락할 때 우선적으로 활성화되었다. 이러한 형태는 과거 경험으로 그 경험을 넘어서는 풍부한 표상을 형성할 때 나타나고, 단순히 연합 학습 원리에 의해 움직일 때는 그렇지 않을 것이라고 예측할 수 있다. 래슐리의 실험 결과가 바로 그랬다. REM 수면 중 미로의 활성화는 지름길을 찾는 과정으로, 쥐가 그러한 환경에 놓일 때 즉시 사용할 수 있다(Gupta, van der Meer, Touretzky, & Redish, 2010). 더욱이 미로 탐색을 **시뮬레이션하는** 뇌 활동이 발생하면, 이후 미로 수행 결과가 향상된다. 다시 말하지만, 행동주의자가 오랫동안 설파해온 것과는 달리 학습은 외적 강화물이 없어도 발생한다. 실제로 미로 바깥에서의 활성화를 방해하면, 수행 결과가 저하되었으며(Ward et al., 2009), 이는 인간의 수면과 학습에서도 반복 검증되었다(Stickgold, 2013).

이제, 전망을 제대로 검증해보자. 실제 미로를 경험한 쥐는 도착점을 향해 나아갈 때 **전망을 하면서 지도를** 살펴보았을까? 대안 경로를 시뮬레이션하고 그에 따른 평가를 통해 경로를 선택하는, 전망에 의한 탐색을 수행했을까? 지도 구축과 기대 가치 추정을 연계하여 진정으로 전망에 기반한 안내도를 산출했을까? 미네소타대학교의 데이비드 레디시David Redish 연구팀은 이러한 질문에 대한 답을 찾기 위해 쥐가 미로 학습을 수행하는 동안 선택 포인트에 다다랐을 때 인지도의 활성화 형태를 관찰했다. 연구 결과를 보면, 쥐가 방향 전환을 하기 전 교차로에 잠시 멈춰 있는 동안, 미로의 현재 위치에서부터 앞으로 향한 두 가지 경로로 인지도의 활성화가 퍼져나갔다. 가능한 경로를 훑어보는 것은 전망에 기반하여 가능한 행위를 모델링하는 것으로 보인다. 그렇게 해서 경로를 평가하고 선택하는 데 도움을 주게 된다(Johnson & Redish, 2007; Johnson, van der Meer, & Redish, 2007). 쥐는 선택 지점을 떠나지 않은 채 두 경로를 모두 내려다보았고, 이전 탐색에서 받은 보상의 확률과 가치에 근거해서 좀 더 높은 기대를 가진 경로를 선택한다. 쥐는 확률과 가치에 대한 베이즈 학습만 잘하는 것이 아니라, 이러한 정보를 공간 배치와 관련하여 모델링하고 기대 가치를 최대화할 수 있는 선택을 하는 데도 매우 우수했다.

인과관계의 모델링과 기대 가치의 계산으로 동물 행동의 안내도를 산출할 수 있다는 가설을 검증할 수 있는 핵심적인 방법은 바로 **먹이를 찾는** 행동이다. 포유류는 주변 환경에서 먹이를 구해야 하기 때문에 농업 혁명 이전에는 수렵과 채집이 필요했다(1장에서 본 얼음 낚시꾼처럼). 먹이를 찾으려면 주변 환경의 모습, 식량원의 위치와 신뢰도, 식량을 구하는 과정에서의 손실과 위험, 영향 균형, 새로운 먹이 자원 발굴과 기존 자원 이용의 장단점 등등을 파악해야 한다. 생태학자들에 의하면 포유류를 비롯한 지능이 있는 동물은 협력 관계나 짝짓기 같은 핵심 자원뿐만 아니라 먹이에 관한 물리적·사회적 환경을 샘플링하는 방법으로 거의 최적의 수준에 달하는 수렵-채집 패턴을 구축할 수 있다(Dugatkin, 2004). 그런데 그들이 최적의 패턴을 구축하는 기제에 관해서는 별다른 설명이 없다. 동물은 **최적 제어 문제**optimal control problem에 직면하게 되고 시스템 이론에서는 제약을 고려한 최적화 문제optimization-under-constraint problems를 해결하는 효과적인 방법으로 모형 기반 통제를 살펴봐야 한다고 주장한다(Braun, Nagengast, & Wolpert, 2011; Conant & Ashby, 1970). 신경과학이 밝혀온 기계적 시스템은 실제 환경에서 동물이 효과적으로 먹이를 구하는 방법을 아주 적절하게 설명한다.

인간은 어떨까? 음식과 포식자가 아닌 위험과 돈으로 설정한 수렵-채집 상황을 시뮬레이션하여 진행한 최근 연구를 보면, 인간은 탐색하고 샘플링할 수 있는 시간이 있을 때 거의 최적화된 수렵-채집 패턴을 구축할 수 있고(Kolling, Behrens, Mars, & Rushworth, 2012), 보상이 불안정하고 불확실한 상황에서 최적의 방법으로 결정을 해나간다(Behrens, Woolrich, Walton, & Rushworth, 2007).

모형-기반 통제 이론은 동물과 인간의 **숙련된 움직임** 연구에서 핵심적인 역할을 해왔다. 엘리트 운동선수는 반사 속도, 점프 능력, 기본 운동 패턴의 훈련 정도에서 보통의 선수와는 다른 것으로 보인다. 엘리트 운동선수는 복잡한 움직임과 경쟁 상황에 대해 좀 더 상세하고 정확한 모형을 가지고 있어 경쟁 상대보다 우위에 설 수 있으며(예를 들어, 테니스 경기에서 엘리트 선수는 공을 받기 어려운 곳에 보내서 상대방이 기회를 잡기 전에 점수를 획득한다), 신체 자원을 좀 더 효율적이고 효과적으로(예를 들어, 높이뛰기에서 도약과 비틀기 방법과 관련해) 이용할 수 있다는 것이 결정적인 차이점으로 보인다(Yarrow, Brown, & Krakauer, 2009). 흥미로운 점은 엘리트 운동선수가 (야구 배트나 골프 클럽, 라켓의 스윙과 같은) 광범위한 운동 동작에서 계속 변동성을 보인다는 것이다. 그런데 같은 움직임을 구성하는 작은 요소에서는 높은 수준의 일관성이 나타난다(Yarrow et al., 2009). 아마도 이들은 지속적으로 암묵적인 실험을 하는 것으로 보인다. 시가 제조의 장인이 7년 동안 시가를 만들었음에도 여전히 기술이 향상되고 있다는 유명한 일화도 있다(Crossman, 1959). 경쟁에서 이기기 위해서는 위험, 이득, 손실의 교환적 득실 관계를 잘 파악하고 있어야 하기 때문에, 스포츠 경기나 게임의 전문가 모형은 반드시 정확한 **평가** 정보를 포함하고 있어야 한다.

동물과 인간이 도전적인 상황에 효과적이고 효율적으로 대처하기 위해 평가-인과 모형을 어떻게 구축하고 사용하는지는 이제 알아가기 시작하는 단계다. 철학과 시스템 이론이 제공하는 탄탄한 기초 위

1부 호모 프로스펙투스

에 심리학과 신경과학이 쌓아온 연구 성과 덕분에, 수렵-채집 환경의 쥐든, 숙련된 운동선수든, 우수한 진단 의사든 그 대상과 무관하게 전체적인 작동 방식에 대해 처음으로 통합적인 설명을 하기 시작했다.

직관의 재논의

이제 직관으로 돌아가보자. 미래의 가능성을 염두에 둔 평가에 기반한 계획을 세워 최적의 방안을 찾으려면, 지각과 공간적 대응이 제공하는 표상으로 수많은 저장 정보와 계산 정보를 결합해야만 한다. 유기체-환경의 상호작용을 제어하는 과정에서 최고의 기능성, 효율성, 효과성을 얻으려면, 예측과 설명 모형은 아래의 증거를 함께 구축해야 한다.

- 감각
- 특정 사건(일화기억)이나 일반적 경향(의미기억)에 관한 기억에서 추출한 인과관계 혹은 유사한 형태의 사건에 대한 정보
- 가용한 자원, 긴급한 욕구, 장기적인 목표를 포함한 유기체 내부 상태에 대한 '내부 감각$_{\text{interoception}}$' 정보
- 물리적·사회적 환경 표상
- 개인의 위치와 이동 궤적 지표
- 일련의 가능한 행위와 결과에 대한 상상 기반 표상과 행위를 수행할 때 가치와 가능성을 고려하는 방식

당신이 동료의 초대에 어떻게 응답할지 고민할 때, 정말로 이 모든 것을 고려할 수 있을까? 비교적 단순한 생각과 솔직한 '직감gut feeling'으로 반응하는 경향이 있다는 것을 모른다는 것인가? 사회심리학에 정통한 독자라면 이중처리모형에 기반한 연구를 많이 알고 있을 것이다(Bargh & Chartrand, 1999; Haidt, 2001; Kahneman, 2011). 이 모형에서 시스템 1은 **직관**이다. 대체로 암묵적이고 빠르며, 자동적이고 계산적이라기보다는 정서적이다. 그리고 '기준점anchoring' '대표성representativeness' '현저성salience'과 같은 휴리스틱이 주로 작동하고 논리와 통계는 거의 고려하지 않는다(Kahneman, 2011, pp. 21, 24). 시스템 2는 **의식적이고 심사숙고하는** 시스템이다. 의식적인 생각을 서술하는 시스템으로 논리적·통계적 추론을 할 수 있으나, 느리고 노력이 필요하며 주의에 부담을 많이 준다. 일상적인 행동에서는 시스템 2의 역할이 상당히 제한되어 있다. 이중처리모형이 보여주는 그림은, 기대 가치 표상과 인과관계 모델링을 통해 능동적으로 전망 기반 평가를 진행할 때 사용하는 암묵적이고 직관적인 시스템이 보여주는 그림과 어떻게 들어맞게 되는 것인가?

인간의 정서 체계가 오래되었고 포유류 조상과 유사한 뇌 시스템에 기반하고 있다 하더라도 확률과 가치에 관한 정보를 학습하고 사용하거나 복잡한 물리적·사회적 환경에 대한 전망과 위험성을 모델링할 때 단순화해서 만들 필요는 없다는 것을 확인했다. 그렇다면 최적화된 수렵-채집으로 자연선택에서 살아남은 수백만의 개체들이, 평가와 행위 선택시 효과적이고 효율적인 기제를 진화시키거나 향상시키지 **못한** 이유는 무엇인가? 뇌의 지적 능력과 속도를 고려할 때, 직관적 반응의 신속함이 기대 가치와 위험의 정보나 복잡한 처리 과정으로 이루어지지 않는다는 의미는 아니다(Quartz, 2009). 흥미롭게도, 표상적 표본과 피드백을 사용하여 암묵적 학습에 직관적으로 개입하는 인간은, 휴리스틱과 편향 관련 문헌에 잘 정리된 것처럼 확률 판단의 오류를 범하지 않는 것처럼 보인다(Behrens et al., 2007; Pleskac & Hertwig, 2014). 아마도 이 시점에서 적절한 추론은 직관 시스템이 경험에 기반하여 **투사하는** 다른 시스템처럼 양질의 데이터로 양질의 결과를 만들어낼 수 있다는 것이다.

확률 학습에는 많은 제한이 있다. 예를 들어, 학습으로 새로운 범주를 생성할 수 있지만, 실용적이고 사회적이며 이론적인 문제를 풀 때 학습에 앞서 **직접적인** 방법으로 새로운 범주나 가설을 도입해야 한다. 학습과 서술적 사고는 이러한 종류의 인지적 발판을 제공하는 데 적절하다. 왜냐하면 학습한 것을 **공유**할 수 있게 하고 심사숙고하며 혁신할 수 있게 해주기 때문이다. 물론 경험으로 습득한 직관적 태도에 광범위하게 의존하지 않고는 효과적이고 효율적으로 학습을 수행할 수 없다. 그래서 아리스토텔레스가 『분석론 후서』에서 주장한 추론은 자체적으로 전제를 제공할 수 없다는 주장으로 돌아가게 된다. "분석적 추론은 정서에 의해 인도되지 않는다면 효과적일 수 없다"는 폴 슬로빅의 주장이 떠오른다(Slovic, Finucane, Peters, & MacGregor, 2004).

그렇다면 실제로 전망이 인간을 이끌어간다면 어떤 경험을 하게 될까? 1장의 얼음 낚시꾼이나 기대하지 않은 초대 메일을 받았을 때의 경험과 유사할 것이다. 배고픈 가족이 있는 집에 빈손으로 돌아갈 때의 불편한 감정이나 좋은 생각이 떠올라 다시 한번 물고기를 잡으려고 시도할 때의 감정과 같을 것이다. 그림자에 깜짝 놀란 물고기를 포착했을 때, 그래서 얼음 구멍의 다른 쪽에서 살금살금 다가가 더 좋은 기회를 노릴 때와 같을 것이다. 그리고 초대를 받아들였을 때의 복잡한 감정에도 불구하고 동료의 초대를 거절하는 것이 적절하지 않다는 강한 느낌과 같을 것이다.

2장에서 이러한 점을 주장하기 위해 긴 논의를 이어왔다는 것을 인식하게 될 것이다. 미래에 대한 인간의 시뮬레이션과 평가, 즉 전망은 명시적으로도 암묵적으로도 발생할 수 있다. 암묵적 전망은 직관의 기저를 구성하며, 인간의 삶에서 그것이 왜 그렇게 중요하며 또한 효과적으로 작용하는지를 설명할 수 있다.

3장
심사숙고, 반사실적 방식의 직관적 전망

찬드라 스리파다

2장에서는 직관이 주는 지침에 대해 살펴보았다. 직관은 행동을 안내하는 일반적인 방법이지만, 유일한 방법은 아니다. 사람들은 종종 심사숙고한다. 가용한 대안을 살피고 단계별로 평가하려고 노력한다. 즉각적이고 즉흥적인 직관과 달리 심사숙고는 시간을 두고 진행해나간다. 노력이 들며 주의와 작업기억이 필수적이다(Fincham, Carter, van Veen, Stenger, & Anderson, 2002). 물론 너무 심사숙고하면 진이 빠질 수 있다(Vohs et al., 2008).

행위를 안내하는 방법에는 직관과 심사숙고가 있는 것으로 이해되는데, 이는 행동과학의 입장과 일치한다. 심리학자 시모어 엡스타인 Seymour Epstein은 여러 이론과 연구 결과를 요약하여 다음과 같이 말했다.

증거가 부족하지는 않다. … 사람들은 근본적으로 다른 두 가지 방법으로 현실을 파악하는데, 하나는 직관적·자동적·자연적·비언어적·서술적·경험적으로, 다른 하나는 분석적·숙고적·언어적·이성적으로 아주 다양하게 표현한다(Epstein, 1994, p. 710).

3장의 핵심 주제는 직관에 의한 행위 안내와 심사숙고에 의한 행위 안내의 관계다. 그리고 두 가지 관점에 특히 주목하고자 한다.

첫째 관점은 **독립 프로세서** 관점이다. 직관과 심사숙고가 서로 다른, 구분되는 사고방식이라는 것이다. 사람의 머리를 열어서 볼 수 있다면, 두 개의 프로세서가 보일 것이다. 하나는 직관적 판단을 하는 것이고, 다른 하나는 심사숙고에 의해 판단하는 것이다. 더 안쪽으로 들어가면, 두 개의 프로세서가 서로 다른 원리에 따라 작동하는 것을 볼 수 있을 것이다. 이러한 아이디어는 직관 프로세서가 '비언어적'이고 '경험적'인 반면 심사숙고 프로세서는 '언어적'이고 '이성적'이라는 엡스타인의 견해에 명확하게 드러나 있다. 인지과학자 스티브 슬로먼Steve Sloman은 직관 시스템의 전형적인 특징은 '연합적'이고, 심사숙고 시스템은 '이성적'이며 '규칙-기반'이라고 주장했다(Sloman, 1996). 노벨상 수상자인 대니얼 카너먼은 직관 시스템이 '정서적'이며 심사숙고 시스템은 '중립적'이라고 덧붙였다(Kahneman, 2003). 독립 프로세서 관점에서는 직관과 심사숙고가 작동 방식도 다르고 서로 독립적으로 작동한다고 본다. 그래서 서로 봉쇄되어 있다. 각 프로세서는 각각 독립적으로 발전해나간다는 것이다.

이와는 반대되는 두 번째 관점에서는 직관과 심사숙고가 아주 밀접하게 관련되어 있다고 주장한다. 즉 심사숙고가 직관과 함께 구성된다는 것이다. 이 관점은 사람들이 미래를 일화적 표상episodic representation, 즉 일상의 에피소드처럼 상상할 수 있다는 주장에서 출발한다. 일화적 표상은 생생하고 풍부한 감각 정보, 구체적인 세부 사항, 공간적인 맥락을 포함한다. 마음속에 그리는 이미지 혹은 영상으로 생각할 수 있다. 그래서 이것을 **일화적 전망**episodic prospection이라고 부르기로 하고, 일화적 전망이 어떻게 구축되는지는 이후에 더 논의하기로 하자. 둘째 관점에 의하면, 일화적 전망은 심사숙고에 필수적인 요소로, 심사숙고와 직관을 연결하는 가교 역할을 한다.

이제 직관의 작동 방식을 보자. 휴가지로 알래스카와 라스베이거스 중 한 곳을 고민하고 있다. 먼저 알래스카를 떠올리면서 거대한 빙하를 가까이에서 보는 상상을 한다. 그리고 온 사방이 고요해서 얼어붙은 바람 소리만 귀에 맴돈다. 마치 환상적인 빙하 앞에 서 있을 때 반응하는 것과 동일한 정서적 기제로 이러한 에피소드를 평가한다. 심장이 빨리 뛴다. 그리고 이렇게 전망해보는 것이 좋다. 이제 예전에 다녀온 기억을 떠올리며 라스베이거스에 관한 일화적 전망을 생성해본다. 너무 덥고, 카지노는 사람들로 붐비며, 뭘 하든 매번 길게 줄을 서야 한다. 그러자 정서 시스템이 작동해 라스베이거스가 그다지 매력적이지 않다고 평가하고, 알래스카에 가기로 결정한다.

두 번째 관점에서는 두 개의 프로세서가 독립적이지 않다. 오히려 심사숙고 시스템이 근본적으로 직관인 정서 평가에 의존한다. 실제 진행되고 있는 상황에 대해 정서적인 평가를 하는 직관적 처리 과정이 심사숙고를 할 때 **재사용**되지만, 이제 마음속에 구축한 상황으로 향하게 된다. 그래서 직관과 심사숙고가 깊이 연관되어 있다고 보는 관점을 '대규모 재사용 모형massive reuse model'이라고 부른다.

대규모 재사용 모형에서 심사숙고는 단지 직관을 지원하는 역할만 하지는 않는다는 것이 중요하다. 두 시스템은 분명 의견이 다를 수 있다. 가령 웨이터가 달콤한 치즈케이크를 당신 앞에 두었다. 정서 시스템은 큰 조각을 가져와야 한다는 식으로 즉각 반응할 수 있다. 하지만, 잠시 멈추고 심사숙고하면서 고민을 시작할 수 있다. 케이크를 먹었을 때의 부정적인 결과, 예를 들어 여름이 다가올 때 수영복 위로 불룩 튀어나온 뱃살이 떠오를 수 있다. 한편으로는 자제했을 때의 긍정적인 결과, 당신의 조각 같은 몸매를 보는 파트너의 얼굴에 스며드는 미소가 떠오를 수 있다. 결국 정서는 우리가 상상하는 전망에 관한 평가 정보를 제공하여 심사숙고 시스템에 핵심적인 역할을 한다. 게다가 후속 사건에 대한 전망을 고려해서 처음 반응과는 반대되는 쪽으로 결정할 수도 있다. 그래서 대규모 재사용 모형에 따르면 심사숙고 시스템은 근본적으로 정서 시스템에 의존하는데도 두 시스템은 다른 의견을 보일 수 있다.

그래서 독립 프로세서 관점과 대규모 재사용 관점을 모두 적용할 수 있다. 물론 극단적인 입장일 수 있지만, 두 관점이 명확하게 기술되어 있으며 제시된 근거로 어느 쪽이 더 적절한지 확인할 수 있기 때문에 상당히 유용한 측면이 있다. 지난 10여 년 동안 대규모 재사용 모형을 강력하게 지지하는 증거가 축적되어왔으니 이제 그 증거를 검토해보자.

일화적 전망

대규모 재사용 모형은 감각적으로 풍부한 전망에 의한 에피소드가 심사숙고에 근간이 된다고 주장한다. 이 관점을 지지하는 증거를 보면, 이러한 종류의 일화적 전망을 구성하기 위해 뇌는 정교한 시스템을 갖추고 있다. 지난 10년 사이 이 시스템에 관한 연구가 철저하게 진행되어왔다. 연구 결과를 살펴보면서 좀 더 들어가보자.

뇌가 미래에 대한 일화적 전망을 구성하는 방법을 파악하려면, 뇌가 과거 사건에 대한 일화기억을 구성하는 방법을 먼저 이해하고 거기에서부터 출발해야 한다(Schacter et al., 2012). 장기기억은 대개 (**방법**에 관한) 절차기억과 (**무엇**에 관한) 서술기억으로 나뉜다. 그리고 서술기억은 사실에 관한 기억인 의미기억과 자신의 개인적 경험에 관한 기억인 일화기억으로 나뉜다(Tulving, 2002). 의미기억은 파일에서 데이터를 꺼내는 것과 비슷하다. 네바다의 주도는 카슨이라거나 13의 제곱은 169라는 식의 기억이다. 한편 일화기억은 풍부한 유사-감각적 경험과 육하원칙에 관련된 정보를 포함하고 있다. 무슨 일이 있었고 누가 관련되어 있는가? 어디서 발생했고 맥락은 무엇인가? 언제 일어났고 순서는 어떻게 되는가? 일화기억은 이렇게 육하원칙에 관한 정보를 하나로 녹여, 발생한 사건에 대한 통합적 표상을 형성한다.

흥미롭게도, 뇌는 일화기억의 각 구성 요소에 따라 비교적 독립된 저장소를 운영하고 있는 것으로 보인다(Allen & Fortin, 2013). '무엇What' 정보, 즉 사람이나 사물에 관한 정보는 내측두엽 깊숙이 위치한 주변후각겉질perirhinal cortex과 내후각겉질에 저장되어 있다. '어디Where' 정보는 해마곁겉질parahippocampal cortex과 후비강겉질post-rhinal cortex, 그리고 내측두엽 등에 저장되어 있다. '언제when' 정보가 어느 영역에 저장되어 있는지는 아직 잘 알려지지 않았다. 짧은 기간(분초 단위)은 선조체striatum에 있는 속도감지조절기pacemaker에 의존하고 있고, 훨씬 더 긴 기간(주, 월,

년)에 관한 정보는 연구하기가 상당히 어렵고 알려진 정보가 많지 않다.

일화기억에서는 세 가지 정보(무엇, 어디, 언제)가 융합되어 전체 에피소드에 관한 복잡한 합성 표상을 생성한다(Allen & Fortin, 2013). 그리고 이것을 조직하는 역할은 내측두엽 깊숙이 위치한 해마hippocampus가 한다(Davachi, 2006; Konkel & Cohen, 2009). 해마는 관계기억relational memory에서 핵심적인 역할을 한다. 예를 들어, 한 항목이 다른 항목과 쌍으로 제시되었을 때, '무엇' 영역인 주변후각겉질과 내후각겉질은 개별 항목이 무엇인지를 회상해야 한다. 그런 다음 해마, 특히 해마의 앞부분이 **그 항목과 함께 발생한 것들**을 떠올리게 된다. 일반적으로 설명하자면, 해마는 항목 간의 모든 공간적·시간적·추상적 관계를 저장한다.

최근 부각되고 있는 가설에 따르면, 상상 가능한 전망은 뇌의 방대한 일화기억 저장소를 원자료로 사용한다. 일화기억의 구성 요소들은 재결합하여 상상 가능한 시나리오를 만든다(Schacter, Addis, & Buckner, 2007). 이 가설을 지지하는 초기 증거를 보면, 일화기억을 손상시키는 상태는 일화적 전망에도 비슷한 효과를 가져온다. 예를 들어, 내측두엽에 손상이 발생하면 과거의 개인적 경험에 관한 일화기억을 상실하게 되고 미래에 관해 일화적으로 풍부하고 상세하게 시뮬레이션하는 능력에도 손상이 나타난다(Hassabis, Kumaran, Vann, & Maguire, 2007; Race, Keane, & Verfaille, 2011; Squire et al., 2010; Tulving, 1985). 발달 과정 연구에서도 비슷한 결과가 도출되었는데, 아이들은 과거의 개인적 경험을 회상하는 능력을 얻고 나서야 미래에 대한 일화적 전망을 구성해나갈 수 있다(Busby & Suddendorf, 2005).

가장 주목할 만한 결과는 뇌영상 연구에서 도출되었다. 일화기억을 인출하는 동안 뇌의 기본 모드 네트워크의 광범위한 영역이 활성화되었다. 장면 구성scene construction이라 불리는 복잡한 통합적 처리에는 다양한 영역이 관련되어 있다. 전망을 상상하는 동안 같은 영역이 활성화되었는데, 이는 거의 같은 수준의 장면 구성이 이루어지고 있다는 것을 의미한다(Buckner & Carroll, 2007; Hassabis & Maguire, 2007; Schacter & Addis, 2007; Schacter et al., 2007; Spreng & Grady, 2010; Suddendorf & Corballis, 2007). 물론 중요한 차이점도 있다. 장면을 상상하는 것은 단순히 이전에 발생한 사건을 돌려보거나 그러한 시도를 하는 것과는 같을 수 없다. 오히려 과거 에피소드의 구성 요소를 재결합하는 추가적인 노력이 필요하다. 일화기억에서 추출한 사람, 사물, 장소는 이전에 경험한 적 없는 완전히 새로운 장면을 생성하는 데 원자료로 쓰인다.

도나 애디스Donna Addis와 대니얼 샥터Daniel Schacter 연구팀은 이러한 재결합 과정의 신경학적 기질을 기능적 자기공명영상(fMRI)으로 탐색했다. 뇌 영상을 촬영하기 전에, 참가자에게 사람, 대상, 장소의 세부 사항을 포함하는 실제 경험에 관한 일화기억을 떠올리게 했다. 그리고 fMRI 촬영 중 실제로 발생한 사건을 회상하거나 각각의 에피소드에서 사람, 대상, 장소를 추출하여 재결합하는 방법으로 새로운 장면을 상상하게 했다. 일화기억과 그에 대한 상상은 전술한 바와 같이 뇌의 기본 네트워크를 활성화했다.

그런데 시나리오를 상상할 때 아주 활발하게 활동하는 영역이 발견되었다. 특히 해마의 앞쪽 영역이 활성화되었는데, 이는 재결합 과정을 담당하는 신경 기질을 보여주는 결과라고 할 수 있다(Gaesser, Spreng, McLelland, Addis, & Schacter, 2013). 해마의 앞쪽 영역이 관계기억을 담당한다는 점에서 전망을 상상하는 동안 사람, 장소, 시간을 연결하는 기존의 연결이 풀리고 새로운 연결이 일시적으로 형성된다. 그래서 하나의 맥락에 정기적으로 나타나는 사람이 다른 시간에 다른 맥락으로 등장하게 된다. 이렇게 연결을 푸는 과정을 통해서 기존 기억의 구성 요소는 무한한 수의 새로운 시나리오를 구성하는 재료로 사용될 수 있다.

이제 대규모 재사용 관점으로 돌아가보자. 뇌가 상세하고 감각적으로 풍부한 전망에 의한 에피소드를 생성하는 기제에 잘 들어맞아서 다양한 행위를 수행할 때 어떤 모습일지에 대해 표상을 제공한다는 것을 상기해보자. 그래서 정서 시스템은 구체적이고 세부적인 내용에 따라 그러한 에피소드에 대한 정서적인 평가를 제공하게 된다. 이제 뇌가 대규모 재사용 관점이 요구하는 기계적인 과정을 수행한다는 풍부한 증거를 보자.

정서적 재배치

대규모 재사용 관점의 두 번째 핵심 주장은 일상적인 삶에서 작동하며 진행 중인 평가 정보를 전달하는 정서 시스템이 심사숙고하는 동안 재사용된다는 것이다. 만약 그렇지 않다면 의사결정은 어떻게 이루어지는 걸까? 2장에서 정서 시스템이 평가 상황에 관해 자세하고 상세한 배치도를 제공한다는 것을 확인했다. 이 시스템은 매우 정교한 통계 도구를 사용해서 상황이 좋은지 혹은 나쁜지를 평가하고 빠르게 업데이트하여 실시간으로 스마트하게 행동을 교정해준다. 예를 들어, 조용한 해변에서 내리쬐는 햇살 아래 시원한 음료수를 마시고 있다면, 정서 시스템이 정말 좋은 상황이라고 빠르게 등록한다. 긍정적 정서가 풍부하게 존재하는, 내면이 환하게 빛나는 상황으로 기술할 수 있다.

해변에 가는 장면과 다른 장면(가령 집에 있는)을 떠올리며 골똘히 생각하는 동안 그런 장면이 얼마나 좋은지 혹은 나쁜지를 표현하기 위해 똑같은 정서 반응을 불러일으킨다고 생각하는 것은 정말 자연스럽다. 해변에 가는 걸 생각하게 되면 실제 해변에 있을 때의 경험처럼 내면이 환하게 빛나는 느낌을 경험하게 되고, 그래서 해변을 선택한 이유를 설명하기가 쉬워진다. 이 장면이 바로 심사숙고의 모습을 보여주며, 심사숙고 방식의 작동법에 대한 상식적 수준의 이해와 잘 들어맞는다.

대안 모형인 독립 프로세서 관점에 따르면, 가치에 관한 '냉정한cool' 표상을 구성하는 완전히 별개의 세트가 있으며, 이것은 심사숙고 중에 실시간으로 작동한다. 정서 시스템은 진행 중인 행위를 실시간으로 안내하지만, 느리고 계열적이며 신중한 방식으로 생각하는 동안 별개의 세트인 비정서적 표상도 실시간으로 안내한다. 독립 프로세서를 주장하는 쪽에서 이 장면을 명시적으로 표현하는 경우는 드물지만, 모형에 암묵적으로 설계된 것으로 보인다. 예를 들면, 대니얼 카너먼이 정서 휴리스틱에 관한 논의를 하며 이러한 종류의 모형을 제안한 것으로 보인다. 그는 이 모형이 "지난 몇십 년 동안 판단의 휴리스틱 연구에서 가장 중요한 발전일 것"이라고 주장했다(Kahneman, 2003). 카너먼은 동료인 폴 슬로빅 등의 연구를 토대로, 우리가 어려운 선택을 해야 할 때 종종 신속한 정서 반응을 토대로 결정한다고 주장한다. 이는 더 느리고 어려운 '분석적'인 이득-손실 과정을 철저하게 거친다는 설명과는 상반된다(Slovic, Peters, Finucane, & MacGregor, 2005). 카너먼이나 슬로빅 모두 이득-손실의 확인이 이루어지는 세부적인 과정에 대해서는 언급하지 않았다. 하지만, 판단에 이르는 과정에서 정서를 참조하는 것과는 완전히 다른 방법이라고 한다면, 결국 비정서적인 과정이라고 가정할 수밖에 없을 것이다. 즉 가치에 대한 좀 더 냉정한 표상을 사용해야 한다는 것이다.

관련 내용을 제대로 이해한 것이 맞다면, 카너먼의 그림은 그럴듯해 보이지 않는다. 가치에 관해 상세하고 풍부한 정서적 표상과 이와는 구분된 냉정하고 비정서적 표상을 모두 사용하여 생각의 방식을 구축해야 하는 이유는 도대체 무엇인가? 이미 실제로 맞닥뜨린 상황의 가치를 추적하도록 설계한 복잡하고 정교한 시스템, 즉 정서 시스템이 있다. 그렇다면 심사숙고하는 중에 이 시스템을 제쳐 두고 다른 시스템을 사용하여 전망에 기반한 상황의 가치를 추적하게 하는 것은 쓸모없는(혹은 지나친) 일이 아닐까?

대규모 재사용 모형의 핵심인 정서 재배치를 지지하는 신경생물학적 증거를 보자. 안토니오 다마지오Antonio Damasio와 앤트완 버채러Antoine Bechara 등은 뇌의 특정 영역에 손상을 입은 환자를 대상으로 장기간 연구를 진행하여 의사결정 과정에서 정서의 역할을 밝히기 위해 노력해왔다.

아이오와 도박 과제Iowa Gambling Task로 진행한 관련 연구를 살펴보자. 아이오와 도박 과제에서, 참가자는 네 개의 카드 묶음에서 반복적으로 선택을 해야 한다(Bechara, Damasio, Tranel, & Damasio, 1997, 2005; Damasio, 1994). 카드를 선택할 때마다 (금전적인) 보상 혹은 처벌을 받는다. 참가자는 모르지만, 네 개 중 두 묶음은 비교적 유리한 수익을 주는 '좋은' 묶음인 반면, 다른 두 묶음은 초반에는 수익이 높지만 이후에는 손실을 볼 수도 있는 '나쁜' 묶음이다. 정상적인 참가자는 나쁜 묶음을 피하고 좋은 묶음에서 선택해야 한다는 것을 빠르게, 거의 무의식적으로 학습하는 것으로 보인다. 피부 센서로 정서 반응을 측정한 연구 결과를 보면, 참가자는 카드를 선택하면서 소위 '직감'이라는 빠르고 즉각적인 정서 반응을 학습하고, 이러한 정서 단서가 나쁜 묶음을 피하고 좋은 묶음으로 향하도록 안내한다. 이러한 정서 반응은 과제를 시작하는 초기 단계, 즉 참가자가 어떤 묶음을 선호하고 어떤 묶음을 회피하는지에 대한 이유를 명시적으로 설명할 수 있게 되기 전에 나타난다.

다마지오 연구팀은 중요 정서의 가치 평가 회로가 있는 복내측전전두엽ventromedial prefrontal cortex(vmPFC)에 손상을 입은 환자가 과제를 수행할 때 미리 정서 반응을 예측하지 못한다는 것을 발견했다. 게다가 나쁜 묶음을 피하지도 못했다. 이들은 카드 묶음에 따른 이득과 손실에 대한 정보가 부족하여 묶음의 종류와 무관하게 선택을 지속했다. 그다지 놀라운 결과는 아니다. 2장에서 논의한 대로, 정서 시스템이 드러나지 않는 패턴의 보상과 처벌을 잘 파악한다는 주장에 잘 들어맞는다. 정서 시스템은 정교한 통계적 절차를 적용하여 선택지의 좋고 나쁨을 빠르게 추정하고 업데이트하여, 행위를 직관적으로 이끌어 준다.

독립 프로세서 관점이 적절하다면, 위의 환자가 보여준 문제점은 직관적으로 빠르게 행위를 이끌어줄 수 있는 정서가 필요한 맥락에 한정적일 것이다. 이들이 잠시 숨을 가다듬고 느리고 노력을 요하는 심사숙고를 하게 되면, 냉정하고 비정서적 가치 표상을 위한 별개의 프로세서가 개입하여 작동하게 된다. 반면 대규모 재사용 관점은 정서 시스템을 제대로 구분하여 사용하지 않으면, 정서에 의한 직관적 안내가 손상을 입을 뿐 아니라 심사숙고해서 만든 지침도 손상될 수 있다.

다마지오 팀의 연구 결과는 대규모 재사용 관점의 예측을 강력하게 지지한다. 그 유명한 미국의 철도 건설 노동자 피니어스 게이지 Phineas Gage가 그 실례를 보여준다. 그는 불의의 사고로 쇠막대가 두개골을 관통하면서 복내측전전두엽이 파괴되었는데, 이후 그는 충동적이고 부적절한 행동을 보였으며 형편없는 결정을 연속적으로 내리기도 했다(Damasio, 1994). 사실 게이지는 워낙 유명한 사례이기 때문에 당연히 왜곡과 과장된 측면이 있을 수 있다. 다마지오 팀은 복내측전전두엽에 손상을 입은 다른 환자를 대상으로 종합적인 신경심리학적연구를 수행할 수 있었다(Damasio, 1994). 이 연구에는 방사선 촬영으로인해 복내측전전두엽이 손상된 엘리엇이라는 환자를 대상으로 진행되었다.

종합적인 검사 결과 엘리엇의 일반 지능은 손상을 입지 않았다.

표준화된 심리 검사와 신경심리 검사 결과, 그는 최고 수준의 지능을 가지고 있었다. 웩슬러 지능 검사의 하위 검사에서, 엘리엇은 평균 이상 혹은 최상위 수준의 능력을 나타냈다. 숫자에 대한 즉시 기억은 최상이었고, 단기 언어 기억과 기하학적 구조에 대한 시각 기억도 최상이었다. 언어 이해와 산출의 여러 측면을 평가하는 다중언어 실어증 검사 결과 역시 정상이었다. 얼굴 인식, 선 방향 분별, 지리적 방향 검사, 2차원과 3차원 블록 구조 검사를 포함하는 벤턴 검사에서 시지각과 구성 능력이 정상이었다. 간단히 말해서, 지각적 능력, 과거 기억, 단기기억, 새로운 내용 학습, 언어, 연산 능력 모두 영향을 받지 않았다(Damasio, 1994, p. 41).

그런데도 엘리엇의 의사결정 능력은 심각하게 영향을 받았다.

그의 지식은 온전히 남아 있는 것으로 보였고 이전처럼 개별적인 행위는 대부분 별 문제없이 할 수 있었다. 하지만 특정 행위를 예측하는 상황에서 그 행위를 적절하게 수행할 것이라고는 확신할 수 없었다. 당연히 동료들의 계속되는 조언이나 충고는 무시했고, 엘리엇은 일을 그만두었다. 다른 일자리를 구해도 역시 해고되었고, 그러한 일이 반복되었다. 제대로 된 직업을 구하기가 어려워지자, 엘리엇은 새로운 취미에 시간을 투자하고 새로운 사업을 시도했다. 한 사업에서는 평판이 좋지 않은 사람들과 팀을 이루었다. 친구들이 여러 번 경고했으나 소용이 없었고 결국 파산으로 끝이 났다. 그가 투자한 사업은 전부 실패로 끝났고, 모은 돈은 결국 모두 사라졌다. 엘리엇과 같은 배경을 가진 사람이 문제가 많은 사업이나 금전적 결정을 했다는 것이 언뜻 이해되지 않는다. 그의 부인, 아이, 친구도 그렇게 총명한 사람이 미리 경고를 받았음에도 불구하고 왜 그렇게 바보 같이 행동했는지 이해하기 어려웠다(Damasio, 1994, pp. 36-37).

다마지오의 설명을 보면, 엘리엇이 살아가던 세상은 무너지기 시작했다. 그는 부인을 떠나 부적절한 관계를 맺기 시작했고, 몇 번의 이혼을 거쳐 별다른 수입도 없이 여기저기 떠도는 신세가 되었다.

아이오와 도박 과제로 진행한 실험에서 엘리엇의 사례 그리고 다른 연구 결과에 근거하여, 다마지오는 신체 표지 가설somatic marker hypothesis을 제안했다(Bechara & Damasio, 2005; Damasio, 1994). 매우 복잡하기는 하지만, 가장 관련이 있는 점은 정서와 심사숙고의 깊은 연관성이다. 다마지오는 여러 선택지를 고려하는 동안 정서 시스템이 호출되어 나쁜 후보에서 좋은 후보로 이동하게 만들어준다고 주장했다. 바로 이 정서적 지침이 무엇을 해야 할지 고민할 때 행동을 이끌어주는 역할을 한다. 그리고 이것이 바로 게이지와 엘리엇에게 없는, 그래서 그들이 형편없는 결정을 한 이유를 설명해줄 수 있는 것이기도 하다.

심사숙고 중에 정서가 재배치된다는 발상은 신경 영상 연구 결과가 뒷받침한다. 대부분의 뇌영상 연구는 빠르고 실시간으로 이루어지는 행위 선택을 조사한다. 즉 우리의 용어로 하면, 직관이 주는 지침을 탐색하는 것이다. 이런 종류의 연구에서는 참가자에게 수십 개, 때로는 수백 개의 선택지를 제시해주고 통상 2~3초 정도의 시간 안에 각 선택지에 대해 반응하게 한다. 직관적이고 정서적인 처리 과정과 연관된 것으로 알려진 영역, 즉 복내측전전두엽은 일관된 모습으로 활동하며, 선택으로 이끄는 평가 신호를 공급하는 것으로 보인다(Montague & Berns, 2002; Montague, King-Casas, & Cohen, 2006; Rangel, Camerer, & Montague, 2008).

여러 속성을 비교하여 선택해야 하는 좀 더 어려운 결정을 살펴본 연구를 보면, 일부는 긍정적이고 일부는 부정적이다(Basten, Biele, Heekeren, & Fiebach, 2010; Hare, Camerer, & Rangel, 2009; Kahnt, Greuschow, Speck, & Haynes, 2011). 속성을 새롭게 결합하여 결과를 도출하고 전반적인 가치 평가를 위해서 다양한 측면을 종합적으로 고려해야 하는 심사숙고 의사결정 과정과 매우 비슷하다. 결과를 보면, 복내측전전두엽이 활성화되고, 그 활성화 정도가 여러 속성에 관해 합산한 가치와 강력한 상호작용이 나타난다(Kahnt et al., 2011). 이는 행위를 직관적으로 이끌 때 활동하는 것으로 알려진 복내측전전두엽의 정서 기제가 더 느리고 신중한 결정 과정에서도 핵심적인 평가 신호를 지속적으로 제공한다는 것을 의미한다.

미래 에피소드의 시뮬레이션을 조사한 연구에서 정서 재배치에 관한 추가적인 증거가 제시되었다(Gerlach, Spreng, Madore, & Schacter, 2014; Johnson,

Nolen-Hoeksema, Mitchell, & Levin, 2009; Johnson et al., 2006; Mitchell et a l., 2009; Spreng & Schacter, 2012). 참가자는 개인적인 목표를 포함한 상세한 일화적 전망 혹은 목표와 관련 없는 전망을 구성했다. 물론 목표와 평가 과정은 밀접하게 연결되어 있다. 그래서 목표에 관련된 시나리오를 마음속에 그리게 되면 평가 과정이 활성화되지만 목표와 관련 없는 시나리오는 그렇지 않을 것이라고 예측할 수 있다. 연구 결과를 보면, 직관적인 정서 처리를 보조하는 복내측전전두엽의 가치 평가 영역이 목표에 관련된 에피소드를 떠올릴 때 활성화된다.* 이 결과는 전망에 기반한 에피소드가 마음속에 떠올라 신중하게 생각할 때, 정서 시스템이 재배치되어 그러한 에피소드에 관한 평가 정보를 제공한다는 주장을 지지한다.

　대규모 재사용 관점은 직관적 안내와 심사숙고 간의 관계에 대해 흥미로운 견해를 제시한다. 이 모형에 따르면 상이한 원리로 작용하는 두 개의 독립 프로세서를 보유할 필요가 없다. 오히려 직관적 안내와 심사숙고는 근본적으로 연결되어 있다. 심리학과 신경과학에서 이 모형을 지지하는 광범위한 증거가 제시되었다. 첫째, 인간은 감각적으로 풍부한 일화적 전망을 구성하는 심적 기제를 가지고 있다는 명확한 증거가 있다. 둘째, 신경과학, 신경심리학, 신경 영상 연구에서 정서 시스템이 심사숙고 중 재배치되고 감각적으로 풍부한 전망 기반 에피소드의 평가를 전달한다는 증거가 있다.

　이는 심사숙고가 직관과는 상당히 다르다는 주장에 의문을 제기

---

*　최근 메타분석을 진행한 Stawarczyk & D'Argembeau, 2015를 참조하라.

한다. 심사숙고는 '언어적' '논리적' '규칙-기반' '중립적'인 반면 직관은 완전히 반대로 '비언어적' '비이성적' '연합적' '정서적'이다. 이렇게 두 갈래로 갈린 그림(아주 다른 재료로 구성된 두 개의 마음)은 잘못되었다. 오히려 직관적 안내와 심사숙고적 안내의 차이는 훨씬 더 미묘하며, 그 차이는 '마음의 눈mind's eye'이 어디로 향하는지에 달려 있다. 일상적인 삶에서 직관적 정서 시스템은 환경에 맞추어 조율되고 행위에 대한 자동적 안내를 실시간으로 제공한다. 심사숙고 중에도 직관적 정서 시스템이 다시 한번 중요한 역할을 한다. 유일한 차이점은 이 시스템의 응시점이 실제 상황을 벗어나서 일화적 전망에 관한 표상을 구성하고 있다는 것이다.

4장
마음 거닐기, 방황하는 생각에 따른 전망

찬드라 스리파다

3장에서는 심사숙고하여 잘 제어된 전망의 다양한 형태에 대해 논의했다. 이제 즉흥적이고 조금은 산만해 보일 수 있는 전망을 살펴 보자.

아무것도 하지 않을 때 마음속에 떠오르는 것들을 의식적으로 생 각해보자. 다양한 종류의 생각이 즉흥적으로 마구마구 떠오른다. 최 근 겪은 일이 떠오르고 앞으로 일어날 일을 바라본다. 그럴 때는 이미 지나 지각적 정보와 비슷한 것들이 동반된다. 일련의 생각이 매우 산 만하게 전개된다. 한 주제에서 다른 주제로 옮겨 다니기도 하고 연이 은 생각이 단순히 연합되거나 주제에 의해 연결되기도 하지만, 멈추 거나 다른 주제로 넘어가거나 특이한 생각이 나기도 한다.

이것이 바로 **마음 거닐기**mind-wandering인데, 연구자들을 무척 혼란스럽게 했다(Callard, Smallwood, Golchert, & Margulies, 2013; Smallwood & Schooler, 2006, 2015). 가장 혼란스러운 것은 인간이 왜 이렇게 마음 거닐기를 많이 하느냐는 것이다. 2,250명의 성인을 대상으로 경험 표집 방법으로 진행한 연구 결과를 보면, 특정 시점에 마음 거닐기를 한 비율이 46.9%에 달한다(Killingsworth & Gilbert, 2010).

신경학적 연구 결과가 이를 보완하는 증거를 제시한다. 마음 거닐기는 일화기억과 상상에 관여하는 뇌의 영역인 기본 네트워크default network와 연결되어 있다(Buckner, Andrews-Hanna, & Schacter, 2008). 이 네트워크는 fMRI 연구 과정에서 확인했다. 참가자는 과제를 수행하는 동안 휴식 시간을 가지게 되는데, 휴식 시간 동안 중심선과 내측두엽 네트워크가 활성화하는 것을 지속적으로 관찰했다(Raichle & Snyder, 2007). 이 영역은 기본 네트워크라는 이름을 가진 곳으로, 뇌의 기본 상태, 즉 별다른 활동을 하지 않을 때 활성화되는 영역이다(Raichle et al., 2001). 이 네트워크는 마음 거닐기를 보조하는 역할을 하는 것으로 보고되어왔다(Andrews-Hanna, Reidler, Huang, & Buckner, 2010; Christoff, Gordon, Smalllwood, Smith, & Schooler, 2009; Mason et al., 2007). 전체적인 그림을 그려보자. 인간의 마음은 아무 일도 하지 않는다고 해서 간단하게 전원을 끄고 휴면 상태로 들어가는 것이 아니다. 오히려 과거로부터 미래에 이르기까지 아주 산만하고 두서없는 에피소드를 마구 떠올리게 하는 뇌 영역이 활동한다. 도대체 **왜 그럴까?**

마음 거닐기에 관한 설명을 보면, 그 목적이 계획하기와 연관되어 있다는 주장이 점차 많이 제기되고 있다. 조너선 스몰우드Jonathan Smallwood와 제시카 앤드루-해나Jessica Andrews-Hanna의 글을 보자.

진화의 관점에서 보면, 전망 능력 덕분에 미래에 발생할 사건의 결과를 시뮬레이션 할 수 있고, 그로 인한 자신과 다른 사람들의 정서 상태를 생각해볼 수 있다(Gilbert & Wilson, 2007). 따라서 스스로 떠올린 생각(예를 들면 마음 거닐기)은 최적의 행동 방식을 찾고 다가올 일을 준비하며 목표를 성취하게 해주는 적응적 과정이다(Schacter et al., 2007; Suddendorf & Corballis, 2007; Suddendorf et a., 2009; Szpunar, 2010). (Smallwood & Andrews-Hanna, 2013, pp. 3-4).

스몰우드와 앤드루-해나의 주장이 맞다고 생각하지만, 그들의 주장을 조금 더 구체화할 필요가 있다. 산만하고 두서없는 생각을 하는 것이 미래를 준비하는 데 구체적으로 어떻게 도움이 될까? 이 질문에 답하려면, **계획과 학습**을 구분해야 하는데 다음의 사례를 통해 살펴보자.

뉴욕의 지도를 보면서 라과디아 공항에서 맨해튼 남쪽 지역으로 가야 하는 상황을 떠올려보자. 지도에서 가장 괜찮은 경로를 찾아 계획을 세워야 한다. 첫째는 롱아일랜드 고속도로로 퀸스를 통과하여 브루클린 다리를 건너는 것이다. 둘째는 할렘을 가로질러 헨리허드슨 파크웨이를 따라 남쪽으로 내려가는 길이 있다. 셋째는 버스를 타고 145번가로 간 다음 지하철을 타고 남쪽으로 향하는 방법이다. 세 가지 경로를 평가하여 가장 괜찮은 것을 찾게 된다. 그런 다음 계획을 수립할 때 이와 같은 정보를 적용하며 특정한 행위에 관련된 질문에 답하는 데 사용한다.

학습, 최소한 여기서 강조하는 종류의 학습은 다르다. 먼저 학습은 특정 영역의 지식을 생성하는 과정이다. 학습은 보통 구체적인 행위 지향적 질문에 답하는 수준에 머무르지 않는다. 이후에 어떻게 학습에 이르게 되었는지를 다시 확인할 수 있고, 구체적인 행위 지향적 질문이 머릿속에 떠오를 때마다 그에 대한 답을 할 수 있어야 한다는 점에서 학습은 **궁극적으로** 유용하다. 하지만 학습을 해야 하는 이유가 단지 위에서 언급한 질문에 답하는 데 유용하기 때문만은 아니다. 학습의 용도는 훨씬 더 간접적이고 분산된 형태로 나타난다.

사람들은 종종 전망적 사고를 통해 미래를 계획하고 목표를 달성하려고 한다. 그런데 라과디아 공항에서 맨해튼 남쪽으로 가는 경로를 계획하는 것과 같이 신중하게 계획하기 위한 목적으로 전망을 사용하는 것은 마음 거닐기와는 사뭇 다르다는 것을 명심하자. 계획을 수립할 때 우리의 생각은 단순한 연합 링크를 통해 혹은 지엽적인 부분에 이끌려서 이런저런 주제로 산만하게 옮겨 다니지 않는다. 게다가 계획에는 보통 노력이 든다. 지속적으로 주의를 기울이고 작업기억을 사용해야 하며(Fincham, Carter, van Veen, Strenger, & Anderson, 2002; Newman, Carpenter, Varman, & Just, 2003), 인지적으로 지치게 된다(Vohs et al., 2008). 반면 마음 거닐기는 노력이 필요하지 않다. 의식적으로 관리하거나 통제할 필요 없이 그저 연이어 떠오르는 것들을 생각하며, 주의나 작업기억에 과도한 부담을 주지도 않는다(McVay & Kane, 2010). 그래서 마음 거닐기와 잘 짜인 계획은 산만함, 그로 인한 현상, 인지적 처리, 신경 기질에서 차이가 있는 것으로 보인다. 이는 마음 거닐기가 계획으로 이어져 미래를 준비하게 해주기는 어렵다는 것을 의미한다.

이 장에서 우리는 마음 거닐기가 직접적으로 계획에 사용되지는 않고 오히려 학습에서 중추적인 역할을 한다는 진일보한 아이디어를 제기하고자 한다. 마음 거닐기는 세상에 대한 고도로 일반적인 '지도'를 만드는 데 큰 역할을 한다. 이를 바탕으로 이후에 가지게 되는 목표에 답할 수 있을 것이다. 조금 더 구체적으로 보자면, 마음 거닐기는 **반복적인 사례 학습**과 같은 방식의 학습을 촉진하는 데 관여하는 것으로 보이는 매우 흥미로운 과정이지만 폭넓게 인정받지 못하고 있다. 바로 이 맥락에서, 사례를 학습할 때 두서없이 산만하게 떠오르는 생각이 좀 더 깊은 수준의 숨은 형태를 확인하는 데 도움이 될 수 있음을 보여주고자 한다. 그리고 이를 마음 거닐기의 '딥러닝' 설명이라고 하자.

그래서 먼저 지난 수십 년 동안 기억에 관한 가장 영향력 있는 관점 중 하나인 보조학습시스템complementary learning systems(CLS) 모형으로 논의를 확장해보고자 한다. 다음으로 두 번째 절인 '확장된 보조학습시스템 모형'에서, 보조학습시스템 모형에 관한 개선 및 확장 내용을 제안하고, 확장 모형 내에서 마음 거닐기가 딥러닝의 결정적인 추진 요인이라고 제안할 것이다. 세 번째 절 '꼬리를 무는 생각'에서는, 마음 거닐기를 특별하게 만드는 산만함이라는 특징을 깊숙이 파헤쳐볼 것이다. 네 번째 절에서는 마음 거닐기가 딥러닝을 증진한다는 증거를 제시하고, 다섯 번째 절에서는 마음 거닐기와 꿈의 연결고리를 살펴볼 것이다. 한낮에 꾸는 꿈과 밤에 꾸는 꿈은 계속 이어지는 마음 거닐기를 구성하는 요인이면서 매우 다른 측면이 있다고 본다.

보조학습시스템

제임스 매클러랜드James McClelland, 브루스 맥너턴Bruce McNaughton, 랜들 오라일리Randall O'Reilly는 기억의 학습 보조 시스템에 관해 중요한 연구를 수행했다. 거기서부터 출발하자(McClelland, McNaughton, & O'Reilly, 1995; Norman & O'Reilly, 2003; O'Reilly & Norman, 2002). 이들은 기억에 대한 인지 구조를 두 개의 시스템으로 나눈다. 첫째는 정확도가 아주 높은 '표층' 시스템으로, 주로 해마와 내측두엽의 관련 영역에 있다. 이 시스템은 우리가 무언가를 경험하는 동안 그 경험을 상세히 기록한다. 저장 용량이 상당히 크긴 하지만 학습과 개념화 능력은 거의 없다. 시스템에 저장된 기록으로 패턴을 이해하려고 하지 않는다. 둘째는 주로 신피질에 있는 '심층' 시스템이다. 이 시스템은 수준 높은 지능을 가지고 있으며 고도의 추상화가 가능하다. 그래서 데이터에 기반하여 통계적 규칙성, 일반화, 패턴을 추출해내는 데 특화되어 있는데, 이를 위해서는 사례가 충분해야 한다. 표층 시스템은 경험에 대한 상세한 기록을 정확도가 높은 저장소에 보관하고 있기 때문에 사례 제공에 유리한 조건을 가지고 있다. CLS 체계는 위의 두 시스템이 상호 보완적인 방식으로 작동한다. 표층 시스템은 저장된 사례를 실시간으로 심층 시스템에 제공하여 고차원의 패턴 학습을 촉진한다.

중요한 점은, CLS 구조에서 **반복제시**repeated presentation가 핵심적인 역할을 한다는 것이다. 즉 다양한 사례를 반복적으로 여러 가지 방식으로 제시하면 그러한 사례를 통해 패턴을 추출하고 일반화하는 형태의 학습이 상당히 도움을 받을 수 있다는 것이다. 논의를 이어가면서 반복적으로 제시했을 때 얻을 수 있는 계산적 측면에서의 장점을 살펴보도록 하자.

CLS는 기억 연구에서 폭넓게 수용되고 있으며(Frankland & Bontempi, 2005; Moscovitch, Nadel, Winocour, Gilboa, & Rosenbaum, 2006; Squire & Bayley, 2007), 관련 증거도 상당수 제시되고 있다. 첫째, 해마와 신피질이 기능적으로 분리되어

있다는 것을 보여주는 탄탄한 증거가 신경생물학 영역에서 제시되고 있다. 해마는 다양한 '설계 특징design features'을 가지고 있어 정확도가 높은 표층 수준의 학습자 역할을 한다. 해마에서 특히 CA3으로 불리는 영역은 신피질과 비교해볼 때 감소된 세포 밀도, 신경세포의 규칙적인 격자 배열, 낮은 수준의 발화를 보인다(Barnes, McNaughton, Mizumori, Leonard, & Lin, 1990; O'Reilly & Norman, 2002). 이러한 특징 덕에 매우 유사한 자극도 구별할 수 있도록 경계가 선명한 기억 표상을 만들 수 있다.

해마의 가소성이 매우 높다는 점 역시 특별하다(Marr, 1971; McNaughton & Morris, 1987). 즉 해마는 놀랄 만큼 빠른 속도로 학습을 하는데, 이는 **실시간으로** 발생하는 경험에 대해 정확도가 우수한 표상을 형성하여 저장하는 데 필수적인 부분이기도 하다. 뇌의 가소성에 관해 광범위한 연구가 진행된 가장 유명한 사례로, 해마 내의 여러 영역과 인접 구조에서 나타나는 장기활동증폭long-term potentiation 현상을 들 수 있다(Bliss & Collingridge, 1993). 이는 일종의 헵Hebb 학습 방식(나란히 활성화되는 신경세포는 나란히 연결된다)으로, 신경세포들이 같은 시점에 활성화하면 그 신경세포들의 시냅스 연결을 지속적으로 강화하여 수주에서 수개월까지 지속되게 만드는 현상이다. 장기활동증폭은 두 개의 자극 간 혹은 자극과 시공간 맥락 간의 임의적 연합을 빠르게 학습할 수 있는, 때로는 한 번의 학습으로 연합이 형성되는 원샷 학습도 가능한 해마의 능력을 설명할 수 있을 것으로 보인다(Nakazawa et al., 2003).

모든 설계 특징과 관련하여, 신피질은 거의 완전히 반대다(O'Reilly & Norman, 2002). 신피질은 세포 밀도가 높고 신경세포의 배열이 불규칙하며 매우 빠르게 활성화되는데, 이러한 특징 덕에 유사한 자극에 대한 중복 표상을 생성한다. 게다가 신피질 시스템은 빠른 헵 학습이 아니라 2장에서 본 것과 같은 오류 수정 학습의 형태를 보인다. 이런 종류의 학습은 느리고 반복적인데, 곧 자세한 내용을 살펴보도록 하자.

요약하자면, CLS 모형에서 주장하는 것과 같이 해마와 신피질이 특별한 역할을 한다는 증거가 제시되고 있다. 해마는 표상을 구분하고 세부 사항을 유지하는 데 최적화되어 있는 반면 신피질은 표상을 통합하고 세부 사항으로부터 추상적 개념을 형성하는 데 최적화되어 있다.

이제 CLS 모형을 지지하는 두 번째 증거를 살펴보자. CLS 모형의 핵심 가정은 해마가 피질의 딥러닝 시스템에 정확도가 높은 경험에 대한 기록을 **반복적으로 제시**한다는 것이다. 그리고 실제로 이러한 일이 발생한다는 확실한 증거가 신경생물학에서 제시되었다(O'Neill Pleydell-Bouverie, Dupret, & Csicsvari, 2010). 주위를 탐색할 때 특정 장소에 선택적으로 반응하는 해마 장소세포의 활성화 형태에 관한 연구(Davidson, Kllosterman, & Wilson, 2009; Lee & Wilson, 2002)에서 이와 관련한 분명한 사례를 확인할 수 있다. 실험동물이 특정 궤적으로 이동하게 하면 해마의 장소세포place cell는 독특한 순서로 발화한다. 그리고 조용히 휴식을 취하거나 느린 파형 수면을 취하는 동안 해마 장소세포는 짧은 분기가 반복적으로 나타나는 형태로 활성화하여(Buzşaki, 1989; Girardeau & Zugaro, 2011) 해마와 피질 간의 동시 소통을 강화하는 것으로 보인다. 특히 분기마다 장소세포가 활성화하는 순서는 이전에 주위를 탐색할 때와 동일하다*(Davidson et al., 2009). 이러한 결과는 해마가 이전에 주위를 탐색할 때 따라갔던 궤

---

* 이때 발화율은 상당히 빨라져서, 대략 초속 8미터 정도에 달한다.

적을 반복적으로 제시하여 핵심적인 부분, 이 사례에서는 공간적 관계의 개념에 관한 피질의 딥러닝을 촉진한다는 것을 말해준다.

세 번째 증거는 뇌손상 연구 결과에서 얻을 수 있다. 해마가 손상되면 서술기억, 특히 자서전적 기억의 역행성 기억상실증이 발생한다고 알려져 있다. 흥미로운 점은 아주 예전의 기억은 종종 남아 있다는 것이다(Squire & Alvarez, 1995; Squire & Bayley, 2007). 이러한 형태의 기억상실증은 CLS 모형으로 정확히 설명할 수 있다. 신피질 시스템은 해마에서 입력을 받아 일반화 정보와 통계적 규칙성 정보를 저장하게 되는데, 이로 인해 두 시스템의 기억 정보가 부분적으로 중복된다. 하지만 신피질에서는 기억 흔적이 느리고 반복적인 과정으로 형성되어 응고화되기까지 오랜 시간이 소요된다. 이러한 측면으로 해마 손상 환자의 예전 기억이 남아 있는 이유를 설명할 수 있다. 신피질에서 안정화 및 응고화되기까지 충분한 시간이 있던 기억은 남는다. 신피질이 해마로부터 받은 비교적 최근 사건에 대한 기억의 패턴을 추출할 수 있는 충분한 시간이 주어지지 않으면, 그러한 사건은 전혀 기억하지 못하게 된다.

네 번째는 계산적인 근거를 고려해보면 알 수 있다. 2단계로 구성된 학습 구조의 필요성을 설명하는 계산적인 근거가 명확하다. 이전 경험의 기억을 반복적으로 제시하여 학습을 촉진할 수 있다는 주장이 처음에는 이상하게 들릴 수 있다. 오히려, 일단 경험이 발생하고 나면 그 경험에서 얻을 수 있는 것을 추출하게 되고, 그 경험의 기억을 반복 재생할 때 얻을 수 있는 것이 별로 없기 때문에 반복적으로 재생한다 해도 그냥 내버려둔다는 주장이 좀 더 그럴듯해 보인다. 아마도 매클러랜드, 맥너턴, 오라일리는 바로 이 점을 꿰뚫어보았을 것이다. 기억을 반복적으로 제시했을 때 학습이 증진되는 맥락이 있는데, 특히 추상적 패턴을 학습할 때 그러하다.

이들은 입력층과 출력층, 그리고 여러 개의 은닉층으로 구성된 인공 신경망으로 고차원의 '패턴 학습'을 모델링했다(McClelland et al., 1995). 이 신경망은 연결점 간의 가중치를 무작위로 정하여 시작한다. 사례를 투입하면 입력-출력 페어링이 구성되고, 제시한 입력에 대한 정확한 출력 예측값을 생성하지 못하면 가중치를 미세하게 조정해나가면서 점차 그 차이를 줄여나간다. 이 과정을 반복하여 입력-출력 함수를 정확하게 재생산한다.

인공 신경망은 입력 자극들 간에 드러나지 않는 유사성을 찾아내고, 이전에 보지 못한 새로운 입력 자극에도 일반화할 수 있게 해준다. 그리고 인공 신경망이 이러한 작업을 하는 방식이 인간이 학습할 때와 매우 비슷하다는 증거도 제시되고 있다(Elman, 1998; Rumelhart, McClelland, & PDP Research Group, 1986; White, 1989). 유사성 패턴은 은닉층에 가중치로 부호화된다. 비슷한 자극은 가중치의 형태도 유사하다. 이와 관련해 매클러랜드 등(1995)은 생명체(식물, 동물, 소나무, 참나무, 개똥지빠귀, 개복치 등)와 그들의 특성(크기, 비행 여부, 아가미가 있는지 등)에 관해 학습하는 신경망의 사례를 들기도 했다. 신경망이 어느 정도 훈련을 하고 나면 참나무가 소나무와 비슷하고 두 나무 모두 카나리아나 개똥지빠귀와는 상당히 다르다는 것을 가중치에 반영한다.

인공 신경망의 훈련은 느리고 반복적으로 진행되어야 한다. 가중치 조정은 조금씩 이루어진다. 조정이 크게 이루어지면 오히려 적절한 수준을 넘어서게 되어, 다양한 사례에 적용할 수 있는 유사성 패턴을 찾는 게 어려워질 수 있다. 게다가 매클러랜드 등(1995)은 인공 신경망 훈련에서 핵심적인 두 번째 특징으로, 학습이 **교차 배열**되어야 한다는 점을 언급했다.

신경망이 열 개의 사례(즉 열 개의 입력-출력 짝짓기)를 학습하기 위한 두 가지 방식을 생각해보자. 먼저 각 사례를 순차적으로, 가령 첫 번째 사례 40회, 두 번째 사례 40회…와 같이 제시하는 방법이 있다. 두 번째는 무작위적인 순서로 제시하는 방법이다. 한 가지 사례를 2~3회 제시하고 다음 사례로 넘어가는 방식으로 각 사례를 40회 제시할 때까지 반복하는 것이다. 순차적 방식을 사용하면 '끔찍한 수준의 간섭' 문제가 발생하여 결과적으로 실패하게 된다(McClelland et al., 1995; Spivey & Mirman, 2001). 순차적 방식에서는 신경망이 지금 주어진 사례를 학습한 후 다음 사례를 학습하기 위해 가중치를 조정하고, 이와 같은 방식이 이어지게 된다. 반면 무선적 교차 배열 방식에서는 모든 사례를 학습한 후 최적 수준으로 일반화하여, 이전에 보지 못한 새로운 자극을 처리할 수 있게 된다. 사실상 교차 배열 방식을 사용해야 신경망이 다양한 사례를 아주 가까이 관찰하여 사례들 간의 드러나지 않는 공통 패턴을 확인할 수 있다.

매클러랜드 등(1995)은 CLS 구조에서 계산적인 근거를 마련하여 신경망 학습 목적에 맞게 사례를 교차 배열 방식으로 반복적으로 제시하게 했다. 이를 위해서는 2단계 구조가 가장 적절하다. 첫 번째 시스템은 정확도가 높은 사례를 저장하고 교차 배열 방식으로 반복적으로 제시하고, 두 번째 시스템은 사례 간의 드러나지 않은 패턴을 찾아내기 위해 느리고 반복적인 학습을 수행한다.

확장 보조학습시스템 모형: 딥러닝으로서의 마음 거닐기

이 절에서는 매클러랜드 등(1995)이 제안한 CLS 구조를 사용하여 마음 거닐기를 설명해보고자 한다. 그러기 위해서는 CLS 모형에서 몇 가지 개선할 점과 확장할 부분을 제안해야 하는데, 이를 반영한 새 모형을 **확장 CLS 모형**이라고 하자. 확장 내용 중 상당수는 심리적 기능(예를 들어 일화기억, 개념 학습 시스템, 의식)에 관련된 것으로 오직 인간에게만 적용하거나 최소한 인간에게 적용할 수 있는 수준으로 정교화해야 한다.

표층 시스템 내의 일화기억

CLS 모형을 처음으로 구축할 때, 매클러랜드, 맥너턴, 오라일리는 해마의 표층 시스템에서 개별적인 의미 항목을 기록하고(예를 들어, 개똥지빠귀는 새다, 펭귄은 날 수 없다 등) 이 항목을 신피질의 심층 시스템에 반복적으로 재생한다고 가정했다. 확장 CLS 모형에서는 좀 더 복잡한 형태의 기억, 즉 일화기억에 초점을 맞추고자 한다(Allen & Fortin, 2013; Tulving, 2002). 일화기억은 개인의 경험 기록으로, 유사-지각적 현상을 풍부하게 포함하고 있다. 그리고 'W 질문'에 관한 연합 정보를 보유하고 있다. 무슨What 일이 일어났고, 누가Who 관련되어 있는가? 어디서Where 발생했고 어떤 맥락이었는가? 언제When 일어났고 어떤 순서로 전개되었는가? 해마가 일화기억의 부호화와 회상에 핵심적인 역할을 한다는 수많은 증거가 제시되었기 때문에(Burgess, Maguire, & O'Keefe, 2002; Squire, 1992), 확장 CLS 모형에서는 일화기억을 강조할 필요가 있다.

다층 딥러닝 시스템

CLS 모형의 두 번째 개선점은 신피질의 심층 학습 시스템을 이해하는 방법에 관한 것이다. 매클러랜드 등(1995)은 심층 시스템을 단일 신경망으로 간주하고 있지만, 이는 설명의 편의상 그런 것일 뿐 신피질 시스템의 실제 구조를 반영하지는 않는다. "우리는 신피질이 부분적으로 중복되는 시스템의 집합체라고 본다. 다만 좀 더 간단하게 언급하기 위해 **신피질 처리 시스템**neocortical processing system이라 부르고자 한다"(p. 422-423). 하지만 여기서는 신피질 심층 시스템의 특징을 구체적으로 살펴보고자 한다. 청년기에 발달하는 차별화된 심적 궤도에 관한 연구, 뇌 손상 환자 연구, 동물 대상 비교 연구, 뇌영상 기법 연구 등에서 도출한 중요한 증거를 살펴보면, 인간은 부분적으로 분리할 수 있는 여러 개의 '개념 학습 시스템'을 가지고 있다(Carruthers, 2006). 이 시스템에는 최소한 네 개의 범주와 각 범주별로 다수의 하위 시스템이 있어야 한다.

- **통계 학습 시스템**: 이 시스템은 전망에 대한 믿음의 정도를 점검하고 업데이트하며, 그러한 확률에 대한 신뢰 구간을 계산한다(White, Engen, Srensen, Overgaard, & Shergill, 2014). 또한 결과의 위험성, 절대적 / 상대적 가치, 기대 가치, 기대한 결과와 실제 결과의 차이 등 결정을 안내하는 신호를 계산한다(Montague & Berns, 2002; Montague, King-Casas, & Cohen, 2006; Schultz, 2000).
- **인과 학습 시스템**: 이 시스템은 특정 영역에서 인과관계를 보여주는 그래픽 지도를 생성한다(Gopnik & Glymour, 2002; Gopnik et al., 2004). 이 지도는 상관에 관한 통계 정보와 능동적 개입으로 얻은 정보

및 관찰한 사건에서의 조건부 확률을 추적하여 생성한다(예를 들어, 기계의 버튼을 눌렀을 때 발생하는 것을 관찰).

- **유추적 추론 시스템:** 이 시스템은 특정 영역에서 학습한 전략과 모형을 다른 영역에 적용한다. 이를 위해 대상 간의 관계적 유사성을 확인하며, 심지어는 대상이 표면적으로 서로 다르게 보일 때도 가능하다(Gentner & Markman, 1997; Holyoak & Thagard, 1996).

- **사회 인지 시스템:** 이 시스템은 다른 사람의 심적 상태 그리고 장기적인 행동 패턴을 생성하는 기저 특징을 기록한다(Brüne & Brüne-Cohrs, 2006; Gallagher & Frith, 2003; Karmiloff-Smith, Klima, Bellugi, Grant, & Baron-Cohen, 1995). 그리고 친구에 대한 평판과 정보, 동맹, 연합체, 사회적 계약에서 명시적 혹은 암묵적으로 누적된 이득이나 부담을 기록하는 추가적인 시스템도 있다(Carruthers, 2006). 모든 선행 시스템이 상호작용하여 복잡한 사회적 상호작용에 대해 높은 수준의 설명과 해석을 할 수 있다.

확장 CLS 모형에서는, 이러한 개념 학습 체계가 해마의 표층 시스템이 저장하고 재활성화하는 일화기억-기반 학습 사례를 소비한다. 다수의 개념 학습 체계가 일반화, 인과 설명 구축, 후속 결과 예측, 영역 간 관계 및 유사성 확인, 사회적 의미 부여 등등 여러 형태의 딥러닝에 개별적으로 개입한다.

의식

최초의 CLS 모형은 해마의 표층 시스템이 피질의 심층 시스템에서 진행 중인 일련의 학습 사례를 전달한다고 가정한다. 매클러랜드 등(1995)은 이러한 학습 사례를 활성화하는 주관적 상관물subjective correlates 에 대해서는 논의하지 않았다. 즉 해마의 재활성화로 인해 **어떤 것**이 만들어질 가능성이 있는지를 말하는 것이다. 알려져 있듯이 해마에서 기억 항목이 반복적으로 재활성화되는 것은 설치류나 지능이 낮은 포유류에게서도 나타난다는 점에서, 반복적 재활성화가 반드시 의식적인 경험을 동반한다고 보기는 어렵다.

반면, 확장 CLS 구조에는 결정적인 측면에서 차이가 있다. 우리는 해마가 생성한 일화기억 사례가 신피질의 다양한 심층 학습 시스템에 의해 소비된다고 제안했다. 그러기 위해서는 이러한 기억 상태가 광범위하게 **전파**되어야 한다. 일화기억에 기반한 학습 사례가 널리 전파되었을 때에만 신피질의 여러 차별화된 시스템에 의해 소비될 수 있다. 이렇게 의식을 모형 안에서 설명할 수 있을 것이다.

전역적 작업공간 모형global workspace model에서 의식은 여러 개의 소비 시스템으로 광범위하게 정보를 전파하는 기제다(Baars, 2002, 2005; Dehaene, Kerszberg, & Changeux, 1998; Dehaene & Naccache, 2001). 전체 작업공간으로 들어온 정보는 증폭되고 피질 간 그리고 피질과 시상 간의 반복적인 연결을 통해 먼 거리까지 퍼진다(Dehaene & Naccache, 2001). 작업공간 이론에 의하면, 이렇게 멀리 퍼지는 것이 의식적인 경험에 필요조건이며, 학자에 따라서는 충분조건이라고 주장하기도 한다. 확장 CLS 모형은 해마의 표층 시스템에서 생성된 일화기억 사례가 신피질에 있는 여러 개의 차별화된 심층 학습 시스템에 의해 소비된다고 주장한다는 점에서, 해마의 기억 상태가 전역적 전파 기제를 사용하여 이러한 정보를 널리 퍼뜨리고, 그래서 의식적으로 인식하게 된다고 가정할 수 있다.

개선점을 반영하고 나면 마음 거닐기를 설명할 수 있게 된다. 간단히 정리하자면, 확장 모형에서는 해마의 표층 시스템이 감각적으로 풍부하고 상세한 일화기억을 저장한다. 또한 신피질의 심층 시스템은 여러 개의 차별화된 개념 학습 시스템으로 구성되어 있고, 진행 중인 학습 사례들을 다루게 된다. 해마의 표층 시스템은 의식적인 전파 기제로 이러한 사례를 신피질에 전달하여 (일반화, 설명, 추상화, 핵심 내용 파악, 사회적 해석과 같은) 딥러닝이 이루어지게 한다. 심층 시스템은 교차 배열 방식으로 자극을 입력해야 하므로 표층 시스템에서 생성한 사례들은 내용이 다양해야 하며 어느 정도 무작위적인 방법으로 관심 영역을 달리해야 한다. 즉 심층 시스템이 제대로 작동하려면 특별한 순서 없이 진행되어야 한다는 것이다. 마음 거닐기는 해마의 표층 시스템에서 두서없이 생성된 일련의 일화기억 사례로 모형 안에 위치하게 되고, 의식적인 수준에서 신피질의 심층 시스템으로 전파되어 소비된다.

마음 거닐기가 이렇게 흔하게 나타나는 이유는 무엇일까? 수면 시간을 제외한 인간의 삶에서 거의 절반 가까이 차지하는 이유는 무엇일까? 우리는 확장 CLS 모형에서 신피질의 심층 학습 시스템이 느리고 점진적으로 이루어진다는 이론을 제시하고자 한다. 유용한 일반화, 설명, 추상화, 핵심 파악, 해석을 추출하기 위해 해마의 표층 시스템은 방대한 수준의 두서없는 기억 정보를 전달해야만 한다. 그렇기 때문에 마음 거닐기를 많이 해야만 하는 것이다.

단, 신피질의 심층 시스템이 궁극적으로 매우 중요한 시스템이지만, **긴급하게** 사용하는 경우는 거의 없다는 것을 알아야 한다. 그래서 신피질의 심층 학습을 이끄는 마음 거닐기는 기본 행위처럼 작동해야 한다. 즉 휴식 기간 동안 수행해야 하는 행위여야 하고, 부담이 큰 일을 해야 할 때는 잠시 멈추었다가 휴식 상태가 재개되면 즉각 다시 시작해야 한다. 위에서 논의한 내용 중 기본 네트워크가 마음 거닐기를 보조한다는 fMRI 결과는 마음 거닐기가 작동-멈춤을 반복하는 형태로 이루어진다는 점을 강력하게 지지한다.

꼬리를 무는 생각: 마음 거닐기의 특징

존 로크John Locke는 "우리가 깨어 있는 동안에, 우리의 마음속에서 항상 생각이 꼬리를 물고 이어진다."고 말했다(Locke, 1689/1979, II. 19, section 1). 이렇게 연속적으로 이어지는 생각은 최소한 두 개의 차원으로 구분할 수 있다. 첫째는 생각들 간의 연결 형태(즉 이어지는 생각에서 개별 항목들이 서로 연결되는 방법)이고, 둘째는 생각 자체의 형태(즉 서로 연결된 생각의 종류)이다. 마음 거닐기는 **에피소드에 대한 생각**을 연결하는 **광범위한 연결점**을 포함하는데, 이에 대해 논의해보자.

광범위한 연결점

마음 거닐기는 두서없이 산만한 방식으로 서로 연결된 일련의 생각을 포함한다. 생각은 무언가 관련이 있는 영역에서 다소 무작위적인 방식으로 나타나는 것처럼 보인다(Irving, 2015). 세 자릿수 암산, 다음 주 저녁 식사 계획, 하노이타워 풀기 등과 같이 계속 집중해서 생각해야 하는 과제와는 대조적이다. 이러한 과제를 수행할 때는 주제에 대한 집중력을 유지하고 잘 짜인 순서대로 문제를 풀어나가야 한다. 순서대로 유지해나가는 데는 전두엽-두정엽 네트워크가 필수적인 기능을 하는데, 예를 들면 특정 순서를 만드는 과제를 위한 명령 유지와 같은 실행 기능을 수행한다(Baddeley, 1996; Monsell, 2003). 또한 관련 콘텐츠를 선택할 때 필요한 주의 신호를 유지하고 조종하며(Corbetta & Shulman, 2002; Woldorff et al., 2004), 그 신호를 모니터링 및 제어해서 생각의 흐름을 조절하고 미리 정한 범위를 벗어나지 않게 해준다(Miller, 2000; Miller & Cohen, 2001).

마음 거닐기는 앞에서 이야기한 전두엽-두정엽 네트워크의 특정 영역을 활성화하는 것으로 보인다(Christoff et al., 2009; Fox, Spreng, Ellamil, Andrews-Hanna, & Christoff, 2015; Smallwood, Brown, Baird, & Schooler, 2012; Teasdale et al., 1995). 이러한 결과는 마음 거닐기의 산만함이 집중력을 유지하여 구조화된 순서대로 이루어지는 생각과 대조적이라는 주장과는 잘 맞지 않는 것으로 보일 수 있다. 겉으로는 부딪히는 것처럼 보이지만 전두엽-두정엽 네트워크가 저장, 실행, 주의, 모니터링, 제어 등 여러 가지 구별되는 기능을 수행하고 있음을 고려하면 충분히 가능한 이야기다. 마음 거닐기와 생각에 대한 집중은 같은 네트워크에서 이루어지는 다른 처리 과정일 수도 있고, 혹시 같은 처리 과정이 개입되어 있다 하더라도 다른 방식으로 진행되는 것일 수도 있다.

이를 확인하기 위해 마음 거닐기를 할 때 두서없는 일련의 생각을 의식의 수준에서 인식하는 것으로 보인다는 (확장 CLS 모형에서 언급한) 주장을 살펴보자. 가장 인정받는 몇 가지 이론들에 따르면, 의식적으로 인식하기 위해서는 주의를 기울여야 한다(Baars, 1997; Carruthers, 2015; De Brigard & Prinz, 2010; Dehaene & Naccache, 2001; Prinz, 2012). 심적 표상에 주의를 기울이면, 그 표상은 선택적으로 강화되어 의식의 수준에서 인식하게 된다. 빡빡하게 짜인 순서로 이루어지는 생각은 과제 세트로 구조화되고 인지 통제 신호로 산만함을 방지한다. 그래서 의식적 수준의 인식을 위해 주의를 사용하는 것에 더해 전두엽-두정엽 자원이 추가로 필요한데, 중앙 관리자 자원으로 과제 세트를 유지하거나(Baddeley, 1996; Baddeley, Chincotta, & Adlam, 2001) 모니터링과 통제 자원으로 인지 통제 신호를 생성하는 것을 말한다(Miller, 2000; Miller & Cohen, 2001). 이러한 주장이 맞다면, 마음 거닐기와 집중하는 생각은 모두 전두엽-두정엽 영역과 관련이 있어야 하는 동시에, 일부 중복되는 부분이 있지만 명확히 구별되는 신경 특징을 가지고 있을 것이다. 집중하는 생각이 전두-두정 자원을 좀 더 광범위하게 사용하기 때문에, 훨씬 더 격렬하게 해당 영역을 활성화할 가능성이 높다고 볼 수 있다. 이를 검증하려면 한 사람을 대상으로 마음 거닐기와 집중하는 생각의 신경적 기초를 조사하여 각각의 신경 구조의 개요를 직접 비교해보는 방식이 매우 적절할 것이다.

마음 거닐기가 두서없이 산만하게 이루어진다는 주장은 마음 거닐기가 개인적 목표의 강력한 영향을 받는다는 연구 결과와 잘 맞지 않는 것으로 보였다. 예를 들면, 모셀라 등은 지리 문제를 푼다는 이야기를 들었을 때 바로 이어지는 마음 거닐기의 70%가 지리에 관한 것이라는 결과를 보여주었다(Morsella, Ben-Zeev, Lanska, & Bargh, 2010). 반면 곧 지리 시험이 있다는 이야기를 들려주자마자 곧바로 시험을 치르지는 않는다고 알려준 통제 집단에서는 지리에 대해 생각한 시간의 비율이 단 10%에 불과했다. 경험 표집 방법을 사용한 연구(Baird, Smallwood, & Schooler, 2011)와 일기 기록법을 사용한 연구(Klinger & Cox, 1987)에서도 마음 거닐기와 개인적인 목표가 연결되어 있음을 보여주었다.

이러한 증거가 마음 거닐기가 산만하게 이루어진다는 주장과 배치되는 것일까? 그렇지 않다. 오히려 두 주장이 조화를 이룰 수 있다. 교차 배열 학습을 하기 위해서는 특정 영역의 사례를 구체화할 필요가 있다는 것이 핵심이다. 확장 CLS 구조에서 마음 거닐기의 산만함은 교차 배열 학습의 계산적 이점으로 설명할 수 있다는 것을 떠올려 보자. 특정 영역의 학습 사례에서 추출한 요인이 반복적으로 재전송될 때(그리고 전송 순서가 크게 변할 때), 의미 있는 패턴으로 딥러닝이 이루어지도록 촉진한다. 현재 제시된 안은 개인적 목표가 마음 거닐기에 영향을 주어 교차 배열 표집이 발생하는 영역의 사례 선택이 편향적으로 이루어지게 한다는 것이다. 예를 들어, 지리 시험을 잘 보고 싶은 사람은 관련 영역을 주로 지리 관련 경험으로 구성하고, 이와 관련되어 마음 거닐기가 진행된다는 것이다. 중요한 관계, 가령 배우자와의 관계가 위협을 받고 있다면, 관련 영역을 그 사람과의 경험 혹은 중요한 사람과의 경험으로 구성할 것이다. 물론 의도적으로나 명시적으로 마음 거닐기를 위해 특정 영역을 선택한다고 가정할 필요는 없다. 오히려 개인적인 목표로 인해 마음 거닐기를 하며 산만하게 이런저런 생각을 하는 중에 관련 영역을 선택할 때 자동적이고 비의식적인 편향 효과가 나타난다고 제안하고 있다.

흥미롭게도 반추는 제한적이지만 이러한 현상에 해당한다고 추측된다. 개인적 목표로 인해 마음 거닐기가 이루어지는 영역이 편향되고 제약이 생긴다면, 특정 목적, 특히 확실하고 구체적인 목적을 위해 그 영역을 과도하게 제한할 수도 있을 것이다. 그렇게 되면 즉흥적인 생각이 반추의 특성인 집요하게 반복되는 모습을 보이게 될 수 있다. 이전에 언급한 대로 특정 주제에 관해 이어지는 생각은, 계획, 심사숙고, 문제 해결과 같이 집중하여 생각할 때처럼 과제 세트를 유지하고 인지 통제 신호를 생성하여 만들어낼 수 있다. 반면 반추하는 동안 관련 주제에 대한 생각을 유지하는 기제는 사뭇 다르다. 반추는 즉흥성이라는 마음 거닐기의 특징을 가지고 있다. 반추를 하게 되면 예상하지 못한 생각들을 하게 된다. 그래서 주제에 집중하려면 개인적 목표에 따라 편향적으로 생각해야 한다. 그렇게 해야 마음 거닐기 기제가 두서없이 수집하는 경험 영역을 상당한 수준으로 제한하여 지나치게 다양한 수준으로 방황하지 않게 된다. 이와 같이 반추에 대한 '제약이 있는 마음 거닐기' 모형을 잠정적으로 지지하는 증거는 마음 거닐기의 핵심 역할을 하는 기본 네트워크의 과활동성을 반추(Berman et al., 2011; Kross, Davidson, Weber, & Ochsner, 2009)뿐만 아니라 반추를 동반하는 심적 장애인 우울(Nejad, Fossati, & Lemogne, 2013; Sheline et al., 2009)과의 연결 가능성을 보여주는 뇌영상 연구에서 찾을 수 있다.

일화적 생각: 자서전적 생각과 전망

마음 거닐기 중 마구마구 떠오르는 생각의 특징은 단편적인 사건들이라는 것이다(Klinger & Cox, 1987; Delamillieure et al., 2010). 앞에서 언급한 대로, 이런 종류의 생각에는 사건에 관한 감각적인 표상들과 함께, 누가 있었고 무슨 일이 어디서 발생했는지, 어떤 맥락인지와 같은 정보도 포함된다(Allen & Fortin, 2013; Tulving, 2002). 마음 거닐기 중에 떠오르는 일화적 생각의 대부분은 자서전적이고 이전의 개인적 경험에 관여한다. 그런데 그중 상당수, 어떤 추정치에 의하면 대다수가 전망적 에피소드다(Baird et al., 2011; Delamillieure et al., 2010; Klinger & Cox, 1987). 이런 종류의 일화적 생각은 자서전적 기억의 요소로 구성된다. 그리고 그 요소를 재구성하여 미래의 시나리오에 대한 새로운 표상을 형성한다(Addis, Pan, Vu, Laiser, &

Schacter, 2008; Buckner & Carroll, 2007; Seligman, Railton, Baumeister, & Sripada, 2013; Suddendorf & Corballis, 2007). 비록 전망이 경험에서부터 나온 현실적인 추정이라는 것을 확인하기 위해 신피질 시스템에서 추출될 가능성이 큰 일반 지식이 필요하다 하더라도, 재구성 과정에서는 해마가 핵심적인 역할을 하여 전망적 에피소드를 만든다(Addis, Cheng, Roberts, & Schacter, 2010; Gaesser, Spreng, McLelland, Addis, & Schacter, 2013). 마음 거닐기가 딥러닝을 추진하는 기능을 수행한다면, 전망적 에피소드는 학습에서 어떤 역할을 하는 것인가?

마음 거닐기에 전망적 에피소드를 포함하게 되면 학습 세트에 포함되는 사례의 수를 증대하는 기능을 하게 될 가능성이 있다. 지금까지 자서전적 일화기억에서 무작위로 표본을 추출하면 학습 세트의 심층 패턴 추출을 촉진할 수 있다는 것을 확인했다. 이제 비교적 정확한 정보를 가지고 있다고 가정해보자. 그러한 정보는 암묵적 정보일 가능성이 높지만 명시적일 수도 있으며 개개인이 미래에 발생하는 일에 관한 일화적 전망을 생성하게 해준다. 이 경우 자서전적 에피소드와 전망적 에피소드를 조합하게 되면 가용한 학습 사례 세트를 상당한 수준으로 늘려서 암묵적 패턴 학습을 해나갈 수 있을 것이다.

한 가지 사례를 살펴보자. 운전하면서 출근하고 있는 심리치료사의 마음이 산만하게 움직이고 있다. 그는 어제 만난 한 쌍의 환자, A와 B를 생각하고 있다. 생각해보니 그동안 큰 진전이 없었다. 오후에 환자를 보기로 되어 있는데, 별반 다를 것 같지 않다고 전망한다. 그때 C 생각이 갑자기 난다. C는 아픈 딸을 생각하며 울 것이다. D 생각도 난다. 그녀는 처음에 내원했을 때보다 상태가 더 안 좋아졌다고 불평할 것이다. 치료사는 이미 발생한 두 가지 에피소드와 아직 발생하지 않은 두 가지 에피소드를 모두 떠올리며 패턴과 경향을 확인해본다.

그리고 거기에서 비관적인 경향을 파악한다. 이런 생각을 한 다음, 병원 밖에서 잘못된 방향으로 가게 된 이유를 떠올려보고 장래에 이 문제를 해결할 방법을 생각해본다. 치료사는 모든 사례를 통해 회고적이고 전망적인 방식으로 패턴과 경향을 자연스럽게 파악하고, 무엇이 왜 잘못되었는지에 대한 모형을 구축한다.

전망적 에피소드가 마음 거닐기에 국한되지 않는다는 것을 명심해야 한다. 전망적 에피소드는 정교화나 계획 수립 같은 상당히 구조화된 인지 과정의 핵심적인 구성 요소다. 그래서 전망적 에피소드의 기능적 목적에 대한 앞의 주장은 영역을 제한해서 살펴봐야 한다. 전망적 에피소드가 **마음 거닐기가 이루어지는 동안** 산만하고 두서없이 이어지는 생각의 일부분으로 보일 때 딥러닝에 사용할 수 있는 학습 세트의 크기를 증대하는 기능을 수행한다고 주장했다. 이러한 주장은 정교화 및 계획 수립과 같은 상당히 구조화된 인지 과정에서 전망적 에피소드가 발생했을 때 특별한 역할을 한다는 주장과 완전히 일치한다.

마음 거닐기가 딥러닝을 증진한다는 증거

마음 거닐기와 행동을 연결하는 차별화된 연구 방법과 딥러닝을 향상시킨다는 것을 보여주는 증거가 축적되고 있다. 마음 거닐기에 대한 초기 연구에서 제롬 싱어Jerome L. Singer 연구팀은 몽상을 하는 경향에 대한 심리적 연관 요인을 살펴보았다. 이들은 몽상이 높은 수준의 창의성뿐 아니라 사회적 건강과 긍정적 상관을 보인다는 것을 확인했다(Singer, 1974; Singer & Antrobus, 1963; Singer & Schonbar, 1961). 이러한 결과는 마음 거닐기가 (사회적 경험을 포함하여) 경험의 기저에 있는 숨겨진 형태의 학습을 촉진한다는 가설을 잘 뒷받침한다.

　마음 거닐기의 신경학적 기제를 확인한 연구에서도 기본 네트워크의 활동을 확인했다(Fox et a., 2015). 예를 들어, 위그 연구팀(Wig et al., 2008)은 인지 처리 과제를 수행하는 동안 기본 네트워크의 활성화 정도를 측정했다. 활성화가 높게 나온다면 마음 거닐기가 활발하게 이루어지고 있다는 것을 의미한다. 결과를 보면 기본 네트워크의 활성화가 높을 때 재인 기억이 수행되고 있었으며, 이는 마음 거닐기가 기억 항목 간에 좀 더 안정적이고 효율적인 연결을 형성하는 것과 관련이 있을 가능성을 제안한다.*

　마음 거닐기가 이루어진 시간을 직접적으로 조작하고 딥러닝과 관련된 구성 개념의 결과를 측정하는 방식으로 마음 거닐기와 딥러닝 간의 연결을 지지하는 가장 강력한 증거를 확인할 수도 있다. 베어드 연구팀(Baird, 2012)은 참가자에게 대안 용도 탐색 과제unusual uses task(UUT)를 수행하게 했다. 참가자는 이쑤시개와 같은 흔한 물건을 본 뒤 제한된 시간 안에 그 물건의 대안 용도를 가능한 한 많이 적었고, 같은 과제를 두 번 수행했다. 그리고 그 중간에 다양한 난이도의 인지 처리 과제를 수행하게 하는 방식으로 그때 발생하는 마음 거닐기의 정도를 성공적으로 조작할 수 있었다. 별로 힘들지 않은 과제를 수행한 조건에서 마음 거닐기가 가장 많이 발생했고, 두 번째 대안 용도 탐색 과제의 점수가 상당히 증가했다. 이러한 결과에 대해 딥러

---

*　다음 자료는 기본 네트워크 내에서의 동조화가 사회적인 이해의 수준을 더 깊게 만든다는 결과를 보여준다. Yang, Bossmann, Schiffhauer, Jordan, & Immordino-Yang, 2012를 참조하라.

닝 모형처럼 중간에 수행한 마음 거닐기가 숨은 패턴을 추출하여 이전의 경험에서 적절한 대안 용도를 찾을 수 있게 해주었기 때문에 두 번째 점수가 상승할 수 있었다고 설명하는 것은 자연스러워 보인다.

마음 거닐기와 꿈

몽상을 할 때 발생하는 마음 거닐기와 밤에 꿈을 꿀 때 발생하는 마음 거닐기 간의 흥미로운 유사성을 발견할 수 있다. 두 가지 모두 감각적으로 풍부한 에피소드를 연이어 상상하는 의식적 경험을 포함한다. 그런데 두 가지 모두 자연스럽게 발생하고 대부분 특별한 목표 없이 산만하게 이루어진다. 더욱이 몽상이나 밤에 꾸는 꿈 모두 꽤 많은 시간이 소요되며, 특정 주제에 관해 생각할 때 머릿속을 한참 동안 꽤 혼란스럽게 만든다. 마음 거닐기를 설명하는 딥러닝이 꿈의 본질과 목적을 근본적으로 이해할 수 있게 해줄 수 있지 않을까?

그래서 꿈이 기억과 학습을 촉진하는 데 중요한 역할을 한다는 설명을 살펴보자. 오래전부터 수면은 기억을 원래 형태로 보존하고 강화한다고 알려져왔다. 이는 단어 목록을 기계적으로 암기할 때와 유사하다. 그래서 수면의 이점을 강조한 퀸틸리아누스는 "처음에는 반복될 수 없는 것이 이튿날에 쉽게 조합된다. 그래서 망각을 유발한다고 생각한 그 시점에 바로 기억이 강화된다."고 언급했다(Stickgold, 2005, p. 1272).

최근에 위에서 논의한 일반화, 설명, 추상화, 해석과 같은 딥러닝 중 일부분이 수면에 의해 촉진되며 특히 꿈을 꾸는 동안 그렇다는 것이 밝혀졌다. 예를 들면, 와그너 연구팀(Wagner, Gais, Haider, Verleger, & Born 2004)

은 참가자에게 수학 규칙을 제시하고 뒤이어 과제를 주었는데, 일련의 숫자에 규칙을 적용해서 답을 찾아야 하는 조금은 지루한 과제였다. 그런데 숨은 지름길이 있어 적은 시간과 노력으로 답을 계산할 수도 있었다. 놀랄 만한 점은 훈련과 검사 중간에 잠을 잔 참가자의 59%가 지름길을 찾았다는 것이다. 반면, 수면을 취하지 않은 통제 집단에서는 단지 25%만이 지름길을 찾았다.

신경해부학적 연구와 뇌신경학적 연구 결과는 몽상과 밤에 꾸는 꿈이 연결되어 있다는 주장을 지지하며, 좀 더 구체적으로는 확장된 CLS 구조가 중요한 역할을 하는 것으로 보인다. 폭스 연구팀(Fox, Nijeboer, Solomonova, Domhoff, & Christoff, 2013)은 활성화우도추정activation likelihood estimation(ALE) 메타분석을 수행하여 건강한 비임상 집단의 렘수면 중 뇌 활성화 정도를 조사했다. 활성화가 확인된 여덟 개의 대뇌피질 군집 중 하나를 제외하고는 모두 마음 거닐기와의 연루 가능성이 반복적으로 제기된 기본 네트워크 핵심 영역과 일정 정도 중첩되어 있었다. 특히 렘수면 중 해마를 둘러싼 내측두엽에서 활성화가 두드러졌는데 확장된 CLS 구조에 의하면 기억의 반복적 재활성화와 관련된 고품질의 표층 체계가 바로 이 영역에 있다는 점에서 주목해야 한다. 이는 즉 신피질의 딥러닝 체계가 일화기억에 기반한 일련의 사례를 추가로 처리한다는 것이다.

동물 연구를 보면 수면 중에 기억에 대한 해마의 재활성화와 관련한 추가적인 증거를 확인할 수 있다. 동물이 특정 경로를 따라 움직일 때 해마의 장소세포가 차례로 발화한다는 것에 관해서는 이미 논의했다. 이 세포는 조용히 쉬고 있거나 잠을 자는 동안에도 같은 순서로 반복적으로 발화한다는 점도 언급했다(Davidson et al., 2009; Lee & Wilson, 2002).

1부 호모 프로스펙투스

즉, 해마의 기억 재활성화 기제가 존재하며, 휴식을 취하거나 잠을 자는 조용한 상태에서도 작동한다는 것이다.

수면, 특히 렘수면이 여러 형태의 딥러닝을 촉진하는 효과를 보인다는 것은 여러 연구를 통해 확인됐다. 제시된 풍경의 일부를 지도에 통합하는 공간 학습 과제, 새로운 단어를 기존의 의미망에 통합하는 어휘 학습 과제, 개별 항목을 제시했을 때 주제와의 연결 가능성을 확인하는 요지 학습 과제, 제시한 전제를 보고 허용 가능한 범위의 추론을 진행하는 추론 과제, 큰 표본을 가지고 기저의 통계적 패턴을 탐지하는 확률 학습 과제 등등에 관한 연구가 이루어졌다.* 이러한 연구 결과는 낮시간의 마음 거닐기와 밤에 꾸는 꿈이 딥러닝에서 중추적인 역할을 한다는 것을 보여주는 강력한 증거다.

우리는 삶에서 많은 부분을 마음 거닐기에 사용하고 있으며, 마음 거닐기가 적응적 기능을 수행한다는 인식이 증가하고 있다. 이 장에서 기술한 딥러닝 차원의 설명은 마음 거닐기가 기능적인 목적을 어떻게 달성할 수 있는지에 대한 새로운 관점을 제시한다. 매클러랜드, 맥너턴, 오라일리의 연구에 근거해서 보면, 딥러닝 모형의 핵심은 마음 거닐기가 서로 보완하는 두뇌 체계의 상호작용에서 생겨났으며, 재활성화에 기반한 학습, 즉 패턴 학습을 촉진하는 강력한 처리 과정을 구현한다는 것이다. 딥러닝 모형은 적응성, 포괄성, 산만함, 시작과 종료 패턴, 반추와의 연결, 밤에 꾸는 꿈과의 관련성 등 마음 거닐기의 다양한 측면을 이해하기 쉽게 설명한다.

---

* 과제의 자세한 검토를 위해 Stickgold & Walker, 2013을 참조하라.

5장

집단적 전망,
미래의 사회적 구성

로이 바우마이스터

2장에서는 개인이 비의식적인 직관이 주는 지침에 따라 미래를 전망하는 방식에 대해 살펴보았다. 그리고 3장과 4장에서는 미래를 의식적인 수준에서 상상하고 마음 거닐기를 통해 행동을 적절하게 조절하는 방법을 살펴보았다. 하지만 여기에는 아주 중요한 측면이 빠져 있다. 인간은 사회적 동물이고, 자연에서 유례가 없을 정도로 사회적이라는 점이다. 인간은 문화를 통해 사회적 삶을 조직해나간다. 개인이 미래를 상상하는 것을 전망이라고 생각한다면, 그건 심각한 문제가 있는 것이고 합리적으로 보이지도 않을 것이다. 미래에 관해 생각하는 방법은 다른 사람을 통해서만 배울 수 있다. 더욱이 미래라는 개념은 사회적이고 문화적으로 구성된 것이기도 하다. 미래가 현재에 존재하며 자신만의 행위나 사건을 조직화하기 위해 사용될 수 있다는 점에서, 미래의 대부분은 다른 사람에 의해 생성된다. 여기서 다른 사람은 특정한 누군가가 아니라 일반적으로 해당 문화를 의미한다. 그래서 5장에서는 미래의 비개인적 특징을 좀 더 상세하게 살펴보고자 한다.

현실과 사회적 구성

미래는 사회적이고 문화적으로 구성되기는 하지만 실재하는 것이기도 하다. 이러한 관점은 물리적 사건 혹은 물리적 사건에 의해 야기된 것만 실재한다고 주장하는 학자들을 불편하게 한다.

실재한다는 것이 확실한 물리적 사실로만 구성된다는 주장에는 분명 귀 기울일 부분이 있다. 물리적 사건은 객관적으로 검증할 수 있다. 현명하게 재해석한다고 해도 얼음이 녹고 창문이 깨지고 개가 살아 있으며 불이 활활 탄다는 것과 같은 물리적 사실을 바꾸기는 어렵다. 반면 특정 규칙이 공정한지의 여부, 누군가가 하는 행동의 적절성 여부, 이민과 동성 결혼의 장려 여부, 대통령의 직무 수행 만족도와 같은 문제에 대해서는 사람들이 당당하게 반대 의사를 표시할 수 있다. 개의 삶이나 깨진 창문과는 달리 모든 사람의 우려를 해결할 수 있는 객관적인 사실은 없다.

반세기 전에 피터 버거Peter L. Berger와 토머스 루크먼Thomas Luckmann (1966)은 현실의 대부분은 사회적으로 구성되어 있다고 주장했다. 사람들은 고립된 상태로 물리적 사실만을 파악하는 방식으로 우리가 사는 세상에서 실제로 존재하는 것을 찾아나가지 않는다. 오히려 다른 이들과 지식을 공유하고 협업하여 세상이 작동하는 방식을 설명하는 모형을 생성한다. 그 과정에서 사회라는 시스템을 만들고 그 안에서 자의적인 직함이나 칭호를 사용한다. 시민권은 누구에게 부여할 수 있는가? 완전히 물리적인 용어로 이를 정의하는 것은 불가능하다. 국경이나 인생사와 같은 사회적 구성 개념이 있어야 시민권을 정의할 수 있다.

미래에 관한 이론을 정립하기 위해서는 먼저 그 차이를 이해해야 한다. 문자 그대로는, 현재의 순간만이 실재한다. 더욱이 물리적인 인과관계에 의하면 시간은 앞으로만, 그것도 아주 작은 단계로 움직인다(한순간에서 다음 순간으로). 그래서 미래가 현재에 인과적인 영향을 미친다는 것은 불가능하다. 하지만 이 책의 주제는 대부분의 행동이 미래에 기반하고 있다는 것이다. 사람들이 미래에 관해 공유할 수 있는 수준에서 이해할 수 있게 만들어 그들의 현재 행동을 미래에 기반하게 할 수 있다. 그래서 (내일에 대한) 사회적 구성이 (오늘의 행위에 대한) 물리적 실재성을 변화시킬 수 있다는 것을 보여줄 수 있다.

지난 10여 년간 사회적 현실 세계를 또 다른 종류의 현실 세계로 보거나 허구를 사실로 간주하려는 교활한 시도로 보는 관점이 지지를 받아왔다(Mallon, 2013). 논의를 선도한 사람들은 급진적 페미니스트로, 이들은 남성과 여성의 차이가 생물학적 사실을 반영한다는 관점을 과격하게 배제한다. 페미니즘 이론은 남성과 여성이 근본적으로 동일하지만 남성들이 모의하여 사회적 성에 대한 고정관념을 만들어 내고, 이를 바탕으로 여성을 억누르며 열등한 위치로 밀어 넣는다고 주장한다. 여러 사회과학 분야에서 몇 가지 분명한 물리적인 차이를 제외하고는 성에 따른 어떤 종류의 선천적인 차이도 받아들이지 않고 있다. 급진적 페미니즘 이론은 남성을 희생하여 여성의 지위를 향상시키려는 정치적 목적에서 유발되었다. 모든 문화권에서 남성에 비해 여성이 열등한 사회적 지위를 가지고 있다는 점을 정면으로 거론하면서 그것 자체가 임의적이며 공정하지 않다고 주장한다. 즉, 그동안 실제적이거나 사실적인 근거에 기반하지 않은 성에 대한 잘못된 생각이 사회적으로 구축되어왔다는 것이다.

미국의 가장 위대한 대통령으로 칭송받곤 하는 에이브러햄 링컨이 좋아했던 농담을 보자. "꼬리를 다리라고 부른다면, 개의 다리는 몇 개일까?" 다섯 개라고 부르고 싶은 생각이 들겠지만, "다섯 개가 아니라 네 개다! 꼬리를 다리로 부른다고 해서 꼬리가 다리가 되지는 않는다!"라는 게 이 농담의 핵심이다. 그의 농담은 사회적 구성과 물리적 현실의 차이를 설명한다. 사람들 간의 논의가 아무리 많이 진행된다고 하더라도 실제로 다리가 네 개라는 사실을 바꿀 수는 없다.

이 관점에 맞서, 전적으로 사회적인 현실 세계가 있다. 존 설은 사교 모임 혹은 전쟁이 전적으로 물리적인 사건에 대한 기술이라기보다는, 거기에 참여하는 사람들이 그 사건을 어떻게 이해하는가에 따라 달라진다고 주장했다(John Searle, 1995). 누군가는 총을 쏠 수 있지만, 그것이 단독 범죄인지, 기분전환용 오락인지, 혹은 전쟁 행위인지는 그 사건에 대한 해석에 달려 있다. 지구의 공전과 그로 인한 밤낮의 변화는 해석에 따라 달라지지 않는다. 하지만 전쟁과 사교 모임은 실제로 그렇다. 허구도 아니고 착시도 아니다. 그저 다른 사람들에 의해 삶이 달라지는 사람들이 이를 증언할 수 있다.

미래가 사회적으로 구성되어 있는데도, 현실은 아니라는 생각을 살펴보자. 내년의 선거는 오늘 짚어볼 수 있는 물리적인 사실은 아니다. 하지만 결국은 발생하며, 내년에 선거가 있다는 것을 집단적으로 공유하고 있다는 점이 오늘 일어나는 많은 사건에 영향을 준다.

월요일은 현실이다

우리는 2013년에 남호주의 야생에서 책을 쓰자고 계획했다. 그리고 개개인이 그리는 미래와 그에 기반한 행위를 진지하게 논의했다. 하지만 실제 진행 과정에 대해 논의하면서 절대로 단독으로 진행할 수 있는 계획이 아니라는 것을 인식하게 되었다. 예를 들면, 우리 중 한 명은 한 주 동안 미팅을 한 뒤 월요일에 집에 가기 위해 비행기를 타겠다는 계획을 세웠다. 그런데 월요일이라는 것 자체가 문화적으로 구성된 것이다. 홀로 살아가는 존재에게는 월요일이 있지 않을 것이다. 더욱이 월요일의 정확한 정의는 사회적 구성 개념에 따라 달라질 수 있다. 사실상 대체로 문화권이 공식적으로 정한다. 집으로 가기 위해 비행기를 타는 월요일은 미국 시간이 서머타임으로 바뀌는 날이었고, 일정이 전반적으로 한 시간 앞으로 당겨졌다. 호주는 남반구에 있어서 이미 자체적으로 서머타임을 실시하고 있었고, 4월이 되면 원래 시간으로 돌아가게 되어 있다. 미국으로 가는 비행기는 호주 시간에 맞춰 호주를 출발하여 한 시간 앞당겨진 미국에 도착한다. 그래서 전날 출발한 같은 비행편보다 한 시간 일찍 도착한다. 물론 실제로 한 시간이 사라진 것은 아니며 시드니에서 LA까지의 비행 시간 역시 이전과 동일하다. 늦은 토요일 밤과 일요일 아침 사이에 한 시간을 건너뛰는 문화적인 관행 때문에 단지 공식적인 착륙 시간이 달라졌을 뿐이다.

그건 일부에 불과하다. 월요일 비행기 예약은 홀로 살아가는 사람이 하거나 생각해볼 수 있는 그런 종류의 일이 아니다. 비행기 표는 수개월 전에 구매했다. 혼자만의 혹은 유아기적인 판타지가 아니었다. 그 월요일에 그 비행기여야 하며, 구매 가능한 좌석은 제한이 있었고, 비행일 전에 대부분의 좌석을 예약한 상태였다. 예약이라는 것은 사회적 세계에서만 가능한 것으로, 미래를 상당히 정확하게 구조화해왔다. 이렇게 정확한 계획을 하는 덕분에 인간의 사회적 집단에서는 놀라운 일들이 발생한다. 여러 무리의 이방인이 미리 정한 시간과 장소에 나타나서 금속으로 만든 통에 오르기 위해 줄을 서고 지정한 자리에 앉는다. 금속 통은 공중으로 날아가서 꽤 먼 장소에 내려앉고, 승객들은 거기서 흩어져 각자의 목적지로 향하고, 거의 대부분 다시 만나지 않는다. 비행은 수십 년에 걸쳐 축적되어온 지식 덕분에 가능하다. 비행은 과학과 기술을 사용하고, 정부 법령의 통제를 받으며, 요금을 지불하고, 전반적인 부를 향상시키는 기능을 수행한다. 확고한 미래가 있는 문화가 없다면 아무도 비행기를 만들거나 발명하지 않았을 것이다. 분명 최첨단의 인간 문명이 아니라면 그 누구도 할 수 없었을 것이다.

이 사례에서 눈여겨봐야 할 점은 바로 미래는 개인이 아닌 사회적 집단이 창조하고 계획해나간다는 것이다. 당신이 혼자 살고 누군가와 절대로 교류하지 않는다면, 월요일이 있을 필요도 없고 예약을 할 필요도 없으며, 비행기를 탈 필요도 당연히 없을 것이다. 인간은 개개인이 표면적으로 지능을 가지고 있다는 점에 근거하여 자신을 호모 사피엔스라고 부른다. 하지만, 홀로 있는 인간이 이루어낼 수 있는 것은 거의 없다. 인간이 가진 문화의 거대한 진보는 아주 많은 사람이 공동으로 지식을 축적하고 소유해나가기 때문에 가능하다. 가장 훌륭한 인간의 마음은 시스템 안에서 작동하며, 그들이 이룬 업적은 온전히 개인적인 것을 성취한 것이라기보다는 공동으로 수행하는 과제를 전진하게 하는 것이다. 즉 다른 많은 사람이 이미 구축하고 학습한 것을 취하고, 거기에 선생님이나 타인에게 배운 방법을 점점 더해간다. 맨땅에서 출발한다면, 덧셈과 뺄셈도 제대로 알아내기 어렵고 삼각함수나 미적분, 아이폰은 아예 불가능할 것이다.

미래는 객관적이고 인간미 없는 전망이 아니고 홀로 상상한 결과물도 아니다. 항공편이 좋은 사례다. 항공편은 단순한 판타지도 아니고 개인 수준의 생각으로 할 수 있는 것도 아니다. 실제로 시드니에서 로스앤젤레스까지 그 월요일 아침에 그 항공편이 있을 것이고, 좌석의 수가 고정되어 있어 좌석을 잡거나 잡지 못할 수도 있을 것이다. 미래도 마찬가지다. 미래에는 선거, 기말고사, 휴일, 마감일이 있는데, 상상으로 꾸며낸 것도 아니고 온전히 물리적인 사실도 아니다. 항공편과 선거는 지연될 수 있다. 시험 일정은 학교의 행정부서가 필요에 따라 그때그때 결정하지만 예외를 허용하기도 한다(예를 들어, 질병 탓에 하루 늦게 시험을 볼 수도 있다). 진짜 미래가 있지만 그 존재는 사회가 공유하는 합의에 달려 있다. 우리는 이미 2063년 2월은 28일까지 있지만 2064년 2월은 29일까지 있다는 것을 알고 있다. 심지어 정부가 달력을 수정하는 것도 가능하다. 오래전에 유럽의 통치 기구는 율리우스력에서 그레고리력으로 전환할 때 두 주를 건너뛰기로 결정했고 달력에서 1582년 10월 10일은 사라졌다.

실제로는 훨씬 더 이상하다. 그러한 변화를 바로 적용하지 않은 국가도 일부 있었는데, 결국에는 모두 적용했다. 그래서 1582년 10월 10일은 실제로 존재했으나 달력에 그 날짜가 있는 국가도 있었고 그렇지 않은 국가도 있었다. 그래서 늦게 적용한 국가의 달력에는 또 다른 유령 날짜가 있기도 했다. 이러한 불일치가 반대 방향으로 발생했다 하더라도 뒤로 돌아가서 두 주를 반복하고 두 개의 다른 날짜가 같은 날짜가 되는 일이 발생했을 것이라고 생각하지는 않는다. 오히려 어떤 달의 월말에 10여 일의 날짜를 추가했을 것이다. 여기서 적용한 원리는, 물론 지구의 공전에서 직접적으로 추론할 수 있는 것은 아니지만, 중복된 날짜가 생략한 날짜에 비해 훨씬 더 많은 혼란을 가져올 것이라는 점이다. 10월 10일이 두 개 있다면 생일, 계약, 역사 기록, 등등 많은 부분을 복잡하게 만들 것이다(서머 타임을 실시할 때는 중복된 시간이 발생한다는 것을 알려둔다. 물론 그로 인한 혼란을 최소화하기 위해 일주일 중 가장 한산한 시간을 선택하기는 한다. 정말 바쁜 시간을 하나 더 만든다면 얼마나 혼란스러운 상황이 발생할지 떠올려보라.).

어떤 의미에서 미래는 집단적인 상상과 합의의 산물이다. 집단의 구성원은 함께 상상한다. 초기 인류는 아마도 단체 사냥이나 전투와 같은 간단한 계획을 함께 수립했을 것이다. 현재의 달력 구성도 유사하다. 즉 집단의 구성원이 협력하여 집단적인 상상을 물리적 혹은 예측되는 사실 위에 올린 것이다. 지구는 우리가 무슨 상상을 하는지와 무관하게 계속 태양 주위를 공전하고 있다. 하지만 우리는 집단적인 상상으로 지구의 움직임을 세고 계산하고 이름을 붙인다. 우리는 이렇게 월요일(그리고 나머지)을 가지게 되었다.

생물학적 전략으로서의 문화

　모든 생명은 죽는다. 삶은 본질적으로 지속하려 하는데, 이는 생존과 번식이라는 근본적인 문제와 부딪힌다는 것을 말한다. 생존은 개개인의 삶을 가능한 한 오래 유지하는 것이다. 하지만 영원한 삶(불멸)은 불가능하다는 것이 증명되었기 때문에 삶을 오랫동안 유지하는 방법의 핵심은 번식이다. 자연선택은 생존할 수 있고 더 나아가 번식할 수 있는 유기체를 선호해왔다.

　인간은 생존과 번식을 위한 특별하고 독특한 전략을 채택해왔다(Baumeister, 2005). 인간은 정보 공유, 물물교환과 거래, 도덕성, 맞물려 있는 역할에 기초한 집단의 노력에 기반하여 사회라는 시스템을 만들었다. 한 마디로, 인간의 생존과 번식은 문화를 통해 이루어진다. 그리고 꽤 잘 작동해왔다. 인간은 다른 포유류보다 훨씬 더 효과적으로 생존하고 번식한다. 그 덕분에 인간은 다른 포유류를 동물원에 넣을 수 있었다. 지금까지 어떤 생명체도 평균 기대 수명을 세 배나 늘린 적이 없는데, 그 이유는 과학적인 지식을 축적하여 의학적 치료와 공공 보건을 터득한 존재가 없었기 때문이다. 지난 100여 년간 다른 종의 개체 수는 감소해온 반면(사육하는 닭이나 반려동물인 개처럼 인간이 개입하여 개체 수가 증가한 예외적인 사례도 있다), 인간의 수는 폭발적으로 증가해왔고 지금도 계속 증가하고 있다. 문화는 인간의 삶을 놀라울 정도로 길게 만들어왔다.

　미래는 문화로 만들어나간다. 시간은 문화와 무관하게 흘러가며, 인간이 핵전쟁을 벌여 소멸한다 하더라도 지구가 계속 공전하고 지구의 모든 공간에서 낮과 밤의 변화를 경험하게 된다는 의미에서의 물리적인 미래는 여전히 존재할 것이다. 하지만 인간이 없다면 낮과 밤의 변화가 무슨 의미가 있을까? 인간의 관습으로 미래를 만들어 국경일이나 종교 휴일, 주말 등이 존재하는 것이다. 그리고 개개인은 기념일, 약속, 마감일, 여행 계획과 같은 것으로 그 사이사이를 채운다.

개인은 사회적으로 생성된 구조인 과거, 현재, 그리고 미래 안에서 작동하는 방법을 배운다. 서양 국가에서는 사람들이 5년 후에도 특정 일자에 크리스마스를 기념할 것이라고 예측할 수 있을 것이다. 그 날짜는 2000년 전에 태어난 누군가의 생일을 잘못 계산하여 추정한 날짜일 가능성이 크다. 그런데 기독교인이 아닌 사람도 크리스마스 휴일을 기념한다. 그날은 일하지 않고 집에 머무르며 아이나 친척에게 선물을 주고 맛있는 음식을 먹는다. 그래서 종교 교리의 타당성에 대한 개인의 믿음은 미리 정해진 특정한 날짜에 하는 행동과 그다지 연관성이 없다.

자연선택은 실제로 어떻게 선택했는가

과거가 아닌 미래를 보고 행동할 수 있다는 것은 적응의 측면에서 매우 중요한 일이고, 이는 이 책의 핵심적인 부분이기도 하다. 그래서 미래 예측을 더 잘 할 수 있고 그에 따라 행동을 조절할 수 있는 심적 역량의 진화는 자연선택에서 아주 큰 이점으로 작용했을 것이다. 간단히 말해, 과거에 의존하여 행동하는 생명체는 생존하지 못했을 것이며, 번식의 측면에서도 미래를 보고 행동하는 생명체만큼 성공하지 못했을 것이다.

이러한 주장은 온전히 개별 개체의 측면에도 적용할 수 있다. 비교적 정확한 예측을 통해 자신의 행동을 조정할 수 있는 개체는 과거에 의존하여 행동하는 개체보다 우위에 설 수 있을 것이다. 시기나 종에 관계없이 더 나은 예측 능력과 전망 능력을 가진 개체는 그렇지 않은 개체에 비해 생존과 번식에서 우위에 있을 것이다.

매우 간단한 분석이지만, 여기서 핵심적인 측면을 놓치면 안 된다. 미래의 이득을 예측하고 그에 따른 계획을 세우는 것은 매우 유용하며 적절한 적응 방법이다. 하지만 인간은 함께 살아간다. 전망하기는 진화적으로 개인적인 예측의 측면만이 아니라 집단이 계획을 수립하고 그에 맞추어 수행하는 부분에서도 이득을 가져왔다.

어쨌든, 인간이 다른 동물을 지배할 수 있게 된 것은 무엇 때문일까? 개인의 기량은 아니다. 한 명의 인간은 사자나 호랑이, 곰과 같은 포식자의 상대가 되지 않는다. 하지만 무리를 이루어 협동한 덕에 세상을 장악했다. 그렇게 하기 위해서는, 미래를 상상하고 계획할 때 개인의 뇌 역량을 넘어서는 무언가가 필요했다. 그래서 인간은 함께 일해야 했다.

아마도 가족이나 작은 공동체에 속해 함께 미래를 전망해온 사람들이 자연선택에서 우위에 있었을 것이다. 그들은 무리를 지어 계획을 짜고, 함께 그 계획을 수행할 수 있었을 것이다. 그렇게 하기 위해서는 미래에 발생할 일을 추정할 뿐만 아니라 그걸 이해하는 사람들과 소통할 수 있어야 한다. 구성원들은 어떤 계획을 선택해야 할지 논의할 수도 있다. 그래서 미래에 사건이 전개될 수 있는 여러 가지 순서 이외에도 선호하는 계획을 결정할 기준에 대해서도 같은 수준으로 이해하고 있어야 한다. 인간은 낯선 사람을 만나면 경계하는 모습을 보이지만 관계를 맺고 싶어 하기도 한다. (자신을 위한 배신과 위험을 무릅쓴 협력 중 하나를 선택해야 하는) 죄수의 딜레마 게임으로 진행한 수많은 연구를 보자. 가장 효과적인 전략은 협력으로 시작하되 다른 사람의 행동을 보고 그에 맞추어 반응하는 것이다(Axelrod, 1980; Axelrod & Hamilton, 1981). 초기의 협력은 마음이 열려 있다는 것을 보여주면서 관계를 형성하는 데 필수적으로 작용한다.

관계 형성은 길게 보면 양쪽에 모두 도움이 된다. 하지만 단기적으로는 신뢰를 저버리는 쪽이 이득을 얻게 되어 상대방이 그러한 유혹에 굴복하지는 않는지를 잘 살펴봐야 한다. 그래서 다른 사람을 만나면 기본적으로 협력적인 관계를 형성해야 한다(Rand, Greene, & Nowak, 2012, Dunning, Anderson, Schlösser, Ehlebracht, & Fetchenhauer, 2014). 이때 상대방에 대한 부정적인 점을 발견하면 그 관계는 빠르게 파기된다. 미래가 어떻게 전개될지를 생각하면서 현재의 행위를 결정하게 된다.

신뢰 구축

미래가 어떻게 전개될지 생각하는 능력은 인간 사회를 구성하는 사회적 관계 발달에 매우 결정적인 역할을 해왔다. 여기서는 인간이 문화를 창조하는 방식으로 진화해왔다는 생각을 살펴볼 것이다.

협력과 경쟁은 생명체가 서로 공감하고 이해할 수 있게 해주는 기본적인 두 가지 방법이다. 하지만 둘을 같은 수준으로 볼 수는 없다. 진화의 측면에서 경쟁은 훨씬 더 오래되고 좀 더 근본적이다. 협력의 출현은 미래를 예측하는 능력의 보유 여부에 따른 것으로 보인다.

마이클 토마셀로Michael Tomasello는 2014년 출간된 『생각의 기원A Natural History of Human Thinkng』이라는 책에서 대부분의 유인원은 매우 정교하고 효과적인 사고방식을 가지고 있어서 경쟁을 견뎌낼 수 있지만, 협력이 가능한 것은 아니라고 언급했다. 유인원도 본능적으로 경쟁을 이해하고 상대방의 행동을 예측하는 능력은 점점 향상된다. 하지만 낯선 사람이 협력하길 원할 수도 있다고 생각하는 것은 자연스럽지 않다. 그건 인간이 가진 획기적인 생각이다.

하지만 협력에는 경쟁에 비해 상당한 수준의 심적인 능력이 필요하다. 그리고 전망도 필요하다.

사냥은 식량의 중요한 원천이며 인간을 비롯한 영장류가 모두 관여하는 행위다. 이런 점에서 경쟁적인 사냥과 협력적인 사냥을 살펴보자. 경쟁적인 사고방식에 따르면, 사냥꾼은 같은 사냥감을 쫓는 상대를 서로 경쟁자로 생각한다. 이렇게 되면 무리를 지어 하는 사냥이 혼자 하는 것보다 좀 더 복잡해지게 된다. 물론 크게는 아니다. 다른 사냥꾼은 사냥이 실패하는 방법을 한 가지 더 보여줄 뿐이다.

협력적인 사냥은 훨씬 더 높은 수준의 심적 처리 과정과 사회적인 능력을 필요로 한다. 협력적인 사냥꾼은 자신들이 함께하고 있으며, 공동의 결과물을 만들어내기 위해 각각의 역할을 수행해야 한다는 것을 알고 있다. 그리고 아마도 이렇게 해서 포획한 사냥감을 나누게 될 것이라 알고 있음이 분명하다.

토마셀로는 유인원도 무리를 지어 사냥을 하지만 각각의 개체는 자신을 위해서 사냥을 한다고 지적한다(Tomasello, 2014, Tomasello & Call, 1997). 유인원이 집단 사냥에 참여하는 이유는 그렇게 해서 개별적인 이득을 얻기 위해서이지 서로 도움을 주면서 사냥을 하여 먹이를 나누는

1부 호모 프로스펙투스

약속을 하기 때문은 아니다. 약속도 실질적인 공유도 없다. 한 개체가 사냥에 성공하면 다른 개체들이 모여들어서 자신들이 가져갈 수 있을 만큼 가져가는 것일 뿐이다.

협력이라는 건 온전히 이기적이고 경쟁심 있는 생명체로부터 출현할 것이다. 토마셀로(2014)는 한 무리의 침팬지가 원숭이를 사냥감으로 삼고 쫓아가는 장면을 예로 들었다. 원숭이가 나무 위로 도망가면 가장 가까이 있는 침팬지가 따라간다. 먼 쪽에 있는 침팬지는 원숭이를 쫓아가도 가장 먼저 도달할 수 없기 때문에, 쫓아갈 필요가 없다는 것을 알게 된다. 대신에 혹시나 원숭이가 달아날 수 있는 길을 막아선다. 인간도 이렇게 모든 탈출 경로를 막을 것이다. 그렇게 하는 이유는 누가 사냥감을 잡건 먹이를 나눌 것이라는 약속을 인식하고 있기 때문이다. 하지만 탈출 경로를 막고 있는 침팬지는 그걸 보장받을 수 없다. 원숭이가 그리로 오면 잡아서 먹기 시작하고, 아주 빠르게 가장 맛있는 부위를 취할 것이다. 침팬지는 원숭이가 가까이 오지 않는다면 요구할 수 있는 게 없어서 다른 침팬지가 원숭이를 잡은 쪽으로 가서 몇 점 입에 물려고 할 것이다.

초기 인류가 협력을 발달시키기 시작했을 때, 그런 방식의 협력이 침팬지의 집단 사냥과 같은 유사 협력보다 훨씬 효과적임이 입증되었다. 하지만 협력은 위험과 취약성을 감수해야 한다. 당신이 탈출 경로를 막아서기로 동의했다면, 사냥감이 그쪽으로 오지 않았다고 하더라도 당연히 사냥에 기여한 것이 분명하며, 누가 사냥감을 잡았는지와 무관하게 고기를 나누는 데 모든 이가 동의했을 것이다. 사냥감을 잡은 사람이 고기를 나누지 않았다면 탈출 경로를 지키고 있던 당신은 (사냥에 분명히 도움이 되었는데도) 헛고생을 한 것이다. 당신은 고기를 나눌 것이라는 신뢰에 따라 시스템 안에서 주어진 역할을 수행했으나 다른 사람이 그 신뢰를 저버린 것이다.

신뢰는 특별한 상황에서도 일반적으로도 협력의 중요한 근간이다. 신뢰는 본질적으로 전망적이고, 미래에 관한 것이다. 신뢰는 누군가가 미래의 특정 시점에 자신에게 득이 되는 것을 하기보다는 당신을 위한 무언가를 할 것이라고 기대하는 것이다. 신뢰는 기대다. 문화의 도덕적 근간인 신뢰의 발달은 단지 5~10분이 아닌 그보다 훨씬 더 긴 범위의 미래를 생각하는 능력에 달려 있을 가능성이 크다.

침팬지도 다른 침팬지와 동의하거나 무언가를 기대하지 않고도 유사한 협력 행위를 할 수 있다. 토마셀로(2014)가 설명한 대로, 개별 침팬지는 단순히 자신을 위해 나서는 것이며, 때로 이런 행위가 상호 보완적 역할로 이어지기도 한다. 하지만 (인간에게는 일상적이지만 다른 모든 포유류에는 존재하지 않는) 포획물을 나눈다는 합의는 아직 분명하게 보이지 않는 사건, 즉 미래에 대한 공통의 이해를 일깨워준다. 탈출 경로를 막는 것은 다른 침팬지가 이미 원숭이를 쫓고 있는 상황에서 자신이 사냥에 성공할 가능성을 높이기 위해 순간적으로 할 수 있는 행동이다. 반면, 사냥이 끝났을 때 포획물을 공유하겠다는 약속은 사냥을 시작하기 전에 이루어져야 하는 것으로, 전망이 필요한 부분이다.

그리고 협력은 아주 긴 시간의 범위에서 생각해야 하는 것이다. 토마셀로(2014)가 설명한 대로, 특정 집단이 (초기 인류가 했던 것처럼) 협력을 통해 번성하고 있다면 개개인의 성공은 다른 사람이 협력하도록 유도하는 것과 부분적으로 연관된다. 다른 사람이 당신과 협력하기를 원하는지, 단지 오늘만이 아니라 장기간에 걸쳐 불확실한 미래에도 그러할 것인지 고민해야 한다.

무리 사냥에서 먹잇감을 잡는 데 성공한 개별 개체의 관점에서 바라보자. 침팬지는 무엇을 해야 하는지 고민하지 않는다. 사냥감을 잡은 침팬지는 가장 운이 좋은 것이고, 다른 침팬지가 도착해서 먹으려고 하기 전에 가능한 한 많이 먹는다. 함께 모여 저녁을 먹는 가족 모임에서처럼, 모든 침팬지가 도착한 다음 먹이를 동등하게 나누기 위해 기다린다는 것은 전혀 생각하지 않는다.

인간이 하는 협력 사냥에서는 사냥감을 잡았을 때 다른 동료들과 고기를 나눌 것이라는 생각을 어느 정도 하고 있을 것이다. 물론 그 약속을 깨고 싶은 생각이 들 수도 있다. 당신은 배가 고프고 고기가 눈앞에 있다. 그런데 당신을 막아서는 것은 무엇인가? 먹을 수 있을 만큼 먹고 다른 사람들은 알아서 하게 두지 않는 이유는 무엇인가?

이기적인 전략을 사용하면 다른 사람이 곧바로 당신과의 협력을 중단하게 된다는 문제점이 있다. 신뢰를 저버리면 당장은 무언가를 얻겠지만 장기간 상당한 손해를 감수해야 한다. 그런 행동으로 협력을 예상하는 다른 사람들을 소외하면 결국 협력의 이득을 잃게 되고, 그러한 손실이 치명적인 결과로 이어질 수 있다(초기의 수렵-채집인을 생각해보자. 현대의 도시 거주자는 수천 명이 함께 살고 있어 협력자를 잃는다고 해도 끊임없이 누군가로 대체할 여유가 있다. 하지만 초기 인류는 작고 변화가 적은 무리에서 살았기 때문에 그 무리의 구성원과 반드시 좋은 관계를 유지해야 한다).

요약하자면 협력자는 경쟁자와는 달리 자신의 평판을 신경 써야 한다. 협력은 집단의 효과를 크게 향상시켰고, 협력적인 환경에서 살아가려면 전망의 중요성을 높여야 한다. 신뢰할 수 있는 파트너라는 평판은 자신의 즉각적인 이득을 위해 다른 사람을 배신하는 이기적인 행위에 대한 유혹을 거부할 때 지속될 수 있다. 잠재적인 협력자에게 매력적으로 보이려면 배신의 즉각적인 이득을 거부해야만 한다.

평판은 우리를 미래로 확장한다. W. A. 로버츠W. A. Roberts는 몇 분 정도 앞을 내다보고 생각할 수 있는 동물은 거의 없다는 결론을 내렸다(Roberts, 2002). 하지만 평판은 수일, 수개월, 심지어는 수년 동안의 미래로 확장된다. 윤리적 행위자로서의 자아의 출현은 아마도 미래를 상상하고 그에 따라 현재 행동을 조정할 수 있는 심적 역량을 필요로 했을 것이다. 먹이를 잡은 침팬지는 허겁지겁 고기를 먹기 시작해서 최대한 빨리 가능한 한 많이 먹으려고 할 것이다. 인간은 다른 사람들이 도착할 때까지 기다려서 그들이 동의한 대로 고기를 나눈 다음에 먹는다. 기다리는 것은 비용이 드는 일이고 당장 먹을 수 있는 양은 줄어든다. 하지만 무리의 다른 사람이 고기를 잡았을 때 당신을 기다려 고기를 나누는 상황을 떠올리며 기다린다. 그래서 인간의 삶은 **전망 덕분에** 새로운 모습으로, 이익을 증진하는 방향으로 발전할 수 있었다. 다른 사람이 지금 당신의 행동을 보고 미래에 어떻게 대할지 이해할 수 있는 능력은 진화의 과정에서 협력의 출현에 필수적인 것은 아니어도 매우 도움이 된 것은 분명하다.

문화, 시간, 가능성

지금까지 문화가 어떻게 전망을 향상시키고 촉진시켰는가에 초점을 맞춰왔다. 이제는 다른 측면을 살펴보고자 한다. 전망은 어떻게 문화를 향상시키고 촉진시켰는가? 문화의 건설이 생존과 번식에 관한 생물학적 문제를 해결하는 방법이라면, 전망은 문화를 강화하는 방식으로 인간에게 이득을 주어왔다.

문화는 전망이 없어도 가능하다. 민족학자들은 수십 종의 동물에게 일정 수준 이상의 문화가 있다고 추정했는데(de Waal, 2001), 미래를 생각하는 능력(구성원 간에 미래에 대한 이해를 집단적으로 공유하는 방식)을 보여주는 신호는 대부분 없었다. 문화는 사회적으로 공유하는 학습된 행동으로 이해할 수 있다. 그래서 개별 개체들이 다른 개체들의 행동을 그대로 따라 하거나 흉내를 내는 방식으로 작동할 수 있으며, 누군가가 배우거나 발명한 것이 무리의 다른 구성원에게 전달된다.

하지만 전망은 집단이 정보를 공유하는 힘을 크게 향상시킨다. 무리의 구성원이 미래에 대한 비전을 공유할 수 있으면 집단이 계획을 세울 수 있다. 당면한 문제가 없어도 학습 그리고 심지어 교육도 할 수 있다. 사람들은 즉시 유용하지는 않지만 이후에 쓸모가 있을 만한 정보를 공유할 수 있다.

구체적인 사례를 제시하기 전에 전망이 문화에 공헌하는 것을 추가로 언급하고자 한다. 전망을 활용하려면 쉽게 가늠할 수 없는 미래의 본질을 인식해야 한다. 즉 미래가 고정된 길이 아니라 다양한 가능성이라는 것을 인식해야 문화가 작동할 수 있다.

이미 몇 가지 사례를 살펴보았다. 신뢰는 다양한 가능성의 세계에서만 의미가 있다. 누군가가 신뢰할 만하다는 것은 그 사람이 다른 사람들을 공정하게 대하고 **다른 가능성을 좇는 유혹을 거부하고** 약속을 지킬 수 있는가에 관한 문제다. 신뢰하는 사람과 신뢰를 받는 사람 모두 다양한 선택지가 있을 때 어떤 선택을 할 것인가가 중요하다는 것을 이해하고 있다.

문화가 필연적으로 발생한 사건에 대해 말해주는 듯이 보일 때도, 대개 그와 관련해 여러 가지 일이 벌어질 수 있다. 예를 들어, 최근 수십 년간 기상학자는 허리케인과 같은 큰 폭풍을 점점 더 효과적으로 예보하고 있다. 물론 예보를 안다고 해서 (최소한 아직까지는) 허리케인을 막을 수 있는 것은 아니다. 그러나 대비를 하고 예방을 해서 허리케인으로 인한 피해를 줄일 수는 있다. 그렇지 않다면 허리케인이 온다는 것을 아는 게 무슨 소용인가? 미래에 발생할 통제 불가능한 사건에 관해 아는 것은 우리가 통제할 수 있는 것을 통제하게 해준다는 점에서 유용하다. 허리케인의 사례에서 보듯이, 정전을 대비해 냉장고에 얼음을 더 채워서 냉기를 유지한다거나 욕조에 물을 채워서 단수가 되었을 때를 대비한다거나 수영장의 장비나 구조물을 치워서 사고를 방지하는 것과 같은 행동을 말한다.

문화가 미래를 확실성이 아닌 가능성으로 구성한다는 원리에 비추어볼 때, 달력은 이 장면에서 예외처럼 보일 수 있다. 하지만 달력은 가능성을 구조화하는 체계로서 유용하다. 내년에 3월 12일이 있을 것이고, 그다음 해에도 있으리라는 것은 확실하다. 실용적인 목적으로 그만큼의 확실함이 있는 것이다. 하지만 그 확실한 사실은 가능성을 구성하는 기반을 제공해준다. 구성원들은 그 날짜를 사용하여 계획을 세울 수 있다.

앞에서 언급한 항공편과 월요일 사례로 잠시 돌아가보자. 미래에 관한 정확한 구조도가 없다면 항공편 예약은 불가능하다. 그래서 항공 산업이 수익을 거두려면 달력으로 미래를 구조화할 수 있어야 한다. 항공사는 내년 3월 12일의 특정 비행편을 계획하고, 연료를 채우고 항공편과 부대 시설을 확실하게 준비해야 한다. 해당 항공편에는

1부 호모 프로스펙투스

일정한 수의 좌석이 있고 자리마다 한 명의 승객을 태워 출발지에서 목적지까지 운행하게 될 것이다. 이러한 점이 가능성이다. 출발지에서 목적지로 여행하길 원하는 사람이 그날 비행기를 타고 싶다면 그 항공편에 좌석을 사야 한다. 모든 좌석이 팔렸다면, 좌석을 구매하지 않은 사람이 그 비행기를 탈 가능성은 크게 줄어든다.

항공편은 집단이 미래에 대한 이해를 공유할 때 개개인의 삶을 증진하는 데 도움을 주는 여러 방법 중 하나다. 다음 절에서는 훨씬 더 중요하면서도 누구나 관심을 가지고 있는 돈에 대해 논의해보자.

돈과 시간

돈은 온전히 문화적인 발명품이다. 돈은 실제로 존재하는 것이 아니다. 그리고 그 어떤 종도 실물 경제와 근접한 무언가를 가져본 적이 없다. 심지어는 인간도 진화의 역사에서 돈을 가진 것은 극히 짧은 시간이다. 역사학자는 돈이 대략 3000년 전에 사용되기 시작했다고 추정한다(Weatherford, 1997). 그럼에도 돈의 유용성을 아주 빠르게 인식했다. 돈은 빠르게 채택되었고, 오늘날 모든 국가에서 돈을 사용한다.

돈은 본질적으로 전망적이다. 돈은 미래의 어느 시점에서 가지는 가치를 저장한다.

돈의 전망적인 측면을 인식하기 위해, 돈이 등장하기 이전에 거래가 어떻게 이루어졌는지 비교해보자. 동물은 거래를 하지 않지만 초기 인류는 거래 방법과 그로 인한 이득을 알고 있던 것으로 보인다. 좋은 거래를 하면 양쪽 모두에게 이득이 되고, 그래서 거래 방법을 배우면 도움이 된다. 하지만 돈을 사용하기 이전에는 거래가 물물교환으로만 이루어졌다. 즉 자신의 물건을 다른 사람의 물건과 교환하기만 했다.

심지어 돈이 사용되기 전에도 거래는 양쪽에 이득을 주었다는 것을 알아야 한다. 경제학자의 설명에 의하면 이득은 다양한 이유로 발생한다. 어촌에서는 그들이 소비하거나 저장하는 것보다 더 많은 생선을 잡을 수 있지만 곡식은 부족하다. 근처 농장에서는 필요한 것보다 더 많은 곡식을 재배하지만 생선은 부족하다. 양쪽이 거래하면 모두에게 이익이다. 단지 먹을거리를 잘 꾸린다는 것만이 아니라, 양쪽이 각자 내어주는 것보다 더 가치 있는 것을 가져간다는 것이 더 중요하다. 어촌 주민은 이미 생선이 충분하기 때문에 여분의 생선은 폐기할 수도 있다. 그래서 생선이 부패하기 전에 그들이 원하고 필요한 무언가로 교환할 수 있을 것이다. 하지만 물물교환의 단점도 생각해야 한다. 양쪽 모두 상대방이 원하는 것을 가지고 있을 때만 거래를 할 수 있다는 것이다. 게다가 생선 사례에서처럼 물물교환한 것이 오래 유지되지 않을 수도 있다. 여분의 생선은 그 순간 가용한 것으로 바로 거래해야 한다. 그런데 거래 상대가 이걸 알고 자신에게 더 유리한 거래를 하기 위해 이용할 수도 있다. 예를 들어, 생선을 받기 위해 칼을 제안했을 때, 양쪽 모두 칼은 다음 주에도 별문제가 없지만 생선은 그때까지 버티지 못한다는 것을 알고 있다. 생선을 가진 사람들이 무언가를 얻을 수도 있고 아무것도 얻지 못할 수도 있다는 것을 알고 있기 때문에 어촌 주민은 거래 무산보다는 불공정하더라도 거래를 하는 게 더 낫다.

여전히 물물교환을 위한 전망에는 한계가 있다. 당신이 생선을 가

1부 호모 프로스펙투스

지고 있고 다른 사람이 칼을 가지고 있다면 거래를 할 수도 있다. 하지만 당신이 이미 칼을 가지고 있다면? 생선이 상하기 전에 넘기고 싶지만 칼도 더는 필요하지 않다. 상대방에게 칼 이외에 제안할 것이 없다면 거래가 성사되기 어렵다.

돈은 이런 모든 문제를 해결해준다. 생선과는 달리 돈은 며칠 만에 사라지지 않는다. 물론 정부가 발행량을 늘리면 돈은 점차 가치를 잃게 된다. 하지만 고대 문명이 이 점을 이해하는 데는 수 세기가 걸렸다. 그래서 돈은 안전하고 영원한 가치 저장소인 것처럼 보이고, 서서히 그 가치가 떨어진다고 해도 대부분 인식하지 못한다. 그래서 금방 가치가 사라지는 무언가를 거래하는 대신에 꽤 오랫동안 가치를 유지하는 것으로 보이는 돈으로 거래를 할 수 있다(물론 돈을 냉장고에 넣어야 할 필요도 없을 것이다.).

돈은 본질적으로 전망적이다. 물물교환에서는 양측이 서로 원하는 것을 가지고 있어야 하며, 그렇지 않으면 거래가 성사되지 않는다. 돈을 사용하게 되면, 한쪽만 원하는 제품이나 서비스를 얻고, 다른 쪽은 돈을 받아 가지고 있다가 (당장은 원하지 않는) 다른 것으로 바꿀 수 있다. 돈은 미래의 가치 저장소다. 미래가 없다면 돈은 탄생하지 않았을 것이다.

마찬가지로 돈의 사용 역시 전망에 근거해왔다. 자본 시장에서는 지금 돈을 빌려 나중에 갚을 수 있기 때문에 사람들이 가지고 있는 것보다 더 많은 돈을 쓰게 해준다. 일부 경제사학자는 네덜란드의 풍차가 이러한 혁신적인 생각을 하게 만든 중요한 원동력이었다고 한다(Bernstein, 2004). 농부는 풍차를 사용하여 배수와 물관리라는 이득을 얻을 수 있다. 하지만 가난한 농부는 풍차를 만드는 비용을 지불할 만큼 돈을 모을 수 없었다(실제로 풍차는 이익을 창출하는 데 필수적이다. 그래서 풍차가 없으면 저축을 할 가능성은 극도로 낮아진다). 농부가 돈을 빌린다면 풍차를 만들고 그 덕분에 이윤이 증가하여 몇 년 후에 대출금을 갚을 수 있을 것이다. 그래서 모두가 만족스러운 상태가 된다.

시간이 지나면서 돈의 사용법은 점차 미래 지향적이 되었다. 신용카드 대금, 장기 투자 자금, 절세 전략, 퇴직연금, 주택담보대출, 주택연금, 감가상각 등은 돈을 전망적으로 응용한 사례다.

또한 신뢰는 본질적으로 미래에 관한 것이라고 강조해왔다. 돈은 신뢰에 기반한다. 실제로 모든 금융 거래가 일정 수준 이상의 신뢰에 바탕을 둔다는 것은 경제학에서 이미 너무 뻔한 표현이 되고 있다. 돈은 완전히 낯선 사람과도 서로 이득이 되는 거래를 할 수 있게 해주는데, 이는 인간 사회를 제외하고는 찾아보기 힘든 모습이다. 여기에 어느 정도의 신뢰는 필수적이다. 음식점에서 돈을 주고 음식을 샀다는 것은, 주문한 대로 음식이 나오고 감염이나 오염원으로부터 안전하게 준비하며 지불한 만큼의 양이 제공된다고 믿는 것이다. 음식점 주인도 마찬가지다. 그들은 음식값을 지불하기 전에 음식을 제공하여 식사를 하게 하며, 손님이 음식값을 지불할 것이라고 믿는다. 물론 위조된 돈이 아닌 진짜 돈으로 말이다.

신뢰는 부분적으로 전망의 다른 요인에 의해 유지된다. 근대 경제학에서는 신뢰를 저버린 사람을 기소할 수 있기 때문에 법률의 집행이 신뢰 유지에 도움이 된다고 주장한다. 그런데 정부가 개입하기 어렵거나 무조건 처벌만 가하게 되면 신뢰가 바닥에 떨어지고 합의에 도달하기가 점점 어려워진다. 예를 들어 불법 약물은 음식점의 식사보다 훨씬 더 불안정하다. 판매자가 가짜 코카인을 팔았다 하더라도 돈을 돌려받기 위해 경찰서를 찾아가기는 어렵다. 식당에서 가짜 음식이 나왔을 때와는 전혀 다른 상황이다.

효과적인 법률 집행은 최근에 등장한 발명품이다. 경제적인 거래는 수 세기 전에 시작되었고, 폭넓게 자리 잡았다. 그런데 신뢰는 어떻게 유지했을까? 이 질문에 답하기 위해 다른 종류의 사회적 현상을 살펴보자.

종교

전망과 도덕의 관련성에 대해서는 9장에서 논의할 것이다. 그런데 많은 사람은 도덕이 종교와 아주 밀접하게 연관되어 있다고 생각한다. 종교는 매우 중요한 문화적 행위다. 지나치게 단순화한 것일 수도 있지만, 도덕은 발견된 것인 반면 종교는 발명한 것이다. 도덕적 규범은 모든 문화권에서 비슷하여 공정, 호혜 등에 대해 유사하게 생각하는 데 반해, 종교가 다르면 종교의 교리도 근본적으로 다르다. 종교가 다르면 전쟁이 발발하기도 하지만, 도덕 규범이 다르다고 해서 전쟁을 하지는 않는다. 기독교인의 근본 도덕 규범인 황금률the Golden Rule에 반대하거나 이로 인해 전쟁을 하는 문화권은 없다.

종교는 아주 초기부터 회고적이면서 전망적이었다. 초기 종교는 지구와 우주가 어떻게 창조되었는지 설명했을 뿐만 아니라 사후 세계에 대해서도 어느 정도 언급했다(Eliade, 1978). 사후 세계에 대한 개념을 죽음 이후의 미래에 관한 예측이라고 보기는 어렵다. 오히려 세상에 없는 사람, 특히 조상 그리고 지배자가 여전히 현재에 영향을 줄 수 있다는 것을 설명하려는 시도로 봐야 한다. 그럼에도 불구하고 사람들은 죽음 이후의 운명을 궁금해하며, 종교는 그들을 기다리는 것이 무엇인지를 예측하는 방법을 제공하는 것으로 보인다.

하지만 초기 종교는 도덕 규범에 대해서는 그다지 신경 쓰지 않은 것으로 보인다(Eliade, 1978). 그리스 신화와 같은 고대의 이야기를 살펴보면, 신들은 자기 일에만 주로 신경을 썼을 뿐, 의무를 다하는 선행의 표본과 같은 모습은 아니었다. 초기의 신은 서로 혹은 인간과 싸웠고, 사회 통념에 어긋나는 성행위를 했으며, 속임수나 사기 행각을 저지르는 등의 모습을 보였다. 신들은 인간이 그들을 위해 희생하길 원했지만, 인간이 지켜야 할 도덕 규범 목록을 만들지는 않았다. 십계명이나 그것과 비슷한 칙령은 한참 이후의 종교에서 나왔다.

아라 노렌자얀Ara Norenzayan 연구팀은 이렇게 바뀌어나가는 과정을 기술하고 분석했다(Norenzayan, 2013, Norenzayan et al., 2015). 초기 종교의 비도덕적인 모습이 사회가 비도덕적이었다는 것을 의미하지는 않는다. 오히려 초기 인간 사회에는 도덕과 종교가 모두 있었지만, 그 둘은 분리되어 있다가 이후에 합쳐지게 되었다. 그러한 변화는 유일신 사상의 확산에 따른 종교의 큰 변화와 연관되어 있다. 초기 종교 활동을 보면 대개 여러 신을 숭배했고, 일부 문화권에서는 가족마다 다른 신을 모시는 사당을 가지고 있기도 했다. 하지만 지금은 대부분의 종교가 단 하나의 신만을 믿는다(물론 종교에 따라 신의 모습과 특징은 다를 것이다).

그러한 변화가 나타난 이유는 무엇인가? 노렌자얀 등(2015)은 인간의 확장된 협력 프로젝트와 신뢰에 대한 요구라고 주장한다. 유일신으로의 전환은 거래로 발생했고 다른 종류의 문화적 교환도 확대되고 있었다. 대규모 네트워크에 속한 사람들은 함께 사회를 발전시켜

1부 호모 프로스펙투스

나가지만, 협력은 다른 사람도 이득을 취하지만은 않고 공헌도 할 것이라는 신뢰에 기반한다. 그래서 신뢰할 수 있는 법률 집행과는 무척 다르며, 그래서 경찰이 신뢰에 관해 확신을 줄 수 있는 적절한 존재가 아니라는 것이다.

위대한 신이라는 존재는 이러한 공백을 메워준다. 초기 신은 종종 우리의 조상이거나 특정 가족과 연계되어 있었다. 대부분의 진화학자는 사람을 비롯한 많은 동물이 친족을 신뢰하고 그들과 협력하는 본질적인 성향을 어느 정도 가지고 있다고 주장했다. 그것이 바로 '이기적 유전자' 이론의 근간으로(Dawkins, 1976, Hamilton, 1964A, 1964B), 자연선택의 단위가 개인이 아니라 유전자라는 것이다. 생명체는 자신의 유전자를 공유하는 사람(대부분 자손)에게 득이 되는 방식으로 희생하고 위험을 감수한다. 그리고 위대한 신들은 가족이 함께 살고 함께 일하고 서로 충실할 것을 권장한다. 그들은 신뢰를 강조하지만 친족 간에서만 그러하다.

위대한 신은 신뢰를 훨씬 더 넓게 확대했다. 가령 먼 곳으로 여행을 가서 거래하길 원한다고 해보자. 그곳에 거주하는 낯선 사람을 신뢰할 수 있을까? **만약 같은 신을 믿는다면, 신뢰는 쉽게 구축될 것이다.** 더욱이 그 신이 인간의 도덕적 선행이 중요하다고 한다면 상대방을 훨씬 더 신뢰하게 될 것이다. 혹시 상대방이 속임수를 쓴다면 그 신이 벌을 내릴 것이다.

신의 숫자가 여럿에서 하나로 급격하게 바뀐 것만이 아니다. 새로운 위대한 신은 새로운 방식으로 인간의 삶에 관심을 가졌다. 사람들이 도덕 원리에 따라 행동하기를 원했다. 위대한 신은 도덕 규칙을 만들었다. 가장 유명한 것으로 여호와의 계시를 받기 위해 산을 오른 사람들에게 준 석판에 쓰인 십계명을 들 수 있다. 위대한 신은 이러한 도덕 원리를 강제하거나, 최소한 그렇게 한다고 사람들이 믿었다.

도덕과 그 신성한 허락의 중요성이 증가하면서 사후세계에 대한 종교적 관점이 변화했다. 초기 유대교인은 사후세계가 존재한다고 생각하지 않았고, 초기 기독교인은 일종의 공동체로 보는 경향이 있었다. 이렇게 간단한 관점에서 사는 동안 행한 모든 행위(이에 더해 예배 참여와 같은 요인)에 대해 사후에 개개인이 도덕적인 심판을 받는다는 관점으로 바뀌었다. 다른 곳으로 여행을 떠나 낯선 사람과 거래를 원하는 사람의 사례로 돌아가보자. 양쪽 모두 서로를 속이거나 신뢰를 저버리면 영원히 지옥불에서 처벌받을 것이라는 믿음을 공유하고 있다면 거래하기가 훨씬 더 수월할 것이다.

종교는 유전적 이기심 어림법genetic-selfishness heuristic을 들먹이며 신뢰를 증진시키기도 한다. 여행자는 다른 곳에서 만난 낯선 사람과 혈연 관계가 없다. 하지만 같은 신을 믿는다면, 그들은 연결되어 있는 것이다. 기독교는 신을 부모로 칭하고 모든 신도가 형제와 자매라고 하는 유일한 종교가 아니지만, 성직자를 '아버지', '형제', '자매'와 같은 가족 호칭으로 부른다는 점에서 두드러져 보이기는 한다. 우리는 과연 형제나 자매를 속일 것인가?

종교는 강력한 문화적 구성물이었고, 법률이 사용되기 오래전부터 대규모 협력을 촉진하는 데 필수적인 기능을 수행했다. 종교는 사람들이 대규모 집단이나 네트워크를 이루어 상호 간의 이득을 위해 함께 일할 수 있게 해주었다. 사람들을 끊임없이 감시하며 도덕적으로 적절한 행동에 관한 규칙을 정한 신을 공동의 조상이나 부모로 여기게 되면 협력에 필요한 신뢰가 촉진된다. 하지만 이것 역시 전망이 없었다면 불가능했을 것이다. 종교가 가진 부분적인 힘은 우주 전체의 시간 범위를 태초부터 종말까지 설명할 수 있다는 것이다. 위대한 신은 그 우주적 전설에서 개개인을 도덕적으로 판단하며, 개개인의 행위가 도덕적이었는가에 따라 보상과 처벌이 주어진다고 확실하게 알려주었다.

전망, 삶에서 지속되는 질문들

6장
미래에 대한 결정론적 세계관

로이 바우마이스터

"정해진 운명은 없다. 우리가 만들어가는 것이다." 혹은 "미래는 정해져 있지 않다. 정해진 운명은 없고 우리가 스스로 만들어가는 것이다." ─영화 〈터미네이터 2〉

"질문: 자말 말리크는 어떻게 최종 단계까지 왔을까?
(A) 속임수로 (B) 운이 좋아서 (C) 천재라서 (D) 그럴 운명이라서
정답은 (D) 그럴 운명이라서." ─영화 〈슬럼독 밀리어네어〉

블록버스터 영화 두 편의 명대사는 미래의 두 가지 버전을 근본적으로 압축해서 보여준다. 영화 〈터미네이터〉 시리즈는 시간 여행에 관한 의심스러운 전제 위에서 미래가 바뀔 수 있다고 주장했다. 이 시

리즈의 테마는 가까운 미래에 기계와 컴퓨터가 세상을 지배하며 인간과 전쟁을 벌인다는 것이다. 사람들은 현명한 지도자와 함께 강력히 반격한다. 결국 시간을 거슬러가는 방법을 고안한 기계는 치명적인 로봇을 보내 미래 지도자의 엄마를 죽이려고 한다.

기계가 인간의 지도자를 제거하면 미래의 반란을 막을 수 있을 것이다. 용맹한 인간은 현재에서 강력히 반격하고, 결국 현재를 바꾸면 기계의 지배를 막을 수 있고 미래 세대의 전망을 향상시킬 수 있다는 것을 깨닫는다. "정해진 운명은 없다. 우리가 만들어가는 것이다."라는 말은 인간을 이끄는 좌우명이다. 인간은 필연적인 운명에 갇혀 있는 것이 아니라 행동에 따라 앞으로 일어날 일을 바꿀 수 있다.

예상 밖의 흥행을 보인 영화 〈슬럼독 밀리어네어〉에서는 미래에 관해 조금 다른 이야기를 하고 있다. 영화는 가난하고 무지한 어느 인도 소년의 이야기다. 놀랄 만한 우연의 일치가 연이어 일어난 덕에 소년은 텔레비전 퀴즈쇼에서 출제된 문제의 답을 모두 맞혔고, 2000만 루피의 상금을 받게 된다. 소년이 상금을 받을 확률은 거의 불가능에 가까웠다. 잘 알려지지 않은 사실을 알아야 풀 수 있는 문제도 있었고 텔레비전 퀴즈 쇼의 제작팀이 그를 방해하기도 했다. 영화에서는 확실해 보이는 가능성이 오해라고 주장한다. 결국 퀴즈쇼의 최종 문제까지 도달해서 정답을 맞혀 상금을 받는 것이 그의 운명이라는 것이다. 영화는 그 소년이 퀴즈쇼에서 우승한 이유에 대해 보기를 주면서 시작하고, 그의 우승은 필연적이었다고 답하며 끝을 맺는다. "그렇게 적혀 있었기 때문에, 즉 그의 운명은 다른 모든 이들의 운명과 마찬가지로 오래전부터 그렇게 결정되어 있었고, 그 이외의 다른 결과는 애당초 불가능했다."

어느 쪽이 맞는 것인가? 수많은 철학자와 사상가는 일어나는 모든 사건은 필연적이며 일련의 인과성이 시초부터 이 문장을 읽고 있는 것을 포함하여 우주의 유한한 혹은 무한한 미래까지 필연적으로 이어져 있다는 결정론에 빠져 있었다. "그렇게 적혀 있었다."라는 주장은 이러한 생각을 멋져 보이게 만드는 표현이다. 사상가들은 미래의 아주 상세한 내용이 적혀 있는 문서가 어딘가에 있을 것이라고는 믿지 않는다. 하지만 그 의미는 받아들인다. 엄격한 결정론자는 발생한 그리고 앞으로 발생할 모든 일이 우주의 기원에서부터 필연적으로 정해져 있었다고 생각한다. 미래에 여러 개의 가능성이 펼쳐지는 것은 실제가 아닌 무지로 인한 착각일 뿐이다. 현실에 대한 이러한 시각은 그 자체로 영화와 유사하다. 영화의 마지막 장면은 이미 설정되어 있고 앞 장면을 본 관객이 마지막 장면을 알지 못한다고 해도 바뀌지 않는다. 영화의 캐릭터는 고통스럽게 선택을 하고 그들의 행위가 결과를 가져오는 것처럼 보이지만, 항상 그들은 그렇게 할 수밖에 없었고 결과는 그럴 수밖에 없었다. 영화는 (시나리오에) "그렇게 적혀 있기 때문에" 그렇게 끝난다.

　이 책의 저자 네 명은 각각 다른 분야를 전공했다. 피터 레일턴은 철학자다. 찬드라 스리파다는 철학과 교수이면서 정신의학자인 동시에 신경과학자다. 로이 바우마이스터는 사회심리학자고 마틴 셀리그먼은 실험심리학과 임상심리학 배경을 가지고 있는 일반 심리학자다. 이렇게 다른 관점을 가지고 있음에도 우리는 각각 자유의지에 관해 오랫동안 심도 있게 고민해왔다. 그리고 자유의지에 대해 각기 다른 의견을 가지고 있다(그래서 편집자가 모든 장을 같은 톤으로 맞추려고 했으나 잘 되지 않았다).

물론 합의한 부분도 있다. 자유의지에 관한 형이상학적인 문제는 답보 상태에 있다는 것이다. 예를 들어, 우주가 결정론적으로 움직이며 자유의지는 결정론과 양립하기 어렵다는 주장에 반대하는 의견이 있고 그에 반대하는 의견도 있다. 그래서 형이상학적인 문제는 다루지 않기로 했다. 오히려 심리학적으로 접근하여 자유의지가 존재한다고 가정했다. 그 가정은 긍정심리학과 전망에서도 불가피한 것이다. 그래서 자유로운 생명체인 호모 프로스펙투스와 자유롭지 않은 생명체를 구분하는 것이 무엇인지 살펴보기로 했다.

전망은 사람들이 미래에 대해 어떻게 생각하는지를 핵심적으로 다룬다. 이 장에서 살펴보고자 하는 것은 전망이 근본적으로 **실용적인지**의 여부다. 즉 미래에 대해 생각하는 이유가 그렇게 하면 사건의 결과를 한쪽 방향으로 유도할 수 있기 때문인지를 묻고자 하는 것이다. 그래서 실용적인 문제로 전망을 본다는 것은 〈슬럼독 밀리어네어〉의 관점이 아니라 〈터미네이터〉의 관점을 수용한다는 것이다. 미래를 생각하는 이유가 바로 다른 가능성이 있기 때문이라는 것이다. 다른 가능성을 예상하고 행위를 조정해서 좀 더 선호하는 결과를 얻고 재앙이나 재난을 피하려고 노력할 수 있을 것이다.

미래가 정해져 있지 않으며, 과거는 불가능하지만 미래는 바꿀 수 있다는 아이디어는 직관적으로는 명백히 맞는 것으로 보인다. 하지만 강력하면서 논쟁을 유발하는 결정론은 이를 반박한다. 미래가 고정된 것인지 혹은 변하는 것인지에 관해서는 학술적인 논쟁이 활발하게 이루어지고 있다. 결정론에서 벗어나는 것이 무엇을 의미하는지 알아보기 위해서는 결정론적인 세계관을 자세히 들여다봐야만 한다.

〈슬럼독 밀리어네어〉의 잘 짜인 시각: 결정론

미래가 정해져 있고 한 치의 오차도 없이 정확하게 예측할 수 있다는 아이디어는 오래전부터 제기되어왔고, 사람들에게 여전히 매력적으로 들린다. 고대인은 예지자를 찾아 상의하고 진실로 드러난 예언에 관한 이야기를 공유했다. 예언을 틀린 예언자가 어떻게 되었는지 알기는 어렵지만, 아마도 미래가 본질적으로 알 수 없는 영역이기 때문에 유쾌하게 받아들이기보다는 그 예언자를 더는 신뢰하지 않으며 실수할 가능성이 있다고 의심할 것이다.

초기에는 세부 사항은 건드리지 않고 소위 '운명론'이라는 것으로 이해하려고 했다. 운명론은 어떻게든 미래는 바뀌지 않는다는 믿음이다. 예를 들어, 오이디푸스 이야기는 운명론적이다. 오이디푸스는 아버지를 살해하고 어머니와 결혼하는 참혹한 범죄를 저지를 것이라는 예언을 마주하고는 최선을 다해 운명을 피하려고 노력했다. 하지만 신원을 오인하여 결국 그 운명을 받아들이고 만다.

기독교 신학은 미래가 미리 결정되어 있는가에 관해 명확하게 답하지 못했다. 세상의 종말Apocalypse과 같은 일은 확실히 필연적이라고 간주했다(예지자가 종말의 임박한 징후를 발견했으나 현재까지는 그들의 주장이 맞지 않았다). 하지만 인간에게는 자유의지가 있어서 어떻게 행동할지를 선택할 수 있는데, 이는 개개의 인간이 자신의 행동에 따라 최종적으로 천국이나 지옥을 마주하게 된다는 것을 함축하고 있다. 장 칼뱅Jean Calvin은 극단적인 관점을 가지고 있었는데, 그는 전지전능한 신이 개개인의 영원한 운명을 미리 알고 있기 때문에 개인별로 오직 한 가지 미래만이 가능하다고 주장했다. 아메리카 대륙의 초기 정착자 중 상당수는 청교도였고 그들은 칼뱅의 관점을 지지했다. 따라서 미국인의 집단적인 인식의 밑바닥에 남아 있을지도 모른다. 다만 최근에는 소수의 사람만이 칼뱅의 운명 예정설을 받아들이고 있다.

18세기 프랑스의 수학자 피에르 시몽 라플라스Pierre Simon LaPlace가 이 아이디어를 과학적으로 설명했고, 결정론이라고 알려지게 되었다. 그는 초인간의 마음이 특정 시점에서 우주의 정확한 상태와 자연의 모든 법칙을 알게 된다면, 과거나 미래의 어느 시점에서든 우주의 완전한 상태를 정확하게 계산할 수 있다고 주장했다.

결정론은 아는 체하는 사람들과 과학적 동조자를 계속해서 매료시켰다. 결정론은 자연의 법칙이 어떤 예외도 허락하지 않고 모든 것을 설명할 수 있다고 암시한다. 실제로 발생한 것 이외에는 미래에 가능한 것은 없다. 결정론자는 다양한 대안에서 선택하는 느낌, 발생할 일을 바꿀 수 있다는 느낌이 환상에 불과하다고 주장한다. 실제로 심리학 교수 중 일부는 인쇄물과 강의에서 과학자가 되려면 결정론을 받아들여야 한다고 주장한다. 그런데 이는 조금 아이러니한데, 심리학에서 결정론을 지지하는 원리를 발견할 수 없었고, 경험적으로 자료를 수집하여 분석한 수천 개의 연구도 확률 이론에 기반한 통계를 사용한다. 우리가 아는 한 모든 과학은 통계다.

결정론은 운명론과 조금 다르다. 운명론에서는 기독교의 운명 예정설처럼 미래의 특정 결과는 지금 우리가 무엇을 하는지와 무관하게 발생할 것이라고 말한다. 결정론에서는 행위가 미래를 초래하는 인과적 연쇄의 필수적인 부분이라서 다르게 행동할 수 있다면 결과도 다를 것이라고 말한다. 하지만 결정론도 실제로 무언가 다르게 할 수는 없다고 주장한다. 그래서 누군가에게는 둘의 구분이 아주 사소한 일이지만 다른 누군가에게는 매우 의미 있는 일이다. 하지만 전망에 관한 우리의 이론과는 크게 관련이 없다. 중요한 것은 결정론과 운명론이 공통적으로 가지고 있는 관점으로는 미래를 바꿀 수 없다는 것이다. 결정론이 순수한 운명론이나 종교의 운명 예정설보다 조금 더 엄격하다고 볼 수 있는데, 그 이유는 결과만 필연적인 것이 아니라 순간순간 밟아 나갈 수 있는 단계도 단지 하나밖에 없다고 주장하기 때문이다.

그래서 결정론자는 일종의 그늘진 세상에서 살아간다. 미래를 바꿀 수 없기 때문에 굳이 시도할 필요도 없다. 운명론자는 결과가 필연적이라고 믿기 때문에 그저 받아들이고 준비하면 된다고 생각한다. 결정론자는 그조차도 고민하지 않는데, 그 이유는 빅뱅 이후에는 받아들일지 말지도 바꿀 수 없고 어떤 준비든 필연적이기 때문이다. 마치 영화의 등장인물과 같다. 배우의 움직임으로 영화의 구성이 이루어지지만, 어떻게 해도 마지막 장면을 바꿀 수는 없다. 가능한 모든 선택지를 고민해보고 어떤 것이 나을지 결정한다고 해도, 무엇을 할지 그리고 어떤 행동을 할지 고뇌하는 영화의 등장인물처럼 결국 모든 가능한 행위에 대한 느낌은 환상에 불과하다.

〈터미네이터〉의 임무와 단순한 가능성의 현실성

모든 것이 잘 짜인 대로 흘러가고 미래와 과거 모두 바꿀 수 없다고 하는 결정론과 달리, 대부분의 사람은 과거와 미래가 매우 다르다고 본다. 실제적인 관점에서 과거를 바꾸는 것은 불가능하다(설령 지금의 정치적 관점에서 사건을 재해석하거나 숨기고, 다른 과거를 찾아내고, 심지어 역사를 다시 쓰고 싶은 유혹에 빠진다고 하더라도). 하지만 미래는 열려 있다고 생각한다. 즉 무언가를 하게 되면 미래를 바꿀 수 있다는 것이다. 곧 들이닥칠 허리케인이나 전쟁, 회사의 파산과 같이 다가올 사건이 개인의 통제 범위 밖에 있다고 하더라도, 그 사건이 자신에게 미칠 영향을 줄이기 위한 선택을 할 수 있고, 그래서 조금이나마 미래를 바꿀 수 있다고 생각한다.

미래에 대한 비결정론적 시각은 **단순한 가능성의 현실성**the reality of mere possibility을 받아들인다. 즉 어떤 일은 발생할 수도 있고 그렇지 않을 수도 있다. 이것이 사람들이 미래를 생각하는 방식이다. 미래의 일은 가능하기도 하고 때로는 개연성 있는 정도일 수도 있지만, 바꿀 수 없거나 필연적이지는 않다. 위험이나 위협은 나쁜 일이 발생할 수도 있고 그렇지 않을 수도 있다는 것을 의미한다. 기회는 좋은 일이 발생할 수도 있고 그렇지 않을 수도 있다는 것을 의미한다. 성공은 실패가 있을 때만 의미가 있고 반대도 마찬가지다. 협상은 여러 결과가 발생할 수 있고 양쪽이 모두 받아들일 수 있는 하나를 찾는다는 전제에 근거한다.

일상생활에서 사람들의 생각을 들여다본 대규모 연구를 보면, 미래에 관한 대부분의 생각은 여러 가능성의 현실성을 반영한다 (Baumeister, Hofmann, & Vohs, 2015). 연구의 내용을 간략하게 정리하면, 지금까지 전망적 사고의 가장 일반적인 범주는 계획하기다. 아마도 결정론자는 빅뱅에까지 다다르는 인과적인 과정이 이미 무엇을 해야 하는지 정해놓았기 때문에 계획 수립 과정을 거치면 된다. 하지만 일반적인 사람들은 미래가 특정 결과를 만들어낼 수 있도록 하기 위해 계획을 세운다. 계획을 세우면 원하는 결과를 얻을 가능성이 높아지기를 원한다. 미래에 관한 다른 생각으로는 무슨 일이 일어날까 궁금해하기, 특정한 무언가를 희망하기 같은 것들이 있는데, 이 모든 생각은 가능한 여러 개의 미래가 존재한다는 가정에 기초한다.

미래에 관한 생각에 대한 생각

결정론은 지적 엄격함으로 많은 사람에게 호소한다. 하지만 미래에 관한 이론을 구성하는 기초로는 형편이 없다. 미래를 상상하고 이용하는 방법에 관한 심리학적 이론을 도출하려면 미래가 불확실하고 불분명하게 어렴풋이 보인다는 것을 인식해야 한다. 미래는 가능성으로 구성되고 그중 일부만 실현된다.

결정론자는 다양한 가능성이라는 것이 온전히 인식론에 불과하다고 말할지도 모른다. 즉 무지로 인해 나타난 착각일 뿐 현실성이 없다는 것이다. 영화의 시작 부분을 볼 때 마지막 장면이 이미 결정되어 있지만 그걸 모를 뿐이라는 것이다. 마지막 장면을 떠올리면 주인공이 죽거나 결혼하거나 잡히거나 행복하거나 하는 여러 가능성이 어렴풋이 보인다. 결정론자에게는 삶이 이와 같다. 어떤 일이 발생할지 모르지만 결국은 미리 정해져 있는 것이다. 유일한 차이점은 (분명 영화와는 다르게) 삶에서는 자신이 특정한 결말을 유발하도록 해주는 인물 중 하나라는 것이다. 하지만 그러한 행위 역시 미리 정해져 있고 필연적이다.

핵심은 결정론은 전혀 도움이 되지 않는다는 것이다. 어떤 여성이 계획하지 않은 임신으로 고생하면서 낙태를 할지, 아기를 낳아 입양을 보낼지, 아니면 스스로 키울지 결정해야 하는 상황을 생각해보자. 어떤 선택지를 고르느냐에 따라 그녀의 인생 경로는 매우 달라질 것이다. 그녀가 어떤 결정을 하든 빅뱅 이후로 이미 결정되어 있다고 결정론자가 그녀에게 말한다면, 그녀가 자신의 상황을 이해하고 어려운 결정을 하는 데 도움이 될까? 자신의 명예가 반대파에 의해 훼손된 상황에 처한 남자는 위험한 싸움에 참여할지 아니면 물러나서 굴욕을 감당할지를 결정해야 한다. 물러나게 되면 사회적 지위가 하락하고 혹 다른 사람이 그를 이용하려고 할 수도 있다. 그가 무엇을 선택하든 이미 정해져 있다는 결정론자의 주장은 그가 선택을 할 때든 심리학자가 그의 선택을 이해하려고 노력할 때든 별 쓸모가 없다. 〈슬럼독 밀리어네어〉의 시각은 명쾌하지만 무언가 결핍되어 있다.

실용적 전망 원리

사람들은 미래에 대해 자주 생각한다. 왜 그럴까? 미래에 관한 무언가를 하고 싶기 때문에 미래를 생각한다는 게 가장 핵심적인 답이다. 100년도 더 전에 윌리엄 제임스는 생각이 행동이라고 주장했고, 이후의 학자들이 그 주장이 얼마나 대단하고 정확한 것인지를 재확인해왔다. 그리고 이는 미래에 관한 생각에도 아주 잘 적용된다.

반드시 살펴봐야 할 것은 사람들은 미래에 관해 자신이 할 수 있는 만큼을 대략적으로 계산해서 미래를 생각한다는 것이다. 대부분의 전망은 헛된 환상이나 암울한 사색, 혹은 일이 어떻게 전개될지 궁금

2부 전망, 삶에서 지속되는 질문들

해하는 것이 아니다. 그런 생각은 때때로 떠오른다. 사람들의 마음은 멀리 배회하고 때때로 완전히 쓸모없는 것까지 포함하여 모든 종류의 생각을 즐긴다. 하지만 미래에 대해 생각할 때는 대부분 미래에 무엇을 할 수 있는지에 초점을 맞춘다.

결정론자를 제외하고 대부분의 사람은 미래와 과거가 근본적으로 다르다고 생각한다. 미래는 바뀔 수 있지만 과거는 그렇지 않다. 미래는 가능성으로 다가온다. 변화하는 현재는 변하지 않는 과거가 가능한 미래로부터 결정체를 뽑아내는 과정과 같다.

사람들은 과거가 변하지 않음에도 불구하고 과거에 관해서 생각한다. 그렇다고 해서 생각이 행동이라는 제임스의 주장이 틀렸다는 것일까? 실용적인 전망 원리의 신빙성을 떨어뜨리게 될까? 아마도 그렇지는 않을 것이다.

우선 사람들은 과거보다 미래에 대해 더 많이 생각한다. 사람들의 생각을 추적한 최근 연구에 이에 관한 증거가 제시되어 있다(Baumeister et al., 2015). 연구자는 시간의 틀에서 사람들의 생각에 관한 자료를 수집했다. 시카고에서 거의 500명에 가까운 사람들이 이 연구에 참여했다. 참가자는 사흘 동안 무작위적으로 선택한 시점에 자신의 생각을 보고하겠다고 약속했다. 참가자는 매일 무작위적으로 설정한 여섯 개의 시점에 신호가 울리도록 설정한 휴대전화를 들고 다니면서 신호가 울리면 그때 한 생각을 정확하게 인식하고 그 생각에 관한 몇 가지 질문에 답을 했다. 사랑을 나누거나 권총 강도를 만났거나 상사의 지시를 듣는 것과 같은 어쩔 수 없는 상황에서는 반응하지 못할 수도 있었지만 응답률은 75% 정도로 매우 높았다. 그리고 항상 신호가 울린 정확한 시점에 대답하지는 못했으나 반응 시간의 중앙값은 8분 정도였다. 이 자료는 지금까지 일상생활을 하는 중에 발생하는 사람들의 생각을 추적한 자료 중 아마 최고의 자료일 것이다.

모든 생각이 시간의 틀에서 발생하지는 않았다. 바우마이스터 등(2015)에 의하면, 대략 4분의 1 정도의 생각에 시간의 측면이 포함되지 않았다. 하지만 시간의 측면을 포함하는 대부분의 자료에서 현재에 관한 생각이 가장 많았고, 다음으로 미래였으며, 과거는 상당한 차이로 그 뒤를 이었다.

좀 더 정확하게 보자면, 사람들은 과거보다 미래에 관해 세 배 정도 더 많이 생각한다. 이 정도로 시간과 노력이 많이 들지는 않은(그래서 정확도가 조금 낮을 수도 있는) 다른 연구에서도 유사한 결론에 도달했다. 사람들은 현재에 대해서 많이 생각하는데, 대략 미래보다 두 배(과거보다 여섯 배) 정도 많다. 현재에 가장 초점을 많이 두는 이유는 행동에 직접적으로 영향을 줄 수 있기 때문이다. 제임스가 주장한 대로 생각이 행동이라면 다음과 같이 나누어 볼 수 있을 것이다. 현재에 관한 엄청나게 많은 생각, 미래에 관한 어느 정도의 생각, 그리고 과거에 관한 아주 조금의 생각.

실제로 현재에 관한 생각의 가장 흔한 범주는 행위에 관한 것이다. 바우마이스터 등(2015)은 사람들에게 무엇에 관해 생각하는지 물었고 현재에 관한 생각은 '내가 하려고 생각했던 것을 하기/내가 해야 하는 것을 하기' 그리고 '내가 하는 것에 주의를 기울이기/집중하기'와 같은 범주에 가장 많이 모여 있었다. 이러한 범주에 크게 뒤지지 않는 두 가지 범주가 있었다. 하나는 '일의 진행 상황을 알아보려고 노력하기'인데, 그 상황에서 어떤 일이 발생하는지 이해하지 못하면 효과적으로 행동하기 어렵다는 점에서 매우 실용적이다.

다른 하나는 '현재 발생하는 일이 미래에 미치는 영향'으로, 이것 역시 매우 실용적이면서 전망적이다.

사람들이 과거에 대해 물어볼 때는 실용적인 경향이 다시 나타난다. 과거에 관한 생각에서 가장 일반적인 범주는 '과거에 발생한 일이 미래에 미치는 영향'이었다. 현재에 관한 생각과 같은 맥락으로 미래에 미치는 영향이 매우 두드러졌다(과거에 관한 생각의 45%가 미래에 미치는 영향과 관련되어 있었고, 현재에 관한 생각의 약 29%가 미래에 미치는 영향과 관련되어 있었다).

과거에 관한 생각에서 다음으로 많이 나타난 범주는 '이해하려는 노력'이었다. 아마도 과거를 바꿀 수는 없지만 이해하려고 노력할 수는 있기 때문일 것이다. 이해를 위한 탐구는 실용적일 수도 있고 그렇지 않을 수도 있다. 그럼에도 효과적인 학습을 위해서는 무슨 일이 일어나는지 이해해야 한다. 무슨 일이 일어난 것인지를 잘못 이해한다면 과거에서 배울 수 있는 게 별로 없을 것이다.

학습은 미래의 다양한 가능성을 다시 떠올리게 한다. 실제로 힘들여 학습하는 (거의 틀림없는) 단 하나의 이유는 습득한 지식이 어떻게 행동해야 하는지를 알아내는 데 유용하게 쓰여 좀 더 나은 미래를 가져올 수 있기 때문이다. 사람들은 실수를 반복하지 않으려고 그 실수로부터 배워나간다. 그래서 실수를 반복할 수 **있고** 피할 수도 있다고 가정한다. 학습 이론에 따르면 보상과 처벌이 있고, 지능은 보상이나 처벌에 이르는 행위를 인식함으로써 다음에 처벌이 아닌 보상을 받을 가능성을 높이는 실용적인 결과를 가져오게 한다. 적절한 일을 하는 것은 부적절한 일을 할 수도 있다고 가정할 때만 의미가 있다.

지금까지 미래보다 과거에 관해 생각할 이유가 많지 않은 까닭으로 실용적인 관심을 언급했다. 이는 현재나 미래에 관한 생각보다 과거에 관한 생각의 빈도가 낮은 이유를 설명해준다. 이외에도 과거에 관한 생각에는 실용적이지 않은 측면이 있다. 과거에 관한 생각에서 '미래에 미치는 영향을 살펴보기'와 '이해하기 위해 노력하기' 다음으로 가장 빈도가 높은 것은 '반복해서 돌려보기'였다. 일종의 원하지 않는 반추다. 심적으로 과거에 매인 나머지 안 좋은 일이 일어나 문제를 일으킬 때마다 계속해서 그 생각만 하는 사람들도 있다. 그들은 미래에 대해 생각할 때 어떤 생각을 할까?

행위에서 실용적 전망

미래에 관해 생각한다고 말할 때 단연코 가장 일반적인 범주는 '계획하기'다. 앞에서 언급한 연구에서 미래에 관한 생각의 4분의 3이 '계획하기'였다.

현재로부터 원하는 미래로 이어지는 경로를 기록하는 작업인 계획하기는 지극히 실용적인 행위다. 계획하기에서는 미래에 다양한 가능성이 있고 원하는 것을 이루기 위해 행위를 바꿀 수 있다고 가정한다(예를 들어, 영화의 나머지를 계획하려고 노력해봐야 아무 소용이 없다). 계획의 본질적인 목적은 계획을 만들어 따르지 못했을 때 발생할 수 있는 결과가 아니라 특정한 결과를 가져오는 것이다.

과거에서와 마찬가지로 미래에 관한 생각 중 일부는 불편한 문제에 관한 원치 않는 반추로 이어졌다. 하지만 상대적으로 드물었다. 사람들은 '일어날까 봐 두려운 것'에 비해 '일어나기를 원하는 것'을 두 배 정도 더 자주 생각했다. 물론 걱정도 한다. 미래에 관한 생각의 22%는 걱정이었다. 하지만 계획하기를 포함한 생각이 74%에 달했고 '하고 싶은 것'(47%), '발생하기를 원하는 것'(45%), 심지어 '어떤 일이 발생할지 궁금해하는 것'(33%)에 관한 생각이 높은 비율을 보였다는 점에서 별다른 의미는 없어 보인다.

미래에 관한 실용적인 생각이 우세하게 나타나는 것은 매우 인상적이다. 앞에서 언급한 대로 계획하기는 가장 높은 순위였다. 소위 미래 행동에 관해 분리할 수 있는 여러 범주가 있었지만, 모두 합하면 상당한 양이었다. 즉 사람들은 하고 싶은 것(47%), 할 것(39%), 하려는 의도(29%), 해야 하는 것(26%)에 관해 엄청나게 많이 생각한다. 적지 않은 비율로 말해야 하거나 써야 하는 것(17%)과 미래의 여러 선택지 중에서 선택하거나 결정하는 것(25%)이 있었다(이 연구에서 하나 이상의 답을 선택할 수 있었기 때문에 범주는 상호 배타적이지 않으며 합계가 100%를 넘는다).

우리는 과거에 관한 실용적인 생각이 무엇을 의미하는지, 그것을 어떻게 이해하는지, 그리고 그것이 미래에 미치는 영향은 무엇인지를 포함한다고 언급했다. 미래에 관한 실용적인 생각은 무슨 일이 일어날지 예측하는 것을 포함하며, 그래서 어떻게 반응해야 하는지도 알 수 있게 된다. 이런 생각이 항상 확실하게 실용적이지 않다는 것은 인정하지만, 상당 부분은 실용적일 수도 있다. 미래에 관한 생각은 종종 다른 사람이 무엇을 할 것인지를 예측하려고 노력하기(26%)로 나타나기도 한다. 다른 사람의 행동을 예측하는 것은 어떻게 반응할 수 있고 어떻게 반응해야 하는지에 관해 생각할 때 가장 핵심적인 단계다. 무슨 일이 일어날지 궁금해하기(33%)는 미래의 불확실성 그리고 그

것을 알아내면 지금 어떻게 행동해야 하고 이후에 어떻게 반응해야 하는지를 가장 잘 알 수 있다는 인식을 반영한다.

　미래에 관한 생각의 5분의 1 정도(18%)는 발생 가능하거나 예상되는 정서를 포함한다. 8장에서 정서에 관해 논의할 때, 어떻게 느낄지를 예측하는 것이 현재 행위에 매우 중요한 가이드가 된다는 점을 언급할 것이다. 사람들은 어떤 행동이 어떤 정서를 가져오는지를 배우는데, 그 이유는 긍정적인 정서를 유발하고 부정적인 정서를 피할 수 있는 방식으로 행동할 수 있게 도와주기 때문이다. 예를 들어 어떤 행동을 하면 죄책감을 느낄 가능성이 높은지를 안다는 것은 그러한 행동을 피하게 만들어주는 강력한 단서로 작용하며, 일반적으로 사람들의 삶을 더 윤택하게 만들어주는 매우 유용한 단서가 될 것이다.

계획하기의 특별함

　지금까지 사람들이 미래에 관한 생각을 말할 때 대개 계획을 하고 있다는 것을 확인했다. 하지만 항상 그런 것은 아니다. 전망적 사고의 4분의 1 정도는 계획하기가 아닌 것으로 나타났다. 차이는 무엇일까? 계획하기가 전망의 실용적인 설명에서 매우 중요하다는 점에서 그와 연관된 심적 상태를 좀 더 알아볼 필요가 있다. 위에서 언급한 일상적 사고에 관한 대규모 연구 결과를 보면, 미래에 관한 생각은 계획하는 생각과 계획과는 관련 없는 다른 생각으로 구분된다(Baumeister et al., 2015). 두 가지 생각을 비교해보면 계획하기와 관련된 것에 관한 통찰을 얻을 수 있다.

먼저 계획하기는 심적인 작업이며, 가장 쉬운 작업이 아니다. 참가자들의 보고를 보면, 계획할 때 생각을 통제하기 위해 쏟는 노력이 미래에 관한 다른 생각을 할 때보다 훨씬 더 크다. 마음 거닐기를 할 때 생각이 이리저리 움직이는 것처럼, 계획할 때도 그렇게 움직이지는 않는 것으로 보인다. 오히려 심적 노력을 요한다.

노력이 필요하다는 것은 계획하기가 낮은 수준의 심적 피로와 연관된다는 결과를 설명해주는 것으로 보인다. 심적으로 피곤해지면 계획을 하지 않는다. 계획하기는 에너지가 가득하여 도전할 준비가 된 활기찬 마음에 더 잘 들어맞는다. 전망적 사고에서 계획하기가 많이 나타난다는 점에서 미래에 관해 생각할 때 선호하는 방식이 계획하기라고 보는 것이 적절하지만, 심적으로 피곤해지면 그러한 선호 경향이 사라져버린다.

지금 발생하고 있는 일에 얼마나 관여하고 있는지를 평가하게 한 결과를 보면 계획하기의 작업적 측면 역시 분명하게 드러난다. 그리고 계획을 할 때 평가 점수가 올라간다. 다시 말하지만, 계획하기는 이런저런 생각을 하는 마음 거닐기처럼 그냥 일어나는 일이 아니다. 집중해야 하고 심적인 작업을 요한다. 사람들은 계획하기를 할 때 그때 발생하는 사건에 깊숙이 관여하고 있다고 말한다. 그래서 계획하기는 현재에 관여하는 동안 미래에 관해 생각하는 것이다.

계획하기는 유의미함이라는 측면에서 높은 평가를 받는다. 계획하기에 관여하는 생각은 미래에 관한 다른 생각보다 훨씬 더 의미 있는 것으로 평가된다. 엄밀히 말해서 미래에 관한 모든 생각이 의미를 사용하지만(사실 대부분의 생각에 의미가 관여하며, 지금 즉시 경험하는 감각에 집중할 때만 예외인 것으로 보인다), 유의미함이라는 평가는 그 이상의 무엇을 말한다. 계획하기는 여러 가지 이유로 의미가 있다. 그중 하나로 시간을 초월한 연결을 들 수 있다. 이는 본질적으로 의미 있는 연결이며, 생각이나 아이디어의 연결망을 강화해준다. 일상의 생각을 조사한 연구를 보면, 시간을 초월한 연결과 유의미함을 연관시키는 일반적인 패턴이 나타난다. 과거, 현재, 미래를 결합하는 생각은 모든 생각 중에 가장 의미 있다는 평가를 받았다. 현재-과거와 같이 두 개의 시간대를 결합한 생각은 그다음으로 높은 평가를 받았고, 하나의 시간대만 포함한 생각은 그다음이었다. 시간의 측면을 포함하지 않은 생각은 가장 낮은 평가를 받았다. 그래서 계획하기는 잘 짜인 이야기처럼 시간을 초월해 연결하기 때문에 의미를 가진다.

다음 이유로는 계획하기가 실용주의의 핵심인 원하는 것을 얻는 것과 관련되어 있다는 점을 들 수 있다. 계획을 한다는 것은 문자 그대로든 은유적인 의미로든 지금 있는 곳에서 원하는 곳으로 가는 경로를 그리는 것이다. 사람들은 일반적으로 모르는 누군가가 아닌 자신을 위해서 계획을 세우기 때문에, 계획은 원하고 필요한 것을 포함하며 자신의 삶과 매우 연관성이 높다. 계획은 실제로 해야 하는 것을 준비하고 정리한다는 점에서 의미가 있다.

지금까지 계획하기를 노력과 일로 묘사했다. 정서적으로 채색하자면 상당히 기분 좋은 빛이 될 것이다. 계획하기는 좋은 느낌일 것이다. 계획하기에 관여하면 높은 수준의 행복감을 보고한다(미래에 관한 다른 생각을 할 때와 비교해서). 한편 분노와 불안 같은 부정적 감정이 줄어들었고 놀람과 실망 역시 낮은 수준을 보였다.

현재의 스트레스 수준을 평가한 결과도 흥미로웠다. 그때 역시 다른 생각을 할 때보다 계획할 때의 스트레스 수준이 더 낮았다. 물론 다른 가능성도 있을 것이다. 시간이 스트레스를 줄 때는 그 문제를 어떻게 다룰지 계획해야 한다. 이런 상황이 가끔 발생하기는 하지만 일반적으로는 스트레스와 계획하기는 부정적 상관을 보인다. 아마도 계획을 세우는 것이 스트레스를 경감하는 방법인 것 같다. 벅찬 수준의 도전이나 문제, 책임 등을 마주할 때, 그걸 해결하기 위한 계획을 세우면 편안해질 수 있다. 계획은 보기 싫고 혼란스러운 고민을 잘 조직화된 순차적인 업무로 바꾸어준다. 스트레스 중 일부는 문제와 위협에 압도된 느낌을 준다. 계획은 정확히 관리하는 방법을 알려주는 것이기 때문에 계획을 세우게 되면 훨씬 더 관리 가능한 것으로 보이게 된다.

전망과 정확성

미래에 관한 생각의 목적은 무엇일까? 그리고 목적을 달성하기 위해 미래에 관한 생각은 어떻게 형성될까? 이 질문에 대한 답은 예상보다 훨씬 더 복잡하다.

실용적 전망 원리에서는, 미래를 아는 것이 행동을 준비하는 데 유용하다고 가정한다. 이러한 가정을 따라가면 미래를 예측하는 것은 정확하기 위한 고군분투라는 결론에 그대로 도달하게 된다. 결국 정확한 정보는 왜곡된 정보보다 행위에 좀 더 유용한 근거를 제공한다. 아침에 집을 나설 때 우산과 비옷을 가져가야 할까? 그날의 날씨를 정확하게 예측하면 올바른 선택을 위한 좋은 근거를 제공하게 된다. 비가 오는데 비옷이 없다면 밖에서 돌아다니기 힘들 것이다. 반면 비가 한 방울도 내리지 않고 종일 햇살이 강한데 비옷을 입고 있거나 우산을 들고 있다면 불편하고 우스꽝스러울 것이다.

예측의 목적이 정확성이라는 가정은 저자들의 연구에 영향을 주었다. 저자들은 과학자와 철학자기 때문에 세상을 정확하게 이해하기 위해 탐구하는 것은 일상에서 가장 중요한 일이며, 우리가 하는 행동 대부분의 기저이기도 하다. 이런 이유로, 많은 사람이 미래를 정확하게 예측하고 싶다고 가정하는 것은 매우 당연하다.

하지만 가정이 논리적이고 설득력이 있으려면, 상반되는 결과도 자세히 살펴봐야 한다. 특히 연구자들은 오랫동안 사람들이 예측할 때 객관적이고 냉정하고 정확하지 않다는 것을 알고 있었다. 그와는 반대로 많은 연구를 통해 끊임없이 비현실적으로 낙관적이라는 것을 확인했다. 닐 와인슈타인Neil Weinstein이 수행한 영향력 있는 연구(1980)를 보자. 그는 대학생을 대상으로 한 설문조사를 통해 다양한 사건이 그들에게 발생할 확률과 그 사건이 자신과 비슷한 다른 사람들(예를 들면 같은 과 학생)에게 발생할 확률을 예측하게 했다. 학생들은 전반적으로 자신에게는 좋은 일이 더 많이 일어나고, 나쁜 일은 더 적게 일어나리라고 예측했다.

예를 들어, 언젠가 재능 있는 아이를 낳거나 고속 승진을 하거나 오랫동안 행복한 결혼 생활을 하게 될 가능성을 물어본다면, 아마도 (위의 설문 연구에 참여한 사람들과 비슷하다면) 평균 이상의 확률이라고 답하는 경향이 나타날 것이다. 그에 반해 아이에게 장애가 있거나 직장에서 해고되거나 이혼을 하는 것과 같은 불편한 일이 발생할 가능성에 대해서는 평균 이하로 답할 것이다.

사람들이 비현실적인 낙관주의를 가지고 있다는 주장은 세 가지 '긍정적 착각' 중 하나다. 긍정적 착각은 정상적이고 건강하며 정서적으로 안정적인 사람들의 심적 특징을 표현한다. 테일러Taylor, S. E.와 브라운Brown, J. D.은 1988년 출간한 논문(Taylor & Brown, 1988)에서 이러한 관점을 전개했다. 그 논문은 사람들이 무엇보다 세상을 정확하게 이해하기 위해 노력한다는 관점을 무너뜨렸다. 대신 사람들은 그들을 즐겁게 해주지만 객관적인 현실과는 동떨어진 다양한 편향과 착각을 가지고 있다고 주장했다. 사람들은 자신의 좋은 특성을 과대평가하고 결점은 간과한다. 어떤 사건이 발생하면 실제로는 그렇지 않은데도 그 사건을 잘 통제할 수 있다고 생각한다. 그리고 그들의 미래가 불운이나 실패가 아닌 아름답고 긍정적인 것들로 가득할 것이라고 예측하는 경향을 보인다.

이것이 과연 실용적인가? 피터 골비처Peter Gollwitzer 연구팀은 이에 관한 명쾌한 해답을 제시했다(Gollwitzer & Kinney, 1989; Taylor & Gollwitzer, 1995). 연구팀은 사람들이 대부분 긍정적인 착각과 낙관적인 예측을 고수하지만 결정을 해야 할 때는 그렇지 않다는 것을 보여주었다. 선택의 시점에 이르면, 사람들은 갑자기 매우 현실적으로 되어 덜 낙관적이고 덜 왜곡된 방식으로 자신을 바라보고 전망한다. 하지만 일단 결정하고 나면 다시 낙관적인 관점이 나타난다.

미래에 대한 왜곡된 관점을 대부분의 시간 동안 유지하는 이유는 무엇일까? 이러한 관점이 기분을 좋게 해주기 때문이라는 설명이 가능하다. 그러한 관점이 확신을 주고 좀 더 열심히 노력할 수 있게 격려해주기 때문에 실제로 도움이 되고 유용하기 때문이라는 설명도 가능하다.

앤드루 먼로Andrew Monroe 등은 미래에 관한 생각이 신뢰나 위험에 미치는 영향을 일련의 연구로 확인했다(Monroe, Ainsworth, Vohs, & Baumeister,

2015). 그는 먼저 참가자에게 미래를 떠올려보게 했다. 다음으로 참가자에게 10년 후에 자신이 어떤 모습일지, 그리고 그때 중요한 것은 무엇일지 글을 쓰게 했다(통제 집단은 지금 자신의 모습과 중요한 일을 작성했다). 이론적으로는 당장 결정할 것 없이 미래를 고민하면 낙관주의를 강화하는 반면, 현재에 집중하면 선택과 책임을 강조하게 되어 현실주의를 생성한다.

글쓰기 과제 이후 참가자는 (가상의) 투자 과제를 수행했다. 그중에는 위험한 것도 있고 안전한 것도 있었다. 대개 투자 과제에서는 위험도가 증가할수록 보상이 커지지만 손실의 가능성도 커진다. 면로의 연구팀은 미래에 관해 생각하면 낙관주의가 유발되어 좀 더 위험한 투자를 선택하여 더 큰 보상을 기대할 것이라고 예측했다. 하지만 결과는 달랐다. 오히려 미래에 대해 생각한 사람은 위험한 투자를 피하고 더 안전한 투자를 선택했다. 현재에 관해 생각한 사람과는 반대의 결과였다. 그들은 위험한 투자에 좀 더 열려 있었다.

왜 그랬을까? 미래에 관한 생각이 위험 회피로 이어진 이유는 무엇일까? 미래에 관한 생각이 위험을 경시하는 낙관적인 관점을 끌어내기보다는 불확실성에 초점을 맞추게 했던 것으로 보인다. 좋은 것과 나쁜 것이 섞여 있는 다양한 가능성으로 미래를 보았고, 나쁜 결과를 걱정했던 것이다.

면로 연구팀은 연구 방향을 신뢰로 전환했다. 미래에 관한 생각은 사람들이 좋은 일과 나쁜 일이 모두 일어날 수 있음을 인식하게 만들고, 나쁜 일을 피하게 하는 것으로 보인다. 실제로 재무적인 결정이나 투자는 발생 가능한 수익보다 발생 가능한 손실에 더 큰 영향을 받는다는 개념이 의사결정 연구의 기본 주제가 되어왔다. 이는 소위 '손실

회피'로 불리는데, 큰 이득을 얻을 확률보다는 큰 손실을 확실하게 회피하는 선택을 보이는 현상에서 나온 개념이다(Kahneman, 2011; Kahneman & Tversky, 1979). 이는 훨씬 더 광범위한 패턴의 일부일 수 있다. 인간의 생각은(우리가 가진 정보에 따르면 동물의 생각도 같다) 좋은 것보다는 나쁜 것에 더 많은 영향을 받는다(Baumeister, Bratslavsky, Finkenauer, & Vohs, 2001; Rozin & Royzman, 2001).

하지만 인간은 다른 사람을 신뢰한다. 실제로, 인간이 선천적으로 다른 사람을 신뢰하고 협력한다는 주장도 제기되었다(Dunning, Anderson, Schlösser, Ehlebracht, & Fetchenhauer, 2014; Rand, Greene, & Nowak, 2012; Tomasello, 2014).

신뢰 연구를 위한 도구로 행동경제학자들이 개발한 '신뢰 게임trust game'이란 것이 있다(Berg, Dickhaut, & McCabe, 1995). 이 게임은 사회심리학에서 사용하는 실험 절차를 경제학 연구에 적용한 것이다. 신뢰 게임은 다음과 같이 진행한다. 연구에 참여하면 어느 시점에 일정 금액의 돈, 예를 들어 10달러를 지급받는다고 듣는다. 그 돈은 모두 가지거나 일정액(전액도 가능)을 투자할 수 있다. 투자한 금액은 저절로 세 배로 증가한다. (협력적 투자의 보상을 모방하기 위해 행한 것으로 자본주의 사회의 경제적 성장을 가능하게 한다.) 세 배로 증가한 투자금은 당신의 '파트너'에게 지급되는데, 당신은 그 사람을 모른다. 그 사람은 그 돈을 자신이 원하는 대로 나눌 수 있다.

가령 당신이 10달러를 전부 투자하기로 결정했다면 당신의 파트너는 30달러를 받게 된다. 파트너는 그 돈을 모두 가질 수도 있고 일정액을 당신에게 돌려줄 수도 있다. 파트너가 절반을 준다고 하더라도, 최초에 받은 금액보다 더 좋은 결과를 얻게 되는 것이다. 즉 10달러가 아니라 15달러를 받게 되는 것이다. 다른 사람을 기꺼이 신뢰한 대가로 얻은 이익이다. 물론 파트너가 더 많이 돌려줄 수도 있다. 20달러를 돌려주고 10달러만 가질 수도 있다. 파트너를 신뢰하지 않는다면 파트너에게 돈을 주지 않고 그냥 마음 편하게 10달러를 가지면 된다.

심리학자들은 신뢰 게임 연구 결과를 토대로, 인간은 타인을 신뢰하는 일반적인 경향이 있다고 결론을 내렸다(Dunning et al., 2014). 물론 모든 인간이 신뢰할 만하다고 확신하기 때문은 아니다. 더 정확하게 보자면, 낯선 사람을 만났을 때 그 사람을 신뢰할 수 없다고 생각하는 모습을 보여주면서 그 사람과의 상호작용을 시작해서는 안 된다는 가정을 가지고 있는 것으로 보인다. 은유적으로 표현하자면, 인간이 숲속에서 혹은 큰 도시에서 전혀 모르는 사람을 만난다면, 처음에 해야 할 가장 적절한 행동은 그 사람이 신뢰할 만하고 기꺼이 협력할 의향이 있는 것처럼 행동한다는 것이다. 물론 첫 번째 상호작용이 좋지 않다면, 그 전략은 바로 폐기해버리고 조심하게 될 것이다. 하지만 낯선 사람을 보았을 때 그들이 좋은 의도를 가지고 있다고 가정하고 존중하는 것이 규범이다. 그래서 그 사람은 더 이상 신뢰할 만하지 않다고 확인할 때까지는 그 규범에 따라 움직인다.

먼로 연구팀은 신뢰 게임에서 추가로 두 가지 장치를 사용했다. 첫째, 참가자가 미래 혹은 현재에 대해 생각하도록 실험적으로 설계했다. 연구팀은 참가자에게 일련의 문서를 주고 자신만의 글로 다시 쓰게 했다. 참가자 중 절반은 미래에 관한 것을 받았고 나머지 절반은 현재에 관한 것을 받았다. 그래서 현재 혹은 미래에 관한 자신의 생각을 표현해야 했으며, 매우 효과적으로 작용했다.

둘째, 참가자에게 파트너가 신뢰할 만한지에 관한 단서를 제공했다. 이전 연구를 보면 참가자 중 일부가 다른 참가자보다 단순히 더 신뢰할 만해 보인 사례가 있었다. 출간된 논문에 나온 수많은 얼굴 사진을 들여다본 후, 다양한 얼굴 사진을 만들어서 참가자가 각각의 얼굴이 얼마나 믿음직하게 보이는지를 평가하게 했다. 평가 결과를 바탕으로 가장 분명하고 일관된 평가를 받은 얼굴을 추출했다. 그렇게 해서 아주 믿음직하게 보이는 얼굴 세트와 수상한 구석이 있어 보이는 얼굴 세트를 만들었다.

먼로 연구팀은 세트별로 얼굴 사진을 선택했다. 개별 참가자가 신뢰 게임을 할 준비를 하고 나면 연구자는 두 세트 중 무작위로 한 세트에서 사진 한 장을 선택한 다음 "이 사람이 당신과 함께 게임을 할 사람입니다. 당신이 얼마를 투자하든 투자 금액은 자동으로 세 배가 되며 이 사람에게 지급됩니다. 여기 사진이 있습니다."라고 알려 준다. (참가자는 항상 같은 성별과 게임을 했다.) 물론 실제 파트너의 사진은 아니다. 요점은 참가자가 자신과 함께 게임을 하는 사람을 매우 신뢰할 만한 혹은 그 반대의 사람으로 믿게 만드는 것이다.

미래에 대해 생각하게 되면 어떤 영향이 있을 것이라고 생각하는가? 연구자들은 현재를 생각한 참가자에 비해 미래-생각 조건의 참가자가 관련된 정보에 더 많이 의존할 것이라고 예측했다. 파트너가 신뢰할 만한 사람으로 보일 때 더 높은 수준의 신뢰를 보이고(그래서 더 많은 돈을 투자하고), 수상한 구석이 있는 사람으로 보일 때는 그 반대여야 한다는 것이다.

하지만 결과는 달랐다. 미래를 생각했을 때 모든 사람에 대한 신뢰가 저하되었고, 예측한 대로 의심스러운 파트너에게는 더 적은 돈을 투자했다. 그런데 정직해 보이는 얼굴의 파트너에게도 적은 돈을 투자했다. 미래에 대한 생각이 일반적인 위험 회피로 이어진다는 것을 다시 확인하는 결과였다.

참가자는 얼굴의 차이점을 인식하고 있었다. 파트너가 믿을 만해 보이지 않으면 투자 금액이 감소했다. 사전에 미래에 대해 생각하는 연습을 한다고 해도 믿을 만해 보이는 사람에게 더 높은 수준의 신뢰를 주지는 않았다. 미래에 대해 생각한 참가자는 현재에 대해 생각한 참가자에 비해 믿을 만해 보이는 사람에게 더 적은 돈을 투자했다. 신뢰하기 어려운 사람에게 한 반응과 같았다. 미래에 대한 생각은 신뢰를 감소시킨다.

이 결과를 어떻게 활용할 수 있을까? 이번 장은 미래에 관한 생각이 낙관주의를 강화하는지에 대한 질문으로 시작했다. 수많은 연구에서 미래를 예측하라고 했을 때 매우 비현실적으로 낙관적으로 된다는 것을 보여주었다. 하지만 미래에 대해 생각할 때는 일반적으로 낙관주의적 경향이 줄어드는 것으로 보인다. 최소한 투자를 할 때는 이득보다는 손실의 측면에서 접근했다. 그렇게 위험을 조심스럽게 피하려는 모습을 보였다.

이러한 결과는 실용적 전망이라는 개념을 새로운 시각으로 묘사한다. 미래에 대해 심사숙고하면 불확실성, 가능성, 그리고 위험에 주의를 기울이는 것으로 보인다. 〈슬럼독 밀리어네어〉의 관점과 같이 알려져 있고 예상할 수 있는 확실한 미래가 있는 것처럼 작동하지는 않는 것으로 보인다. 미래를 생각하면 좋은 결과와 나쁜 결과의 발생 가능성을 어떻게 억제할 수 있는지를 포함하여 얼마나 상황이 분명하지 않은지도 정확하게 인식하는 것으로 보인다. 나쁜 결과가 발생할 가능성을 주관적으로 높게 평가하여, 재난과 위험을 회피하는 방향으로 전략을 변경한다. 그래서 미래를 생각하고 있을 때는 겉보기에 믿을 만한 사람에게 돈을 맡기는 것이 그다지 탐탁지 않게 느껴진다. 실용적인 측면에서 잘될 확률이 가장 높은 것을 추구하기 위해 객관적인 사실을 평가하는 것보다는 손실과 불운을 피하는 것이 훨씬 더 중요하다.

그래서 전망의 목적은 원하는 목표를 향해 행동을 이끌어가는 방법을 찾는 것으로 보인다. 정확성이 가장 중요하지는 않다. 오히려 원하는 것을 얻는 것이 가장 중요하다. 가장 원하는 것은 일반적으로 문제, 실패, 그리고 다른 끔찍한 사건을 피하는 것이다.

전망은 원하는 것을 얻는 것에 그 근원이 있다는 점에서 정확성이 전망의 최고 목표라는 가정은 별 의미가 없다. 하지만 진화적인 관점에서는 매우 그럴듯하다. 동물이 (대개 아주 가까운) 미래에 대한 기대를 형성하기 시작하는 이유는 행동을 안내하기 위해서다. 동물은 욕구를 만족시키고 목표에 도달하기 위해 무엇을 할지 결정해야 한다. 미래를 예측해서 행복한 결말로 이어지는 심적 구조를 만들게 되면 행동에 아주 유용한 가이드가 된다. 정확성은 도움이 된다. 계획이 헛된 희망이나 잘못된 두려움이 아닌 세상에 대한 현실적 이해에 바탕을 두고 있다면 결정을 좀 더 효과적으로 할 수 있을 것이다. 정확성은 더 나중에 온다. 가장 먼저 하는 근본적인 과제는 지금 있는 곳에서 원하는 곳으로 향하는 경로를 찾는 것이다. 그걸 한 다음에야 실행 가능성을 확인해보는 것이 의미가 있다. 전망의 정확성은 첫 번째 단계보다는 두 번째 단계와 더 많이 관련되어 있다.

이제 사람들의 예측에 낙관 편향이 만연한 이유를 설명할 수 있다. 미래에 관한 생각은 원하는 것을 얻는 것에 관한 생각이다. 그래서 미래를 상상할 때 희망과 염원이 이루어질 것이라는 긍정적인 측면에서 상상하는 경향이 있다. 하지만 미래를 신중하게 생각할 때는 잘못될 수 있는 많은 것을 알고 있다는 데 초점을 맞추게 된다. 미래는 불확실하다. 꿈꾸고 있는 쪽으로 그려본 경로는 원하는 것이 아닌 다른 결과를 가져오게 하는 위험과 위협으로 가득하다. 그래서 일반적으로 미래에 대한 생각은 신중한 자세를 가져오게 된다.

어떤 의미에서 전망에는 두 가지 단계가 있다고 할 수 있다. 첫째, "내가 원하는 것은 무엇인가?" 둘째, "무엇이 잘못될 수 있는가?

지능의 정의

인간은 지능, 특히 인간 자신의 지능에 감탄한다. 실제로 인간은 지능을 예찬해서 인간의 집단 정체성에 오히려 겸손하게 지어진 이름을 붙였다. 호모 사피엔스, 대략 '영리한 녀석' 정도로 번역할 수 있는 용어이면서 인류의 공식적인 생물학적 명칭이다.

지능을 정의하기는 쉽지 않다. 지능의 정의는 지능이라는 개념이 어떻게 나오게 되었는지 그리고 근본적인 목적이 무엇인지에 관한 문제를 복잡하게 만든다. 그럼에도 제프리 호킨스Jeffery Hawkins와 샌드라 블레이크스리Sandra Blakeslee가 2004년에 지능의 첫 번째이자 기본적인 용도는 전망이라는 도발적인 이론을 제안했다. 인간은 미래를 예측하기 위해 영리해지는 방향으로 진화해왔다.

지능이 높은 사람이 그렇지 않은 사람보다 미래 사건을 더 잘 예측할 수 있다는 것은 분명해 보인다. 그런데 호킨스와 블레이크스리는 그걸 넘어선다. "예측은 뇌가 할 수 있는 여러 기능 중 하나가 아니다. 신피질의 주요 기능이고 그 기능의 근간이다"(Hawkins & Blakeslee, 2004, p. 270).

이들 주장의 근거는 간단하지만 심오하다. 뇌는 세상을 이해하기 위해 거기에 있다. 세상에 대한 이해는 두 개가 종종 같이 발생하는 것을 인식하는 것과 같은 형태 재인에서 출발한다. 대부분의 형태는 시간에 따라 순차적으로 나타난다. 번개가 온 다음 천둥이 친다는 식이다. 이러한 형태를 발견하게 되면 다음에 무슨 일이 생길지 예측할 수 있다. 형태 재인은 세상을 바라보는 데 매우 중요한 첫 단계이며, 형태의 완성은 근본적이고 강력한 생각이다(Barsalou, 2008; Barsalou, Niedenthal, Barbey, & Ruppert, 2003). 번개가 번쩍이고 나서 천둥이 치는 것을 반복적으로 보게 되면 한참 뒤에는 번개를 보았을 때 천둥이 칠 것이라고 심적으로 예견하게 된다.

이들의 이론은 수정을 거쳤다. 호킨스와 블레이크스리는 뇌가 특히 예측 능력을 향상시키는 데 능숙해서, 형태가 기대한 대로 완성되지 않았을 때를 찾아낼 정도로 아주 민감하게 반응한다고 주장했다. 때때로 번개가 번쩍였는데도 천둥이 치지 않는다면, 천둥을 예측하는 중에 갑작스레 천둥이 치지 않았다는 것에 초점을 맞춘다. 번개는 가끔 천둥을 동반하지 않는다는 것에 대해 좀 더 상세하게 이해해야 할 것이다. 뇌가 예측 능력을 향상시키기 위해 해야 하는 일은 간단히 형태를 완성하는 데 그치지 않고 좀 더 많은 뇌를 사용하는 것이다. 뇌는 이전에 학습한 것에 따라 어떤 일이 발생해야 하는지를 예측하고, 실제 발생하는 사건을 보고 그 둘을 비교한 다음, 차이점이 있으면 왜 그랬는지를 알아내야 한다. 그래서 더 많은 예측을 하고 실제로 발생한 사건과 비교해서 새로운 공식을 검증할 수 있다.

예측은 선천적이지 않다. 호킨스와 블레이크슬리(2004)는 대부분의 예측은 전적으로 경험과 학습에 근거한다고 강조했다. 인간에게는 어떤 일이 발생할지를 아는 선천적인 능력이 없다. 인간은 발생하는 일을 보고 그것을 통해 배운 다음 그에 기반해서 어떤 일이 뒤이어 발생할지를 예측할 수 있게 태어났다.

천둥과 번개는 자연 현상이고, 예측의 중요성이 극도로 높지는 않을 것이다. 지능에 관해 매우 영향력 있는 다른 이론에서는 지능이 자연계를 이해하기 위해서라기보다는 상대방을 이해하기 위해서 진화했다고 주장한다. 이 '사회적 뇌 이론social brain theory'은 로빈 던바Robin Dunbar 연구팀이 단지 인류의 지능이 아니라 일반적인 지능을 이해하기 위해서 발전시킨 이론이다(Dunbar, 1993, 1998). 던바는 먼저 지능이 높을수록 세상에 대처하는 데 더 능숙하고 생존과 번식 능력을 향상시킬 수 있다는 아주 단순하지만 널리 퍼진 가정에 의문점을 제기했다. 그게 사실이라면, 왜 그렇게 많은 종이 지능의 한계에 도달한 것처럼 보이는가? 좀 더 영리한 생명체가 멍청한 생명체보다 생존과 번식 능력이 더 뛰어나다면, 진화의 과정에서 알베르트 아인슈타인Albert Einstein과 같이 엄청난 지능을 가진 소나 닭, 심지어는 바퀴벌레가 나타나지 않은 이유는 무엇인가? 던바는 뇌가 신진대사의 측면에서 극도로 비용이 많이 들기 때문이라고 주장한다. 예를 들어, 인간의 뇌는 신체 질량의 약 2% 정도에 불과하지만 20~25% 정도의 칼로리를 소모한다. 뇌의 크기를 두 배로 키운다면, 단지 뇌를 작동시키기 위해서 엄청나게 많은 양의 음식을 먹어야 한다. 그래서 두 배로 커진 뇌가 더 많은 칼로리를 가져오지 못한다면, 생존에 도움이 되지 않는 것 정도가 아니라 굶어 죽을 수도 있다. 아인슈타인의 뇌를 가진 소라 해도 더 강력하게 생각할 수 있는 이점을 누리지 못한다는 것이다. 그래서 거대한 뇌가 요구하는 칼로리를 공급하려면 소가 생존하게 하는 다른 장기에서 사용하는 필수적인 에너지를 가져가야 한다.

이제 진화의 과정에서 점점 더 큰 뇌를 만들지 않은 이유를 알게 되었다. 그렇다면 어떤 뇌가 다른 뇌보다 더 크고 더 많은 능력을 갖추게 된 이유는 무엇일까? 던바는 다양한 동물의 뇌 크기를 비교하는 굉장히 힘든 연구를 수행했다(Dunbar, 1993, 1998). 그는 다양한 이론을 검증했고, 그 이론들은 검증을 통과하지 못했다. 예를 들어, 심적 지도 이론mental map theory은 넓은 지역을 배회하는 동물은 뇌가 더 큰 심적 지도를 형성해야 하고, 그래서 더 많은 기억 저장 공간과 그걸 추적하는 계산 능력이 필요하기 때문에 한 장소에 머무는 동물보다 더 큰 뇌가 필요하다고 주장했다. 하지만 그렇지 않았다. 운동 피질의 작은 차이를 제외하고는 넓은 영역에 사는 동물이 한 곳에 정착하는 동물보다 더 뇌가 크지는 않다. 다른 이론에서는 구하기 더 어려운 식량이 있다는 것에 초점을 맞춘다. 풀을 먹는 동물은 풀이 어디에나 널려 있기 때문에 영리할 필요가 없지만, 과일을 먹는 동물은 과일이 익은 다음 금방 상하기 때문에 과일을 구할 수 있는 장소에 관한 지식을 계속 업데이트해야 한다. 슬프게도 '과일-추적 뇌 이론fruitseeking brain theory' 도 지지하는 증거가 없었다.

'사회적 뇌 이론'이라는 명칭이 암시하듯이 지능을 예측하는 것은 사회적 관계의 개수다. 더 광범위하고 더 복잡한 사회적 네트워크를 가진 동물이 제한된 사회에서 사는 동물보다 뇌가 크다.

이 모든 것은 당연히 인류에 적용된다. 인간 뇌의 주요 목적은 비

예보, 지붕 있는 오두막 짓는 방법을 찾는 것, 혹은 사슴과 영양이 신이 나서 뛰어다니는 것을 예측하는 것이 아니다. 오히려 서로를 이해하고 새로운 관계를 맺는 것이다. 인간 행동의 복잡성을 고려하면, 상대방의 행위를 기대하고 예측하는 것을 배우는 일은 끝이 없는 프로젝트일 것이다. 하지만 이에 능숙한 사람들은 이걸 할 줄 모르는 사람들보다 생존과 번식에서 더 우위에 있을 가능성이 크다.

예를 들어 짝짓기 상대가 언제 적대적이고 언제 적극적일지 예측하는 것은 번식 확률을 높이는 데 매우 중요할 것이다(생존에도 마찬가지일 것이다). 게다가 무리의 구성원이 어떻게 행동할지 예측하는 것도 유용하다. 서구 사회에서 고정관념은 사람들을 개인이 아니라 집단적으로 평가하는 것이 불공정하다는 원칙에 근거하여 매우 좋지 않은 개념이라 여겨진다. 하지만 고정관념은 비록 대충 만들어졌다고 하더라도 일반적으로 정확하고(Jussim, 2012; Jussim, Cain, Crawford, Harber, & Cohen, 2009; Madon et al., 1998, Swim, 1994), 다른 사람의 행동을 예측하는 근거를 제공해준다. 물론 불완전하지만 없는 것보다는 확실히 낫다. 호킨스와 블레이크스리(2004)는 고정관념과 같은 생각의 방식이 뇌를 설계한 방법에 기인하고 있기 때문에, 좋은 의도와는 달리 고정관념으로 판단하게 되면 금방 멈출 가능성이 없다고 강조했다.

요약하자면, 지능은 인간이 가진 핵심적 특성의 하나이고, 지능의 주요 기능 중 하나는 미래를 예측하는 것이다. 그 이유는 대체로 실용적이기 때문이다. 우리는 상대방의 반응을 예측해야 하기 때문에 도움이 되는 방법으로 상대방과 교류한다. 친족이 아닌 낯선 사람과 상호 간에 이득이 되는 교류는 인간 사회를 제외하고는 매우 드물다. 하지만 인간은 항상 그렇게 한다. 예를 들면, 바르셀로나로 날아가 전혀 모르는 사람으로부터 음식과 쉴 곳을 제공받는다고 하자. 심지어 그 사람은 당신이 좋은 음식과 멋진 숙소를 얻게 되면 마치 함께 사업을 하는 사람처럼 기뻐한다.

죽음의 의미

전망의 실용성을 강조하는 관점은 인간의 심리와 동기에 관한 주요 이론과 충돌하는 것이다. 인간의 생각과 행동에서 죽음의 역할은 주요 논쟁점이다.

인생에서 죽음은 문화와 역사적 시기에 따라 상당히 달라져왔다. 서구 문명에서 죽음은 일상에서 점점 멀어졌다. 프랑스의 역사학자 필리프 아리에스Phillippe Ariès의 호평 받는 논의에 따르면, 초기 세대는 죽음과 가깝게 살았다. 예를 들어, 중세 유럽의 아주 작은 마을에서 공동묘지는 사회생활의 중심이었다. 사람들이 저녁에 서로 만나면서 오가는 몇몇 장소 중 하나였기 때문이다(디스코텍, 술집, 음식점, 운동경기장, 공공 도서관, 쇼핑몰, 그리고 현대인이 방문하고 모이는 모든 장소가 아직 없던 때다). 게다가 죽음은 인생의 모든 시점에 발생했다. 죽음은 노년기에만 발생한 것이 아니라 청년기, 중년기, 노년기에 걸쳐 사람들을 쓰러뜨렸다. 연금이나 복지 제도가 없었기 때문에 많은 사람이 죽을 때까지 일했고, 죽음이 눈에 보였다. 현역에서 은퇴한 다음 조용히 죽음을 맞이하는 현재의 모습과는 많이 다르다. 실제로 사람들 대부분은 집에서 죽음을 맞이했고, 친척이나 지인, 때로는 행인이나 이방인이 침실로 들어와 죽어가는 사람을 지켜보는 것이 흔했다. 번잡하거나 분주하지 않게 직계 가족들만 모인 채 병원에서 조용히 죽음을 맞이하는 지금의 모습과는 많이 다르다(Ariès, 1981). 아리에스는 지금 서구 사회에서 죽음을 다루는 방식은, 예전과 달리 죽음을 거의 보이지 않게 한다고 설명했다. 그리고 사망한 친척의 유품(예를 들면, 책상에 둘 수 있는 작은 장식품 안에 넣은 머리카락 다발이나 뼈)을 간직하는 것과 같이 죽은 사람을 기억할 수 있는 것들을 보관하는 것으로 보인다.

삶에서 죽음의 존재감이 커짐에 따라 죽음이 사람들의 마음에 있다는 이야기가 그럴듯하게, 심지어는 반드시 그런 것으로 되어갔다. 인류학자 어니스트 베커Ernest Becker는 죽음이 사람들의 마음에 있다는 관점을 엄청나게 정교화했다(Becker, 1973). 베커는 실존주의 사상에 근간을 두고 인간의 문화와 상징 연구를 참고하여, 다가오는 죽음을 인식하는 것은 인간의 본성 및 문화를 이해하는 데 핵심적이고 근원적인 요소라고 도발적으로 주장했다.

베커는 인간이 죽음을 이해하고 언젠가 죽게 된다는 것을 미리부터 알고 있는 유일한 생명체라고 언급했다. 베커의 관점에 따르면, 언젠가는 죽는다는 인식은 깊은 수준의 불안과 두려움을 낳을 수밖에 없다. 그는 인간의 행동 중 많은 부분을 이런 두려움과 죽음을 저지하려는 동기로 설명해야 한다고 주장했다. 그리고 아주 분명한 사례로, 문화를 만드는 이유는 언젠가 죽게 된다는 사실로부터 자신을 보호하기 위해서라는 의견을 제시했다. 일을 하고, 물건을 사고, 뉴스를 보고, 적극적으로 정치에 참여하고, 스포츠 팀을 응원하고, 경쟁자나 적에 대항하는 우리 팀을 응원하는 등 문화에 참여하게 되면 결국 죽게 된다는 끔찍한 생각에서 잠시 벗어날 수 있게 된다.

베커의 주장은 일군의 사회심리학자를 자극했다. 사회심리학자들은 그의 아이디어를 더 발전시키고 실험을 진행하여, 공포 관리 이론terror management theory(TMT)을 제안했다(Greenberg, Pyszczynski, & Solomon, 1986l Pyszczynski, Greenberg, & Solomon, 1999). 공포 관리 이론은 죽음의 두려움이 인간의 가장 근원적인 동기이며, 거기서 인간이 가진 다른 모든 문제나 욕구가 나온다고 설명한다. 베커는 인류학의 관점에서 문화에 기반을 두고 설명했지만, 공포 관리 이론은 약간은 모호하게 진화론과 연결되어 생존을 강조하고, 사람들이 가지고 있는 '생존 본능'이 여러 동기가 충돌할 때 거의 대부분 우선적으로 영향을 준다고 주장했다.

이 이론은 이후 수백, 수천 개의 실험에 영향을 주었다. 참가자에게 죽음을 맞이할 때 자신에게 어떤 일이 생길지 분명하게 생각해보라고 지시한 다음에 나타나는 그들의 반응을, 다른 것을 생각해본 참가자의 반응과 비교하는 것이 전형적인 절차다. 한 가지 공통적인 결과는 죽음에 대해 생각하면 자신의 문화적 가치를 확언하려고 애쓴다는 것이다. 예를 들어, 국가의 위기에 관한 글을 읽으면 그 글과 저자에게 아주 부정적이 된다. 이런 결과는 죽음의 두려움이 문화와의 밀접한 연결의 기저를 이룬다는 베커의 주장과 잘 들어맞는 것으로 보인다.

사실 이러한 연구는 이론의 핵심 주장을 검증하지는 않는다. 연구 결과는 죽음에 대해 생각해보라고 지시했을 때 사람들의 반응이 달라졌다는 것을 보여준다. 그렇지만 죽음에 대해 어느 정도 생각하는지 혹은 언젠가 죽는다는 공포가 인간의 행위 대부분의 기저를 이루는지를 보여주지는 못한다.

전망의 실용성을 강조하는 관점은 공포 관리 이론이라는 이름 아래 진행된 모든 실험에 잘 들어맞기는 하지만, 죽음을 근본적으로 다르게 바라보게 한다. 실용적 전망에서는 미래에 관한 무언가를 할 수 있을 때 주로 미래에 대해 생각한다고 말한다.

공포 관리 이론은 죽음을 피할 수 없다는 개념 자체, 즉 언젠가는 죽게 된다는 불가피성을 강조한다. 죽음의 불가피성을 인식하는 것은 인간의 노력을 이해하는 데 핵심적인 점이라고 언급해왔다. 하지만 불가피성의 정의를 보면 전망에 대한 실용적 관점과는 맞지 않는다. 우리는 언젠가 죽을 것이라는 사실에 관해 아무것도 할 수 있는 게 없다. 그래서 실용적 전망 관점은 죽음의 불가피성을 너무 많이 생각하지 않아야 한다고 주장한다.

미래의 특정 맥락에서 특정 방식으로 죽을 가능성이 있다면, 특히 그 가능성을 피할 수 없다면 사정이 많이 달라진다. 실용적 전망은 죽음의 위협이 있고 그걸 피할 수 있는 기회가 있을 때 죽음에 대해 심각하게 생각해야 한다고 말할 것이다. 예를 들어, 누군가가 다음 주에 당신을 죽이려 한다는 것을 알게 되었다면, 그 사람의 계획 하나하나를 자세히 알고 싶어 할 것이다. 그래서 그 사람을 피할 방법과 살해 시도에서 벗어날 방법을 고민할 것이다. 다른 사례로 의사가 당신에게 약물 치료나 수술을 받지 않는다면 사망에 이를 수 있는 불치병이 있다고 알려준다면, 당신은 빠르고 효과적으로 그러한 치료 방법을 찾아볼 것이다.

존 메이너드 케인스John Maynard Keynes는 현재와 미래의 관계에 대해 "결국 우리는 모두 죽는다."는 유명한 말을 남겼다. 실제로 죽음은 모든 사람의 미래다. 하지만 무척이나 먼 미래의 추상적 가능성이 아닐까? 죽음에 관해 할 수 있는 것이 아무것도 없기 때문에 거의 생각하지 않은 것은 아닐까? 죽음에 대해 고민하는 것은 딱히 쓸모없이 우울한 일이 아닐까? 아니면 모든 이의 마음 깊숙한 곳에 있는 핵심적인 원동력일까?

무의식적인 생각이 무엇인지 말할 수 없기 때문에, 무의식적인 생각을 추적하기는 정말 어렵다. 사람들은 자신이 생각한다는 것을 알고 있다고만 말할 수 있다. 그래서 죽음의 두려움이 무의식 속에 항상 숨어 있을 가능성을 평가하기는 어렵다.

이와 관련하여 공포 관리 이론은 옳고 그른 것을 증명할 수 없다는 점에서 프로이트의 정신역동 이론psychodynamic theory과 상당히 유사하다. 하지만 죽음의 불가피성이 인간의 모든 노력의 근간이라면, 의식 수준으로 자주 등장할 가능성이 있다. 비유해보자면, 인간의 욕구에 관해 프로이트 이론의 근간이 되는 성적인 동기는 강력한 무의식적 추동이지만 자주 의식 수준으로 올라온다. 사람들은 성에 대해 꽤 자주 생각한다. 젊은 남성이 하루에 10여 회 이상 성적인 생각을 한다는 연구 결과도 있다(Byers, Purdon, & Clark, 1998; Eysenck, 1971; Laumann, Gagnon, Michael, & Michaels, 1994).

죽음이 사람들의 마음속에 얼마나 자리 잡고 있는지에 관한 핵심적인 증거는 별로 없다. 앞에서 설명한 생각 수집 연구(Baumeister et al., 2015)에서 사람들에게 신호 장치가 꺼졌을 때 죽음에 대해 생각했는지 물어보았다. 이 방법으로 그런 생각을 얼마나 자주 하는지에 더해, 성격 특성, 상황, 그리고 죽음을 생각하는 빈도에 영향을 주는 다른 요인들을 확인해보고자 했다. 또한 죽음을 생각하면 공포가 밀려오는지 그리고 다른 생각이나 감정이 동시에 발생하는지를 알아보고자 했다.

하지만 죽음은 사람들의 마음에 있지 않은 것으로 보인다. 500명의 참가자 중 '죽음' 칸에 표시한 비율은 1%도 되지 않았다. 게다가 죽음의 생각과 상관관계를 가지는 요인을 찾기 위한 통계 분석을 하기에는 턱없이 부족한 비율이었다. 말하자면, 어떤 요인이 죽음에 관한 생각과 연결되어 있는지를 확인하려면 죽음에 관한 생각을 한 반응과 하지 않은 반응을 비교해야 한다. 가장 강력하고 정보가가 높은 통계 분석 결과를 얻으려면 대략 절반 정도가 죽음에 관한 생각을 했다고 응답해야 한다. 그렇게 되면 일반적인 질문에 답하기에 충분한 양의 정보를 얻을 수 있다. 노인이 젊은 사람보다 죽음에 대해 더 많이 생각할까? 남성이 여성보다 죽음에 대해 더 많이 생각할까? 죽음에 관한 생각은 공포를 동반하는 것인가, 아니면 단순한 걱정을 가져오는 것인가? 죽음에 관한 생각은 통제 불가능한 것일까, 통제 가능한 것일까? 사람들이 아침에 일어날 때, 업무를 하는 동안, 혹은 저녁에 죽음에 대해 생각할까? 음주는 죽음에 대한 생각을 증가시킬까, 아니면 감소시킬까? 안타깝게도 죽음에 관한 생각의 빈도가 너무 적어서 이러한 분석을 수행할 수 없었다.

죽음에 대한 생각이 극도로 낮은 비율을 보였다는 것은 베커의 견해와 공포 관리 이론의 주장에 상당한 의문점을 제기한다. 죽음이 사람들의 마음에 거의 나타나지 않는다면 죽음의 두려움이 인간 마음의 핵심 원동력이라고 주장하기 어렵다. 실제로 현대 사회에서 많은 사망 사례가 묻히거나 드러나지 않고 있지만 여전히 이를 상기시키는 것이 많다. 사람들은 대부분 텔레비전을 보고 신문을 읽는데, 두 매체에서는 사망 사건이 어느 정도 규칙적으로 언급된다. 하지만 이를 자주 접한다고 해서 죽음에 관해 오래 생각하지는 않는 것으로 보인다.

죽음과 관련된 생각을 거의 하지 않는다는 것이 실존하는 공포를 베커가 제안한 방식으로 관리한다는 것을 의미하지는 않는다. 죽음에 관한 생각의 절반 정도는 미래가 아니라 과거에 관한 것이다. 다른 사람의 죽음을 생각하는 게 거의 확실하다. 예를 들어, 이 책의 저자 중한 사람인 바우마이스터는 이 프로젝트를 수행하는 도중에 하나뿐인 딸을 잃었다. 그는 딸의 죽음을 거의 매일 생각하지만, 자신의 죽음에 대해서는 거의 생각하지 않는다.

죽음에 대한 생각을 거의 하지 않는다는 것이 실용적 전망의 관점이 옳다는 것을 증명하지는 않는다. 그러나 어느 정도 일치하는 것으로 보이기는 한다. 비록 연구 참가자 중에 두세 명의 노인이 있었으나 (가장 나이가 많은 사람이 67세였다) 평균 연령은 29세였고, 이는 현대 사회에서는 죽음과는 한참 먼 나이다. 게다가 좀 더 나이 든 사람들도 죽음이나 위험을 목전에 두고 있지는 않을 것이다. (그렇지 않았다면 연구에 자원하지는 않았을 것이다.) 그래서 죽음이 연구 참가자에게 실용주의적인 관심사가 아니라고 가정하는 것이 합리적이다. 전망이 실용적이라면 죽음에 대해 생각하지 않을 것이다. 이를 확인할 수 있는 결정적인 방법은 생명을 위협하는 질병이나 다른 위험에 처한 사람들을 대상으로 비슷한 연구를 진행하는 것이다. 그 사람들이 죽음에 대해 더 많이 생각한다면, 실용주의 이론을 지지한다고 볼 수 있다. 실용주의 이론은 죽음에 관해 무언가를 할 수 있는 정도에 비례해 죽음에 대해 생각할 것이라고 예측한다.

불치병을 앓고 있어 곧 다가올 죽음을 기다리고 있는 사람들은 어떨까? 실용주의 이론을 들먹이며 병을 치료할 수 없고 곧 다가올 죽음을 피할 수 없기 때문에 그들이 죽음에 대해 생각하지 않을 것이라고 예측할 수 있다. 그들은 다른 모든 사람처럼 죽음이 다가오고 있고 할 수 있는 게 아무것도 없다는 것을 알고 있다. 하지만 죽음을 피하는 것만이 실용주의적 관심사는 아닐 것이다. 만약 당신이 몇 달 후에 죽는다면, 그전에 해야 할 일이 많을 것이다. 마지막 몇 주를 최대한 잘 쓰고 싶을 것이다. 그리고 특히 당신이 많이 의지했던 사랑하는 사람들과 당신의 죽음 이후를 정리하고 싶을 것이다.

바우마이스터는 잘 알고 지내는 유명한 사회심리학자 케릴 러스벌트Caryl Rusbult가 치료 불가능한 암의 마지막 단계에 있을 때 몇 차례 방문한 적이 있다. 그녀는 곧 죽는다는 것을 알고 있었다. 그녀는 자신의 연구에 많은 영향을 준 공포 관리 이론을 매우 잘 알고 있기도 했다. 어느 순간 그녀가 갑자기 고개를 돌리면서 "그런데 그 공포 관리 이론은 헛소리에요. 죽음을 맞이할 때, 그건 문화적 가치의 인정에 관한 것이 아니에요. 핵심은 당신이 사랑하는 사람들을 제대로 보는 것이에요."라고 말했다. 그녀에게 임박한 죽음은 실용주의적 관심사였지만, 그렇다 하더라도 그녀는 죽어가고 있다는 사실을 바꿀 수 없었다.

가령 죽음의 불가피성에 관해 생각한다고 가정해보자. 즉 갑작스럽게 죽는 특정한 상황과는 다른, 일반적으로 말하는 죽음의 피할 수 없음에 관해서다. 죽음의 불가피성은 실용적 전망에서 예외적인 사례일까? 설령 그렇다 하더라도 우리가 생각하는 것보다 훨씬 더 드물 것이다. 누군가가 죽은 다음에 어떤 일이 일어날지 살펴봐야 할 것이 아직 많다. 두 개의 주요 범주로 나누어서 보자.

먼저 세속적인 관심사다. 그렇다 우리는 언젠가 죽는다. 그렇다고 해서 죽은 다음 발생할 일에 관심을 가질 이유가 없다는 뜻은 아니다. 삶은 폭넓은 시간의 범위에서 의미를 찾는 것이고, 많은 사람은 죽은 다음에도 세상에 오래 영향을 주기 위해 삶을 좀 더 의미 있게 만들려고 노력한다. 그래서 돈이나 자산을 자손이나 상속자에게 남겨서 그들의 삶이 윤택해지게 한다. 혹은 예술 작품이나 과학과 같은 좀 더 큰 분야에 공헌할 수도 있다. 정치적 변화와 같이 오래 지속되는 큰 프로젝트에 참여할 수도 있다. 정치적(혹은 종교적) 운동에 참여하여, 삶을 마감한 다음 한참이 지나서야 성공 혹은 실패에 이르는 큰 사건에 공헌할 수도 있다.

실제로 정치적이거나 종교적인 이유로 자신의 삶을 희생하는 사람도 있다. 죽음 이후의 전망이 아마 중요한 요인일 것이다. 희생은 단지 삶을 마감하는 것이 아니라 많은 비용을 치러서라도 미래의 다른 사람들에게 이득이 돌아가게 하는 것이다.

사후 전망의 두 번째 주요 범주는 종교 문제다. 이는 누군가의 삶이 죽음 이후에도 특정한 형태로 지속될 가능성과 관련된다. 전 세계에서 그리고 선사 시대 이후 사람들은 다른 사람이 죽는 것을 보아왔고, 그들의 죽음에 관해 궁금해했고, 죽음 이후에도 변형된 의미로 삶을 지속할 수 있는 방법을 고민해왔다. 유령 이야기는 대부분의 언어권에서 발견되며, 보편적인 호소력을 가지고 있다. 환생할 것이라는 믿음은 동양의 종교에서 중심 원리다. 기독교와 같은 서양 종교에서는 환생을 제한된 형태로 받아들여 천국에서 다시 태어난다고 말한다. (기독교의 환생은 천국이나 지옥에 영원히 사는 한 다음 생이 죽음에 영향을 받지 않는다는 것이다. 이는 윤회 사상에 기반한 힌두교나 불교의 환생과는 다르다.) 수 세기 동안 유대교는 죽음 이후의 삶에 관한 교리가 없었지만, 새로운 형태의 유대교는 사후세계를 지지한다. 이러한 변화는 환생이 가진 지속적인 호소력을 보여준다.

사후세계에 관한 관점은 서로 다르다(Eliade, 1978, 1982). 기독교는 천국처럼 경이로운 곳으로 묘사하기도 한다. 전통적인 기독교 사상에는 지옥이라는 개념도 있는데, 상상할 수 있는 가장 비참한 형태로 영원히 살아가는 곳이다. 비록 소수의 기독교 종파는 여전히 지옥을 만나게 될 수도 있다고 걱정하고 있지만, 지옥에 대한 믿음은 지난 몇 세기 동안 급격하게 줄어들었다. 고대 그리스 신화에는 하데스라는 죽은 사람들의 세계가 있는데, 기독교의 지옥만큼 나쁘지는 않지만 꽤 불편한 사후세계의 한 종류다. 힌두교와 불교에서는 어떻게 환생할 것이라는 보장이 없어서, 다양한 종류의 형태(좋은, 나쁜, 혹은 그저 그런)로 다시 태어날 수 있다.

사후세계와 연합된 실용주의적 계획은 그 사람이 믿는 사후세계의 형태에 크게 영향을 받는다. 이는 천국, 지옥, 개인적 판단, 자유의지를 확실하게 믿는 기독교인에게는 상당히 긴급한 문제다. 살아가는 동안의 행위가 영생을 어디에서 어떻게 보낼지를 결정하게 되는데, 그건 음악과 가족 상봉, 신의 영접과 같은 더없는 수준의 행복일 수도 있지만 끝없이 이어지는 지독한 고문일 수도 있다. 죽음 이후의 삶을 생각하는 실용적인 기독교인은 자신의 행동을 신중하게 선택하려 할 것이고, 도덕적인 방식으로 행동하고 교회 예배와 의식에 참여하는 것에 특별히 우선순위를 둘 것이다.

북유럽에 거주한 초기의 이방인은 현재의 행위에 관해 이와는 다른 기준이 적합하다고 보았을 것이다. 그들의 신화에는, 오딘이 사는 발할라가 그들이 원하는 사후세계지만, 그곳은 전투에서 사망한 용맹한 전사에게만 허락되었다. 그래서 실용적인 사고를 믿는다면 그저 폐렴이나 동상, 식중독으로 죽는 것보다는 용감하게 싸우거나 심지어

모험을 해서라도 영웅적인 죽음을 맞이하여 그로 인해 허락되는 사후세계로 가고 싶었을 것이다.

한편 동양 사상에 퍼진 환생을 믿는 사람은 실용주의적 관심사를 가지고 있지만 상대적으로 급한 것은 아니었을 것이다. 그들의 관점에서는 인간은 다음 생애에 다시 태어나는데, 지구에 태어날 가능성이 가장 높지만 다른 세계나 우주일 수도 있다. 어디에서 다시 태어나는지는 현생에서 얼마나 바르게 사는가에 달려 있다. (인간은 업보를 쌓게 되고 그 업보가 중간 세계를 통해 좋을 수도 혹은 나쁠 수도 있는 새로운 삶으로 이끈다.) 이러한 의미에서 좋은 사람이 되는 것은 보람 있는 일이고 좋은 업보를 쌓게 해주며, 환생의 과정에서 이득이 된다. 하지만 그 삶도 결국 끝날 것이고, 이 과정은 여러 삶 동안 반복될 것이다. 기독교인에게는 이번 생애가 영원한 운명을 결정하기 때문에 적절한 행동이 지극히 중요하다. 힌두교나 불교에서는 이번 생애는 순차적인 삶 중 하나이기 때문에 잘 살아가는 것이 중요하지만, 미래에 잘못된 행동을 속죄하고 좋은 업보를 축적할 시간이 있다.

그래서 실용적 전망은 죽음과 함께 끝나는 것이 아니다. 사람들은 삶의 종말을 넘어서는 실용주의적 관심사를 가지고 있다. 일반적으로 말해서, 사람들은 자신이 죽게 될 것이라는 사실을 그다지 많이 생각하지 않는 것으로 보인다. 그리고 죽음을 생각할 때도, 종종 실용적 전망에 대해 고민한다.

7장
자유의지와 선택의 자유

찬드라 스리파다

인간에게 자유의지가 있을까? 철학자들은 이 질문을 접했을 때, 거의 매번 상당히 추상적인 관점에서 접근해왔다. 철학자들에게 중요한 것은 세상에 대한 기본적이고 아주 일반적인 물리적 특징이다. 인과성은 우리가 살아가는 우주에서 어떻게 작용하는가? 어떤 종류의 물리적 법칙을 따르는가? 답을 찾기 위한 표준적인 방법은 법칙이 완전히 결정론적인 세상에서 자유의지가 가능할 것인가를 질문하는 것이다. 양립가능론자compatibilist는 인과성을 제약과 혼동하지 않는다면 자유의지와 결정론은 대립하는 것이 아니라고 주장한다. 양립가능론을 반대하는 철학자는 이런 주장을 받아들이지 않는다.

우리는 이러한 형이상학적 논쟁이 교착 상태를 맞게 될 것이라고 생각한다. 양쪽 모두 매우 설득력 있는 주장이지만, 그 어느 주장도 결정적으로 결과에 영향을 주지는 못한다. 어쨌든 우리는 자유의지에 관해 여기서 형이상학적인 논쟁을 하지는 않겠다고 6장에서 이미 공언했다. 이 장에서 우리의 관심은 다른 주제에 있다. 그 주제는 형이상학자가 서로에게 곡사포를 날리느라 정신이 없어서 방치해놓고 있던 것이다.

양립가능론자와 이에 반대하는 철학자 대부분이 자유의지에 대한 회의론자는 아니다. 그들은 자유의지가 가능하다고 믿으며, 장애가 없는 보통의 성인은 실제로 자유의지를 가지고 있다. 그리고 모든 것이 자유롭지 않다는 것에도 양쪽이 동의한다. 돌은 확실히 자유롭지 않다. 식물도, 개미도, 논란의 여지가 있지만 닭이나 토끼도 자유롭지 않다. 이런 사실은 철학적 논쟁의 핵심인 형이상학적 문제가 아닌 다른 종류의 문제, 즉 비교 문제를 제기한다. 인간에게 자유의지가 있다고 가정한다면, 인간을 자유의지가 부족한 하등동물과 구별하는 마음과 뇌는 어떻게 되는가? 자유의 특별한 심리학적 기제는 무엇인가?

이 문제를 탐색하는 시작점으로 삼기에 가장 자연스러운 지점은 인간으로 하여금 결정할 수 있게 해주는 역량이다. 이 역량을 편의상 두 개의 유형으로 나누어보자. 첫째 유형은 **구성 과정**으로, 개체가 선택지 세트를 구축하게 해준다. 이것은 가능한 행동 계획과 기대하는 결과로 구성된 심적 표상 세트다. 둘째 유형은 **선택 과정**이다. 선택지 세트가 주어지면 개체가 세트의 구성 요소에 평가 가중치를 할당해서 선택지가 얼마나 좋은지 혹은 나쁜지 알려준다. 평가 가중치가 할당되면, 선택지 세트에서 가장 높은 순위에 있는 행동 계획을 선택하여 수행한다.

흔히 선택 과정에서 인간의 자유에 관한 독특한 표시가 발견된다고 생각하곤 한다. 어떻게든 다른 모든 생명체와는 구별되는 방식으로 선택을 할 수 있다는 주장이다. 이를 잘 들여다보면 가능성 있는 접근법이 아니라는 것을 알 수 있다. 2장에서 논의한 대로, 심지어는 토끼나 쥐 같은 동물도 심적으로 가능한 행위를 떠올린다(예를 들어, 이쪽 덤불에서 먹이 찾기를 계속할 것인가, 아니면 다른 덤불로 이동할 것인가). 그리고 동물의 행위는 행동에 할당한 평가에 따라 달라진다. 정서 시스템의 과제가 정확한 평가에 필요한 핵심 정보 표상의 유지 및 갱신이라는 것을 떠올려보자. 핵심 정보는 확률, 확신, 절대 가치와 상대 가치, 예측과 결과 간의 차이 등등을 말한다. 그래서 인간의 선택 과정에 범주의 측면에서 특별한 것은 없다. 선택 과정에서 어떻게든 선택지에 평가 가중치를 **할당해야 한다.** 그다음에 가장 좋은 것으로 평가 받은 것을 수행하게 된다. 이 과정은 일종의 강제 이동과 같은 것으로, 인간이나 쥐, 심지어는 기계의 선택 작동 방식이다. 그래서 이렇게 해서는 인간의 자유에 관한 독특한 표시를 발견할 가능성이 없다.

선택 과정과는 대조적으로, 자유의지를 가능하게 하는 의사결정 구성 과정의 역할에 대해 고민해본 학자는 별로 없다. 자유의지를 논의할 때, 개체가 이미 풍부하고 다양한 선택지 세트를 가지고 있다고 가정하는 것이 일반적이다. 아무도 선택지가 처음에 어디서 나왔는지 혹은 선택지를 어떻게 구성했는지에 대한 문제를 제기하지 않는다. 여기에서 그동안 방치된 일부 문제를 바로잡아보겠다.

우리는 인간의 자유에 관한 독특한 표시가 **선택의 자유**latitude라는 주장을 펼칠 것이다. 선택의 자유는 선택지 세트의 크기가 클 때 개체가 가지고 있는 것을 의미한다. 우선, 우리는 선택지 세트에서 서로 구별되는 선택지의 **개수**가 많으면 선택의 자유가 증가한다고 생각한다. 이후에 선택지 세트의 '크기'를 이해하는 방식에 관해 좀 더 정제된 설명을 할 것이다.

하등동물도 매우 제한된 수준이나마 선택의 자유를 가지고 있다. 동물들이 심적으로 떠올려볼 수 있는, 선택의 기반이 되는 가능한 선택지는 매우 작고 상대적으로 고정되어 있다. 다른 쪽 극단에 있는 인간은 정말 **엄청난** 크기의 선택의 자유를 가지고 있다. 인간은 강력한 상상력을 가지고 있는 전망 능력을 가진 생명체이기 때문에, 방대한 선택지 세트를 구축할 수 있다. 그 결과 인간은 자기 자신을 무수히 많은 방식으로 표현할 수 있다. 우리는 **자기를 표현하는 선택의 자유**가 자유의지의 비교 문제에 관한 가장 좋은 답이라고 생각한다. 하등동물이 아니라 인간이 자유로운 이유를 설명하는 것은 인간 특유의 심리적 특징이다.

선택지를 구성하는 힘

소위 **인간의 선택지 구성 생산성**productivity of human option construction이라 부르는 거대한 크기의 선택지 세트를 구성하는 능력의 기반을 살펴보자.

미로의 갈림길에 서 있는 쥐를 생각해보자. 그 쥐는 두 가지 경로를 마음속으로 떠올려볼 것이다. 그런데 그 미로를 이전에 통과해본 적이 있다면 선택한 경로에 따라 어떻게 전개될지에 대한 기대를 형성했을 것이다. 오른쪽으로 가면 보상이 있고 왼쪽으로 가면 없다는 생각이 떠올랐다면 오른쪽을 선택하게 된다.

이제 대학교 2학년 여학생의 시나리오와 비교해보자. 그녀는 3월이 가까워지면서 봄 방학을 어떻게 보낼지 생각하고 있다. 그녀의 친구는 탬파에서 열리는 화려한 파티에 참가할 것이다. 식구들은 그녀가 집에 있기를 원한다. 그녀는 기숙사에 머물며 공부를 할 수도 있다. 계획한 대로 의대에 진학하려면 생화학 과목에서 더 좋은 점수를 얻어야 하기 때문에 봄 방학은 부족한 부분을 보충할 좋은 기회다. 그런데 왜 의대에 가고 싶은 걸까? 댄스 스튜디오에서 춤을 추면서 자유로운 순간을 보내고 난 뒤 이것이야말로 진정으로 원하는 것이라는 생각이 들었다. 하지만 댄서라는 직업을 갖는 것이 현실적일까? 그 문제는 나중에 생각하기로 한다. 댄스 스튜디오에서 방학을 보내면 정말 멋질 것 같기도 하다. 방해하는 사람도 없고 가야 할 곳도 없다. 물론 다음 학기 학비를 내야 할 시간이 다가오고 있다. 그래서 방학 중 일부는 개인 교습을 하면서 돈을 버는 데 써야 할 것이다. 아니면 방학이 끝난 다음에 추가로 개인 교습을 할 수도 있을 것이다. 그보다 더 좋은 방법으로, 방학 내내 일을 해서 학기 중에 다른 일을 하지 않을 수도 있다. 하지만 방학 내내 춤을 출 수 있다면? 춤을 포기하기는 정말 싫었다. 그래서 그렇게 했다.

관련 사례들은 선택지의 구성이 빠르고 신속하게 진행되며 의식적인 관리나 감독의 필요가 거의 없음을 보여준다. 그녀는 자신이 할 수 있는 것과 갑자기 생각난 선택지를 놓고 고민했다. 선택지를 구성할 때 쥐와 같은 하등동물에 비해 인간이 보이는 놀라운 생산성을 어떻게 설명할 수 있을까?

한 가지 중요한 설명 요인으로 인간에게 개개의 선택지는 복잡하고 수많은 구성 요소로 이루어져 있다는 것을 들 수 있다. 인간은 목표를 달성하기 위해 잘 조율된 방식으로 연결된 일련의 행위, 즉 **순차적인 계획**을 세우는 능력이 있다. 계획은 여러 부분으로 분해할 수 있다는 특징이 있는데, 부분별로 근접 목표를 달성하고자 한다(Miller, Galanter, & Pribram, 1960). 즉 의사가 되려면 관련 전공으로 대학을 졸업하고 입학 시험을 보고 지원서를 작성해야 한다. 관련 전공으로 대학을 졸업하려면 생화학 같은 필수 강의를 수강해야 한다. 이 강의에서 통과하려면 강의에 출석하고 실습에 참여하며, 항상 심지어는 봄 방학에도 공부해야 한다.

순차적으로 계획을 세울 수 있을 때 가능한 선택지의 공간은 방대하게 증가한다. 가령 어떤 생명체가 뛰기, 밀기, 쥐기, 씹기, 돌기와 같은 단순한 행위 10개를 수행할 수 있다고 해보자. 순차적으로 계획을 세우지 못한다면 가능한 선택지는 그 10개로 한정된다. 하지만 15개 항목의 행위 순서를 순차적으로 조직한다면, 1조 3000억 개의 순서가 가능하다.

선택지 구성의 생산성을 설명할 수 있는 또 다른 요인으로는 **확장된 시간 범위**extended time horizon를 들 수 있다. 관련 증거를 보면, 동물은 먼 미래의 시점에서 발생하는 사건을 표상할 수 없다. 관련 연구를 보면, 동물에게 단지 2~3분 정도의 범위를 주는 경우도 있고, 하루 정도까지 예상하는 경우도 있다(Roberts, 2002). 그에 반해서 인간은 수일, 수년, 수십 년, 심지어는 개별 개체는 이미 사라지고 없을 정도로 긴 시간인 수천 년까지의 사건과 에피소드를 심적으로 별문제 없이 표상할 수 있다. 인간이 가진 시간의 범위는 근본적으로 한계가 없는 것으로 보인다.

앞서 언급한 두 가지 요인, 순차적 계획과 확장된 시간 범위는 **다른 종류의** 정교한 역량들에 의해 가능하다. 이 역량 중 가장 핵심적인 것은 상상하는 상황을 전망하는 강력한 능력이다. 인간은 시간적으로 먼 가상의 상황에 자기 자신을 심적으로 투영할 수 있다. 실제로 인간의 뇌에는 **기본 네트워크**라고 부르는 상호 연결된 영역이 있어 이와 같은 과제를 수행하는 것으로 보인다(Raichle et al., 2010). 기본 네트워크는 뇌의 중간선과 후외측 영역에 위치하며 전망적 사고(Spreng, Mar & Kim, 2008)와 다른 시간대, 장소, 상황, 혹은 관점으로 투영하는 인지적 과제(Buckner & Carroll, 2007)를 담당하는 것으로 보인다. 기본 네트워크 영역은 포유류 조상에서부터 현대 인간으로 이어지면서 광범위한 정교화를 겪어왔다(Buckner, Andrews-Hanna, & Schacter, 2008). 그래서 전망적 시뮬레이션 능력이 확대되었으며, 이것으로 순차적 계획 역량이 좀 더 강력해지고 시간의 범위가 좀 더 넓어진 이유를 설명할 수 있다.

이제 선택지 구성의 생산성에 공헌하는 다른 요인을 살펴보자. 그것은 **메타 표상**meta-representation 능력으로, 자신의 심리적 상태를 심적으로 표상하는 능력을 말한다. 선택지 구성(그리고 이와 관련된 자유의지) 역량의 중요성을 확인해보기 위해 자유에 관한 해리 프랑크푸르트 Harry Frankfurt의 설명을 들여다보자.

프랑크푸르트는 인간과 하등동물이 1차 욕구(무언가를 하려는 욕구)를 가지고 있다는 점에서는 비슷하지만, 2차 욕구(무언가를 가지고 싶은 욕구에 관한 욕구)는 인간에게만 있다고 주장했다. 또한 인간은 그보다 더 고차원적인 욕구도 형성하는 능력이 있다. 프랑크푸르트는 고차원적 욕구를 형성하는 능력이 직접적으로 자유와 연결되어 있다고 주장했다. 즉, 개체는 1차 욕구가 고차 욕구와 맞물릴 때 자유로워진다.

프랑크푸르트의 통찰력 있는 주장을 이해하는 동시에 다시 설명해보기 위해 메타 표상 능력이 어떻게 선택지의 공간을 극적으로 확장시켰는지 살펴보자. 가령 우리가 욕구, 갈망, 주의, 우려, 평가적 신념, 습관, 인물 특성, 선택 원리 등을 포함하여, 행위를 유도하는 다양한 심리적 상태를 가지고 있다고 가정해보자. 그런데 메타 표상 능력은 부족하다면 어떨까? 한편 심리적 상태가 동일하면서 탄탄한 메타 표상 능력을 가지고 있는 사람도 생각해보자.

　　우리는 엄청나게 많은 선택지를 구성할 수 있다는 것을 의식하고 있다. (욕구, 갈망, 주의, 우려 등) 각각의 심리적 태도에 관해서, 우리는 그 욕구를 유지, 강조, 저항, 혹은 조절하거나 없애거나 다른 방법으로 변형할 수 있는 선택지를 구성할 수 있다. 지금 가지고 있는 심리적 욕구와는 다른 완전히 새로운 욕구를 배양하는 선택지를 구성할 수도 있다. 메타 표상 능력이 부족하면 자신의 심리적 상태를 이러한 방식으로 인식하고 심적으로 표상할 수 없다. 그래서 행동을 하는 과정에서 다양한 전개가 있을 수 있음에도, 자신의 심적 상태를 선택 가능한 것으로 보지 못한다. 이러한 능력의 결핍으로 인해서 선택지의 공간에 제약이 발생한다.

　　선택지 구성의 생산성을 설명하는 데 도움을 줄 수 있는 추가적인 요인은 **창의성**이다. 다음의 사례를 살펴보자. 다른 모든 사람이 트로이의 벽을 파괴할 수 없다고 생각했으나, 오디세우스는 그걸 가능하게 하는 뛰어난 계책을 생각해냈다. 시라노는 스스로 너무 흉물스럽게 생겨서 록산느에게 다가가기 어렵다고 생각하다가 좋은 아이디어를 생각해낸다. 그는 자신의 감정을 편지에 적어 다른 누군가로부터 전달된 것처럼 위장해서 그녀에게 표현할 수 있다고 생각한다. 싯다르타는 주변에 있는 모든 사람이 고통스러워하는 것을 본다. 깊은 명상을 끝낸 후 그는 팔정도와 함께 나타났다. 모든 사람이 휴대전화를 가지고 다니는 것을 본 스티브 잡스는 전화기 안에 개인용 컴퓨터의 기능을 넣는 방법을 발명한다.

인간에게는 창의적인 생각을 할 수 있는 놀라운 능력이 있다. 이는 11장의 주제이기도 하다. 인간은 목적을 달성하는 새로운 방식을 찾을 수 있는데, 이러한 방식은 이전에 사용했던 방식과는 매우 다르다. 인지과학의 현재 이론에 의하면 수많은 처리 과정이 창의적 사고에 관련되어 있다. 예를 들어, 창의적 사고를 하려면 확산적이고 '비선형적인' 사고 능력이 있어야 한다(Baer, 1993, Kim, 2008, Runco, 1991). 이렇게 생각하는 방식은 개방형 질문을 제기하는 과제로 검증되어왔고(예를 들어, 클립으로 할 수 있는 일은 얼마나 될까?), 지정된 시간 안에 수용 가능한 응답의 숫자로 평가한다. 창의적 사고는 유추적 추론과도 연결되어 있는 것으로 보인다(Gentner, Brem, Ferguson, & Wolff, 1997, Holyoak & Thagard, 1996, Johnson-Laird, 1989). 유추는 대상 간의 동형이성체 형성 그리고 이질적인 두 개의 영역을 연결해주는 관계의 형성을 포함한다. 일단 동형이성체를 찾게 되면, 첫 번째 영역에 적용되는 작업이 두 번째 영역에서 관련된 새로운 작업 개발로 이어질 수 있다. 창의적 사고를 유발하는 '끈기'라는 측면을 강조하는 이론도 있다(Campbell, 1960, Simonton, 1999). 창의적인 해결책을 찾으려면 적절한 해결책이 나타날 때까지 강제적인 생각, 반복적 아이디어 생성, 아이디어의 무수한 조합을 반복해야 한다는 것이다.

심리학과 신경과학에서는 창의적 사고에 관한 연구를 굉장히 활발하게 진행하고 있다. 여기서 언급한 것은 그중 일부에 불과하다. 여기서 강조하고 싶은 점은 우리가 논의한 내용만 봐도 인간은 무척 창의적인 종이라는 것이다. 인간은 장애물을 만나면 그걸 넘을 새로운 방법을 찾는다. 그 결과 구성 가능한 선택지 세트는 항상 확장된다.

앞에서 언급한 네 가지 요인(순차적 계획, 확장된 시간 범위, 메타 표상 능력, 창의성)은 함께 작동해서, 그 어떤 생명체가 할 수 있는 것보다 더 크고 방대한 선택지 세트를 구성하는 인간의 놀라운 능력을 설명하는 데 도움을 줄 것이다. 더욱이 이 능력은 가지고 있지만 거의 쓰지 않는 그런 종류의 능력이 아니다. 선택지 구성은 아주 흔한 행위다. 상황이 요구할 때마다 그리고 상황이 요구하지 않을 때, 즉 몽상에 빠져 있을 때도 빠르게 선택지를 늘린다. 다음 절에서는 선택지 구축 과정에서 셀 수 없이 다양한 방식으로 스스로를 표현하는 자유를 어떻게 얻게 되었는지 살펴볼 것이다.

자기 표현에 대한 선택지

아래의 직관적인 원리를 살펴보자.

자유로운 것은 선택을 할 수 있다는 것이고, 더 많은 선택을 할 수 있다는 것은 더 자유롭다는 것이다.

여기서는 이 원리를 시작점으로 해서 자유의지에 관한 새로운 접근법을 구축하고자 한다. 기본적으로 선택지 세트의 '크기'가 증가함에 따라 더 많은 선택의 자유를 가지게 되고, 따라서 더 많은 자유를 얻는다. 이 관점을 정리하고 옹호하려면 먼저 '더 많은 선택지'를 주는 것이 무엇인지 언급해야 한다.

가능한 방법인지 확실해 보이지는 않지만 선택지 세트의 크기를 그 세트 안에서 구분할 수 있는 **행동 순서**의 개수와 맞추는 접근법이 있다. 이 접근법이 맞다면, 쓸모없고 확실히 관련이 없는 무수히 많은 행동 순서를 세트에 추가했을 때 개인의 선택지는 커지고 선택의 자유는 확장될 것이다(예를 들면, 새끼손가락을 한 번 1밀리미터 움직이고, 두 번 1밀리미터 움직이고… 등).

위의 설명에는 두 가지 문제가 있다. 첫째, 자유에 중요해 보이는 것은 선택지 세트가 포함하는 구분할 수 있는 행동 순서의 개수가 아니라 **행동에서 자신을 표현할 수 있는 차별화된 방법**의 개수라는 것이다. 자유는 선택지 세트에 추가한 것이 그 사람의 가치와 주의, 즉 그 사람의 기본적인 평가 취지를 구체적으로 보여주는 심리적 상태를 의미 있게 표상할 때에만 확장된다. 둘째, 선택지의 **다양성**이라는 아이디어를 정확하게 담아내야 한다. 선택지 세트는 선택지가 정교하게 만들어졌다는 의미에서, 다양성에 따라 크기가 증가한다. 선택지는 자아의 여러 측면을 알려준다. 요약하면, 우리는 선택지 세트의 크기가 자아 표현을 위한 기회의 **수**와 **다양성**에 근거한다고 제안한다. 이제 이 제안의 핵심 요소를 정리해보자.

행동에서 자아의 표현이 가지는 의미부터 시작해보자. 사람들은 다양한 것에 신경을 쓴다. 건강, 부, 위신, 관계, 정의, 즐거움 등 가장 교양 있는 것부터 가장 원초적인 것까지 다양하다. 단지 무언가를 원하는 것을 넘어서서 신경을 쓴다는 것이다. 우리는 무언가에 신경을 쓸 때, 근본적이고 내재적이며 응집력 있는 방식으로 전념한다. 앞서 소개한 대학생은 춤에 열정적이다. 그녀는 5시에 일어나 댄스 스튜디오까지 걸어가서 수업을 받는다. 그녀는 자신이 신경 쓰는 것을 발전시키기 위해 이런 목적을 염두에 두고 신경 쓰고 있는 것을 행동으로 표현한다(Sripada, 2015).

자아는 복잡하고 충돌하기도 한다. 사람들은 한번에 여러 개를 신경 쓰는데, 이렇게 잡다하게 신경 쓰는 것들 간에 미묘한 긴장이 있을 때도 있고 그렇지 않을 때도 있다. 자아를 표현한다고 해서 신경 쓰는 모든 것 혹은 꽤 많은 것, 또는 그런 것들의 가중 평균을 행동이 대변할 필요는 없다. 오히려 자아를 표현하려면 신경 쓰는 것 한 가지에만 집중해야 한다. 지식, 능력, 명성, 경력, 지위 등 모든 것에 신경을 쓰기 때문에 모든 시간을 일하는 데 쏟는 과학자를 생각해보자. 그런데 그는 빙벽 등반에 열정적이다. 칠레 남부로 한 달간 아이스보트 여행을 떠났을 때, 그는 평소 신경을 많이 쓰던 자신의 지위와 관련된 목적의 업무를 진행하지 않고 뒤로 물렀다. 이 한 달의 여행은 온전한 자신의 표현이다.

사람들은 여러 일에 신경을 쓰기 때문에, 자아를 표현하기 위해 자아의 작은 부분(즉 단 하나의 관심사)에 집중해야 하기 때문에, 이에 맞추어 자아의 특징을 보여주는 수많은 표현을 가지고 있다. 그 표현들은 자아의 여러 하위 요소를 표현하는 다양한 방법에 잘 들어맞는다. 선택지 세트의 크기에 관한 설명에 따르면, 앞 절에서 기술한 복잡한 종류의 구성적인 행동에 관여하고 그래서 자아를 표현하는 선택지를 점점 더 많이 구성하게 되면, 선택지 세트의 크기도 그에 따라 증가한다.

자아를 표현하는 선택지의 **수**를 늘리는 유일한 방법은 선택지 세트의 크기를 키우는 것이다. 다른 방법은 두 가지 선택지가 **서로 달라야 한다**는 것이 무엇을 의미하는지에 관한 것이다. **실존주의이자 인본주의자인** 장 폴 사르트르Jean Paul Sartre는 영국에 가서 프랑스의 레지스탕스와 함께 싸우는 것과 조국에 머물면서 쇠약한 어머니를 돌보는 것 중 하나를 선택해야 하는 젊은 남성의 이야기를 들려주었다. 사르트르는 개인적인 목적에 따라 이야기를 들려주었는데, 정말 놀라운 것은 젊은 남성의 선택지가 그 남성의 자아에서 완전히 구별되는 두 가지 측면을 대변하는 방식이다. 레지스탕스로 싸우는 것은 그의 애국심과 적에 대한 분노(동생이 독일군에 의해 죽었다), 모험심, 그리고 명예와 영예를 상기시킨다. 한편 젊은 남성은 자신을 아이로 대하고 집에 머무르길 원하게 만드는 어머니에 대한 사랑도 지극하다. 이 남성이 전쟁에 참여한다면, 어머니는 절망할지도 모른다. 집에 머무르면 어머니의 바람을 존중하고 어머니의 건강에 신경 쓰고, 생명을 보장받을 것이다.

다차원 공간에 배열되어 있는 선택지를 생각해보자. 신경을 쓰고 있는 것 각각이 새로운 축을 형성한다. 선택지가 신경 쓰고 있는 것을 만족시키는지, 방해하는지 혹은 중립적인지에 따라 각각의 축에서 선택지의 위치가 결정된다. 다양성의 개념은 이러한 고차원 공간에서 두 선택지 사이의 **거리**로 이해할 수 있다. 젊은 남성의 선택지는 그 공간에서 반대되는 지점에 놓여 있다는 점에서 매우 다르다. 다양한 선택지 세트라는 것은 세트 내에서 선택지가 널리 퍼져 있고 공간을 뒤덮고 있다는 것을 의미한다. 즉, 작은 영역에 모두 몰려 있지 않으면 충분히 다양하다고 볼 수 있다.

우리는 선택지 세트의 크기가 자아를 표현할 기회의 수와 다양성에 근거하고 있다고 주장했다. 이제 선택의 자유가 무엇인지 논의해보자. **선택의 자유**는 선택지 세트의 크기와는 다르다. 오히려 선택의 자유는 선택지 세트 크기 덕분에 누릴 수 있다. 가령 선택 과정이 제대로 기능하고 있다고 가정해보자. 선택지 세트를 이미 구성한 상태에서 선택 과정은 평가 가중치를 적절하게 할당하고 구현 가능성이 가장 높은 것을 선택하는 것이다. 그렇다면 이제 선택지의 개수를 늘리거나 선택지의 다양성을 늘려서 선택지 세트를 확대할 수 있다고 가정해보자. 선택 과정 자체는 바뀌지 않았다고 하더라도, 선택의 자유는 바뀌었다. 선택의 자유는 자아 표현의 기회로 구성되고, 이러한 기회는 선택지 세트를 확장함에 따라 증가한다.

인간의 강력한 구성 능력 덕분에 선택지 세트는 크기의 제한 없이 구성될 수 있다. 그리고 인간은 그에 맞추어 자아 표현을 위한 선택의 자유를 분리했다. 우리의 관점은 인간이 행동할 때 누리는 선택의 자유가 자유의지를 특징짓는 표시라는 것이다. 즉 **자유의지는 자아를 다양한 방식으로 표현할 수 있는 선택의 자유로 구성된다.**

우리는 자유의지를 특징짓는 표시로서 선택지를 구성하는 능력에 초점을 맞추어왔다. 하지만 인간은 특출하게 강력한 선택 과정을 가지고 있기도 하다. 즉 행동에 평가 가중치를 할당하고 가장 높은 평가를 받는 행동을 구현하는 능력의 기저 과정은 다른 생명체보다 훨씬 더 발전했다. 물론 자유의지에 관한 선택의 자유라는 관점이 선택지 구성에 관한 심리적 처리 과정에만 너무 제한적으로 초점을 맞추고 있다는 점에서 이에 반대하는 의견도 있다. 그렇다면 결정과 행동을 보조하는 모든 처리 과정이 정교한 덕에 얻는 이득이 자유에 도움이 된다고 말하는 것은 어떨까?

위와 같은 반대 의견에 대해 우리는 개체가 복잡하고 다면적인 현상이라는 점에 주목한다. 그래서 우리는 개체의 특별한 성취를 개별적으로 묘사하기 위해 미묘한 차이를 설명할 수 있는 다양한 용어를 가지고 있다. 예를 들어, 자유, 책임감, 신중함, 도덕, 고결함과 같은 용어를 사용할 수 있으며, 각 용어의 의미는 분명하게 구분된다. 구체적으로 선택 과정의 기능을 중요한 성취로 들 수 있다. 선택 과정이 제대로 기능하게 만들어져 있을 때(즉 평가 가중치가 행동의 가치를 더 잘 반영할 수 있게 선택지에 할당되어 있을 때), 개체가 더 **자유롭다**고 하지 않고 더 **합리적**이라고 한다.

그래서 인간이 선택지의 구성과 선택에 관한 진일보한 능력을 가지고 있다는 점에서는 반대쪽과 의견이 같다. 하지만 우리는 선택 과정이 훨씬 더 정교해서 더욱 더 주의 깊고 세심하게 평가 가중치를 할당할 수 있기 때문에 합리성이라는 구체적인 성과물을 얻을 수 있었다고 주장한다. 그러나 인간이 자유의 측면에서 하등동물과 어떻게 다른지를 알고 싶을 때 들여다봐야 할 것은 선택 과정이 아니라 구성 과정이다. 구성 과정이 더 정교해져서 더 넓은 자아 표현을 가능하게 하는 선택의 자유는 인간과 동물을 자유의 측면에서 구별해준다.

자유의 현상학

수많은 철학자가 자유의지의 주관적 경험을 보고했다. 여기서 크게 드러나는 주제는 실제로 거의 모든 것을 **다르게 할 수 있는 능력**이다.

존 설이 쓴 글을 보자.

평범하고 일상적인 행동을 할 때 나타나는 경험의 특징에 관해 신중하게 생각해보자. 이러한 경험에 포함되어 있는 대안적인 행동 가능성을 느낄 것이다. … '내가 이렇게 했어'라는 감각은 '내가 다르게 할 수 있었어'라는 감각을 동반한다. 평범한 상황이라면, 지금 여기서 모든 조건이 같다면 다른 행동을 할 수도 있다는 확신을 가지고, 그 확신이 타당하든 그렇지 않든 무언가를 행한다. 나는 이것이 바로 인간의 자유의지에 대한 확고부동한 신념의 원천이라고 제안한다(Searle, 1984, p. 95).

다르게 할 수 있는 능력을 경험하는 과정에 대한 설의 설명은 상당한 논쟁을 불러일으켰다. 여기서 그에 대한 판단을 내릴 생각은 없다. 하지만 빠뜨린 게 있다는 것은 언급해야 한다. 거의 모든 철학적 논쟁이 다르게 할 수 있는 능력에 초점을 맞추어온 반면, 자유의 현상학에서는 거의 논의가 진행되지 않는 측면이 있다. 다음의 사례를 통해 이를 설명해보자.

폐암 진단을 받은 남성이 있다고 해보자. 그는 화학 요법과 방사선 치료 중 하나를 선택할 수 있다. 세포생물학 수준에서 각 치료법의 기제는 상당히 다르다. 그럼에도 두 치료법은 생명을 구할 수 있는 방법이라는 점에서 유사하며, 모두 끔찍한 부작용을 유발할 수 있다. 한 가지 치료법은 외곽에 있는 병원에서, 다른 치료법은 시내에 있는 대학 병원에서 시행하고 있다. 두 병원의 수준은 비슷하고 남성의 집에서 떨어진 거리도 비슷하다. 그래서 남성은 두 개의 선택지를 가지고 있지만, 두 개가 엄청나게 다르지는 않다. 사실 중요한 부분에서는 두 치료법이 거의 비슷해 보인다.

이 남성이 두 개의 선택지 중에서 하나를 고르는 주관적 경험과 사르트르의 이야기에 등장하는 젊은 남성이 경험한 것을 비교해보자. 그 젊은 남성은 레지스탕스로 전투에 참여하는 것과 어머니와 함께 집에 머무는 것 중 하나를 선택해야 하는 상황이었다. 두 가지 선택지는 젊은 남성의 자아의 완전히 다른 측면을 대변한다는 점에서 자아를 표현하는 완전히 다른 방법이다. 두 가지 선택 앞에 선 두 사람이 느끼는 **자유의 경험**은 매우 다르다. 암을 진단받은 남성은 선택지의 협소함을 경험한다. 이 남성의 선택지는 거의 다르지 않다. 두 가지 모두 선택지 공간에서 작은 영역에 있다. 이와는 대조적으로 사르트르 이야기의 젊은 남성은 두 가지 선택지가 서로 엄청나게 멀리 떨어져 있다고 **느낀다**. 공간상의 차이가 어마어마해서 가로지르기 아찔할 정도다. 두 선택지 사이를 오락가락하면서 외딴곳에 트레킹 온 기분을 느낀다. 이는 암을 진단받은 남성이 두 선택지 사이에서 고민할 때는 경험하지 못하는 느낌이다.

이 사례는 자유의 현상학에서 **광활함**과 **이동**의 경험이 중요한 측면이라는 것을 보여준다. 이러한 경험이 선택의 자유와 밀접하게 연결되어 있다는 것도 분명해 보인다. 선택의 자유는 선택지 세트의 크기와 연결되어 있다. 즉 선택의 자유는 선택지 세트가 증가함에 따라 얻게 되는 자아 표현의 잠재력으로 구성되어 있다는 것이다. 여기서 논의한 두 남성이 겪는 주관적 경험의 차이는 선택지 세트 크기의 차이에서 기인한다. 즉 젊은 남성의 선택지가 크게 다르기 때문에 선택지 세트가 더 크고 광활한 공간에서 이리저리 움직이면서 자유를 경험하게 된다.

이제 봄 방학 때 무엇을 할지 고민하는 젊은 여성의 사례를 살펴보자. 사르트르의 젊은 남성 이야기와 마찬가지로 그녀는 아주 큰 선택지 세트를 가지고 있다. 자아를 다양하게 표현할 기회를 제공하는 다채로운 선택지인 것이다. 하지만 그녀의 사례에는 특별한 점이 있다. 그녀는 자신의 결정에 따라 새로운 선택지를 구축하게 된다. 즉 선택지를 구성하는 강력한 능력을 사용하면서 자아 표현을 위한 새로운 길을 생각하게 되는 것이다. 그녀는 자신의 선택지 공간에서 중요한 영역이 드문드문 채워져 있다면 자신의 창의적 능력을 발휘해서 채워 넣을 것이다. 이렇게 해서 자유에 대한 추가적인 경험을 하게 된다. 그녀는 광활함과 이동에 더해 **경계 없음**unboundedness이라는 감정을 경험하게 된다. 그녀의 선택지 세트는 이미 광범위해서 그 안에서 많은 이동이 가능하다. 하지만 이에 더해 경계가 고정되어 있지 않아서 경계를 확장할 수 있는 능력도 가지게 된다.

자유의 현상학을 논의한 거의 모든 철학자는 다르게 할 수 있는 능력의 경험에 대해서도 논의해왔다. 자유라는 감정이 오로지 이러한 능력을 가지고 있다는 감정으로 구성된다면, 위에 언급한 세 사람(암 진단 남성, 사르트르의 젊은 남성, 봄 방학을 계획하는 젊은 여성)은 자유의 주관적 경험에서 아무런 차이가 없을 것이다. 세 사람 모두 다르게 할 수 있는 능력을 동등하게 가지고 있다.

우리는 현상학이 자유의지를 이해하는 데 핵심적이고, 우리가 자유로운 개체라는 확신의 근거를 형성한다는 설의 주장에 동의한다. 하지만 다르게 할 수 있는 능력을 가진 느낌에 더해 광활함, 이동, 경계 없음의 느낌도 자유의 경험에서 핵심적인 측면이라고 생각한다. 자유의지를 선택의 자유로 설명하면 자유의 현상학의 다른 측면과도 잘 들어맞지만, 표준적인 관점에서는 그렇지 않을 것이다.

의지의 작동

지금까지 자유의 구성적 측면을 강조해왔다. 반면 '의지willing'에 대해서는 거의 논의하지 않았기 때문에 마지막 절에서 의지에 대해 살펴보려고 한다.

'의지'의 한 가지 측면은 미래의 가능성에 대해 즉각적으로 혹은 신중하게 전망하고 있을 때 작동한다. 여러 가능성을 탐색해서 다른 것에 비해 두드러지는 하나를 찾으려고 할 때, 인간의 욕구는 행동을 촉발시키기 때문에 '자유의지free willing'처럼 느껴진다. 행동이 '우리에게' 달려 있도록 하는, 의지에 대한 더 이상의 추가적인 행동은 필요하지 않다.

결정을 내린 선택지는 방해받지 않는 심적인 활동을 거쳐서 발생했기 때문에 확실히 내 것이다. 물론 그렇지 않을 수도 있다. 종종 선호하는 것에 대한 둔감한 내적 충동이나 가장 하고 싶은 것을 하지 못하게 하는 외적인 압력과 맞닥뜨리게 된다. 이런 요인으로 인해 대안의 탐색이 제한되지 않는 한, 초월적인 의지를 발동해서 스스로 그 행동을 할 필요는 없다. 합리적인 호문쿨루스homunculus는 그 장면에 들어가서 행동을 승인하지 않는다. 행위자가 선택지를 자유롭게 탐색한 다음 '가장 좋은 것'으로 마음을 정하게 되면, 그는 이미 합리적인 호문쿨루스가 하려는 것을 정확하게 한다.

따라서 행위자가 광범위한 전망 능력을 가지고 있고 상당한 크기의 선택지 세트를 구축했다는 점을 감안하면, '자유의지'라는 선택지는 마음이 결정되었다고 느낄 때까지 이러한 선택지를 실행한 다음 일련의 행동 과정을 취하는 것으로 구성된다.

자유의지에 관한 철학적 논쟁은 주로 형이상학의 추상적 문제를 다루어왔다. 인과성이 우주에서 어떻게 작동하는가? 어떤 물리적 법칙이 인과성을 가지고 있는가? 우주의 법칙이 결정론을 따른다면 자유의지가 가능할까? 매우 중요한 질문이고 논쟁을 지속해야 한다. 하지만 이 장의 주제는 다른 것이었다. 우리의 초점은 자유의지에 관한 중요한 **비교** 문제였고, 이는 지금까지 거의 논의되지 않았다. 자유로운 인간과 달리 하등동물이 자유롭지 않은 이유를 설명하는 특별한 심리적 요인은 무엇인가? 이 질문에 우리는 선택의 자유가 답이라고 주장한다. 인간은 강력한 선택지 구성 능력을 가지고 있는 매우 전망적인 생명체다. 그래서 인간은 자아 표현을 위한 수많은 기회를 포함하는 선택지 세트를 구성할 수 있다. 그것은 인간이 방대한 선택지의 공간 여기저기를 돌아다닐 수 있기 때문이다.

8장

정서, 인간이 미래를 느끼는 방식

로이 바우마이스터

정서는 흔히 가정하듯이 주로 현재에 있다. 그래서 미래는 별 상관이 없다고 결론을 내리기도 한다. 우리는 결국 미래 사건, 일반적으로는 전망이 정서와는 대체로 관련이 없다고 생각할 수 있다. 하지만 정서는 미래와 관련되어 있다. 이번 장에서는 현재의 정서와 미래 사건의 관련성 그리고 현재 사건과 기대하는 미래 정서의 관련성을 논의할 것이다.

결정을 하고 있는 사람을 잠시 살펴보자. 그는 여러 개의 선택지를 두고 고심한다. 이는 특정 결과를 유발하는 행위를 수행하는 상상을 해보고 다른 결과를 가져오는 행위도 상상해본다는 것을 의미한다. 여기에 정서는 어떻게 개입할까? 결정하는 사람이 미래를 생각하는 동안 현재에 가지고 있는 정서 상태가 있을 것이다. 미래에 관한 그의 생각은 미래의 정서를 예측할 것이다(예를 들어, 어떠어떠한 일이 일어나면 미안할 것이다).

현재와 미래의 정서는 완전히 독립적인 것이 아닐 것이다. 때때로 현재의 정서가 미래 정서 상태에 관한 일종의 맛보기(특히 경고와 징조)로 발생한다면, 둘은 서로 밀접하게 연관되어 있을 수도 있다. 아주 뜨겁고 낭만적인 데이트를 기대하면 현재의 즐거움이 유발되지만, 데이트 자체가 긍정적인 정서를 가져올 것이라는 기대와 연결되어 있을 가능성도 있다.

사실 비록 조금 다른 형태의 정서이긴 하지만, 현재와 미래 정서 간에 겹치는 부분을 설명하는 이론이 있다. 다음 절에서는 이와 관련한 이론을 살펴보자.

예측하는 정서에 대한 신호로서의 현재 정서

정서의 목적은 무엇일까? 그리고 정서는 인간의 심리에서 어떻게 기능할까? 이와 관련해 폭넓게 인정받고 있는 관점은 정서가 행동을 유발하기 위해 존재한다는 것이다(Cosmides & Tooby, 2000; Frank, 1988; Frijda, 1986; Izard & Ackerman, 2000). 정서 이론 중 상당수는 두려움의 표준 사례를 이용한다. 두려움이 없는 초기 인간은 가만히 서서 호랑이가 다가오는 것을 신기한 듯이 바라보다가 잡아 먹힌다. 두려움이 없는 인간은 바로 그것 때문에 유전자 공급원에서 자기 자신을 제거하게 된다. 그 결과 현재의 인간은 오직 두려움을 경험한 선조로부터 이어져왔다. 두려움은 호랑이를 비롯한 위험한 것으로부터 그들을 도망치게 만들었고, 그 덕에 오랫동안 생존해 번식에서 우위에 설 수 있었다. 이것이 바로 널리 퍼져 있는 이야기다.

정서가 행동을 안내한다는 아이디어가 직관적으로 흥미를 끌기는 하지만, 그에 관한 증거는 상당히 취약하고 때로 모순되기도 한다. 정서에 관한 연구는 사고 과정, 판단, 의사결정에 많은 영향을 끼쳤다. 하지만 실제 행동에 미치는 영향에 대한 연구는 많지 않았다. 노르베르트 슈워츠Norbert Schwarz와 제럴드 클로어Gerald Clore는 두 편의 논문에서 인지가 정서에 미치는 영향에 관한 방대한 증거와 행동적 효과에 관한 아주 적은 증거 간의 차이에 관해 언급했다(Schwarz & Clore, 1996, 2007). 두 번째 논문에서 이들은 "정서의 즉각적인 효과는 … 행동적이기보다는 훨씬 더 심리적이다."라고 결론 내렸다(Schwarz & Clore, 2007, p. 39).

정서의 기본 목적이 행동을 유발하는 것이라는 아이디어는 개념적인 측면과 경험적인 측면에서 바우마이스터 등에 의해 공격적으로 배척되었다(Baumeister, Vohs, DeWall, & Zhang, 2007). 그들은 정서가 행동을 안내한다는 관점에 대한 비판 중 일부를 되풀이했다. 가능한 모든 행동에 대해 정서가 충분하지 않아서, 정서가 행동 방식의 구체적 방향을 포함할 수는 없다는 것이다. (슈워츠와 클로어가 지적한 대로 두려움은 단지 도망가는 행위 이외에도 숨거나 날씨 예보를 듣거나 주식 거래를 하거나 일을 열심히 하거나 보험에 가입하거나 집에 전화를 하는 등의 다양한 행위를 유발할 수 있다.) 그들은 정서가 너무 느리게 발생하여 빠르게 움직이는 상황에서 행동을 안내하기는 어렵다고 주장했다. (예를 들어, 고양이를 본 후 쥐의 신체가 생리적 각성이 동반된 두려움의 상태를 생성하고, 그 상태를 지각한 쥐의 뇌가 두려움이라고 이해한 다음 도망가라는 신호를 보낸다면, 고양이의 식사가 되지 않기 위해 빠르게 움직여 이리저리 도망 다니지는 못할 것이다.)

정서의 목적이 행동을 유발하는 것이라는 이론에 대한 또 다른 반대 의견은 연구를 통해 잘 증명되었다. 현재 정서 상태에 의해 이끌린 행동이 종종 비이성적이거나 심지어 자기 파괴적인 행동으로 이어질 수도 있다는 점에서, 행동 유발이 정서의 주요 목적일 수는 없다는 것이다. 자연선택은 자기 파괴적 행동이 생존과 번식에 반한다는 점에서 자멸적인 행위를 선호할 수 없다. 정서가 우리를 자기 파괴적 행위로 이끈다면, 동기화된 행동은 정서의 진화된 목적일 수 없다. 이것은 정서에 의해 동기화된 유익한 행동으로 대부분 상쇄될 것이다. 하지만 두려움이 도망과 생존을 보장한다는 가상의 사례를 제외하고는 증거를 찾기가 어렵다.

대신에 바우마이스터 등(2007)은 정서의 목적이 성찰을 자극하는 것이라고 주장했다. 정서는 중요한 사건으로 주의를 이끌고 그에 대한 심적 처리를 촉진한다. 컴퓨터는 지금 수행하는 과제가 끝나면 다음 과제로 이동하지만, 인간은 이미 종료된 과제에 대해서 깊이 생각한다. 그렇게 사실 그대로 그리고 사실에 반하는 생각을 반복적이고 지속적으로 성찰하는 과정에서 인간은 유익한 교훈을 얻고, 이는 미래 상황에서 도움이 되는 방향으로 행동할 수 있게 해준다.

게다가 인간은 특정 상황에서 특정 방식으로 행동하면 어떻게 느낄지를 경험으로부터 배운다. 인간은 그러한 경험을 통해 점차 어떤 정서적 결과가 나타날지 예측할 수 있게 된다. 일반적으로 긍정적인 정서는 증진하고 부정적인 정서는 회피하거나 최소화하는 쪽으로 행동하고, 이후에 어떻게 느낄지 효과적으로 예측할 수 있게 되면, 그것에 맞춰서 행동을 효과적으로 조정할 수 있다.

정서의 두 가지 의미와 종류

정서라는 용어 자체는 다양하게 사용되어서 이론을 정립하기가
쉽지 않다. 바우마이스터 등(2007)은 모든 것을 갖춘 정서 상태와 소위
자동적 정서 간에 중요한 차이가 있다고 주장했다. 모든 것을 갖춘full-
blown 정서는 일상적인 의미에서의 정서를 말한다. 의식적인 느낌의 상
태는 대개 가쁜 호흡, 빨라진 심장박동, 상기된 표정, 그리고 심지어
울음과 같은 신체 변화로 나타난다. 하나의 상태로 느끼고 느리게 발
생하며 느리게 소멸된다.

이와는 대조적으로 자동적 정서는 어떤 것이 좋다 혹은 나쁘다는
통증 같은 느낌이다. 대개 자동적이고 완전히 비의식적일 수도 있다.
빠르게 왔다가 사라질 수 있고, 동시에 여러 개를 경험하는 것도 가능
하다. 각성 상태와 같은 생리적 반응과 연관되지도 않는다.

분명히 말해서, 자동적 정서가 모든 것을 갖춘 정서처럼 작동하지
는 않지만, 틀림없이 정서적 반응의 형태이다. 자동적 정서는 본질적
으로 좋거나 나쁘다는 느낌이다. 인지는 이해하는 반면 정서는 평가
한다. 기쁨과 고통의 느낌은 아주 단순한 생물체에게도 어떤 것이 좋
고 나쁜지를 보여준다. 인간은 엄청나게 넓은 정서 목록을 가지고 있
지만 좋거나 나쁘다는 차원은 여전히 강력하고 명확하다. 엄청나게
많은 정서 상태 각각에 대해 좋거나 나쁘다는 느낌은 쉽게 대답할 수
있다. 좋거나 나쁘다는 감정이 동시에 발생하는 경우는 거의 없지만,
좋은 정서의 조합이나 나쁜 정서의 조합은 일상적으로 경험할 수 있
다(Larsen, Diener, & Emmons, 1986; Polivy, 1981). 그래서 자동적 정서는 모든 것을
갖춘 정서의 매우 단순한 판본이다. 인간은 정서 반응의 대부분이 손

실되어도 그 정서가 좋은지 혹은 나쁜지 안다. 일종의 '찌르는 느낌 twinge'이다. "그거 좋은(혹은 나쁜)데." 이렇게 찌르는 느낌은 종종 어떤 행동을 단행할지 말지를 결정해준다.

도덕적 행동은 유익한 사례를 제공한다. 도덕 원리는 기본 규칙이 며, 도덕적 추론으로 행동 여부를 결정할 수 있다. 어제 친구의 애인 이 공원에서 다른 사람과 키스하는 것을 보았을 때 그 사실을 친구에 게 말해야 할까? 여러 가지 도덕 원리를 떠올리며 고민할 것이다. 그 원리에는 친구와의 우정을 지켜야 할 의무, 그 연인과도 친구라면 또 한 비밀을 지켜야 할 의무, 고자질이라는 낙인, 사귀는 사람 이외의 누군가와 키스를 해도 되는지에 대한 판단 등이 포함된다. 이마누엘 칸트Immanuel Kant는 이런 상황에서 적용할 수 있는 심오하고 유명한 공 식을 제안했다(1797, 1967). 당신의 행동 기준이 보편적 기준의 근거가 될 수 있는지에 따라 행동하라. 당신이 비슷한 상황에서 선례를 만들 수 있다는 것을 알고 행동하라.

심리학자들은 도덕이 그렇게 작동하지 않는다는 결론으로 서서히 움직이고 있다. 조너선 하이트(2001)는 감정이 도덕적 판단과 결정에 근거가 된다는 놀라운 증거를 제시했다. 사람들은 도덕 원리가 합리 적 추론과 충돌할 때 물러서거나 계속 고민하지 않는다. 올바른 것에 대한 감이 들면, 그대로 한다. 그래서 올바르다고 느끼면 행동을 승인 하고 수행한다. 틀리다고 느끼면 반대하고 삼간다. 이것이 자동적 정 서, 결정으로 이어지는 직관적 도덕 감정의 '찌르는 느낌'이다.

정서를 이렇게 이해한다면, 의식적 정서의 한 가지 목적은 미래에 자동적 정서의 근거를 만드는 것이다. 다마지오(1994)는 **신체 표지**somatic marker라는 용어를 제안하여 정서의 이점을 설명했다. 다마지오는 정서는 신체에 흔적을 남기고, 이 흔적은 비슷한 상황에서 재활성화될 수 있다고 생각했다. 이는 사회적 환경에서 살아가기 위한 학습에서 매우 중요한 부분이다. 정상적인 정서 반응을 보이지 않는 사람들이 일상생활에서 어려움을 느끼는 이유가 여기에 있다. 이들은 〈스타트렉〉의 등장인물인 스팍을 만든 창작자가 상상한 현명하고 합리적인 존재가 아니다. 외계 행성에서 온 스팍은 정서가 결핍되었을 것 같다는 점을 제외하고 인간과 유사한데, 바로 이 정서 결핍 덕에 그는 효과적이고 효율적이며 합리적인 행동의 모범이 되었다. 하지만 정서가 결핍된 인간은 스팍과는 매우 다르다. 정서가 없는 사람들은 사회에서 제대로 기능하지 못하는 것으로 보인다.

감정이 없는 사람이 보이는 사회적 무능은 설명하기 힘들다. 정서가 충동적이고 비합리적이며, 심지어는 자기 파괴적으로 행동하게 만든다면, 정서가 없을 때 더 나은 모습을 보여야 하지 않을까? 이에 대해 다마지오가 넌지시 던지고 바우마이스터 등(2007)이 단언한 답은 현재 정서에 근거해서 행동하게 되면 종종 비합리적이 되고 문제를 일으킬 수 있기 때문에 정서는 학습을 위한 것이지 즉각적인 행동을 안내하기 위한 것은 아니라는 것이다. 모든 것을 갖춘 정서의 기능은 사람들이 현재의 경험에서 배울 수 있게 돕는 것이다. 그래서 미래의 언젠가 더 잘 행동하게 해준다. 그리고 신체 표지 혹은 정서적 연합은 이걸 가능하게 해준다.

그래서 모든 것을 갖춘 정서에 대한 반응을 유발하는 경험을 하게 되면 기억에 흔적이 남는다. 비슷한 상황을 겪으면 그 흔적은 활성화된다. 따라서 훗날 행동을 결정해야 할 때 특정 방식으로 행동해야 한다는 아이디어와 연결된 정서의 찌르는 느낌을 가진다. (현재의) 이 찌르는 느낌은, 모든 것을 갖춘 정서가 (미래에) 그런 방식으로 행동할 때 사용할 신호다. 그리고 이러한 느낌은 (과거에서) 이전의 유사한 행동에서 배웠기 때문에 발생한다. 현재의 찌르는 느낌은 미래의 정서를 예측하는 데 도움을 준다.

미래를 시뮬레이션하기

미래를 직접 경험할 수는 없다. 그래서 상상으로 경험해야만 한다. 실제로 사람들은 미래의 언젠가 발생할 사건을 심적으로 시뮬레이션하여 예상한다.

사실, 많은 연구자는 모든 의식적 경험이 심적인 시뮬레이션으로 구성되어 있다고 믿는다. 의식적 경험은 분명 뇌에서 생산된다. 비요른 메르케르Björn Merker는 이와 관련해 "불투명한 두개골 안에 쌓여 있는 뇌는 감각 신경 섬유의 전단부에 도달하는 불규칙한 신경 활동을 제외하고는 세상에 대해 아무것도 알지 못한다."(Merker, 2012, p. 38)고 말했다. 뇌는 점멸하는 전기 자극으로 바깥세상에 대한 주관적 인상을 형성한다. 그렇게 만든 이미지에 다양한 오류가 생길 수 있다는 것은 의심할 여지가 없다. 이러한 관점에 따르면, 바로 특정한 시점에 특정한 곳에서 일어난 일에 대한 현재의 인식조차도 시뮬레이션에 불과하다. 사람들은 눈이 우리가 보고 있는 세상이라는 그림을 뇌에 직접적으로 가져다준다고 순진하게 믿고 있지만, 이는 완전히 틀린 생각이다. 세상은 눈에 있는 신경세포의 활성화로 출발해서 뇌로 전달되고, 그곳에서 분류하고 처리한 후 조합하여 세상에 잘 들어맞는 합성 그림이 되는데, 이때 최선의 추측, 의미 있는 해석, 감정적 평가가 비어 있는 틈을 메꾼다.

바로 이런 이유로 무언가의 정체를 알아채는 속도만큼 빠르게 그것을 좋아하는지 혹은 싫어하는지 알게 된다(Zajonc, 1980). 뇌는 유입되는 정보를 처리하고, 현재 발생하고 있는 사건에 대해 일종의 내적인 영화를 만든다. 영화를 만드는 동안 거기에 있던 것을 표상할 뿐 아니라 기억에서 정보를 꺼내 정교화하는데, 그것이 가진 의미 그리고 어떤 상징이나 연합이 적합한지 등이 정교화 작업에 포함된다. 결정적으로 원하고 좋아하고 기억하는 것에 근거해 판단을 위한 가치를 부여한다. 의식적으로 경험하기 전에 모든 것을 갖춘 정서 반응을 만들어낼 시간은 없다. 결국 정서를 구축하는 데 상당한 시간이 소요되고 뇌는 현실과 너무 멀리 떨어진 상태를 감당하기 어렵다. 공을 가지고 뛰어가면서 상대 팀의 태클을 피하려고 재빠르게 움직이는 미식축구 선수를 떠올려보자. 이 선수가 완전한 정서 반응을 가질 때까지 다만 2~3초라도 기다린다면, 상대 팀 선수를 피하려고 하기도 전에 그라운드에 넘어져 있을 것이다. 하지만 자동적 정서가 빠르게 개입한다. 돌진하는 상대 팀 선수가 눈에 들어오면 부정적 감정의 찌르는 느낌이 발생하고, 태클을 피하기 위해 0.5초 안에 옆으로 움직여야 한다는 것을 알게 된다.

현재에 대해서는 이 정도로 하자. 미래를 시뮬레이션할 때 시간의 압박을 느끼지는 않지만 같은 시스템이 작동한다. 사건의 순서를 떠올릴 때 자신의 행동, 그 결과, 그리고 다른 사람의 행동과 반응이 포함된다. 그리고 좋은지 혹은 나쁜지를 느끼게 된다. 이 느낌은 행동의 착수 여부를 결정하는 데 도움을 준다.

2부 전망, 삶에서 지속되는 질문들

예측되는 정서 사례

여기서는 전망적 쾌락론, 즉 미래에 어떻게 느낄지에 대한 예측이 종종 행동을 (잘) 안내한다는 아이디어를 전개해보려고 한다.

예측되는 정서로서의 죄책감

두려움은 정서가 행동을 유발한다는 옛 이론에서 선호하는 사례다. 죄책감은 새로운 이론의 좋은 사례다(우리는 수치심과 죄책감이 다르다는 데 의견 일치를 이루었다. 죄책감은 특정한 행동에 대한 나쁜 느낌인 반면 수치심은 사람 전체에 대한 나쁜 느낌이다). 무언가를 하고 나서 죄책감을 느끼는 것은 다른 사람들이 불평하고 비난했기 때문이다. 죄책감을 느끼면 그런 반응을 유발한 행동을 반추한다. 그래서 어떻게 행동했으면 그런 불편한 정서적 상태를 피할 수 있었을지 상상한다. 다음에 비슷한 상황에 처하게 되면 이전에 했던 방식으로 행동하고 싶지만 예측되는 죄책감 탓에 '찌르는 느낌'이 들어 행동을 바꾼다.

이 사례의 핵심은 현재와 미래 상태가 의미 있게, 심지어는 인과적으로 연결되어 있다는 것이다. 그래서 이전에 했던 행동과 똑같은 행동을 하게 되면 또다시 죄책감을 느끼게 될 것이라고 깨닫는다. 이는 단순한 논리적 분석이 아니라, 문제가 되는 행동을 신중히 생각하면서 현재의 자동적 정서가 '찌르는 느낌'에 의해 도움을 받는, 심지어는 자극을 받는 것이다. 현재의 나쁜 느낌이 미래에 느낄 수 있는 '모든 것을 갖춘' 정서 상태를 예측하게 도와준다.

이것이 죄책감의 묘미 중 일부이다. 적절하게 사용하면, 한 번도 죄책감을 느껴본 적이 없다고 해도 행동을 효과적으로 이끌어준다.

죄책감을 가져오는 것이 무엇인지 예측할 수 있고 그 정보를 사용해 그러한 행동을 피할 수 있다면, 더 많은 죄책감을 겪지 않을 수 있다. 그리고 그 과정에서 행동을 바꾸어 사회에 이득을 주고 궁극적으로 자신에게도 도움이 되는 일을 할 수 있다.

그래서 죄책감은 전망적 쾌락론의 전형적인 사례라고 할 수 있다. 우리는 과거와 현재에 기반하여 미래를 투사할 수 있는데, 거기에는 각각의 시나리오를 번갈아 가면서 제시할 때 경험할 가능성이 높은 정서가 무엇인지를 포함한다. 그리고 예측되는 정서에 근거해서 적절하게 행동을 조절하여 불편한 정서 상태를 피할 수 있다. 현재에서는 '모든 것을 갖춘' 정서를 가지기 어렵기 때문에 그렇게 행동하면 죄책감을 느낄 것이라는 인식만 하게 된다. 잘못된 것을 전혀 하지 않았을 때는 죄책감을 느낄 필요가 없다. 잘못된 것을 하게 되면 죄책감을 느낄 것이라고 알기만 하면 된다.

결정, 사고, 감정

플라톤이 말한 철인왕의 후계자인 이상적인 인간의 모형을 구성하는 것은 매우 솔깃한 이야기다. 그런 사람은 호모 이코노미쿠스Homo economicus처럼 사려 깊고, 통찰력 있고, 합리적일 것이다. 게다가 매우 도덕적이고 윤리적일 것이다. 주의 깊고 세심하게 상황을 분석하여 결정을 내리고 행동을 선택할 것이다.

하지만 철인왕처럼 생각하는 역량은 진화의 역사에서 아주 최근에 전개된 국면이다. 인간을 제외하면 합리적이고 도덕적인 생각은 매우 제한적이거나 거의 나타나지 않는다. 동물도 진화의 초기부터 결정을 해왔다. 서로 대립할 것으로 전망되는 시나리오에 따라 논리적으로 비용 편익 분석을 할 수 없다면, 동물을 어떻게 결정을 내렸을까?

지금 드는 느낌을 기준으로 선택하는 것은 합리적 결정에 비해 훨씬 단순한 과정이며, 심적인 장치를 덜 필요로 한다. 다치지 않으려면 움직여야 한다는 신호 기능을 하는 고통은 진화 과정에서 가장 먼저 나타난 감정 중 하나였을 것이라 짐작된다.

현재 정서에 근거해서 행동하기

앞에서 언급한 대로, 현재 정서 상태가 행동을 유발한다는 증거는 거의 없고 매우 약하다. 그렇지만 절대 불가능하다고 말할 수도 없다. 사람들은 분명히 화나거나 두렵거나 기쁘기 때문에 무언가를 말하거나 어떤 행동을 한다. 하지만 그게 일반적일까? 더욱이 그것이 정서의 중심 기능일 수 있을까?

C. 네이든 드발C. Nathan Dewal, 로이 바우마이스터, 데이비드 체스터 David Chester, 브래드 부시먼Brad Bushman은 메타 분석을 실시하여 정서와 행동의 연결 고리를 조사한 수백 편의 논문에서 제시한 증거를 편집했다(DeWall, Baumeister, Chester, and Bushman, 2015). 이들은 사회심리학 분야의 주요 학술지인 《성격과 사회심리학 저널Journal of Personality and Social Psychology》에 1987년부터 현재까지 실린 논문 중 정서가 행동이나 사회적 판단에 관련된 독립 변인과 결과를 매개했는지를 분석한 모든 논문을 수집했다.*

정서의 매개 효과 연구는 다음과 같이 진행한다. 첫째, 사회적인 상황에서 어떤 일이 발생한다. 둘째, 한 사람이 그 상황을 지각한 결과로 정서를 경험한다. 셋째, 그 사람이 무언가를 한다. 첫째 단계가 셋째 단계를 초래할 때, 즉 환경이 특정 반응을 확실하게 유발할 때 실험 결과가 도출된다. 문제는 환경에 대한 정서적 반응이 그 사람이 한 행동을 유발하는 데 공헌을 했는가이다. 누군가가 당신을 모욕해서 당신이 화가 나고, **그래서** 그 사람에게 공격적으로 행동한다. 그 모욕이 분노를 유발하지 않았다면 공격적으로 반응하지 않았을 것이다. 간단히 말해서, 연구자는 매개의 증거를 통해 환경이 통계적으로 행동과 연관되어 있고, 정서가 행동과 연관되어 있으며, 정서의 영향을 통제했을 때 환경과 행동의 연관성이 사라진다는 것을 보여주어야 한다. 그렇게 되면, 정서는 그 연결 고리를 설명하게 된다(연구자는 반대의 경로가 작동하지 않는다는 것을 보여주어야 한다. 즉 환경의 영향을 통제한다고 해도 정서 상태는 여전히 행동을 예측한다.).

매개 분석의 유의미한 결과는 정서가 행동의 즉각적인 원인이라는 의미다. 인과적 연결 고리가 환경에서부터 정서 그리고 행동으로 이어진다.

드발 등이 수행한 메타 분석은 정서가 행동을 유발하기는 하지만 아주 가끔이라는 것을 보여주었다. 수백 편의 논문 중 단지 20%에서만 통계적으로 유의미한 결과가 도출되었다. 유의미한 결과라는 것은 그 결과가 우연히 나타날 확률이 5% 미만이라는 의미다. 그래서 연구의 5%는 우연히 유의미한 결과를 산출했을 수 있다. 그래서 20%는 우연의 수준보다 딱히 나아 보이지 않는다.

---

* 1987년부터 수집한 이유는 바로 전해에 베이런과 케니가 매개 효과를 설명하고 증명해서 사회 심리학자의 자료 분석에 혁명적인 변화를 가져온 논문을 출간하여, 1987년이 매개 효과를 분석하는 새로운 절차가 폭넓게 사용되기 시작한 때이기 때문이다.(Baron & Kenny, 1986)

비율이 이렇게 낮은 이유를 주목할 만하다. 그러나 그 이유가 연구자가 정서가 행동을 유발한다는 것을 정말 드물게 보여주었기 때문은 아니다. 자신의 가장 우수한 연구를 출판하기 위해 치열하게 경쟁하는 수천 명의 연구자가 그 학술지에 논문을 싣고 싶어 한다. 연구 설계의 논리에 따르면, 유의미하지 않은 결과는 완전히 의미 없는 것이 아니라면 해석하기가 어려워서 대부분의 학술지는 유의미한 결과를 발견한 연구 결과만 게재한다. 이렇게 이름 있는 학술지에 유의미하지 않은 결과를 도출한 논문이 가득하다면 정말 깜짝 놀랄 만한 일이 될 것이다. 이를 설명할 수 있는 유일한 방법은 다음과 같다. 저자, 심사자, 편집자 모두 정서는 행동을 이끄는 단 하나의 요인이 아니라고 해도 주요 요인일 것이라고 가정한 다음, 그 설명이 현재의 사례에 들어맞는지 규명하기 위해 데이터를 분석해야 한다. 누군가가 정서 상태가 아닌 무언가로부터 행동이 나타난다는 것을 보여주고자 한다면 정서가 진짜 원인이 아니라는 것을 보여주는 데이터를 제공해야 한다. 그리고 정서가 대개 행동을 유발하는 원인이 아니라는 사실을 인정하기까지 꽤 많은 시간이 필요할 것이다.

메타 분석으로 예측되는 정서도 검토했다. 현재 정서 상태의 효과를 연구하는 수백 편의 논문과는 대조적으로, 예측되는 정서 상태를 연구한 논문은 몇 편 되지 않는다. 하지만 예측되는 정서를 확인해본 연구는 거의 90%에 달하는 훨씬 더 높은 비율로 유의미한 결과를 도출했다. 물론 더 많은 연구가 진행되어야 하지만, 현재 가용한 증거를 보면, 현재의 느낌보다는 미래의 느낌에 대한 기대가 행동에 훨씬 더 확실하게 영향을 준다.

게다가 결정적으로, 현재의 정서 상태에 관한 미약한 연구 결과도 과장됐을 가능성이 있다. 실제로는 예측된 미래 정서지만, 현재의 정서 상태가 행동을 이끈 것으로 보이는 결과를 얻었을 수 있다. 특히, 불편한 정서 상태로 인한 결과는 불편한 정서 상태를 바로잡고 더 좋은 기분을 느낄 수 있게 노력하기 때문에 발생한다.

이 문제는 저명한 정서 연구가인 앨리스 아이센Alice Isen이 1980년대에 확인했다(Isen, 1984, 1987). 아이센은 정서에 관한 문헌을 살펴보면서 나쁜 기분과 정서적 고통에 관한 연구에서 모호한 점을 확인했다. 예측할 수 있는 더 나은 상태를 탐색할 때의 정서 연구 결과를 직접적으로 풀어내기는 어렵다. 가령 사람들을 '좋은', '나쁜', '중립적인' 기분 조건에 무작위로 할당하고, 그들이 아이스크림을 얼마나 먹는지를 측정하는 연구를 진행했다고 가정해보자. 결과를 보니 '나쁜 기분 조건'의 참가자가 아이스크림을 가장 많이 먹었다. 이 결과로 나쁜 기분이 단것을 먹게 하고 자기 통제력을 떨어뜨리며, 다이어트를 무시하게 만든다고 해석할 수 있을까? 혹은 실험적 처치가 '나쁜 기분 조건'의 참가자를 격려하여 그들이 아이스크림을 먹었다는 의미인가? 아이센은 이 문제에 대한 답을 찾지 못했고, 연구자가 모호함이라는 문제를 겪지 않는 긍정 정서 연구로 방향을 바꾸어야 한다는 주장을 지지했다. 사람들은 대개 좋은 느낌을 피하려고 하지 않는다. 그래서 연구자가 사람들을 기쁘게 하고 그들의 행동 변화를 관찰하면, 행동이 정서 상태를 바꾸는 노력이 아니라 기쁨으로부터 직접적으로 흘러나왔다고 가정하는 것이 타당하며, 부정 정서 연구를 힘들게 하는 문제도 피할 수 있게 된다. 아이센은 이후 자신의 연구에서 이 경로를 따랐고 상당한 성공을 거두었다.

하지만 비슷한 시기에 로버트 치알디니Robert Cialdini는 이런 점을 분

2부 전망, 삶에서 지속되는 질문들

리하는 방법을 고안했다. 치알디니는 대니얼 뱃슨Daniel Batson과 도움 행동의 원인에 관한 논쟁을 진행하고 있었다. 타인의 이득을 위해 순수하게 무언가를 한다는 의미에서, 사람들은 정말로 이타적인가? 아니면 좋은 기분이 들기 때문에 도와주는 것인가? 치알디니는 인간의 이타성을 규명한다고 주장하는 대부분의 증거가 사실은 사람들이 좋은 기분을 느끼고 싶어 하는 신호일 수 있다고 의심하고 있었다. 사람들은 도움 행동이 스스로를 격려하기 때문에 타인을 돕는다(정말 그렇다. 다른 사람을 돕고 선행을 하면 실제로 도운 사람의 기분이 좋아진다).

여기서 중요한 것은 자신이 순간적으로 슬픔과 불행한 기분에 빠진 것을 알게 된 평범한 사람이 특별히 다른 사람을 잘 돕는다는 증거가 있다는 것이다. 슬픔이 도움 행동을 초래하는가? 아니면 슬픔이 사람들로 하여금 더 좋은 기분을 느끼게 해서 그런 기분을 얻기 위한 기대와 희망으로 누군가를 돕게 되는가?

치알디니 연구팀은 **기분-동결 알약**mood-freezing pill이라는 기발한 해결책을 고안해냈다(Manucia, Baumann, & Cialdini, 1984). 여기서 '동결'은 얼리는 것과는 관련이 없다. 약을 복용할 때의 정서 상태가 무엇이든, 한참 동안 그대로 이어지고 바꿀 수 없다는 것을 의미한다. 물론 현실에서는 그러한 약이 없고 실제로 그런 약이 있어야 할 필요도 없다. 연구자가 할 일은 사람들이 그렇다고 확신하게 만드는 것이다.

기분-동결 알약의 묘미는 일단 복용하면 기분을 좋게 하거나 정서 상태를 바꾸려고 노력할 필요가 없다는 것이다. 다시 말하지만 실제로 존재하는 약이 아니라 사람들의 믿음에 관한 것이다. 당신이 무엇을 하든 당신의 기분을 바꿀 수 없다고 생각한다면, 기분을 바꾸려는 어떤 시도도 결국 실패할 것이므로 시도할 필요가 없다. 그래서 이 현명한 속임수로 아이센의 문제를 풀 수 있었다. 기분-동결 알약을 복용했다고 믿는 슬픈 기분의 참가자는 자신을 격려해봐야 소용이 없다는 것을 알고 있다. 슬픔이 직접적으로 행동을 초래한다면, 기분-동결 알약은 중요하지 않기 때문에, 참가자는 약을 복용했는지와 상관없이 같은 행동을 지속할 것이다. 하지만 행동이 스스로를 격려하도록 만들어졌다고 믿는 한, 기분-동결 알약은 그것을 멈추게 해야 한다.

연구자는 대학생 참가자에게 다양한 기분 상태를 유도한 후 위약을 주었다. 참가자에게는 연구자가 새로운 의약품의 효능을 검증하고 있으며, 예비 결과에 의하면 이 약에 어떤 일이 발생하든 대략 1시간 동안 정서 상태를 고정시키는 부작용이 있다고 알려주었다. (지금까지 실제로 이런 효과를 보여준 약이 없었기 때문에) 이야기를 그럴듯하게 꾸미기 위해서, 실험자가 많은 의약품이 대마초와 같은 정서적인 부작용을 보여서 정서 반응을 강화할 수 있다고 설명했다. 그리고 새로운 의약품은 정서를 강화하지는 않고 단지 1시간가량 같은 상태를 유지하게 만든다고 말했다.

결과는 놀라웠다. 기분-동결 알약을 복용하지 않은 조건에서는 이전 연구 결과와 마찬가지로 슬픈 기분이 더 많은 도움 행동으로 이어졌다. 하지만 기분-동결 알약을 복용했다고 믿는 슬픈 조건의 참가자는 도움 행동을 하지 않았다.

현재의 정서 상태가 행동을 초래할 수 있다는 증거를 더욱 약화시킨다는 점에서 이러한 연구 결과의 의의를 찾을 수 있다. 관련 연구에서 슬픈 기분이 환경과 도움 행동을 통계적으로 매개한다는 증거도 얻을 수 있었다. 하지만 현실에서는 도움 행동이 슬픔의 직접적 결과가 아니다. 슬픈 사람은 도움 행동이 자기 자신을 격려한다고 생각할 때만 도움 행동을 했다. 그래서 이와 같은 현상을 정확하게 이해하려면 예측되는 정서가 실제 원인이라는 것을 보여주어야 한다. 아마도 위에서 언급한 현재 정서가 행동을 초래한다는 것을 주장하는 연구에 대한 메타 분석에서, 유의미한 결과를 보인 20% 중 상당수는 사실 예측되는 정서에 근거한 행동을 반영했을 가능성이 있다.

기분-동결 패턴을 확증해주는 추가적인 결과들이 제시되어왔다. 슬픈 사람은 기쁜 사람보다 사탕을 더 많이 먹지만 기분이 동결되었을 때는 그렇지 않았다(Tice, Bratslavsky, & Baumeister, 2001). 속상한 사람들은 지연된 만족이 아닌 즉각적인 만족을 추구하지만, 기분이 동결되었을 때는 역시 아니었다(Tice et al., 2001). 아마 가장 극적인 결과로는 기분이 동결되었을 때 분노가 공격성을 초래하지 않았다는 것을 들 수 있다 (Bushman, Baumeister, & Phillips, 2001). 이 결과에 특별히 주목해야 하는 이유는 분노가 공격성으로 이어진다는 아이디어는 공격성 연구의 근간을 이루는 것 중 하나이며 일부 전문가는 분노가 정서 상태 내에서 공격성과 관련된 근육의 움직임을 포함한다고 주장해왔기 때문이다(Berkowitz, 1989). 하지만 화난 사람들이 채찍질을 하는 이유는 그렇게 해서 기분이 좋아진다고 생각하기 때문인 것은 분명해 보인다. 누군가를 공격하면 기분이 좋아지고 분노를 누그러뜨려서 공격성을 초래하지 않게 할 것이라는 기대는 버리자.

인간의 행동이 예측되는 정서에 의해 결정된다는 관점에는 심오한 의미가 있다. 사람들은 무엇을 하든 미래의 정서 상태를 개선할 수 있는 방식으로 행동할 것이다. 그래서 긍정적인 정서를 가져오고 부정적인 정서를 줄이거나 피하게 할 수 있다고 기대하는 행동을 선택한다. **중요하고도 정서적인 의미에서, 대부분의 행동은 전망에 의해 결정된다.** 무엇을 할지 결정할 때는 보통 미래에 대한 기대 및 예측되는 결과와 연합된 정서가 영향을 주게 된다.

이러한 관점이 맞다면, 정서적 전망은 매우 중요하다. 어떤 기분을 느낄지에 대한 잘못된 전망은 비뚤어진 역효과를 낳는 행동으로 이어지게 될 것이다. 이 점은 사람들이 자신의 정서적 결과를 얼마나 잘 예측할 수 있을까에 대한 질문을 제기하는데, 다음 절에서 이를 논의해보자.

정서 예측과 예측이 부정확하다는 주장

지금까지 선택과 행동은 사람들이 어떻게 느낄지에 대한 기대에 부분적으로 근거한다는 것을 확인했다. 사람의 정서적 반응이 적응을 위한 진화와 학습에 의해 형성된다는 점에서, 그렇게 행동하는 것은 삶을 살아가는 효과적인 방법일 수 있다. 이 관점에는 한 가지 문제점이 있다. 사람들이 미래 정서를 예측하는 데 능숙하지 않다면 어떻게 될까? 기쁨을 느낄 것이라는 기대 아래 행동하지만 결국 비참한 느낌으로 끝나게 된다면 기대가 잘못된 것임이 분명하다. 그리고 그렇게 심각하게 잘못된 기대에 근거한 행동은 적응적일 가능성이 없다. 비참한 느낌으로 끝나게 된다는 바로 그 사실은 가장 좋은 행동을 선택하지 않았다는 신호일 수 있다.

사실, 주요 연구에 따르면 사람들은 자신의 미래 정서 반응을 예측하는 데 종종 부정확하다. 대니얼 길버트, 팀 윌슨Tim Wilson, 그리고 훌륭한 동료들이 **정서 예측**이라는 별명을 붙인 현상에 관해 진행한 연구를 보면 미래에 어떻게 느낄지에 관해 체계적인 실수를 한다는 것을 반복적으로 확인할 수 있다.

정서 예측에 관한 연구 결과는 예측되는 정서가 행동을 이끈다는 아이디어를 완전히 무너뜨리지 않는다. 어떤 면에서 이 연구 결과는 아이디어를 강화하거나 확증한다. 사람들은 체계적인 실수를 하지만, 그들이 즐거움을 줄 것이라고 기대하는 것이 결국 그들을 비참하게 만들어버린다는 그런 종류의 실수는 **아닌** 것으로 보인다(결혼이나 약물, 투자는 아마도 여기에 잘 들어맞을 수 있을 것이다).

주된 실수는 정서의 **지속** 시간에 대한 과대 추정이다. 예를 들어, 젊은 교수가 종신교수직을 제안받지 못했을 때 느낄 감정을 예측해보자. 대개 극도로 속이 상하고 우울한 상태가 오래 지속될 것이라고 예측한다(Gilbert, Pinel, Wilson, Blumberg, & Wheatley, 1998). 막상 그런 일을 접하게 되면 잠시 슬픔과 실망감을 느끼지만 아주 빠르게 극복한다. 다른 연구에서 학생들은 기숙사 방 추첨에서 정말 마음에 들고 쓰고 싶었던 방을 배정받았다면 무척이나 기쁠 것이라고 예측했다(Dunn, Wilson, & Gilbert, 2003). 원하던 방을 배정받은 학생들은 그렇지 않은 학생보다 처음에는 큰 기쁨을 느꼈을 것이다. 하지만 1년 후에 연구자가 학생들을 접촉했을 때는 두 집단 모두 같은 수준으로 기쁨을 느꼈다. 기쁨의 수준이 다를 것이라는 그들의 예측은 최초의 반응에서는 맞았겠지만 그 차이가 얼마나 오래 지속될지에 관해서는 틀렸다.

미래 정서 상태를 과대평가하는 것은 적응적 행동일 가능성이 크다. 종신교수 결정이 임박한 젊은 교수를 떠올려보자. 종신교수직을 제안받지 못했을 때 오랫동안 비참할 것이라고 생각한다면, 그런 일이 발생하지 않게 하기 위해서 열심히 일할 동기가 생길 것이다. 그래서 목표를 이루고, 그러면 종신교수직 제안을 받을 가능성이 커진다. 한편, 정반대의 실수를 한다면 어떻게 될지 생각해보자. 가령 종신교수직 제안을 받지 못한다고 해도 그렇게 짜증 나지 않는다거나 그저 잠시 실망할 것 같다고 생각했는데, 실제로 그런 일이 발생하자 오랫동안 상당히 기분이 좋지 않았다고 해보자. 이처럼 최소한의 반응을 기대하게 되면 오히려 의욕이 꺾일 수도 있다. 정서적 영향이 크지 않은 결과를 얻기 위해 몇 년 동안 지치도록 일해야 할 이유가 있을까? 정반대의 실수는 목표를 달성할 가능성을 줄이기 때문에 부적응적일 수 있다.

핵심은 예측되는 정서에 근거해 스스로에게 동기를 부여하는 것이다. 그렇게 하면 최선을 다하게 된다. 종신교수직 결정을 접하는 순간까지 정서는 그 기능을 수행했다. 젊은 교수가 결국 종신교수직 제안을 받지 못한다면, 이후 몇 년 동안 비참함에 빠져 있다 해도 아무런 도움이 되지 않는다.

9장

도덕적 판단과 전망

피터 레일턴

토요일에 삼촌이 당신과 당신의 가족을 농산물 직판장에 데리고 간다고 가정해보자. 차가 직판장에 도달할 때, 갑자기 심장마비가 온 삼촌이 운전대로 쓰러지고 발로 가속 페달을 밟는다. 차는 직판장 가운데에 빽빽하게 모여 있는 가판대로 돌진하고 있다. 당신은 조수석에 있어 페달을 밟을 수 없다. 충돌 사고가 발생하기 전에 유일하게 할 수 있는 일은 운전대를 잡아당겨서 차를 오른쪽으로 틀어 사람이 가장 적은 인도 쪽으로 향하게 하는 것이다. 인도에는 한두 명 정도가 이 상황을 전혀 알아차리지 못한 채 산책을 하고 있었다.

운전대를 오른쪽으로 튼다면, 최소한 인도에서 산책하는 한 명은 죽게 되지만 가판대에 있는 수많은 사람은 살릴 수 있을 것이다. 운전대를 틀지 않는다면, 차는 그대로 직진하여 수많은 사람을 죽게 할 것이다.

이러한 가상의 시나리오를 **직판장 문제**라고 하자. 최근에 윤리 과목의 첫날 강의에서 학생들에게 이 시나리오를 제시했고 어떻게 해야 할지 직관적으로 판단하게 했다. 학생들은 아이클리커iClicker라고 부르는 휴대용 단말기에 익명으로 빠르게 답을 적었다. 학생들의 답은 무선으로 전달되었고, 모두가 볼 수 있게 스크린에 결과를 띄웠다. 결과는 극명한 차이를 보였다. 84%는 운전대를 돌려야 한다고 응답했고, 단 16%만이 그러지 않아야 한다고 응답했다. 운전대를 돌려야 한다고 생각하는 이유를 설명하라고 요청했을 때 거의 모든 학생이 다음과 같은 이유에 동의했다. 이와 같은 긴급 상황에서 어떻게든 누군가가 죽게 된다면, 생명의 손실을 최소화하기 위해 노력해야 한다는 것이다. 설명이 부적절하다고 느끼는 사람은 없는 것처럼 **보였다**. 그런데 운전대를 돌리지 않아야 하는 이유에 대해서는 딱히 두드러진 대답이 없었다. 몇 가지 답을 보면, "생명을 두고 신처럼 행동할 수 없다." "운전대를 튼다면 직접 한 사람을 죽이는 것이지만 그렇게 하지 않으면 여러 사람이 죽게 내버려두는 것이다." "이런 상황에 개입하는 것은 적절하지 않다." 누군가는 심지어 "이유는 모르겠지만, 그렇게 하는 것이 잘못이라고 느낀다."고 말했다.
많은 독자들은 농산물 직판장이 악명 높은 트롤리 문제(Foot, 1967, Thomson, 1976)의 **변형**이라는 것을 눈치챘을 것이다.

당신은 길가에 있는 건널목에서 선로를 건너가려고 한다. 그때 당신 쪽으로 트롤리가 맹렬히 달려오고 있었다. 제어 장치 위로 쓰러져 있는 기관사는 의식이 없는 것으로 보인다. 선로는 좁은 터널로 이어져 있었고, 거기에는 선로 유지보수팀 다섯 명이 보수 작업을 하고 있었다. 그들은 트롤리가 그쪽으로 오고 있다는 것을 모르는 상태라서, 그대로 두면 충돌을 피할 수 없어 보인다. 절망한 상태로 주위를 둘러보다가 선로변환기와 근처에 있는 작동 레버를 찾았다. 레버를 밀면, 트롤리가 옆 선로로 방향을 바꾸어 다른 터널을 들어가는데, 거기에는 유지보수팀 한 명이 있었다. 이 사람도 마찬가지로 트롤리가 빠르게 접근한다는 것을 인식하지 못하고 있다.

다섯 명을 구하지만 한 명은 확실하게 죽는다면, 레버를 밀어야 할까? 그렇지 않고 트롤리가 그대로 가게 두어서 다섯 명을 죽게 해야 할까?

선로변환기 작동 여부에 대한 직관적 판단을 요구했을 때, 62%의 학생은 레버를 밀어서 5명을 구해야 한다고, 38%의 학생은 레버를 밀지 않을 것이라고 응답했다. 농산물 직판장 사례처럼, 학생들은 긴급한 상황에서 많은 생명을 구하기 위해 상황에 개입해야 하는 것이 가장 적절한 이유라는 데 동의하는 경향을 보였다. 그 상황에 개입하지 말아야 하는 이유를 물었을 때는 직판장 사례처럼 "모르겠다"를 포함하여 다양한 대답이 나왔다. 선로변환기 문제는 '**방관자** 시나리오'로 불리는데, 62%와 38%로 나뉘는 결과는 미국이나 영국에서 수행한 모집단 연구 결과와 거의 유사하다(Gold, Pulford, & Colman, 2014). 농산물 직판장은 소위 승객 시나리오로 불리는데, 대개 방관자 시나리오보다 개입해야 한다는 판단이 훨씬 더 높게 나온다. 84%와 16%는 상당히 일반적인 결과다(Hauser, Cushman, Young, Jin, & Mikhail, 2007).

위의 두 가지 시나리오에서 이러한 결과가 반복적으로 도출된다는 것은 매우 놀라운 점이다. 어느 쪽을 선택하는지가 아니라 선택 비율의 분포가 일정하게 나타난다는 것이다. 방관자 시나리오보다 승객 시나리오에서 개입을 선호하는 경향이 나타났고, 개입이 필요한 이유도 피해의 최소화로 모이는 경향을 보였다. 반면 개입하지 않아야 하는 이유는 아주 다양하고, 분명하게 드러나지도 않았다.

트롤리 문제의 결과를 처음 듣게 되면, 응답이 실제 행동에 그대로 적용될지 그리고 참가자나 문화적 배경이 결과에 영향을 주지는 않을지 궁금해한다. 성별이나 인종에 따라서도 차이가 있을까? 결과는 전반적으로 달라지지 않았다(Navarette, McDonald, Mott, & Asher, 2012). 그렇다면 아예 다른 문화권에서는 어떤 결과를 보일까? 답이 아주 명확하지는 않다. 중국인 대상 연구를 보면, 미국에서 진행한 연구와 그다지 다르지 않은 결과도 있었고(Mikhail, 2011, Moore, Lee, Clark, & Conway, 2011), 차이를 보인 결과도 있었다.* 예를 들어, 중국인을 대상으로 한 두 편의 연구에서는 선로변환기의 레버를 미는 것을 선호할 가능성이 낮다는 결과가 제시되었다(Ahlenius & Tännsjö, 2012, Gold et al., 2014). 하지만 이 결과는 조심스럽게 해석해야 한다. 중국인 참가자는 '운명'을 믿는 수준이 높았는데, 이는 그 자체로는 도덕적 개념이 아니지만 종종 불개입을 찬성

---

* 심리학과 경제학 실험에 미국 대학생이 참여한 것에 대한 비평은 Henrich, Heine, 그리고 Norenzayan(2010)을 보라.

하는 근거로 사용하기도 한다(Gold et al., 2014).

트롤리 문제에 익숙한 독자는 아래의 시나리오를 쉽게 이해할 것이다. 여기서 중요한 것은 선로변환기에서 무엇을 하고 왜 하는지가 아니라, 겉으로 보기에 선로변환기와 매우 유사한 상황인 **육교** 문제에서의 응답과 어떻게 비교해야 하는가다.

당신은 선로 위를 가로지르는 육교 위에 있다. 선로는 약 100미터 앞의 좁은 터널로 이어진다. 육교를 건너고 있을 때 트롤리가 맹렬히 달려오고 있었고, 제어 장치 위로 쓰러져 있는 기관사는 의식이 없는 것으로 보인다. 선로는 좁은 터널로 이어지고, 거기에는 선로 유지보수팀 다섯 명이 보수 작업을 하고 있었다. 그들은 트롤리가 그쪽으로 오고 있다는 것을 모르는 상태라서, 그대로 두면 충돌을 피하지 못할 것으로 보인다. 절망한 상태로 주위를 둘러보다가 난간에 기대어 있는 덩치 큰 남성을 발견한다. 당신 혼자 힘으로는 트롤리를 막아서 유지보수팀과 충돌을 피하게 할 수는 없지만 그 남성의 덩치로는 가능할 것으로 보인다.

이 남성을 육교에서 밀어 떨어뜨려서 트롤리를 막으면 남성은 확실히 사망하겠지만 다섯 명의 유지보수팀은 살릴 수 있다. 그렇다면 남성을 밀어야 할까? 그렇지 않고 트롤리가 그대로 가게 두어서 다섯 명을 죽게 해야 할까?

윤리학 개론 강의를 듣는 학생 중 단 31%만이 그 남성을 밀겠다고 대답했고, 69%는 밀지 않겠다고 대답했다. 역시 매우 전형적인 결과다. 게다가 선로변환기 문제와 비교해보면 육교 문제에서 학생들의 확신에 양극화가 나타났다. 육교 문제에서는 매우 확실 41%, 어느 정도 확실 30%, 별로 확실하지 않거나 전혀 확실하지 않음이 31%로 나타났다(선로변환기에서는 각각 31%, 48%, 21%였다). 선로변환기와 달리 선택의 이유가 상당히 다양했는데, 그중 가장 많은 지지를 받은 이유는 피해를 최소화하기 위해 행동을 한다가 아니라 아무것도 하지 않는다였다.

이렇게 두드러진 차이 혹은 응답의 **비대칭성**을 어떻게 설명할 수 있을까? 학생들은 연구에 참여하기 전에 걱정을 많이 했다. 지켜야 할 도덕 원칙 중 하나인 '같은 사례를 같게 다루어야 한다'는 압박을 느낄 수 있어서, 육교 문제가 선로변환기 문제와 **다른** 점을 찾아내고 싶어 했다. 하지만 그 이유를 명시적으로 말하기 어려워했다. 응답에 대한 확신은 높았으나 응답을 정당화하기는 어려워했다.

물론 직관적으로 그럴듯한 이유를 말한 경우도 있었다. 육교 문제에서는 상당히 큰 피해를 방지하기 위해 그 남성을 직접적인 도구로 **사용**하는 반면, 선로변환기에서는 그렇지 않다. 선로변환기에서는 트롤리의 방향을 바꾸어 한 명을 의도적으로 죽이는 것이 아니라 어쩔 수 없이 생기는 부작용이다. 레버를 당기면 그 사람이 죽게 된다는 것을 안다고 하더라도, 그 사람이 거기에 없었다고 해도 결국 선로변환기를 작동했을 것이다. 하지만 육교 문제에서는 덩치 큰 남성을 밀어서 트롤리와 충돌하게 해야 멈출 수 있기 때문에, 부작용으로 보기는 어렵고 오히려 의도가 있는 것으로 보일 수도 있다. 이는 어느 쪽으로든 설명할 수 있다는 것을 보여주는 사례로, 종종 '이중 효과의 원칙 doctrine of double effect'(아퀴나스,《신학대전》, 2008년 번역본, II-II, Q64, a. 7, Bennett, 1981, Cushman, Young, & Hauser, 2006)이라 불린다.

물론, 학생들이 이런 원칙을 분명하게 표현한 적은 없었지만, 그들의 직관에 따라 그렇게 반응했다. 2장에서 논의한 대로, 직관적 판단과 행동을 결정하는 암묵적 원리나 규칙이 있다는 아이디어는 언어학에서 익숙하다. 대부분의 영어 모국어 화자는 다음과 같은 말을 들을 때,

(1) "If Oswald hadn't shot Kennedy, somebody else would have." (오스월드가 케네디를 쏘지 않았다면 다른 누군가가 쏘았을 것이다.)

케네디가 총을 맞았으며, 오스월드가 쏘았다고 말해줄 것이다. 반면에 다음처럼 말했다면,

(2) "If Oswald didn't shoot Kennedy, somebody else did." (오스월드가 케네디를 쏘지 않았다면 다른 누군가가 쏜 것이다.)

케네디가 총을 맞았고, 오스월드가 쏜 것인지는 확실하지 않다고 말할 것이다. 가정법과 반사실적 조건문(1번 문장) 그리고 직설적 조건문(2번 문장)과의 차이는 미묘해서, 철학자와 언어학자는 20세기 후반에야 명확한 설명을 내놓았다(Adams, 1980, Lewis, 1973). 아마 영어 모국어 화자도 두 가지 조건문에 숨은 원리를 명확하게 설명하기는 어려울 것이다. 하지만 그들은 그 차이를 직관적으로 이해하며 그 의미대로 사용할 수 있다. 추측해보면, 도덕적 직관도 언어적 직관과 유사하므로, 핵심은 근본적이고 보편적인 '도덕 문법'을 찾아내는 것이다(Mikhail, 2011). 육교 문제와 선로변환기 문제에서 나타난 비대칭적 직관은 근본

적인 도덕 문법이 이중 효과의 원칙과 유사한 원리를 포함한다는 것을 보여준다(Hauser et al., 2007).

트롤리 문제에는 또 다른 놀랄 만한 점이 숨어 있다. 여기에서 또 하나의 트롤리 시나리오인 **환상선**Leop 문제를 살펴보자(Thomson, 1985). 환상선 문제는 선로변환기 문제와 시작은 같지만, 한 가지 차이점이 있다. 환상선에서는 갈라진 선로가 터널로 들어가기 **전에** 결국 원래 선로로 돌아오게 된다. 그래서 선로를 변경하는 의미가 없는 것처럼 보인다. 트롤리는 어느 경로로 가든 결국 다섯 명의 작업자를 죽이게 될 것이다. 단 예외가 있다.

환상선으로 갈라지는 선로에 선로보수팀 작업자 한 명이 서 있다. 그는 선로를 보려고 고개를 숙이고 있어서 다가오는 트롤리를 보지 못할 것이다. 그는 덩치가 상당히 커서 트롤리와 부딪히면 트롤리는 멈추게 되고, 뒤에 있는 다섯 명의 작업자를 구할 수 있을 것이다.

선로변환기의 레버를 밀어 트롤리를 다른 방향으로 보내면 한 명의 작업자는 죽게 되겠지만, 다섯 명의 작업자는 살릴 수 있다. 당신이라면 스위치를 누를 것인가?

이 시나리오에 대한 직관적 반응을 보면, 레버를 밀어 트롤리를 다른 방향으로 보내야 한다는 응답은 73%, 레버를 당기지 말아야 한다는 응답은 27%에 불과했다. 기본적으로 선로변환기 문제의 결과와 유사하며, 매우 전형적인 응답이기도 하다. 트롤리의 선로를 변경한 이유는 희생자를 최소화하는 것으로, 선로변환기 문제와 동일했다. 하지만 환상선 문제에서는 육교 문제와 마찬가지로 한 명의 작업자를 다섯 명의 죽음을 방지하기 위한 도구로 사용한다. 트롤리를 멈추기 위해서 충돌을 야기하는 것이고, 한 명의 죽음은 그저 부작용일 뿐이다. 그렇다면 이 문제에서 기저의 도덕 원리, 이중 효과의 원칙은 무엇인가?

이렇게 트롤리학trolleyology의 여러 문제를 접하게 되면, 대부분은 자신들의 직관적 응답을 일관되게 설명할 방법이 없다며 포기한다. 아마도 근본적이고 원칙에 입각한 도덕적 원리는 없을 것이다. 아니면 이런 문제들이 똑똑한 철학자가 꾸며낸 너무 인위적인 시나리오여서 일반인을 바보처럼 보이게 만드는 것일 뿐, 트롤리학의 문제가 인간의 실제 도덕적 생각과 행동에 대해서 말해주는 것은 별로 없을 수도 있다.

실제적인 위해나 이득이 걸려 있는 상태에서 누군가의 행동을 본다면 어떨까? 심리학자 그리고 직관과 상식에 대한 철학적 사유에 관해서 과학적 방법을 적용해야 한다고 믿는 새로운 철학 영역인 실험철학자에게 물어보자. 이들은 도덕적 딜레마 상황을 좀 더 현실적으로 보이지만 위험하지는 않게 만들었다. 가상 현실 시뮬레이션을 사용하거나, 금전적인 이득과 손실의 형태로 실제적인 위해나 이득을 경험하게 했다. 이런 방식을 적용하면 시나리오를 좀 더 현실적으로 느끼게 되어 정서 반응을 더 강하게 경험한다는 것을 확인했고 (FeldmanHall et al., 2012), 그 결과 완전히 가설적인 시나리오에서보다 강력한 효과를 도출했다. 예를 들어, 가상 현실 시뮬레이터에서 선로변환기의 레버를 민 참가자의 비율은 90%로 굉장히 높게 나타났다(Navarette et al., 2012). 그리고 구경꾼 방식의 선로변환기 사례를 가치 있는 곳에 실제로 기부할 수 있는 형태로 제시했을 때는, 80%의 참가자가 방향을 바꾸겠다고 선택했다(Gold, Colman, & Pulford, 2014). 이러한 결과는 가설적인 시나리오에서 나타난 결과인 60% 중반과 분명한 차이를 보인다. 하지만 좀 더 실제적으로 만든 방식이 보여주지 못한 부분이 있는데, 그것은 가설적 시나리오에서 나타난 비대칭적 결과가 뒤바뀌거나 사라진 것이다.*

비대칭적 결과가 나타난 이유는 무엇일까? 트롤리 문제를 제시하고 fMRI 기계로 참가자의 뇌 반응을 기록하여 어느 영역이 가장 큰 변화를 보이는지 확인해보았다. 조슈아 그린Joshua Greene 연구팀은 이렇게 특이한 패턴을 설명할 수 있을 것으로 보이는 놀라운 결과를 얻었다. 선로변환기 문제를 생각할 때는, 작업기억이나 규모의 비교와 같은 **인지**와 연합된 뇌 영역의 활성화가 안정 상태보다 더 크게 나타났다. 하지만 육교 문제를 생각할 때는, 이러한 인지 영역의 대사 활동이 안정 상태보다 줄어들고 정서와 연관된 영역에서는 크게 증가했다(Greene, Sommerville, Nystrom, Darley, & Cohen, 2001). 아마도 정서적 각성으로 도덕적 직관의 작동을 설명할 수 있을 것으로 보인다. 육교 문제에서는 자신이 직접 끔찍한 일을 저질러야 한다는 생각 때문에 정서적 각성 수준이 상승했으며, 선로변환기 문제에서는 자신이 직접 피해를 입히지 않는 것으로 보이기 때문에 피해의 최소화에 대해 인지적 평가

---

* 확실히 예외적인 결과를 보인 연구가 있다(Gold, Pulford, Colman, 2014). 이들은 전형적인 승객-구경꾼 형태를 게임 쇼처럼 변형하여 사용했고, 통상적인 형태와는 정반대의 결과를 보여주었다. 하지만 참가자가 개입의 공정성에 대한 다른 규칙을 적용하여 결과에 영향을 주었을 수 있다.

를 하게 된다. 환상선 문제의 응답이 육교 문제가 아닌 선로변환기 문제의 응답과 비슷하게 나오는 이유도 마찬가지다. 환상선 문제에서는 본인이 직접 끔찍한 일을 저지르는 것이 아니라고 생각한다는 것이다. 그저 레버를 당길 뿐이고, 작업자의 죽음은 다른 곳에서 발생한다.

이 설명은 적절한 시점에 등장하여 심리학자들의 많은 지지를 받았다. 지난 수십 년 동안 빠르고, 진화적으로 오래된, 노력이 필요 없는, 비교적 경직된, 감정에 좌우되는, 자동적인 직관적 시스템 1이 느리고, 진화적으로 최신의, 유연한, 인지적으로 부하가 큰, 심사숙고하는 시스템 2와 함께 작동한다는 이중 처리 모형dual-process model에 대한 관심이 증가해왔다(Chaiken & Trope, 1999).* 이 모형에서는 신속하고 직관적인 반응을 할 때 준비되어 있는 답을 제시하기 위해 직관적인 시스템 1을 빠르게 전개한다. 심사숙고하는 시스템 2는 시스템 1의 편향을 수정할 수 있지만, 깊은 고민이 필요한 상황이 발생하지 않는다면 상당히 느리고 약하게 작동한다.

이중 시스템 접근은 매우 보편적이다. 그리고 아모스 트버스키Amos Tversky와 대니얼 카너먼(1974)이 선구적으로 진행한 '어림법과 편향 연구'에서 축적된 엄청난 증거에 대한 신경과학적 근거를 제공해줄 수 있을 것으로 보인다. 트버스키와 카너먼은 지속적으로 실험 연구를 수행하여, 인간이 직관적 사고를 할 때 결정의 규범 이론을 위배하는 방식을 체계화했다. 예를 들어, 확률을 추정할 때는 가용성 어림법을 사용하는 것으로 보인다. 좀 더 정확한 통계적 추정을 사용하기보다

---

* 시스템 1과 시스템 2라는 용어는 기능적으로 이해해야 한다. 두 가지 시스템은 개별적인 뇌 시스템이 아니라 심적 처리 과정의 두 가지 방식을 말한다. 그래서 이중 처리 이론이라고 불린다.

는 관련 사례가 얼마나 쉽게 떠오르는가에 의해 영향을 받는 것이다. 그래서 유명한 남성과 여성의 이름이 동수로 포함된 목록을 보여주고, 이후에 목록에 남성 이름과 여성 이름 중 어느 쪽이 많은지 물어보았을 때, 실제 **빈도**가 아닌 **친숙성**을 반영하여 응답한다. 목록에 있는 남성 이름이 더 유명하다면, 남성 이름이 더 많이 포함되어 있다고 응답하는 경향을 보이며, 반대도 마찬가지다(Tversky & Kahneman, 1973). 가용성 어림법은 대개 적절한 수준으로 잘 작동하는데, 그 이유는 무언가를 생각해내는 능력이 종종 빈도를 반영하기 때문이다. 하지만 체계적인 오류가 발생하는 사례도 상당히 많이 있다. 예를 들어, 통계치가 같아서 선택의 결과가 확률적으로 같은 경우에도 위험을 회피하는 경향을 보인다. 미국에서 백신 채택 여부를 결정할 때 '인명 손실'이라는 프레임이 '인명 구조'라는 프레임보다 호소력이 더 크다는 것이다(Tversky & Kahneman, 1981).

어림법과 편향 접근법은 의사결정의 모든 측면에 영향을 주었고, 심리학자 그리고 일부 경제학자가 인간의 인지와 선택을 바라보는 방식을 근본적으로 재구성했다. 호모 이코노미쿠스, 즉 경제학 개론에서 소개한 기대 가치를 최대화하는 이성적인 존재는 왕위에서 쫓겨나고 실제 인간의 모습으로 대체되었다. 경제학자도 일상에서 직관적인 반응을 요구할 때는 대체로 대중과 같은 실수를 한다는 이야기도 있다.

진화적으로 오래된, 정서에 영향을 받는 시스템 1은 동물에서 유래되었으며, "논리나 통계에 대해 별다른 지식이 없다"(Kahneman, 2011). 하지만 응답을 해야 할 때는 빠르고 쉽고 '즉각적으로' 작동하는데, 바로 이 점이 직관적 사고가 어떻게 그런 단순한 어림법과 편향에 영향을 받는지 설명해준다. 직관적 사고의 결과는 대부분 괜찮지만, 계산, 분석, 추론에서는 체계적인 방식으로 오류가 발생한다. 시스템 1의 오류를 수정하기 위해서는 정교하고 노력을 요하며 논리적인 사고를 하는 시스템 2의 추론이 필요하다(Kahneman, 2003). 트롤리 시나리오 그리고 그와 비슷한 여러 문제가 즉각적이고 직관적인 반응을 요구하는 방식으로 제시되었기 때문에, 육교 문제와 같이 본능적인 영향을 많이 받는 시나리오에서는 신중하게 고민하기 전에 즉각적으로 판단한다. 관련 연구 결과를 보면, 사람들은 여러 개의 문제에 대한 자신의 반응 패턴이 어떤 **원칙**에 따라 나타난 것인지를 설명하지 못한다. 간단히 말해서 단지 선로변환기나 환상선 문제와 달리 육교 문제에서는 반응을 유발하는 강력한 정서가 있을 뿐, 원칙은 발견할 수 **없었다.**

사회심리학자 조너선 하이트는 근거를 말할 수 없는 도덕적 직관 현상을 '도덕적으로 말문이 막히는 일moral dumbfounding'이라고 기술했다. 그는 여러 시나리오를 만들어서 이런 현상을 입증했다. 가장 잘 알려진 **줄리와 마크의** 사례를 보자.

줄리와 마크는 남매다. 그들은 대학 여름방학에 함께 프랑스로 여행을 하는 중이다. 어느 날 밤 해변의 오두막에 단둘이 머무르고 있었다. 그들은 사랑을 나누면 재미있겠다고 생각한다. 최소한 각자에게 새로운 경험일 것이라고 생각한다. 줄리는 이미 피임약을 먹고 있었지만, 마크는 안전을 위해 콘돔을 사용한다. 둘은 그 순간을 즐겼지만 다시 하지는 않기로 한다. 그날 밤을 특별한 비밀로 간직하기로 하고, 둘은 서로를 더 가깝게 느낀다.

당신은 이에 대해 어떻게 생각하는가? 그들이 사랑을 나누는 것이 괜찮은가?

하이트 연구팀(Haidt, 2001, p. 814)이 확인한 것은 실험 참가자 대부분이 이미 줄리와 마크의 경우가 '부적절하다'고 판단했지만, 자신들의 판단을 설명해야 한다는 압박을 받았을 때 제시한 이유는 이 사례의 사실과 부합하지 않았다는 것이다. 예를 들면, 실험 참가자들은 유전적 기형이나 심리적 외상과 같은 근친상간의 위험성을 언급했다. 글을 자세히 읽어보면 이런 부정적 결과는 간단히 배제할 수 있다. 그런데 이러한 불일치를 지적해도, 줄리와 마크의 행위가 부적절하다는 원래의 판단을 철회하거나 변경하는 사람은 거의 없다. 근거를 찾지 못해도 핵심은 짚을 수 있지만, 직관적으로 떠오른 비난을 떨칠 수는 없었다.

이 문제에 대한 이중 시스템의 설명을 살펴보자. 참가자는 글을 읽으면서 줄리와 마크가 남매라는 것을 알게 된다. 그래서 줄리와 마크가 성관계를 가졌다는 부분을 읽을 때 순간적으로 스쳐지나가는 즉각적인 혐오 감정을 경험한다. 빠르고 자동적으로 발생한 시스템 1의 반응이 시스템 2의 신중한 도덕적 평가를 방해하고, 이후 별다른 해가 없다는 것을 안다 해도 부정적 평가에 영향을 주지는 못한다. 근친상간을 생각할 때 순간적으로 떠오르는 혐오 감정은 근친상간이 번식의 적합성에 위해를 가져온다는 진화적 경험에서 유발된 것으로 상정되어왔다. 자동적인 혐오 기제는 온전히 암묵적이기 때문에 참가자에게 판단의 설명을 요청해도 스스로의 생각에 접근하기가 어렵다. 그래서 시스템 2를 사용해서 나중에 만든 근거를 늘어놓는다. 자신들이 가진 일반적인 지식에서 자연스럽게 근친상간에 관련된 문제점을

2부 전망, 삶에서 지속되는 질문들

찾는다. 그런 문제점을 이 사례에 적용할 수 없다는 것은 중요하지 않다. 시스템 2로 찾은 근거를 적용하기는 어렵고 근친상간에 대해 정서 시스템이 보이는 진화적으로 오래된 혐오 반응을 약화시킬 수 없다는 것을 알게 되더라도 참가자가 가진 확고한 부정적 판단은 바뀌지 않는다. 동시에 참가자는 판단의 근원에 대해 아무런 생각을 하지 못하게 되고, 결국 말문이 막힌다. "이유는 말하지 못하겠지만 잘못된 것으로 보여요"(Haidt, 2001).

이는 선로변환기와 육교 문제에서 나타난 판단의 비대칭성에 대한 그린과 하이트의 설명과 유사하다(Greene & Haidt, 2002). 협동, 상호 지원, 사회적 평화를 토대로 작은 집단에서 인간이 진화해왔다는 점에서 진화가 빠르고 자동적인 시스템 1의 부정적인 '놀람 반응'을 선호하여, '내가 너를 해칠 것이다'와 같은 상황에서, 최소한 집단 간의 갈등이 유발된 맥락이 아닐 때는 개인적인 폭력을 사용하지 못하게 했다고 예측한다. 개인적인 힘을 사용해서 다섯 명의 생명을 구할 수 있다는 고민은 정서와 동기의 영향이 적은 시스템 2에 호소할 수 있는 피해 최소화 계산법으로, 이미 잘 구축된 시스템 1의 놀람 반응을 담당하는 '근시안적인 모듈'에 아무런 영향을 주지 못한다(Greene, 2013). 그래서 육교 문제에서 사람을 미는 것이 잘못되었다는 직관은, 그걸 대변할 원리를 말하기 어려움에도 불구하고 대부분의 참가자에게 지속된다(Greene & Haidt, 2002).

근본적인 도덕 원리를 탐구하는 도덕철학자에게도 매우 당황스러운 트롤리 문제를 **심리학적**으로 해결할 수 있을까? 육교 문제에서 '침팬지도 인식할 수 있는 위반'에 대한 빠르고 부정적이며 자동적인 정서 반응 그리고 선로변환기나 환상선 문제에서 유발된 이득과 손실에 대한 차분한 인지적 계산의 차이를 볼 수 있을까(Greene & Haidt, 2002, p. 519)? 그린 연구팀은 육교 문제에서 '개인적 폭력'의 행사 방식을 다르게 만든 시나리오를 제시하고, 이에 대한 직관적 반응을 연구하여 추가적인 증거를 수집했다. 예를 들면, 막대기로 미는 것과 같이 근육을 사용해서 덩치 큰 남성을 직접 죽음에 이르게 했는지 혹은 레버를 당겨 선로를 변경하는 **간접적인** 효과를 사용했는지에 따라, 즉 행위의 직접성에 따라 부정적 반응의 강도가 달라진다는 것을 확인했다(Greene et al., 2009). 하지만 이런 차이가 도덕적 판단에 필요한 도덕 원리에 아무런 실제적 근거를 제공하지는 못하는 것으로 보인다. "막대기를 사용하지 말고 덫을 이용하라."라는 표현은 11번째 계명으로 삼기에 부적절해 보인다.

그린과 하이트 등의 연구는 도덕심리학에 놀라운 효과를 가져왔다. 존재하지 않는 도깨비불을 쫓아온 철학자는 인간의 합리성에 대한 과도한 확신으로 인해 도덕적 직관에도 너무 많은 확신을 부여하는 잘못을 저질렀을 것이다. 2장에서 진행한 직관에 대한 논의 그리고 인간과 인간에 가까운 동물의 정서 시스템의 암묵적 반응이 합리적 결정 이론의 원리를 따르는 방식에 대한 논의를 떠올려보자. 직관의 합리성에 방대하고 상세한 신경과학적 증거와 사회심리학 및 도덕심리학의 수많은 증거를 조화롭게 받아들일 수 있을까? 카너먼의 논의를 살펴보면, 시스템 1(직관)은 빠르고, 병렬적이며, 자동적이고, 노력을 요하지 않으며, 연합적이고, 느리게 학습하며, 정서적으로 충만하다는 특징을 가지고 있다. 시스템 2(추론)는 느리고, 계열적이며, 통제되어 있고, 노력을 요하며, 규칙으로 통제하고, 유연하며, 정서적으로 중립적이라는 특징을 가지고 있다. 선언적 추론과 비교할 때, 직관이 빠르고 노력을 요하지 않으며 정서적인 영향을 더 많이 받는다는 것은 이론의 여지가 없는 것으로 보인다. 그런데 연합적이고 학습이 느리다는 특징도 가지고 있을까? 그리고 유연성이 부족하며 알고리즘이나 규칙을 사용하는 추론 역량도 부족할까?

우리는 언어적 직관이 규칙과 같은 구조를 가진 근본적 능력을 반영하는 것으로 보이고, 이를 통해 완전히 새로운 문장을 거의 즉각적으로 생성하거나 이해할 수 있다고 논의해왔다. 최소한 이런 특징은 직관을 위한 가능성의 영역으로 인정해야 한다. 그렇다면 도덕적 사례에서도 마찬가지여야 하지 않을까? 하지만 트롤리 문제는 언어의 규칙적 구조와는 거리가 있다. 게다가 도덕적 판단은 이질적 원리의 집합이기 때문에, 트롤리 문제의 도덕적 판단에 원칙이라는 체계를 적용하기는 어렵지 않을까? 그런데 트롤리 문제에 대한 반응을 보면 광범위한 대상자에게 적용할 수 있는 규칙성이 나타나기도 했다. 그러면 질문을 이렇게 바꿔야 한다. 도덕적 직관이 보이는 것보다 더 합리적이라고 생각할 수 있는 근거를 제공하는 설명을 찾아낼 수 있을까? 우리는 **그렇다**고 생각한다. **전망**이 도덕 판단에서 작동하는 방식을 이해하는 것이 그 핵심이라 할 수 있다.

먼저 철학적인 부분을 논의해보자. 추론과 직관을 직접 **대조**할 수는 없다. 그렇게 하면 이상해 보일 수 있다. 추론은 단계별 과정으로, 이전 단계에서 다음 단계로 **논리적으로** 진행한다. 논리학자이자 철학자인 조지 불로스George Boolos가 제시한 사례를 보자. 그는 〈모든 사람이 나의 아기를 사랑하지만 내 아기는 나만 사랑해Everybody loves my baby, but my baby don't love nobody but me〉라는 1930년대 명곡의 제목으로 시작해서 이 분야에 큰 영향을 주었다.

(1) 모든 사람이 나의 아기를 사랑하지만, 나의 아기는 나를 제외하고는 아무도 사랑하지 않는다.

(2) 나의 아기가 모든 사람의 사랑을 받는다면, 나의 아기도 나의 아기의 사랑을 받는다.

(3) 하지만 나의 아기는 단 한 사람, 나만을 사랑한다.

(4) 나의 아기가 내가 아니라면, 나의 아기는 두 사람, 즉 나와 나의 아기를 사랑할 것이다.

(5) 그래서 나는 나의 아기다.

확인해보자. 각각의 단계가 이전 단계에서 어떻게 이어지는지 확인하기 위해 추론을 해볼 수 있다. 전제가 참이면 결론은 반드시 참이다. 이것이 논리학자가 논항이 **타당하다**고 말할 때의 의미다. 물론 작사가는 이런 방식에 관심이 별로 없을 것이다. 작사가는 논리학자만이 (1)을 문자 그대로 받아들일 정도로 어리석다고 말할 것이다. 게다가 '모든 사람이 나의 아기를 사랑하지만 나의 아기는 나를 제외하고는 아무도 사랑하지 않는다'는 히트곡의 제목으로 적당하지도 않다.

논리의 미학은 가차 없음이다. 시작부터 결론까지 그대로 이어져서, 우리를 놀라게 할 수 있으며, 중세의 학자가 언급한 '표현적 확실성demonstrative certainty'과 관련이 있다. 논리적으로 내린 놀라운 결론에는 **크기가** 분명히 다른 여러 개의 무한대가 포함되어 있다(Cantor, 1891). 그리고 논리의 적용은 기계적이라고 하더라도, 인간이 결론의 타당성에 대한 모든 증거를 확인할 수 있는 '논리 기계'를 구축할 수는 없다(Church, 1936, Turing, 1937). 물론 이러한 두 가지 결론이 분명하지는 않지만 표현적 확실성을 가지고 있다.

그러나 표현적 확실성이라는 것은 **공리, 전제, 규칙 체계에 대한 상대적인 확실성**에 불과하다. 위의 결론은 어떤가? 두 가지 결론의 확실성이 같은 수준인가? 증명할 수는 있을까? 하지만 공리나 전제가 없다면, 무엇을 증명할 수 있을까? 규칙이 없다면 무엇을 추론할 수 있을까? 그래서 공리, 전제, 규칙 등등을 증명하기 위해 노력해야 한다. 확실히, 끝에 다다르지는 못할 것이다.

이는 아리스토텔레스 시대로 거슬러 올라갈 정도로 오래된 주장이다. 아리스토텔레스가 직관이라는 개념을 먼저 소개한 이유이기도 하다(『분석론 후서』, 1941년 번역본, II.19). 우리는 공리, 전제, 규칙을 제공할 수 있는, 겉으로 드러나지 않은 형태의 지식을 찾아야만 한다. 논리학자와 수학자는 그들이 다루는 공리와 규칙을 **묵시적으로** 받아들이기 때문에 칸토어, 처치, 튜링이 **입증한** 결론을 받아들인다.

불로스의 주장을 실제적으로 논의하기 위해 (1)에서 (2)로 이동하는 것은, 보편적 예시화universal instantiation 규칙을 포함한다. 개략적으로, **모든 것이 F라면, 각각의 a에 대해 a는 F다.** 이제 명확하고 심지어 자명해 보이기도 한다. 하지만 명확함과 자명함은 예시의 형태가 아니고, 추론이나 준거 기반 판단을 인식하지 않은 채 무언가를 **즉시 보는** 형태다. '명확한obvious'과 '자명한evident'은 '직관intuition'과 마찬가지로 '보다'라는 동사에서 파생되었다. 따라서 어떤 종류의 추론이든 모든 추론은 그 특징을 정의하는 단계를 수행하기 위해 직관에 지속적으로 의존해야 된다.

이제 철학적인 부분을 하나 더 살펴보고 심리학으로 넘어가자. 명확함, 자명함, 직관에 의존하는 것은 **절대적이지 않다.** 그 어떤 심적 과정도 절대적일 수는 없다. 예를 들어, 추론에는 기억, 의미 지식, 가능성 파악 등 잘못된 결론으로 이어지게 할 수 있는 부분이 여럿 있다. 보편적 예시화도 아리스토텔레스의 3단논법이 여러 세기 동안 폭넓게 퍼진 이후에 중요한 변화를 겪었다. 현대 논리학에 따르면, 텅 빈 우주 공간에서 모든 a에 대해 a는 F다라는 명제는 거짓이지만, 모든 것이 F다라는 명제는 참이다. 이는 여러 예시에 필수적이다. 하지만 아리스토텔레스에게 모든 것이 F다라는 명제는 어떤 것은 F다를 함축하기 때문에 텅빈 우주에서는 거짓이다. 그래서 아리스토텔레스와 그의 후속 학자들에게 자명한 사실로 보이는 것이 있지만, 사실은 그렇지 않다. 이 부분은 자명함 혹은 직관의 매력에 대한 제한점을 보여준다. 자명해 보이는 것이 상상할 수 있는 능력의 범위에 의해 제한적일 수 있다는 것을 겸허하게 인정해야 한다.

이렇게 하는 것이 윤리적으로 직관에 대해 생각하는 좋은 시작점이 될 수 있다. 역사에서 배울 것이 있다면, 이전 세대의 훌륭하고 세심하며 총명한 사람들은 지금은 전혀 받아들이지 않는 일부 도덕 원리를 자명하거나 직관적으로 명확하다고 생각한 반면, 그들은 절대 생각조차 하지 않았던 일부 도덕 원리를 지금은 근본적인 것으로 받아들인다는 것이다. 미국의 〈독립선언서〉에 서명한 사람들이 굵은 글씨로 "우리는 모든 인간이 평등하게 창조되었으며 창조주로부터 양도할 수 없는 확실한 권리를 부여받았다는 것을 자명한 진실로 받아들인다."(U.S. 1776, 2단락)라고 선언했을 때, 모든 사람이 이러한 관점에 동의한 것은 아님을 우리는 알고 있다. 특히 그들이 반대했던 군주제의 관점과는 달랐다. 그리고 지금의 평등과 권리에 대한 개념은 이전 세대에게는 놀랄 정도로 확장된 것이지만, 우리에게는 자명하고 직관적으로 명확해 보인다. 우리가 역사의 끝자락에 다다른 것으로 가정해서는 안 되고, 우리에게 자명한 도덕적 직관이 절대적이라고 가정해서도 안 되며, 우리의 도덕적 상상력과 이해가 완전하다고 가정해서도 안 된다.

그래서 직관이 없는 합리성은 불가능하고, 합리적이라면 아주 기본적인 직관도 틀릴 수 있다고 생각한다는 전제를 가지고 직관과 합리성을 다시 살펴보려고 한다. 하지만 틀릴 수 있음을 인식하는 것이 무엇이든 상관없다는 의미는 아니다. 예를 들어, 트롤리 문제에서 사상자를 줄이거나 무고한 사람을 희생하게 하는 것에 대한 가치 평가가 그 순간에 고민해야 할 **유일한** 가치인지에 대해서는 사람들의 의견이 다르다. 하지만 이런 점이 평가할 만한 가치가 있음을 인정하지 않는 사람은 거의 없을 것이다. 그리고 도덕적 관점에서 모든 사람을 동등하게 다루어야 한다는 핵심 가치 역시 인정하지 않는 사람은 거의 없을 것이다. 이미 언급한 대로 거의 모든 사람이 같은 사례를 동일하게 다루어야 한다는 압력을 느끼기 때문에 선로변환기와 육교 문제가 같지 않은 이유를 설명해야 한다고 생각한다. 대부분의 사람이 직관적으로 자명하다고 생각하는 가치, 걱정, 원리가 있으며, 이러한 시나리오에 따르면 **직관적으로 어느 편에 서게 되든** 사람들의 직관적인 반응이 암묵적으로 작동하는 것으로 보인다.

물론 주어진 상황에 따라 심지어 무고한 사람에게도 허락을 구하지 않고 해를 입히는 게 더 나을 때가 있다는 것을 모두 알고 있다. 예를 들어, 아이들의 상처를 열어 소독할 때, 아이들은 왜 그렇게 해야 하는지 이해하기 어렵다. 트롤리 문제가 힘든 이유 중 하나는 어떤 결과든 한 명 이상의 무고한 사람에게 해를 끼칠 수 있으며, 그 사람에게 그에 대한 보상을 하지 못한다는 것이다. 모든 무고한 사람의 죽음을 같은 정도로 다루게 되면 확실한 평결을 할 수 있을 것으로 보이지만, 육교 문제가 선로변환기 문제처럼 확실한 사례라고 생각하는 사람은 거의 없다. 그래서 이런 사례에서 피해와 함께 동등한 대우가 도덕적으로 연관된 모든 측면을 만족시키지 못한다는 것을 고려해야 한다. 그렇다고 해서 이러한 우려를 가벼이 여겨서는 안 된다. 따라서 직관이 충돌하는 사례에서 사람들이 결정하지 못하는 이유를 설명할 수 있는 훌륭한 이론이 필요해 보인다.

이제, **줄리와 마크**의 시나리오로 돌아가 보자. 아래의 사례에서 제인과 매슈를 살펴보라.

대학생인 제인과 매슈는 남매다. 그들은 여름방학에 함께 알래스카에서 하이킹을 한다. 어느 날 밤 고지대의 오두막에서 단둘이 머무르고 있었다. 그들은 곰을 만났을 때 호신용으로 사용하기 위해 가지고 온 권총으로 러시안룰렛을 하면 재미있겠다고 생각한다. 최소한 새로운 경험일 것이라고 생각한다. 권총의 약실을 돌리고 방아쇠를 당겼다. 총알은 발사되지 않았고 아무도 외상을 입지 않았다. 둘은 게임을 즐겼지만 다시 하지는 않기로 한다. 그날 밤을 특별한 비밀로 간직하기로 하고, 둘은 서로를 더 가깝게 느낀다. 이에 대해 어떻게 생각하는가? 장전된 권총으로 러시안룰렛을 해도 괜찮을까?

정말 그럴까? 러시안룰렛에 대한 생각이 혐오 감정을 불러일으키든 아니든, 이 이야기를 읽으면서 총알이 발사되었다면 그 얼마나 무의미한 손실이 발생할 것이며, 방아쇠를 당긴 사람과 가족, 친구들이 얼마나 힘든 시간을 겪게 될지를 바로 알 수 있을 것이다. 제인과 매슈는 단지 지루해서 재미있는 것을 해보기 위해 경솔하게도 모든 것을 위험에 빠뜨렸다. 다행히 운이 좋았지만, 이건 해서는 안 되는 행동이다.

이제 도덕적으로 말문이 막히는 문제로 돌아가 보자. 근친상간을 범한 줄리와 마크는 그저 하룻밤의 재미를 위해 그들의 영혼으로 러시안룰렛을 한 것이다. 그들의 관계에 어떤 피해도 남기지 않고 넘어가기는 불가능하기 때문에, 그들의 영혼 혹은 현재와 미래의 가족은 결국 그들의 행동이 괜찮았다고 볼 수 없으며 제인과 매슈의 사례보다 더 심각하다고 생각할 것이다.

하이트의 연구팀은 참가자가 줄리와 마크에 대한 자신들의 판단을 정당화하기 위해 근친상간의 일반적인 해로움을 가지고 얘기를 만들어낸다고 결론지었다. 이 사례에서는 일반적으로 생각하는 해로움이 가까운 미래에 발생하지는 않는다. 하지만 일반적으로 해로운 행동이 정말로 도덕적 평가와 무관할까? 줄리와 마크의 행동이 부적절한 이유에는 근친상간의 전형적인 결과로 인한 심리적 외상(그러한 행동에 따른 일반적인 경향이다)이 발생할 위험이 있다. 혹은 피임에 실패해서(흔하지는 않지만 충분히 가능한 일이다) 아이가 생겼다면 어떨까?

2장에서 전개한 직관을 보여주는 언어로 돌아가보자. 줄리와 마크 혹은 제인과 매슈 사례를 읽을 때, 우리의 마음속에는 그들의 태도, 그들이 당면한 선택, 그들이 내린 선택지를 포함하여 그들이 처한 상황에 대한 예측 인과 모형이 형성된다. 이 모형은 장면의 전개 양상에 대한 예측적·평가적 **기대** 그리고 전개 양상에 대한 **시뮬레이션**을 지원한다. 그렇다면 우리 자신을 그들의 상황에 넣어 그 시나리오가 명시적으로 무엇을 말해주는지에 더해 시나리오에서 언급되지 않은 측면과 결과를 시뮬레이션해보자. 이렇게 하는 것은 인간의 학습과 공감 능력을 보여주며, 인간의 정서 체계에 표상된 결과의 가치를 보여준다. 인간은 완전히 사회적인 생명체이며, 인간의 뇌는 정보 집약적이지만 현실 혹은 가상의 사회적 상황을 신속하게 예측하고 평가할 수 있게 구축되어 있으며, 비슷한 수준으로 물리적 세계나 자신의 신체 역학에 대한 예측을 위해서도 구축되어 있다. 그들이 러시안룰렛을 하는 것이 부적절하다는 직감은 몹시 쓰리다. 사회적 시뮬레이션과 평가의 결말이 단순히 정서적 섬광과 같지는 않을 것이다. 2장에서 언급한, 동료의 초대에 반응할 때 느끼는 불편함처럼, 응답으로 인해 나타나는 다양한 결과에 대해 암묵적 혹은 명시적으로 이루어지는 복잡하고 현실적인 시뮬레이션과 평가의 결과라고 볼 수 있다.

그래서 전망은 인간의 삶과 미래에 대한 직관뿐만 아니라 도덕적 직관의 한가운데 자리 잡고 있다. 도덕성에서 정서의 기본 역할은 전망적이다. 죄책감은 이전의 잘못을 처벌하는 기능 외에도, (부도덕한 행동이 이례적으로 발생한다는 가정 아래) 전망적 죄책감을 제지하는 기능을 훨씬 더 자주 수행한다. 우리가 가능한 행동과 그 결과를 시뮬레이션할 때, 전망적 죄책감은 우리의 행동에 영향을 준다(Ent & Baumeister, 2015, Moll, de Oliveira-Souza, & Zahn, 2008, Tangney, Stuewig, & Mashek, 2007).* 공감적 시뮬레이션과 평가 과정은 아주 빠르고 대체로 암묵적으로 이루어지기 때문에 이를 직접적으로 들여다보기는 어렵다. 따라서 그런 행동을 해야

---

* 도덕적 정서로서 전망적 죄책감의 중요성에 처음으로 주목한 사람은 하워드 나이Howard Nye
다. 도덕 판단에서 정서의 역할에 대한 상세한 논의는 Gibbard(1990)를 참조하라.

한다거나 하지 말아야 한다고 느낀 **이유를** 설명하라는 요청을 받으면 아무 반응도 하지 못하거나 실수를 저지르곤 한다. 그간의 경험에 비추어볼 때, 제인과 매슈 시나리오를 듣고 나면, 줄리와 마크의 사례에 대한 부정적 판단을 정당화하는 데 사람들은 아무런 어려움을 겪지 않는다. 줄리와 마크의 행동이 도덕적으로 적절한지 판단할 때 그들 자신과 그 외의 어떤 사람도 나쁜 결과로 고생하지 않았다는 것은 아무런 영향을 주지 않음이 분명해 보인다. 사회적으로 부정적인 결과에 대한 위험성은 눈에 보이는 것이 아니라 사회의 구성원으로 살아가면서 지속적으로 민감하게 느끼는 무언가를 말한다. 예를 들어, 동료의 초대를 거절하면 상처를 줄 수 있다는 생각에 불편한 마음이 든다. 그래서 도덕적 평가는 행동에 대한 모든 평가와 마찬가지로 실제 가치만큼 **기대 가치가** 중요하다.

이제 2장에서 간단하게 언급한 전망적 공감 시뮬레이션의 중요한 특징을 살펴보자. 신경과학 연구를 보면, 인간은 자신의 정서 시스템을 공감 시뮬레이션의 '시험대test bed'로 사용한다. 그러나 자신만의 관점으로만 다른 사람의 상황을 본다는 의미는 아니다(Decety & Ickes, 2009l Ruby & Decety, 2001). 이와는 반대로, 초대를 거절해서 동료가 받은 상처를 공감하며 시뮬레이션할 때, 당신은 승진에서 누락되어 화가 난 사람의 처지로 들어가본다. 정서 시스템이 가진 상상의 범위는 이런 조건도 시뮬레이션할 수 있을 정도다. 소설, 드라마, 영화를 생각해보자. 자신과는 아주 다른 사람의 상황, 그들이 생각하고 행동하는 논리를 "내면에서부터" 이해할 수 있는 능력이 있어야 줄거리와 구성을 만들 수 있다. 초대를 거절당한 사람의 상황을 시뮬레이션할 때, 정서 시스템은 초대 거절로 인한 사회적 고통과 분노를 오프라인으로 제공할 수 있다. 공감은 단순히 내 의견에 동의하는 사람을 이해하도록 도와주는 것을 넘어서서, 라이벌이나 적이 제기한 도전에 대처할 때 혹은 계획하지는 않았지만 그들이 기꺼이 같이 일하고자 한다는 것을 알게 되었을 때 **우리가** 그들의 생각, 감정, 행동을 가늠하게 도와준다 (Hoffman, 2000). 간단한 일상적인 대화를 할 때도 다른 사람의 처지에서 그들의 말을 해석하고 내가 말하고자 하는 바를 그들에게 명확하게 전달해야 한다. 레슐리와 톨먼의 실험용 쥐는 미로에서 주위에 있는 물체와 비교해 자신의 위치를 정하는 **자기 중심적** 지도를 그려 나가야 하는 동시에, 미로 전체를 아우르는 **타인 중심적** 지도도 그려 나가야 한다. 그래야 특정 시점을 넘어서는 경로를 그릴 수 있고, 기회가 있을 때 지름길로 빠져나갈 준비를 할 수 있다(Fyhn, Molden, Witter, Moser, & Moser, 2004, Gupta, van der Meer, Touretzky, & Redish, 2010, Ji & Wilson, 2007). 마찬가지로 우리가 처한 사회적 상황을 자기 중심적으로 그리고 타인 중심적으로 그리는 능력은 필수적이다.

근친상간 행위를 들었을 때 순간적으로 떠오르는 혐오감은 어떤가? 혐오감은 진화적으로 몸에 배어 있으며, 관련된 위험이나 혜택, 손실에 대해 더 고민하는 것을 막는 것으로 보인다. 근친상간이 문학 작품이나 연속극에서 매력적이고 자극적인 소재였던 것으로 보인다고 하더라도, 실제로 혐오감이 섬광같이 발생한다. 하지만 그런 반응으로 인해 추가적인 평가를 피하거나 의견 수정을 거부하는지는 명확하지 않다. 최근 연구에서 제기한 핵심적인 점은 모듈 방식으로 작동하고 영역별로 기능이 구분되어 있다고 여겨온 뇌가 사실은 광범위하게 상호작용을 하며 수행 향상에 필요한 정보는 무엇이든 다른 영역에서 가져온다는 것이다. 예를 들어, 미각은 후각뿐만 아니라 시각과 청각 정보 그리고 인지적 기대와 정서적 평가 정보도 가져온다 (Small, 2012). 냄새에 대한 혐오 반응과 같이 기본적이고 원시적으로 보이는 반응도 여러 감각 기관과 기억 저장소에서 정보를 가져와 통합적으로 처리한다. 휘발성 카복실산을 탐지할 때 혐오 혹은 쾌락 반응이 유발되는지는 그 냄새가 잘 숙성된 치즈 냄새라고 생각하는지 아니면 오래된 양말 냄새라고 생각하는지에 달려 있다.

사회적 행동의 패턴이 변화하면 사람들이 정서적 반응을 형성하는 데 사용하는 정보의 변화를 이끌어낼 수 있다. 동성애는 심리학 연구에서 오랫동안 혐오에 중요한 부분이었다. 동성애적 성행위는 유전자의 복제가 불가능하기 때문에 상한 음식을 먹으려는 충동을 억제해야 하는 것처럼 동성애적 충동도 억제해야 한다는 진화적 설명에 더해, 근친상간이나 수간과 함께 혐오로 묶여왔다(Haidt, McCauley, & Rozin, 1994). 반응성 혐오는 자극의 매력을 떨어뜨리고 거절과 철회를 유도하는 방법으로 이렇게 할 수 있다. 게다가 혐오감 혹은 혐오에 대한 민감도가 증가하면 동성애 관계에 대한 반감이 증가한다는 것을 연구 결과로 확인했다(Inbar, Knobe, Pizarro, & Bloom, 2009, Lieberman & Smith, 2010). 하지만 직관적인 정서 반응은 증거 저항성이 있는 '버튼 누르기' 같은 진화의 흔적이 아니라, 개인과 사회의 학습에 의해 상당한 영향을 받았을 것이라는 연구 결과가 축적되고 있다(Blair, 2002, Tybur, Kurzban, Lieberman, & DeScioli, 2013). 혐오에 대한 '진화적 기능'은 다른 모든 정서와 같이 운명적인 것이 아니다. 정서적 반응은 개인이 가진 정보와 평가를 바꾸는 경험의 영향을 받는다. 통계적 학습 시스템이 차이를 감소하는 방식으로 작동하기 때문에, 고정관념은 경험을 통해 약해질 수 있다. 결과를 보면 사람들은 그저 자신이 볼 것이라고 기대한 것을 보지 않는다.

2장에서 언급한 대로, 인간의 암묵적인 심적 과정은 **어울리지 않는 정보**에 특별히 주의를 기울이게 한다. 아직 말을 하지 못하는 아기가 전에 들어본 적 없는 순서의 음에 특별히 주의를 기울이는 것에서 확인할 수 있다(Saffran, Aslin, & Newport, 1996). 낙인 찍힌 집단에서 존경받는 인물의 사진을 역치보다 낮은 수준으로 보여주면, 고정관념이 저절로 나타날 가능성이 낮아진다(Dasgupta & Greenwald, 2001). 그리고 낙인 찍힌 혹은 이질적인 집단에 속한 사람과 중요한 프로젝트에서 성공적으로 협업하게 되면 그런 암묵적 편향이 줄어든다(Blincoe & Harris, 2009, Dasgupta, 2013).*

이런 결과는 지난 10여 년간 동성 결혼을 보는 태도의 변화에 관한 자연 상태에서의 실험이라는 측면에서 매우 흥미롭다. 반감과 인정 비율이 뒤집혀서 이제는 다수가 동성 결혼을 법적으로 인정해주어야 한다고 생각한다.** 이런 변화를 유발한 요인은 무엇인가? 물론 성적 지향성을 근거로 하는 차별에 원칙적인 반대를 표시하는 사람들이 많아졌지만, 동성 관계에 대한 태도 변화 역시 훨씬 깊은 의미가 있다. 15년 전의 대학 윤리 강의에서 흔한 주제는 '동성애자 권리에 대한 논쟁'이었다. 최근에는 대학생들이 이 점에 대해 논쟁을 하는 것으로 보이지 않는다. 현재 대학생은 동성애자가 자신의 성적 지향성

---

* 예를 들어, 일부 연구자의 주장대로 암묵적 편향이 태고의 '우리-그들' 정서 세트와 연결되어 있다고 하더라도, 연구 가설과 방법이 다양한 50개 정도의 연구를 검토한 결과 고정관념과 편견의 자동적 처리 과정에 대한 유연성을 보여주는 증거를 확인했다. "초기의 사회적 정보 처리 과정"에서 (정서에 의해 통제된다고 알려진) 암묵적 주의와 동기가 다른 내적·외적 단서와 함께 작동하여 고정관념이나 평가 편향의 효과를 조절할 수 있는 것으로 보인다. 경우에 따라서는 정반대의 영향이 나타날 수도 있다. Blair(2002)를 보라.
** 퓨리서치센터의 보고서 「동성 결혼에 대한 5가지 사실Five Facts About Same-Sex Marriage」을 보라(Masci & Motel, 2015).

을 공개하는 세상에서 자라났고, 그 결과 형제, 자매, 부모, 친척, 선생님, 친구 중에 동성애자가 있다. 동성애자는 **어떤** 사람인지에 대해 이전 세대보다 훨씬 자세히 알고 있기 때문에, **동성애자가 어떤 모습인지**에 대해서도 훨씬 자세히 알고 있다. 지난 1000년 동안 동성애자에 대한 차별 그리고 진화적으로 견고하게 확립된 보편적 혐오 반응은 동성애를 상세하게 실제적으로 경험한 단 한 세대 만에 상당 부분 사라져가고 있는 것으로 보인다. 인간의 정서 시스템은 자신이 습득하는 정보를 사용한다. 그 경험의 폭과 대표성이 증가할수록 편견이나 진화적 기본 설정에 의존할 가능성은 줄어들고, 사회적 현실을 반영할 가능성이 증가한다. 아프리카계 미국인과 유럽계 미국인 간의 비극적 관계는, 차별을 금지하는 법률이 상당히 진보했는데도, 각 집단 구성원의 삶은 다양한 개인적 관계를 포함해 상대 집단을 대표하는 사람들과 폭넓은 관계를 맺지 못하고 있다. 지역 공동체나 학교에서 1990년보다 더 분리되어 있다는 연구 결과도 제시되었다(Anderson, 2010).

유감스럽게도 이 모든 것에는 딱히 결실이 없다. 전망에 기반한 사회적 시뮬레이션과 평가에서 직관이 실시간으로 작동하는 방식에 관해 설득력 있는 사례를 만들어내지 못해서 분명하게 설명하지 못하고 있다. 말로 설명할 수밖에 없기 때문에 철학자가 흔히 제시하는 시나리오보다는 덜 만화 같은 이야기가 필요하다. 우리가 옳다면, 그 이야기를 이해할 수 있는 능력을 가지게 되면 생각과 행동을 실시간으로 이끄는 데 필요한 현실적인 사회적·도덕적 직관에 대한 감각도 가질 수 있을 것이다.

유능한 변호사가 살인 혐의로 기소된 사회적 약자 집단의 한 사람을 무료로 변론하고 있다. 재판은 거의 마무리되어가고, 전문가적 판단으로 볼 때 모든 것이 잘되어가고 있다. 배심원도 잘 선정되었고, 엉성한 법의학적 증거에 대해서는 능숙하게 의구심을 제기했다. 검사는 여러 차례 헤맸고, 판사의 결정도 변호사에게 유리했다. 그런데 무언가 자꾸 신경 쓰이며 불안감이 생겨났다. 판결 전 마지막 심리를 마치고 법정을 떠날 때, 검사가 내세운 핵심 증인이 반대 심문에서 감형을 받기 위해 일관성 없는 진술을 하다가 변호사의 함정에 빠졌는데도 변호사는 오히려 졌다는 느낌이 들었다.

변호사는 그동안 내내 침울해 보이고 말이 별로 없는 의뢰인을 계속 생각하고 있다. 변호사가 검사의 증인을 심문할 때만큼 날카롭게 의뢰인을 심문하는 과정에서, 의뢰인은 변호사에게 검사의 핵심 증인을 궁지에 몰아넣을 수 있는 사실을 증언하기도 했다. 변호사는 무료 변론은 처음인데, 이렇게 침울해 보이고 의심스러운 태도가 무료 변론을 할 때 만나게 되는 피고인의 전형적인 모습이라고 스스로 말하고 있다. 법정에서 무엇이 그들을 그렇게 불편하게 만드는지는 확인할 방법이 없다.

여전히 뭐라고 말할 수 없지만 무언가 잘못되고 있다는 느낌이 든다. 머릿속에 자꾸 떠오르는 장면이 있다. 그날 재판이 끝날 때, 의뢰인에게 필요한 정보를 제공한 데 대한 감사의 표시를 하려는 순간, 사무실에서 아주 중요한 사건이 잘못되어가고 있다는 긴급한 문자를 보냈다. 그래서 "미안하지만 빨리 가봐야 해요."라고 의뢰인에게 말하고 돌아섰다. 변호사가 돌아서는 순간에 의뢰인은 수갑을 찬 채로 법정에서 나가고 있었다. 그날 저녁 주요 논점을 정리하려고 했으나, 집중을 거의 못하고 머릿속에서 그날 있었던 일을 계속 반복해서 떠

2부 전망, 삶에서 지속되는 질문들

올리고 있었다. 의뢰인을 떠올릴 때마다 고개를 숙인 채 다른 곳을 보면서 법정을 빠져나가는 장면이 떠올랐다. "왜 이러지?" 하면서 일에 집중하려고 노력했다. "내일이면 재판이 끝난다. 끝내고 나면 나아질 거야."

이튿날 아침, 법원으로 이동하는데 다리가 돌을 달고 있는 것처럼 무겁고, 위가 꼬인 것처럼 아팠다. 법정으로 들어오는 의뢰인에게 인사를 하면서 어제의 도움에 감사 표시를 하고 힘을 내려고 했다. 의뢰인은 이전에도 그랬던 것처럼 말없이 아래를 힐끗 내려다본다. 그런데 그다음에 고개를 들고 한 번도 본 적 없는 미소를 보이면서 말한다. "우리가 해냈어요."

재판이 시작된다. 변호사는 최후 변론을 진행하면서 불편한 느낌이 드는 이유를 찾지 못했고, 이미 검증된 방법에 초점을 맞추었다. 배심원에게 증거와 법률을 하나하나 짚어주면서 자신의 논리에서 빠져나가지 못하게 한다. 항상 그랬던 것처럼 '배심원의 마음을 얻으면, 그들의 심장을 얻을 것'이라고 되뇐다.

그런데 최후 변론을 3분의 1 정도 했을 때, 법정 안에서 자기 목소리가 울리는 것처럼 들리기 시작했고 배심원의 눈을 마주치기 어려워지면서 불안감이 증폭되었다. 다른 생각에 사로잡혀 집중을 못하며 방향을 잃은 듯한 느낌이 들었다. 의뢰인을 신경질적으로 쏘아본다. 의뢰인은 고개를 숙인 채 표정이 없다. 변호사는 시간을 조금 벌려고 한다. "증거를 확인해보기 전에 피고인의 혐의를 자세히 살펴보겠습니다." 경직되어 있고 마치 설교하는 것처럼 보이는 형편없는 방법이다. 변호사는 목이 마르고 얼굴이 붉어지기 시작한다. 그곳에 있는 모든 사람이 변호사에게 무언가 문제가 있다는 것을 눈치챈 듯하다. 혐의를 반복해서 언급하다가 또다시 멈춘다.

아무것도 생각나지 않는다. 변호사는 냉정을 되찾기 위해 긴장된 몸을 쭉 펴고 깊은 호흡을 하면서 배심원단에게 천천히 걸어간다. 변호사는 눈썹을 잔뜩 찡그린 채 자신을 바라보고 있는 의뢰인을 보지 못한다. 이건 불안일까, 아니면 분노일까? 몸을 획 돌려서 배심원의 눈을 바라보려고 한다. 가능한 한 에너지를 모두 쏟아서 최후 변론을 다시 시작했고, 더는 자기 목소리가 법정에서 울리는 것 같지 않았다. "여러분들도 이 사건의 사실들을 상세하게 잘 알고 계십니다. 더 무슨 말이 더 필요할까요?" 변호사는 심장이 뛰어서 잠시 어색하게 멈추었다가 말을 이어간다. "이 사건이 **정말** 어떤 의미를 가지고 있는지, 즉 얼마나 극악무도한 범죄를 저질렀는지 희생자의 가족에 대해 우리가 가져야 하는 감정은 무엇인지에 대해, 우리의 분노를 엉뚱한 사람에게 돌린다면 정의를 실현할 수 없습니다. 여전히 망설일 수 있지만 제 의뢰인이 무고하다는 것을 알고 있는 사람, 그 살인자는 지금도 밖에서 이 재판을 비웃고 있을 것입니다. 제 의뢰인은 그저 키, 몸무게, 피부 색깔이 같았고, 부적절한 시간에 부적절한 장소에 있었을 뿐입니다. 유죄 판결을 받아내려는 검사의 편리한 표적이었을 뿐이고, 검사는 탄원을 받아주는 대가로 거짓 증인을 만들어냈습니다. 하지만 제 의뢰인은 종신형을 받아야 할 아무런 이유가 없습니다. 그를 엄벌에 처하고 이 사건을 마무리하면 진범은 자유롭게 거리를 배회할 것입니다. 우리는 이 사건의 수사를 계속 진행시켜서 우리의 분노와 심판을 받아야 할 대상인 진범을 찾아야 합니다."

변호인이 배심원석으로 가자, 배심원들은 의자를 불편하게 움직이면서 변호인의 눈을 피하려고 한다. 익숙하지 않은 상황에 처한 변호인은 어디로 가야 할지 확실하게 판단하지 못한 채 집중과 평정심을 유지하려고 애쓴다. 실마리를 찾기 위해서 그저 그들을 따라간다. 과감하게 한 사람 한 사람에게 눈을 맞추고 지난 밤에 친구에게 이야기하는 것처럼 표정과 목소리를 부드럽게 하고 이 사건에 대해 말하려고 노력한다. 배심원이 한 명씩 땅바닥을 바라보거나 외면하지 않고, 변호인의 눈을 보고 변론에 집중하기 시작한다. 이 사건에서 자신의 마음을 움직인 게 무엇이었는지를 설명할 때는 목소리에 감정이 묻어나는 것을 느꼈고, 재판 내내 무표정한 얼굴로 앞줄에 앉은 노인의 눈에 눈물이 흐르기 시작한다. 이때 떠오른 생각과 감정들을 보면서, 오래 끌지 말아야 한다고 생각하고는 결론으로 옮겨 간다.

그런데 어떤 결론으로 가야 하는가? 머릿속에 준비된 문구가 없었지만, 불현듯 무언가가 떠오른다. 겨우 목소리를 가다듬고 말한다. "진심을 다해 여러분께 호소합니다. 그리고 여러분들의 마음에 도달했으면 좋겠습니다. 거기가 바로 이 사건의 판결을 위해 들여다봐야 하는 곳이기 때문입니다. 여러분들이 그렇게 할 것이라고 믿습니다. 감사합니다. 변론을 마치겠습니다." 법정은 쥐죽은 듯 고요했다. 자리로 돌아오면서 다리가 후들거렸지만 잘된 것 같다.

예상이 맞았다. 배심원은 무죄 평결을 제안한다. 재판이 끝난 후, 준비한 최후 변론을 그대로 하지 않고 감정을 드러낸 이유를 동료들이 물었을 때, 머릿속에 떠오르는 게 없었다. "내가 기억하는 것은 그때 스스로에게 말하는 것처럼 느끼고 있었다는 거야. 머리가 완전히 멈춰 있었어. 어디에 있는지도 모르겠고 아무도 내 말을 듣지 않는 것 같아서 계속할 수가 없었어. 무언가는 해야 했고, 속도를 늦춰서 배심원의 얼굴에 집중하고, 그들에게 말하려고 하니까 말이 나오더라. 머리가 지끈거렸지만 시선을 유지하려고 애썼어. 자, 이렇게 가보자고 느끼기 시작했지. 왜 그랬는지는 모르겠어."

나중에 알게 되었다. 변호사의 트레이드마크인 주도면밀한 접근은 재판이 시작할 때부터 주요 배심원들을 잘못된 방향으로 쏠리게 했다. 변호사는 냉담하고 쌀쌀맞은 인상을 주었고, '냉정한', '위선적인', '거들먹거리는'과 같은 단어를 떠올리게 했다. 반면 검사는 법리적으로는 매번 변호사에게 압도당했지만, 범죄 혐의에 세심하게 주의를 기울이고 배심원을 존중하는 것으로 보였다. 배심원은 변호사를 신뢰하지 않았고 변호사가 규명하려는 사실을 믿으려 하지 않았다. 검사 쪽 증인의 증언을 탄핵한 것은 오히려 잔인하고 고압적으로 보였다. 물론 변호사의 화려한 학력은 고등학교도 졸업하지 못한 잡범을 훨씬 능가했지만, 그래서 무엇을 증명했는가? 사실 재판에서 거의 질 뻔했다.

이후에 더 많은 것을 깨닫게 되었다. 변호사는 자신이 상당히 쌀쌀맞고 심지어 위선적이거나 거들먹거렸다는 것을 알게 되었다. 검사를 무시하고, 검사와 검사 쪽 증인을 압도했을 때 의기양양했으며, 최고의 로펌에서 급부상하는 젊은 변호사로 법정에서 자신이 가장 똑똑하다는 분명한 느낌을 가졌고, 이 모든 것이 그곳에 있던 모든 사람에게 분명하게 전달되었다. 변호사와 의뢰인이 거리가 있다는 것이 모든 사람에게 분명히 보였다. 재판을 시작할 때부터 변호사도 알고 있었듯이 둘의 사회적 거리 탓에 의뢰인을 경계하고 있었다. 그러나 변호 계획에 확신이 있었기 때문에, 의뢰인의 말에 처음부터 주의를 기울이지 않았다. 의뢰인은 자신의 말을 들어주지 않는다는 것을 금방 알아챘고, 그래서 침울해지고 침묵하기 시작했다. 그것 때문에 결

2부 전망, 삶에서 지속되는 질문들

심 공판 전까지 의뢰인의 무죄를 확신할 수 있는 핵심 정보를 확보하지 못했다. 그래서 스스로 확신할 수 없었고 그렇게 보였다. 마찬가지로 의뢰인도 변호사와 상당한 거리감을 느끼고 있는 것처럼 보였다.

결심 공판에 이르러서야 처음으로 변호사와 의뢰인이 서로를 조금씩 신뢰하기 시작했다. 물론 그때도 알지는 못했다. 변호사는 반대심문 후에 의뢰인에게 감사 표시를 한 것이 잘못되었나 하는 생각에 혼란스러운 상태에서 후회만 하고 있었다. 그래서 점점 더 불편하게 느꼈고 항상 사용하던 정형화된, 어디서나 들어맞는 최후 변론이 가짜인 것처럼 느껴졌다. 그날 오후에 사회적인 수준의 차이를 걷어치우고 의뢰인을 한 명의 사람으로 대하려고 했고, 그 덕분에 모든 것을 새로 보게 되었다. 다음날, 통상적인 최후 변론을 할 때 무언가 잘못되어가고 있다고 느꼈고, 실제로 그랬다. 당연히 원래 계획대로 계속할 수는 없었다.

숙련도나 전문성을 발달시키는 것은 특정 행위를 아주 빈번하게 수행하여 자동적이 되도록 만드는 것이다. 그렇게 되면 더 이상 노력이나 의식적인 주의 혹은 초심자의 고민과 같은 것이 필요하지 않다. 여기서 설명하는 모형은 이제는 구식이 되어버린 동물의 강화 학습 개념을 물려받았다. 강화 학습은 강화에 의해 반복된 행동은 특정 자극에 의해 유발된 '행동 패턴'을 몸에 배어들게 해서 그 자극에 대해 조건화된 행동 반응이 자동적으로 출현하는 것을 말한다.

위에서 예를 든 변호사는 상투적인 최후 변론에서 벗어날 때 신중하게 행동하지는 않았지만(사실 자신이 준비한 신중한 해결책에서 벗어나는 방향으로 행동했다), 이런 의미에서 분명 습관처럼 자동적으로 행동하지는 않았다. 반대로 익숙한 역할이나 판에 박힌 방식에서 재빨리 벗어나 최대한 집중해서 자신이 가진 지각적·지적·정서적 자원을 활용했다. 변호사는 재판 초기에 배심원의 표정이나 몸짓에서 그들과 멀어지는 듯한 신호를 은연중에 탐지하기 시작했다. 물론 명확한 이유를 찾지는 못했지만, 이것 때문에 불안감이 생겨났고 확신이 약해졌으며 동기도 약화되었다. 결심 공판에서 압박감을 받으면서도 변호사는 의뢰인과 함께 성공적으로 최후 변론을 마쳤고, 이 경험은 그들이 사회적 수준이라는 익숙한 틀에서 벗어나게 해주었다.

변호사는 약간은 지친 듯한 모습으로 의뢰인에게 감사 인사를 전하려고 했으나, 의뢰인은 눈치채지 못한 채로 법정 밖으로 나갔다. 바로 그때 의뢰인을 어떻게 봐야 하는지, 그리고 의뢰인이 믿음을 주지 못하고 배제되는 것 같은 느낌을 어떻게 받게 되었는지 갑작스럽게 알게 되었다. 변호사는 의뢰인을 그저 의뢰인이 아니라 한 명의 사람으로 생각하기 시작하였고, 배심원이 혹시 유죄 평결을 내린다면 그건 매우 부당하다는 생각이 마음속에 뼈저리게 와 닿으면서 부당함에 대해 생각해보기 시작했다. 평상시에 최악이라고 느꼈던 방식으로 일을 진행하면서, 이제는 재판을 마무리하는 지루한 일상을 개인적인 배신과 같이 참을 수 없는 것처럼 느꼈다.

마침내 변호사가 직관을 따르게 되었을 때, 그녀에게는 다음과 같은 것이 자연스럽게 떠올랐다. 거리를 두면서 직업적으로만 대하는 방법을 버리고 의뢰인과 다시 연결하려고 노력하는 것 그리고 배심원과의 거리를 좁힐 수 있게 사람 대 사람으로 말하면서 부당함에 대한 감각을 열정적으로 보여주어야 한다는 것이었다. 결국 그녀는 모든 것을 쏟아부었고, 스스로도 놀랄 정도로 솔직하고 유창하게 자신과 자신이 생각하는 가장 중요한 가치를 표현했다. 처음에 변호사는 자신이 얼마나 쌀쌀맞고 잘난 척하는 모습을 보였는지는 신경 쓰지 않고 정당한 판결에만 관심을 두었기 때문에 무료 변론을 위해 그 자리에 있었다. 인간의 생각과 행동은 거의 자동적이며 중요한 가치에 부주의하다. 그래서 이런 상황에 처해봐야 세상과 사람에게 제대로 주의를 기울인다.

그럼에도 불구하고, 그날 아침 변호사가 보여준 완전히 달라진 모습 그리고 그로 인한 성공적인 변론에서 아직도 명확하지 않은 부분이 있다. 변호사가 불안감의 원인을 아직 잘 모르는 상태에서, 대체 어떻게 미리 계획하지도 않았음에도 매우 효과적인 방식으로 자신의 모든 역량을 동원하여 대응할 수 있었을까? 그저 언변이 뛰어나거나 법적인 전문성이 높다는 것으로는 거의 지고 있었던 상황에서 자신만의 목소리를 낸 그 상황을 설명하기 어렵다.

그렇게 자연스럽고 효과적인 반응을 설명해줄 수 있는 능력은 당연히 여러 가지로 구성된다. 법정에서 의뢰인과 지난 며칠 겪은 명시적이고 잠재적인 경험, 그리고 심문, 해설, 설득과 같은 수년의 법정 경력, 평생 대규모 혹은 소수의 사람들과 교류하는 데 필요한 기술, 강인한 마음, 정서 지능을 들 수 있다. 여기에는 다른 사람의 표정이나 행동을 읽을 수 있는 능력, 다른 사람이 느끼는 감정을 느낄 수 있는 능력, 신뢰를 받을 때를 인식하는 능력, 자신의 장벽을 걷고 다른 사람의 마음을 얻는 능력, 불안이나 불확실성 아래서도 집중을 유지하는 능력, 좌절하지 않고 끈기 있게 해나가는 능력, 자신이 믿는 것을 방어하는 능력이 포함된다. 매우 높은 수준의 사회언어적 능력인 성실성 또한 배심원에게 사용해야 할 적절한 단어나 문장을 떠올리게 해주어서, 진심 어린 우려를 표현하여 거리를 두어왔던 사람들에게 다가가 마음을 움직일 수 있게 해준다.

하지만 잠시 물러나서 생각해보면, 피고인 측 변호사의 생각이나 감정, 행동에는 무언가 충돌하는 점이 있다. 변호사는 사회적 상호작용에 관한 모형의 모든 자원을 사용할 수 있는 능력이 있었으나, 사회적인 선입견과 편견으로 인해 자기도 모르게 의뢰인을 충분히 믿지 못했고, 의뢰인이 변호에 도움이 될 수 있다는 점을 일정 정도 무시했다. 계층과 인종으로 구분된 사회를 오랫동안 경험해왔기 때문에 변호사뿐만 아니라 의뢰인도 위와 같은 모습을 보였고, 이로 인해 자신의 판단이나 신념을 저버리기도 했으며, 자신도 인식하지 못하거나 자신의 의지와 다른 방식으로 생각하거나 행동하기도 했다. 이런 태도 탓에 초기에 상호작용이 제대로 이루어지지 않았고, 별다른 고민 없이 이런 상태가 그대로 지속되었다. 반대 심문을 진행하게 되면서 같이 협력하기 시작했고, 둘의 관계를 재정립하게 되었다. 그래서 변호사가 의뢰인에게 하려던 감사 표시를 하지 못하게 되었을 때 불편감을 느꼈고, "우리가 해냈어요."라는 말의 '우리'라는 표현이 마음속에 들어오게 되었다.

이것으로 재판이 진행되는 동안 작용한 모든 역량과 태도를 충분히 요약할 수는 없지만, 이 정도로도 변호사가 직관적으로 최후 변론을 진행하여 상황을 반전시키고 재판에 이길 수 있던 이유를 충분히 설명할 수 있다.

이유는 정확하게 말하기 어렵지만, 친구에게 어울리는 좋은 선물이 떠오르고, 제품 소개에 나쁠 것이라는 느낌이 들며, 수상쩍게 들리는 변명과 같은 일상적인 직관은 개인의 폭넓은 자원과 전문화된 능력을 필요로 한다. 매 순간 받아들이는 엄청난 양의 감각 정보, 변화하는 욕구와 목적, 그리고 복잡한 개인적 관계와 사회적 환경을 고려할 때, 의식적이고 신중한 인간의 마음이 오롯이 이 모든 것을 감당하기는 거의 불가능하다. 살아가면서 지각적·인지적·정서적 역량을 통해 구축한 경험 있는 안목이 있어야 한다.

그리고 도덕적 능력 역시 중요하다. 단지 재판의 패소 가능성 때문이 아니라 피고인의 변호사로서 가진 가치와 의뢰인에 대한 약속이 조화를 이루지 못했기 때문이다. 결국 변호사는 전문적이고 능숙한 방식을 버리고, 내면으로부터 삶에 대한 가치와 헌신을 가져왔다. 변호사가 최후변론을 진행하면서 이러한 부조화를 알아차리고 적절하게 반응할 수 있었던 이유는 자신이 처한 사회적 상황을 모델링하는 암묵적 능력이 있었기 때문이다. 변호사는 배심원의 눈을 바라보면서 그들의 생각에 공감하며 시뮬레이션했고, 그들에게 지금 상황이 어떻게 보일지 그리고 어떻게 해야 그들의 마음을 얻고 확신을 줄 수 있는지 떠올릴 수 있었다. 배심원을 설득하는 문제에 관해 변호사가 가졌던 불안감은 며칠 동안 쌓여왔고, 감지할 수 있을 정도로 강해져서 더는 무시할 수 없는 수준에 이르렀다. 변호사는 계획한 대로 진행하면 이길 수 없을 것 같다고 생각했고, 어떻게든 배심원의 마음에 닿지 못하면 의뢰인에게 불공정한 판결이 가해질 것이라고 느꼈다. 그래서 집중력을 발휘하여 가용한 모든 지식과 기술을 동원했다. 그리고 이 장면에서 상황과 그 시점에서의 근본적 가치에 대한 전망과 위험성을 역동적으로 평가했고, 도덕적인 기대 가치가 생성한 직관적인 안내에 따라 행동할 수 있었다. 변호사가 가진 암묵적인 사회적 능력이 암묵적인 도덕적 능력의 일부분이 되었다.

적어도, 바로 이것이 변호사의 생각, 감정, 행동을 전망에 기반하여 설명하는 것으로 보인다. 언어든, 사회적 행동이든, 도덕적 평가에서든, 직관은 별다른 설명 없이 판단을 만들어내는 신비스러운 블랙박스가 되어서는 안 된다. 직관적인 도덕적 평가가 종종 정서를 포함하는 것으로 보인다는 사실이 이유와 가치에 대한 민감한 반응에 반하는 것은 아니다. 그래서 직관이 우연히 나타나지 않는다는 것이다. 직관은 독일어 원어민이 독일어를 3년째 배우고 있는 고등학생보다 독일어 발음을 더 정확하게 구분하는 비결이기도 하다. 경험이 많은 뱃사람이 풋내기보다 갑작스러운 폭풍우에 어떻게 반응해야 하는지 잘 아는 이유이기도 하며, 프로농구선수가 관중보다 코트에서의 기회를 더 잘 포착하는 이유이기도 하다(Yarrow, Brown, & Krakauer, 2009). 그리고 공감 능력이 잘 발달하지 않은 사람이 낮은 수준의 정서 지능을 보이고 사회적 상황에서 필요한 행동을 직관적으로 파악하는 데 어려움을 겪는 이유이기도 하다(Baron-Cohen & Wheelwright, 2004, Mayer, Caruso, & Salovey, 1999, Mayer & Gehrer, 1996). 전망 가설이 맞다면, **도덕적 직관**의 수수께끼 중 일부를 해결할 수 있을 것이다. 그래서 도덕철학자들이 제안한 가설적인 시나리오에서 사람들이 보이는 즉각적인 반응을 더 잘 이해할 수 있을 것이다.

철학에서는 가상의 시나리오를 상상하면서 시뮬레이션하고 가능한 여러 행동과 결과를 평가하게 하는 연구 방법을 사용한다. 이 방법은 우리가 지금까지 주장해온 것이 전망에 기반한 행동의 안내서라는 것을 보여주는 사례다. 인간이 사회적 행동을 할 때 전망에 의해 안내를 받는 방식으로 생각하는 구조를 가지고 있다면, 이러한 사례 기반 방법이 그걸 고민해온 사람들에게 충분히 이해할 수 있는 방법이며 그들이 신중하게 생각하지 않고 빠르게 답할 수 있게 보이는 이유를 설명해줄 수 있을 것이다. 동시에 전망은 보통 암묵적인 시뮬레이션과 평가로 진행되기 때문에, 사람들이 이러한 가상의 시나리오에 명시적인 설명 없이 반응할 충분한 준비가 되어 있다는 것도 그다지 놀랍지 않다. 그래서 그들의 응답에 숨어 있는 것 대부분은 스스로 들여다봐도 찾기 어렵다.

물론 이것은 허점이 많은 광범위한 심리학적 가설일 수 있다. 이런 가설을 통해 윤리학에서 (종종 특이한) 사고 실험을 철학적으로 적용하여 그런 난해한 현상을 설명할 수 있다. 그렇다면 일상은 어떨까? 이런 종류의 전망적 시뮬레이션과 도덕적 평가에 관여하는 것이 일상적인 삶에서 중요한 특징일까?

그 질문을 정면으로 받아들이기 전에 일상적인 도덕적 사고와 관행이 단단히 엮여 있는 두 가지 현상을 살펴보자. 첫째, 사람들의 생각과 감정을 강하게 사로잡은 **이야기**가 있다. 아이슬란드의 전설적인 영웅, 마야인의 창조 신화, 아동도서, 할리우드 액션 영화, 낭만 소설, 톱 40 히트곡, 종교 서적, 연속극, 텔레비전 드라마 등 어떤 형태든 창작의 세계에서 살아가려면 엄청난 양의 정서적 에너지와 시간을 투자해야 한다. 이런 이야기에서는 사람이나 사건이 실제로 존재하는 것도 아니고 어떤 위협이나 이득도 없다. 그런데도 이렇게 많은 정서적 에너지와 시간을 투자하는 이유는 무엇일까?

이야기를 만들고, 말하고, 읽고, 보고, 고민하고, 논쟁하는 것에 대해 계속 논의해보자. 이야기로 가득한 역사, 음악, 그림, 조각 등의 문화적 기록을 제외할 때 남게 되는 건물, 공예품, 추상화, 절대음악은 놀랍게도 외계의 방문자에게 인간 영혼의 독특한 특징과 위대함을 거의 설명해주지 못한다.

　인간이 이야기를 즐기고 가끔은 이야기에 감동받기 때문에 당연하다고 말할 수도 있을 것이다. 하지만 왜 그런가? 무엇이 그렇게 흥미로운가? 살면서 절대로 만나지 못하는 사람들의 이야기를 보면서 흥분하거나 고통스러워하거나 흐뭇해하는 이유는 무엇인가? 전망 능력을 갖추도록 설계된 생명체는 다른 가능성을 상상할 수 있고 자신의 관심사든 아니든 흥미로운 것을 추구하고 평가할 수 있게 만들어져 있다는 답도 제시되었다. 단지 가능한 이야기와 인물 그리고 마음속에 그리는 소설로는 마음을 움직일 수 없다면, 전망을 제대로 할 때 고려해야 하는 사람, 행동, 결과의 다양한 조합으로 구성된 미래의 여러 가능성을 평가하면서 상상하고 반응할 수 없다. 공감의 결여는 단지 삶이 다른 사람에게 어떤 것일지 상상하는 능력의 결함이 아니고, 본인의 삶이 아직은 그저 가능한 환경에서 어떻게 될 것인지를 상상하는 능력의 결함이다(Baron-Cohen, 1997). 공감적 시뮬레이션은 그 자체로 **도덕적인** 태도나 능력이 아니다. 예를 들어, 테니스 경기에서 선수들은 공감을 사용하여 상대방의 플레이를 시뮬레이션하고 받아넘기기 가장 어려운 곳으로 공을 보내려고 한다. 공감적 시뮬레이션은 4장에서 기본 네트워크를 논의할 때 제안한 것처럼 **어디에서나** 흔하게 발생한다.

　전망으로 이해하는 일상의 둘째 특징은 상습적으로 **험담**하는 경향이다(Dunbar, 1996, Sabini & Silver, 1982). 험담은 이야기와 마찬가지로 우리의 삶과 밀접하게 닿아 있지만, 거기에 더할 부분이 있다. 험담은 본질적으로 다른 사람의 삶의 이야기를 **공유하는** 것인데, 단지 정보를 공유하거나 상상으로 관여하는 것을 넘어서는 목적이 있다. 하나하나 조

　　　　　　　　2부 전망, 삶에서 지속되는 질문들

각들을 끼워 맞추어 이야기를 구성하고 그 이야기에 대한 사람들의 반응을 비교하면, 자신의 상상과 공감 능력으로 다른 사람의 상상과 공감 능력을 추론하고, 특히 우리가 살아가는 환경에서 핵심적인 질문인 사람과 사건에 어떻게 **반응해야** 하는지에 집중할 수 있다. 인간은 서로 간의 관계에 의존해서 반응을 조정 및 조율하거나, 다른 사람의 반응을 인정하거나 이의를 제기하고, 혹은 규모가 큰 사회에서는 그 반응을 어떻게 볼 것인지 간파할 수 있다. 그래서 험담은 그저 그 자리에 없는 사람을 폄훼하는 것이 아니라 어떻게 느끼고 어떻게 행동할지에 대해 다른 사람과 함께 생각을 꺼내보는 것이다. 이렇게 본다면, 험담은 전망의 한 가지 형태이며, 험담의 대상이 어떻게 생각하고 어떻게 행동하며 어떻게 평가받을지에 대한 시뮬레이션을 함께해보는 과정일 수 있다. 친구의 행동에 분노해서 거기에 대응하려고 하지만 다른 친구의 감정에 공감하지 못하거나 어떤 행동이 적절한지 알 수 없다면, 사회적 전망과 위험에 대한 내적인 생각을 업데이트해야 할 필요가 있을 것이다.

이제 도덕성으로 돌아가보자. 생각하는 것, 느끼는 방식, 행위 여부는 우리가 그저 살아가는 방식만에 대한 질문이 아니라 어떻게 살아야만 하며, 무엇이 타당한가에 대한 질문이다. 우리의 관심을 끄는 이야기는 단지 사람들이 생각하고 느끼고 행동하는 방식에 대한 질문이 아니라 어떻게 해야만 하는지, 즉 의무에 대한 질문이다. 명시적으로 도덕적인 모습을 보여주는 아이들의 이야기나 종교적인 우화에서부터 연속극이나 드라마에서 나오는 도덕적으로 얽히고설킨 복잡하고 모호한 이야기까지 다양하다.

세상을 **의무적인** 관점으로 바라보게 되면, **규범적**이거나 **권위적**인 모습을 가지게 되어 불가피하게 개별적인 사례나 과거에 발생한 일까지 지적하게 되고, 이후의 생각, 행동, 감정의 방식을 강요하는 듯한 모습을 보인다. 300여 년 전에 철학자 데이비드 흄David Hume이 주장한 대로, 그리고 2000년 전에 아리스토텔레스가 주장한 대로, 도덕적 평가는 단지 행동에만 머무는 것이 아니라 환경, 행동, 행위자의 조합, 즉 발생하거나 발생할 수 있는 간단한 **이야기**에 대해서 이루어진다. 친구에게 누군가가 당신의 팔을 잘랐다고 말하는 상황을 가정해보자. 그 친구는 어떤 일이 일어났는지 모르는 상태이니 도덕적으로 어떻게 반응해야 할지 모를 것이다. 지갑을 훔치려는 강도가 상해를 입혔는지, 종양을 제거하기 위해 의사가 절단한 것인지, 자살하려는 사람을 막으려다가 발생한 것인지에 따라 달라질 수밖에 없다. 친구에게 어떤 일이 일어났으며 그 이유는 무엇인지 반드시 알려주어야 한다. 이렇게 하면 무슨 일이 있었는지에 더해 동기와 그 사건을 촉발한 상황, 목적, 의지에 대해 말해줄 수 있다. 도덕적 평가는 항상 일반 원리에 의존하기 때문이 아니라 같은 사례를 동일하게 다룬다는 점에서 본질적으로 **일반적**이다. 누군가가 탈세 목적으로 소득 신고를 작게 한 것을 잘못한 행동이라고 한다면, 본인이 같은 행동을 했을 때 잘못한 행동이라고 평가할 준비가 되어 있어야 한다. 같은 사례를 동일하게 다루는 것은 도덕성과 법률의 기본 요건이며, 권위를 보여주는 것이다. 도덕적 그리고 법적 판단에서는 **지금까지 발생한 것** 이외에도 **앞으로 어떻게 해야 할지**에 대해서도 결정한다. 흥미로운 점은 같은 이유로 험담에서도 제약이 발생한다는 것이다. 갑에게 허용되는 것은 을에게도 허용된다.

　도덕철학의 주요 논쟁거리인 유명한 도덕적 딜레마 문제로 돌아가 '도덕적 직관'을 이해하려고 노력해보자. 많은 사람이 농산물 직판장 문제에서 운전대를 잡아당기는 것이나 선로변환기에서 레버를 미는 것이 적절하다고 생각한 반면, 육교 문제에서 덩치 큰 남성을 밀어 떨어뜨리는 것은 부적절하다고 생각한다. 그 이유는 무엇일까? 관련 문헌이 방대하며, 지금까지 이쪽 분야를 연구하는 철학자와 심리학자들 사이에서 의견 일치도 이루어지지 않았다. 그렇다면 전망이라는 개념이 그동안 놓친, 비대칭적 판단이 나타나는 이유를 설명할 수 있게 무언가를 더해줄 수 있지는 않을까?

'도덕 평가는 대체 무엇을 **위한** 것인가'라는 질문이 나올 수 있다. 그리고 이 질문은 도덕철학자가 당연히 고민해온 질문이기도 하다. 도덕적인 삶은 복잡하고, 인간 조건이나 심리 상태, 역사와 같은 다양한 특징에 민감하다. 게다가 도덕적 삶은 여러 기능을 수행하는 것으로 보인다. 도덕적 규준이나 태도는 협력과 협동을 발전시키고, 서로를 존중하게 하며, 재산을 안정시키고, 이기심을 줄여주며, 스스로 돌보지 못하는 사람들의 기본적인 욕구를 충족시키는 등의 기능을 수행한다. 하지만 도덕적 규준과 태도가 그저 우아하고 매력적인 것만은 아니다. 사회적 지배와 종속 그리고 복수에 대한 개인적 정당성 부여에서도 중요한 부분이다. 도덕성이 이런 목적 중 하나를 위해서라는 것은 무슨 의미이고 그에 대한 근거는 무엇인가?

범위를 조금 좁혀서, 도덕성이 무엇을 위한 것인지가 아니라 도덕적 **평가**가 무엇을 위한 것인지 살펴보자. 두 질문은 상당히 다르다. 예를 들어, **아름다움**과 **미학적 가치**가 무엇을 위한 것인지는 불분명하다. 진화 이론가는 신체적 아름다움은 건강함의 표시면서 번식 잠재력이라고 할 수 있지만, 유전자 재생산의 상대적 비율은 미학적 판단에 관심을 두는 것으로 보이지 않는다고 주장할 것이다. 사람들이 아름다움과 미학적 가치를 평가하고 공유하는 데 기꺼이 관여하는 이유는 아름다움이나 미학적 가치를 가진 대상을 인식해서 얻게 되는 만족감 그리고 본인이 놓칠 수 있는 미학적 가치의 원천에 대한 믿을 만한 정보를 타인이 제공해줄 수 있다는 사실일 가능성이 있다. 그래서 가치를 평가하고 공유하는 연습과 선택 과정에서 도움을 얻는 연습은 삶의 질에 큰 영향을 줄 수 있다. 누구도 강제로 이렇게 하라고 하지는 않는다. 풍경에 대한 시각적 아름다움에 관한 것이든, 음악의 청각적 아름다움에 관한 것이든, 음식의 풍미에 관한 것이든, 영상의 힘에 관한 것이든, 그저 저절로 관심이 생기는 것이다.

마찬가지로, 도덕성이 대체 무엇인지 간단히 답할 수 없다고 하더라도 도덕적 평가의 공유 과정에 자발적으로 관여하는 이유를 설명하는 데 도움이 되는 기본적인 특징들은 확인할 수 있을 것이다. 예를 들어, 인간의 삶의 질에 매우 중요한 영향을 미치는 것은 어떤 사회적 환경에서 살아가고 있는지다. 태도, 동기, 행동에서 예의 바르고 신뢰할 수 있으며, 사려 깊고 존경받을 만하며, 협력적이고 용감하며, 관대한 사람들이 이웃이나 가족, 직장, 사회를 구성하는 환경, 그리고 공격성, 폭력, 이기심, 기만, 무모함, 비겁함, 교묘함을 가지고 있는 사람들에 둘러싸여 있는 환경을 생각할 수 있다. 이런 특징 중에는 주로 좋은 순간에 중요한 것도 있고, 주로 좋지 않은 순간에 중요한 것도 있다. 이런 경향은 대부분의 사람에게서 나타나는데, 중요한 것은 개인이나 집단에서 이런 경향이 보이는 균형, 그리고 여러 종류의 태도나 동기, 행동이 나타나는 조건이라고 할 수 있다. 따라서 다른 사람이나 자신으로부터 예측할 수 있는 것 혹은 특정 행동이나 상황에서

2부 전망, 삶에서 지속되는 질문들

기대할 수 있는 것 그리고 이런 변화가 삶의 질에 어떻게 영향을 주는지 확인해볼 필요가 있다. 요약하자면, 도덕적 평가의 측면과 상응하는 부분에 대한 **전망적 평가**를 할 필요가 있다는 것이다. 도덕적 평가를 수행하고 공유하게 되면 본인의 행동과 타인의 행동의 전망에 대해 좀 더 객관적으로 평가할 수 있게 되는데, 이점이 바로 그러한 평가에 관여하는 강력한 이유일 것이다.

도덕적 평가가 행동과 결과의 기대 가치를 좀 더 객관적으로 보여줄 수 있다는 가정 아래 트롤리 문제에 접근해보자. 변호사의 재판 사례에서 보았듯이, 행동, 상황, 결과를 평가할 때 드러나지 않는 사회적 기능은 직관적 평가에 중요한 역할을 한다. 그러한 기능이 도덕적 직관의 기저라는 증거가 있을까?

1970년대에 심리학자들이 진행한 연구를 살펴보자. 유치원생조차도 관습적 규범(화장실에 가려면 허락을 받아야 한다)과 도덕적 규범(다른 사람의 점심을 허락 없이 가져가면 안 된다)을 구분할 수 있으며, 관습적 규범은 임의로 변경할 수 있는 관례 혹은 규칙에 따라 결정되는 반면 도덕적 규범은 상황이나 제도에 의해 무시하거나 대체할 수 없는 것임을 이해할 수 있다. 게다가 도덕적 규범은 중대한 피해와 관련이 있으며, 그 부분이 도덕적 규범을 마음대로 바꿀 수 없는 이유이기도 하다는 것을 이해하고 있다(Nucci & Nucci, 1982, Turiel, 1983). 이렇게 눈에 보이지 않는 기능 덕에 아이들은 누군가가 '그래도 된다고 했다'는 이유로 규범을 위반하도록 압력을 가하는 복잡한 사회적 상황을 헤쳐나갈 수 있다. 그런 압력을 항상 거부할 수 있는 것은 아니지만 그런 압력이 부적절하다고 판단할 수 있게 해주는 좀 더 객관적인 체계를 이해할 수 있다.

도덕적 평가는 다른 측면에서 볼 때도 객관적이다. 도덕적 평가는 개인의 특정한 생각이나 목적과는 무관하기 때문에 도덕적인 우려로 인해 개인적인 이익이 영향을 받지는 않는다. 하지만 아이들은 '이익과는 무관한' 자기 중심적이지 않은 방식으로 세상을 보지 않을까? 심리학자들은 안구 운동 추적, 주의 고정, 선호도 표현과 같은 연구 방법을 적용하여 언어 사용 전 시기의 유아의 생각을 탐구했고, 이들이 다른 관점에서 무척 정교하게 사회적 세상을 이해함을 확인했다. 2세 정도 된 유아도 물리적 유사성이나 자신에 대한 이익에 의해서가 아니라 정서적 가치에 따라 행동을 묶을 수 있음을 관찰했다. 예를 들면, 만화의 등장인물을 어루만지거나 도와주고 싶은 대상, 때리거나 훼방 놓고 싶은 대상으로 묶을 수 있었다. 중요한 점은 어루만지는 행동과 때리는 행동이 눈에 드러나는 특징으로 보면 훨씬 더 유사했고, 이는 도와주는 행동과 훼방 놓는 행동도 마찬가지였다(Premack & Premack, 1997). 아이들은 틀린 믿음 과제false belief task에서 자신들이 알고 있는 것을 다른 사람에게 명시적으로 설명하는 데 어려움을 보인다. 예를 들어, 아이들에게 샐리라는 인형이 자신의 구슬을 바구니에 담고 방에서 나간 다음 앤이라는 인형이 들어와서 상자에 구슬을 옮겨 담는 장면을 보여준다. 그리고 나서 "샐리가 돌아오면 구슬을 찾기 위해 어디를 찾아봐야 할까요?"라고 아이들에게 물어본다. 3~4세 이하의 아이들은 상자라고 대답하는데, 그 이유는 비록 샐리는 구슬을 옮기는 것을 보지 못했다 하더라도 자신들은 그것을 알고 있기 때문이다. 그런데 15개월 된 아이들의 안구 운동을 확인해보았더니 눈동자가 정답인 바구니로 먼저 향했다(Onishi & Baillargeon, 2005). 다시 말해서 아이들이 명시적이지는 않지만 **암묵적으로** 그런 상황을 이해하고 있다는 것을 보여준 것이다. 아마도 자신이 처한 상황에서 먼저 의도를 암묵적으로 이해하고, 이후에 명시적으로 인식한 것으로 보인다. 특히 암묵적인 이해는 스스로 받아들이지 않은 심적 상태를 다른 사람에게 전달하는 능력을 체화한다는 점에서 더 **객관적**이다.

카일리 햄린Kiley Hamlin 연구팀은 초기에 보이는 자기 중심적이지 않은 사회 인지에 대한 놀라운 결과를 보여주었다(Hamlin & Wynn, 2011). 가령 눈이 달린 삼각형이 눈이 달린 원을 도와 가파른 언덕을 올라가거나, 눈이 달린 사각형이 원을 방해하는 시나리오다. 마지막에 어느 도형과 놀고 싶은지를 선택하게 했을 때, 6~9개월 유아는 도움을 주는 도형을 선호했다. 이 시나리오를 이해하려면 언덕을 올라간다는 목표는 원에게 부과하고. 삼각형과 사각형에 도움 행동과 방해 행동이라는 목표가 부과되었다는 것을 알아야 한다. 또한 선택에서 나타난 아이들의 선호도는 자신들의 이익이나 손해와 관련이 없는 상황에서 두 개의 도형을 비교 평가했다는 것도 인식해야 한다. 여기서 아이들의 선호는 자기 중심적 평가에 의한 것이 아니라 **포괄적인** 평가를 반영한다. 상황에서 의도를 표상하는 복잡한 방식은 이후 실험에서 분명해졌고 아주 어린 유아들도 방해자를 돕는 인형보다 방해자를 **방해하는** 인형을 선호한다는 것이 드러났다(Hamlin, 2013).

언어 사용 전 유아, 특히 태어난 지 1년이 되지 않은 아기에게 심적 상태를 부여하는 연구 결과에서는, 아기들이 성인과 같은 상태라고 과도하게 해석하지 않도록 매우 주의 깊게 다루어야 한다. 실제로 유아를 성인과 같이 다루지 않는 경향이 오래 지속되어왔다. 그래서 그들의 생각이 구체적이고, 체계가 구축되지 않았으며, 즉시적 경험에 의해 지배된다고 생각해왔다. 하지만 앞에서 살펴본 대로, 수십 년의 연구 결과를 보면 아주 어린 유아들도 추상적이고 인과적으로 생각하고, 우리가 살아가는 세상을 이성적으로 이해하는 사람들의 모습에 주의를 기울이는 것을 확인할 수 있다(Wellman, 2014).

도덕적 평가와 관련된 행동의 의도를 모델링하고 평가하는 암묵적 능력은 아주 어렸을 때부터 나타나는 것으로 보인다. 이 모형이 암묵적이라는 것은 안구 운동 연구 결과를 보면 확인할 수 있다. 유아는 자신들의 기대에 위배되는 것을 오래 바라본다. 2장에서 언급한 대로 15개월 유아는 틀린 믿음 과제에서 말로 정답을 맞히기 전에 정답을 탐지할 수 있다(Onishi & Baillargeon, 2005). 틀린 믿음 과제는 유아가 자신이 알지 못하는 것을 다른 아이들이 알고 있다고 생각해서 그 아이들의 행동을 예측하는 능력을 보여준다. 이렇게 하기 위해서는 현재의 심적 상태를 자기 중심이 아닌 타인 중심으로 구성해야 한다(Wellman & Bartsch, 1988). 그래서 3~4세 전에는 대부분 자기 중심적인 생각을 하는 경향을 보이지만(Wellman, Cross, & Watson, 2001), 암묵적인 수준에서는 2~3세부터 타인 중심적으로 생각했을 때 찾을 수 있는 정답으로 아이들의 눈동자가 움직인다. 공감 능력이 결여된 아이는 몇 살 나이를 더 먹어 말을 할 수 있어도 틀린 믿음 과제를 풀지 못하고, 그 이전 시기부터 보이는 정답을 예측하는 눈동자의 움직임도 나타나지 않는다. 정상 아동을 대상으로 초등학교 기간을 거쳐 진행한 연구를 보면 의도적인 피해와 의도하지 않은 피해를 구분하는 쪽으로 발달하고, 물리적으로는 같은 피해를 입혔다고 하더라도 의도적인 피해를 좀 더 엄격하게 평가하는 모습을 보인다(Baird & Astington, 2004, Young, Cushman, Hauser, & Saxe, 2007).

이러한 결과를 종합해보면, 어린아이의 언어 능력이 언어적인 구분을 하고 언어의 규칙성을 학습하는 기본 능력을 통해 발달하는 것처럼, 사회적 상호작용에서 자기 중심적이지 않은 평가를 하는 능력은 공감적 시뮬레이션 능력과 연결되어 평가 능력의 기저를 형성해 도덕적으로 연관된 행동의 측면을 구분하고 행동과 행위자를 도덕적으로 평가할 수 있게 만들어준다. 정상적인 발달 과정의 아이들은 다른 사람과 소통하는 것을 좋아하며, 실제든 가상이든 친사회적 행동을 선호한다(Hamlin & Wynn, 2011). 언어 능력과 사회적 능력은 함께 발달한다고 보는 게 적절하며 공감적 시뮬레이션 능력은 다른 사람의 말이나 사회적 행동을 이해하고 평가하는 데 중요한 역할을 한다(Guiora, Brannon, & Dull, 1972).

지금까지는 아이들이 언어적 혹은 사회적 능력을 습득하는 학습 과정이나 그러한 학습에 필요한 이미 존재하는 기본적인 역량의 종류에 관해서 일치된 의견이 제시되지 않았다. 하지만 언어에서 말하는 암묵적 능력과 유사한 암묵적인 도덕적·사회적 능력이 있다는 아이디어를 지지하는 증거가 제시되고 있다. 암묵적 능력은 진행 중인 평가에 대해 명시적으로 설명하지 못할 때도 직관적 평가와 행동 안내의 원천이 될 수 있다. 그리고 각각의 사례에서 암묵적 능력은 **생성적 능력**, 즉 단순히 과거 경험을 저장하는 것이 아니라 그 경험을 통해 새로운 상황에 맞게 반응할 수 있는 능력이다. 이런 능력은 분명 전망적이다.

그러나 여전히 추측에 불과하다. 만약 다른 결과를 지지하는 증거가 있다면? 다른 사람의 행동을 이해하는 기본적인 모형이 좀 더 객관적인 제3자의 관점에서 의도적인 행동에 관한 동기, 태도, 목적, 결과를 공감적으로 바라보는 방식이 아니라, 개인적인 도덕 관점에 의해 영향을 받는다면 어떨까? 이 점에 대해서 조슈아 노브Joshua Knobe는 개개인이 보여주는 행동의 의도에 대한 비난과 도덕적 평가를 연결하여 날카롭게 분석했다(Knobe, 2010).

노브는 실험 참가자를 무작위적으로 표집하고 두 집단으로 나누었다. 첫 번째 집단에게 다음과 같은 시나리오를 제시했는데(Knobe, 2010, p. 317), 이를 **이사회 피해**Boardroom Harm라고 부르겠다.

회사의 부회장은 이사회 의장에게 "우리는 새로운 프로그램을 시작하려고 합니다. 새로운 프로그램은 회사의 이윤을 늘리는 데 도움이 되겠지만 환경에는 해를 끼칠 수도 있습니다."라고 말했다. 이사회 의장은 "환경에 해를 끼친다고 해도 전혀 상관이 없습니다. 나는 할 수 있는 한 많은 이윤을 창출하고 싶습니다. 새로운 프로그램을 시작합시다."라고 답했다. 그들은 새로운 프로그램을 시작했다. 물론 환경에 피해가 발생했다.

의장은 환경에 의도적으로 해를 입혔는가?

대부분은 주저하지 않고 그렇다고 답할 것이다. 하지만 다른 집단에게 살짝 다른 시나리오를 제시하면 어떻게 될까? **이사회 도움**Boardroom Help 시나리오를 보자.

회사의 부회장은 이사회의 의장에게 "우리는 새로운 프로그램을 시작하려고 합니다. 새로운 프로그램은 회사의 이윤을 늘리는 데 도움이 되고 환경에도 도움이 됩니다."라고 말했다. 이사회 의장은 "환경에 도움이 되는지에는 관심이 없습니다. 나는 할 수 있는 한 많은 이윤을 창출하고 싶습니다. 새로운 프로그램을 시작합시다."라고 답했다. 그들은 새로운 프로그램을 시작했다. 물론 환경에도 도움이 되었다.

의장은 환경에 의도적으로 도움을 주었는가?

대부분은 주저하지 않고 아니라고 답할 것이다.

하지만 '피해'를 '도움'으로 바꾼 것 이외에 두 시나리오의 차이점은 무엇인가? 노브는 "사람들의 도덕적 판단이 일상의 심리학 그리고 인과관계에 대해 가지고 있는 직관에 영향을 줄 수 있다."는 결론에 도달했다(Knobe, 2010, p. 315). 자신의 가치는 행동의 의도적 구조에 대한 공정한 표상이어야 하는 것으로 보인다. 사회적 행동에 대한 자기 중심적이지 않은 분석과 평가에 근거한 전망적 평가의 예측과는 정반대인 것 같다.

하지만 위에서 제시한 두 사례는 의도를 일상적으로 판단할 때 마치 도덕주의자처럼 행세하려고 한다는 것을 보여주는 것인가, 아니면 그 가치 자체에 중점을 둔다는 것을 보여주는 것인가? 세 번째 시나리오인 **염소 도움**Goat Help을 살펴보자.

당신은 외딴 마을의 비탈에 살면서 염소를 친다. 윗동네의 이웃은 올리브 나무 과수원을 가지고 있다. 어느 날 농산물 가게에 들렀다가 계산대에 있는 사람이 당신의 이웃에게 하는 말을 우연히 듣는다. "네, 이 스프레이를 나무에 뿌려서 벌레를 모두 죽일 수 있어요. 그런데 비가 오면 씻겨 내려가서 마을 여기저기에 퍼지게 되고 풀밭에 있는 벌레도 죽여서 염소 키우는 데도 도움이 되죠." 당신은 귀 기울여 이웃의 답을 들었다. "염소에 도움이 되는지 어떤지는 관심이 없어요. 그저 내 올리브 나무에 있는 벌레만 죽일 수 있으면 됩니다. 스프레이 살게요."

전망적 설명이 제안하는 것을 가정해보자. 이 시나리오를 읽고, 당신은 자신의 마음 상태와 이웃의 마음 상태를 **모두** 조용히 시뮬레이션해서, 그 정보를 통해 이 행동에 대한 가치 평가를 하고 어떻게 받아들일지 생각한다.

이웃의 마음 상태를 먼저 보자. 그는 당신을 돕거나 말거나 그저 무관심한 걸까? 당신의 사회성으로 평가해보면 부정적이다. 하지만 누군가가 이렇게 이기적으로 행동한다는 것을 이례적인 것으로 보기 어렵다. 이제 당신의 마음 상태를 보자. 얼마나 놀랐는가? 당신은 그런 무관심에 무척 신경이 쓰이지만, 자신을 보호하기 위한 조치를 따로 취할 필요는 없다. 이제 시뮬레이션의 초점을 마을의 다른 사람들로 옮겨보자. 그 남성이 당신을 도와주는 데 전혀 관심이 없다고 불평하는 당신의 말을 듣는 이웃을 상상해보자. 이웃이 놀람이나 동정 혹은 걱정하는 마음이 들까? 아마도 조금.

이제 조금 다른 사례, **염소 피해**Goat Harm를 살펴보자.

당신은 외딴 마을의 비탈에 살면서 염소를 친다. 윗동네의 이웃은 올리브 나무 과수원을 가지고 있다. 어느 날 농산물 가게에 들렀다가 계산대에 있는 사람이 당신의 이웃에게 하는 말을 우연히 듣는다. "네, 이 스프레이를 나무에 뿌려서 벌레를 모두 죽일 수 있어요. 그런데 비가 오면 씻겨 내려가서 마을 여기저기에 퍼지게 되고 염소가 먹는 풀에 묻어서 염소에게 해를 입히게 됩니다." 당신은 귀 기울여 이웃의 답을 들었다. "염소에 해가 되는지 어떤지는 관심이 없어요. 그저 내 올리브 나무에 있는 벌레만 죽일 수 있으면 됩니다. 스프레이 살게요."

이 시나리오를 읽으면서 이웃의 마음 상태를 어떻게 시뮬레이션했나? 이기적인 무관심인가, 아니면 훨씬 더 냉담하고 무자비한 무언가(죄책감 없이 기꺼이 동물을 해하고 다른 생명체에 피해를 주려는 생각)인가? 당신의 마음 상태는 어떻게 시뮬레이션했나? 놀람 그리고 이웃이 그 계획을 실행할지 경계하면서 살펴봐야 한다는 급박함일 가능성이 크다. 초점을 옮겨서, 다른 이웃에게 당신이 얼마나 놀랐는지 알려서 이런 상황을 공유하고, 당신이 처한 상황에 연민을 느끼게 할 수 있을 것인가? **이웃들이** 그 남성과 함께 마을에 사는 것을 얼마나 (불)편하게 느낄까?

염소 도움과 염소 피해 문제는 이사회 피해와 이사회 도움 문제가 처음에 생각했던 것보다는 대칭적이지 않다는 것을 말해준다. 직관은 사용할 수 있는 증거는 무엇이든 사용한다. 경험을 바탕으로 보면, 이웃에게 피해를 주든 말든 전혀 상관하지 않는 사람은 다행스럽게도 통계적으로 드문 반면, 이웃에게 도움을 주든 말든 전혀 상관하지 않는 사람은 유감스럽게도 훨씬 많을 가능성이 있다. 통계 학습 체계는 이례적인 것에 특별히 더 많은 관심을 두는데, 그 이유는 이례적인 것이 예측할 수 있는 것에 비해 더 많은 정보가를 가지고 있기 때문이다. 이사회 피해 문제에서 의장의 태도와 염소 피해 문제에서 이웃의 태도는 그런 측면에서 관심을 불러일으킨다. 현실에서 그러한 태도는 이사회 도움 문제나 염소 도움 문제와 비교할 때 훨씬 더 반사회적으로 보이며, 다른 사람들로 하여금 더 높은 수준으로 경계하게 만든다.* 확실히 예측 가능한 부작용으로 누군가에게 알면서도 기꺼이, 무관심하게 해를 입히는 행동은 불법 행위임은 말할 것도 없고 상식적으로 반사회적 행동이라고 볼 수밖에 없다. 그래서 이사회 피해와 염소 피해 문제에서의 행동은 의장과 이웃이 보여준 반사회적 태도와 일치하는 것으로 보이며, 그들의 기저 동기와 가치를 나타내는 것이라고 짐작할 수 있다. 그래서 직관은 이런 행동을 훨씬 더 의도적인 것이라고 매우 자연스럽게 판단한다. 그에 반해서 '이사회 도움' 문제와 '염소 도움' 문제에서 누군가에게 도움이 된다는 확실히 예측 가능한 부작용에 대해 의장과 이웃이 보여준 무관심은 상식적으로 비교적 친사회적인 태도를 나타내는 행동이라고 보지 않는다. 그래서 도움 행동이라는 친사회적 부작용 효과를 동반하는 행동은 직관적으로 의도가 있다고 판단하지 않아서 그들의 태도와 일치하지 않는 것으로 본다.

부작용과 관련하여, 직관적으로 의도를 판단할 때 중요한 것은 부작용의 도덕적 특성 자체가 아니라 그 사람의 행동(예를 들어, 반사회적, 이기적, 친사회적)에 기반해서 암묵적으로 구축한 행위자의 인과-태도-예측 모형에 따른 그 행동의 적합성이다. 최근에 '이사회 피해'와 '이사회 도움'과 같은 사례에서 의도성에 대한 판단이 의장의 사고방

식에 대한 암묵적 모형에 의해 매개된다는 실험적 증거가 제시되었다(Konrath & Sripada, 2011, Sripada, 2012). 이 결과는 인간이 사회적 행동을 해석할 때 '깊은 자아deep self'에 기반한다고 제안한다. 여기서 가치는 입력되지만, 그 가치가 평가하는 사람의 가치는 아니다. 행동에 대한 평가에 의해 귀속된 가치다.

전망의 관점에 따라 이사회 문제나 염소 문제를 읽으면 그런 가치, 동기, 태도를 가진 사람에게 기대할 수 있는 게 무엇인지 암묵적으로 질문하게 된다. 결국 도덕적 판단이 예측 가능한 것이라면, 개인과 사회에 비슷한 수준으로 매우 유용할 것이다(우리 삶에서 마주치는 이야기와 험담의 역할을 떠올려보자). 타인 중심적 방식으로 작동하는 공정이나 공감에 대한 논의에서 언급한 대로, 타인의 태도나 의도가 특히 본인의 태도나 의도와 부딪힐 때, 반드시 그것을 정확하게 평가할 수 있어야 한다. 타인에 대해 인과-태도-의도 예측을 할 때 타인의 가치와 결정적으로 그들이 할 가능성이 있는 행동을 추적하지 않고 자신만의 도덕적 가치를 사용하여 편파된 예측을 하는 것은 부적절할 것이다.

이제 트롤리 문제로 돌아갈 수 있다. 이미 확인한 대로 그린의 연구팀은 잘 알려진 트롤리 문제에서 도덕적 용인 가능성에 대한 직관적 판단의 비대칭성은 선로변환기 문제가 아닌 육교 문제에서 "희생자에게 직접적으로 영향을 주는 힘이 당사자의 근육(즉 밀기)에서 생성"되기 때문에 발생한다고 결론 내렸다. 그렇다면 아래의 버스 시나리오를 살펴보자.

당신은 테러리스트가 최근 몇 개월 동안 버스와 기차에서 자살폭

탄테러를 감행한 도시에 살고 있다. 테러리스트들은 폭약을 옷 속에 넣고 바쁜 시간에 붐비는 버스나 기차에 탄 후, 승객들이 저지하지 못하게 올라타자마자 폭탄을 터뜨렸다. 오후 5시 10분 당신은 매우 붐비는 버스 안에 있고, 정류장에서 내리려고 애를 쓰고 있다. 차 문은 닫히려 하고, 당신 앞에 있는 굼뜨고 뚱뚱한 남성을 밀치지 않으면 버스를 빠져나올 수 없다. 그때 갑자기 문으로 뛰어오르는 남성을 보았다. 그의 코트는 앞이 열려 있고 그 사이로 가슴에 부착한 폭탄과 손가락에 있는 기폭 장치가 보인다.

당신이 테러리스트에 직접 닿을 수는 없지만, 지금 바로 앞에 있는 뚱뚱한 남성을 버스로 뛰어오르는 테러리스트 쪽으로 세게 밀치면, 그 남성은 테러리스트 위로 엎어져 테러리스트를 인도에 눕혀버릴 것이다. 그리고 당신은 버스 문을 세게 닫을 것이다. 테러리스트는 버스에 오르지 못하고 폭탄은 뚱뚱한 남성 아래서 폭발하여 두 사람 모두 죽게 되지만, 버스에 있는 사람들 그리고 당신은 다치지 않을 것이다.

그렇게 하지 않고, 뚱뚱한 남성과 버스에서 내리면서 "조심하세요. 테러리스트입니다!"라고 소리칠 수 있지만, 테러리스트는 문이 닫히기 전에 버스에 올라탈 것이다. 테러리스트가 버스에 오르자마자 폭탄은 터지고 다섯 명의 승객을 죽일 것이다. 하지만 당신과 뚱뚱한 남성은 버스 바깥의 인도에 안전하게 있을 것이다.

어느 쪽이든 당신은 죽지 않을 것이다. 그리고 어느 쪽이든 테러리스트는 죽을 것이다. 차이점은 테러리스트가 버스에 오르기 전에 한 남성을 밀어서 그 사람이 죽거나, 아니면 당신과 뚱뚱한 남성이 내린 후 테러리스트가 버스에 올라 다섯 명이 죽는 것이다.

뚱뚱한 남성을 테러리스트 위로 밀어 넘어뜨려야 할까?

최근에 이 시나리오를 윤리학 개론 수업을 듣는 학생들에게 제시했더니 63%가 남성을 밀어야 한다고 응답했고, 35%는 아니라고 답했다.* 사실상 선로변환기 문제(67% 대 33%)와 같은 결과를 보였다. 버스 문제가 근육의 힘을 직접적으로 사용해서 한 남성을 처참한 죽음으로 내모는 것이라면, 육교 문제와 같은 비율(31% 대 69%)이 나오지 않은 이유는 무엇인가?

버스 문제와 육교 문제에서 사회성이 높은 사람은 어떻게 반응할까? 첫째, 당신이 버스에서 내리고 있는데 급하게 버스에 올라타는 테러리스트를 본다고 상상해보자. 생사가 걸린 상황에서, 정말 앞에 있는 덩치 큰 남성을 테러리스트 쪽으로 있는 힘껏 밀치는 상상을 할 수 있을까? 다음으로 아래로 트롤리가 지나가고 있는 육교 위에 덩치 큰 남성과 함께 서 있다. 생사가 걸린 상황에서, 옆에 있는 덩치 큰 남성을 육교 아래로 있는 힘껏 밀쳐 트롤리 앞을 막는 상상을 할 수 있을까? 아마도 첫 번째 질문에는 확실히 그런 상상을 할 수 있다고 대답하는 사람들이 많을 것이고, 두 번째 질문에는 덩치 큰 남성을 누군가는 밀쳐야 한다고 생각하면서도 본인이 그렇게 하는 모습을 상상하기는 어려워할 것이다.

---

*   응답의 오류율 2%가 있어 합계가 100%가 되지 않는다. 테러리스트를 언급한 것이 사람들의 반응에 영향을 주는지 확인하기 위해, 버스 사례의 일부를 다음과 같이 바꾸었다. 근처의 부대에서 포탄이 잘못 발사되었고, 덩치 큰 남성을 밀어 버스 바깥에서 포탄을 막을 수 있지만 그대로 두면 버스 승객 다섯 명이 죽게 된다. 이 경우에도 학생들의 응답 경향은 원래의 버스 문제와 유사하다.

이제 사회적 상황을 떠올려보자. 테러리스트로 보이는 사람이 접근하고 있고, 버스 승객들이 출입문 근처에 있는 당신과 테러리스트 사이에 상황을 모르는 덩치 큰 남성이 있는 것을 보았다고 상상해보자. 버스 승객들이 당신에게 "제발 그 사람을 밀쳐요!"라고 소리치는 모습을 상상할 수 있을까? 자신들이 있는 방향으로 돌진하는 트롤리를 본 다섯 명의 작업자가 육교 위에 있는 당신과 덩치 큰 남성을 보고 있다고 상상해보자. 그들이 당신에게 "제발 그 사람을 밀쳐요!"라고 소리치는 모습을 상상할 수 있을까?

이제 각각의 사례에서 덩치 큰 남성을 밀친 다음 어떤 일이 일어날지 생각해보자. 육교 문제에서 트롤리를 멈출 수 있었고, 버스 문제에서 폭탄이 버스 밖 인도에서 터져 덩치 큰 남성과 테러리스트만 사망하고 당신과 버스 승객의 목숨은 구했다. 당신은 무고한 사람을 밀쳐서 죽음으로 몰았다는 끔찍한 사실을 견뎌야 한다. 이런 상황을 조금 더 쉽게 견딜 수는 있을까? 죄책감, 후회, 수치심, 부끄러움과 같은 감정이 섞여 있을 텐데, 각각의 사례에서 느끼는 감정은 같을까? 무고한 남성의 가족을 포함하여 다른 사람들이 당신의 행동을 받아들이고 이해하며 용서할 것이라고 상상할 수 있을까? 혹은 각각의 사례에서 그 남성을 밀치는 데 실패했다고 상상해보자. 버스 문제에서 죄책감이나 후회에 사로잡혀 있는 모습을 상상할 수 있을까? 다른 사람들이 당신의 행동을 이해할 것이라고 상상할 수 있을까? 다음으로 육교 문제에서 그 남성을 밀지 않았다고 상상해보자. 버스 문제와 같은 감정에 사로잡혀 있을까? 다른 사람들이 버스 문제와 같은 정도로 당신의 행동을 이해할 수 있을까?

대부분의 사람들은 버스와 육교 문제에서 각각 다른 시뮬레이션

도덕적 딜레마 상황에서의 행동이 신뢰에 미친 영향

친구나 지인이 민 것을 알았다면…	신뢰 수준 증가	신뢰 수준 감소	신뢰 수준 동일
선로변환기의 레버	23%	30%	47%
육교의 남성	10%	75%	13%
버스의 남성	46%	32%	20%

을 하면서 원래 느낀 그 비대칭성을 느낄 것이다. 이러한 비대칭성은 관점의 영향을 크게 받지 않는다. 상황에 대한 암묵적 이해와 관련되어 있으며 누가 밀었는지를 구별해서 보는 관점과는 별 관계가 없다. 버스와 육교 문제는 개인적인 폭력 그리고 "내가 너에게 피해를 준다."는 도식에 잘 들어맞는다(Greene & Haidt, 2002, p. 319). 하지만 두 사례는 '반응적 태도'에서 체계적이고 상호 연결된 비대칭성 세트라는 결과를 낳는다고 생각해보자(Strawson, 1974). 이렇게 상상하고 시뮬레이션하는 구조를 사용한다는 것은, (놀람 신호를 보내지만 부차적 효과는 무시하는) 분명하지 않은 생물학적 반응이나 근시안적 모듈을 넘어서는 무엇인가가 있다는 것을 의미한다.*

이 아이디어를 검증하기 위해 학생들에게 선로변환기, 육교, 버스 문제를 주고 답하게 했다. "당신의 친구나 지인이 선로변환기의 레버를 당긴 것을(육교에서 남성을 민 것을, 버스에서 남성을 밀친 것을) 알았다면, 신뢰 수준이 더 높아졌을까, 낮아졌을까, 이전과 같을까?" 위 표에

---

*   Greene, 2013의 9장과 비교해 보라.

서 결과를 확인해보자.

선로변환기의 레버를 당기는 행위는 신뢰 수준에 별다른 영향을 주지 않지만, 육교 문제와 버스 문제는 다르다. 육교 문제에서 응답자의 4분의 3이 신뢰 수준이 감소했다고 응답했다. 그런데 버스 문제를 보면, 절반 정도가 신뢰 수준이 증가했다고 응답했다. 왜 이런 결과가 나왔을까? 버스 문제를 들은 사람은 즉각적 위협에 대한 집단적 자기방어로 사건을 해석했을 것이라고 추정할 수 있다. 그런 경우에는 주변에 있는 사람들이 가능한 한 많은 사람을 보호하기 위해 끔찍하지만 어쩔 수 없이 해야 하는 조치를 취해주길 바란다. 즉 그런 환경에서 필요한 행동을 할 수 있는 사람들에게 긍정적인 기대 가치를 부여한다. 무차별 폭탄 테러가 있게 되면 모든 사람이 위험에 처하기 때문에, 모든 사람이 가장 큰 피해를 막기 위해 희생할 준비를 해야 한다. 반면 육교 문제에서는 사회적 자기방어로 그 상황을 해석하지 않는다. 다섯 명의 운명은 당신이나 덩치 큰 남성과 함께하는 운명으로 보지 않는다.

이러한 도덕적 딜레마 상황에서 사회적 혹은 공감적 전망의 차이가 비대칭성을 설명하는지를 확인해보기 위해, 학생들에게 어떤 잠재적 희생자를 가장 가깝게 느끼는지 물어보았다. 선로변환기 문제에서는 59%가 여섯 명의 희생자 모두라고 답한 반면, 28%는 다른 선로에 있는 한 명의 작업자라고 답했다(나머지는 다섯 명의 작업자라고 했다). 육교 문제에서는 39%만 여섯 명 모두라고 답했고 58%는 육교에 있는 남성이라고 답했다(나머지는 다섯 명이라고 했다). 응답률을 보면 처음에 내린 판단과 같은 비대칭성이 나타난다. 무고한 희생자와 관련된 공정이라는 관점을 받아들이는 것이 도덕의 측면에서 중요하다면,

육교 문제가 도덕적 관점을 받아들이게 하는 데 효과적인지 궁금해 할 이유가 있다. 그래서 육교 문제에서 직관적인 반응을 액면 그대로 받아들이지 않아야 한다.

그렇다면 버스 문제와 육교 문제 모두 개인의 힘을 직접적으로 가해 무고한 희생자를 죽게 만들지만, 버스 문제는 공공의 위협에 대한 사회적 자기방어의 차원에서 행동을 취할 필요가 있는 것으로 보이기 때문에 학생들이 버스 문제를 육교 문제와 다르게 받아들이는 것일까? 버스 문제에서 가장 가깝게 느끼는 잠재적 희생자를 물었을 때, 학생들의 63%는 버스 승객 다섯 명, 30%는 여섯 명 모두, 나머지는 그 남성이라고 답했다. 93%가 사회적 관점을 취한 것이다. 이러한 결과가 버스 문제에서 대다수의 답이 맞고 육교 문제에서 대다수의 답은 틀렸다는 의미인가? 전혀 그렇지 않다. 단지 공감 시뮬레이션으로 사회적 상황과 행위자를 평가할 수 있는 무척 복잡한 역량에서의 차이점이 나타나는 근원을 더 잘 이해할 수 있다는 의미다.

최근 여러 과학적 연구 결과를 통해 공감에 기반해 평가하는 능력이 이런 시나리오에서 작동한다는 증거를 확인했다. 육교 문제에서 덩치 큰 남성을 민 사람에 대한 신뢰가 저하된다는 학생들의 생각은 특별한 것이 아니었다. 사회적 정서와 관련된 영역인 복내측전전두엽에 손상을 입은 사람은 일반인보다 육교 문제에서 그 남성을 밀어야 한다는 응답을 더 많이 한다(Koenigs et al., 2007). 기꺼이 밀치는 행위는 소시오패스 검사 점수와 상관관계를 보였다(Kahane, Everett, Earp, Farias, & Savulescu, 2015, Bartells & Pizzaro, 2012). 그리고 혈중 알코올 농도가 높으면 일반적으로 억제 능력이 저하되고 사회 인지에 손상이 오는데, 이럴 때 밀치는 행위를 할 가능성이 더 높았다(Duke & Bègue, 2015). 마지막으로 육교 문제와 같은 시나리오에서 다른 사람을 구하기 위해 희생자를 밀어 죽음에 이르게 하는 행위는 그 상황에서 도덕적으로 맞는 선택이라고 판단하지만, 그 사람의 동기와 인격은 부정적으로 판단한다는 연구 결과도 최근에 제시되었다(Uhlmann, Zhu, & Tannenbaum, 2013).

마지막 두 가지 트롤리 문제를 살펴보자. 트롤리 시나리오에서 직관이 행동의 평가를 반영할 뿐만 아니라 태도, 동기 혹은 의지에 대한 평가도 반영한다면, 이 상황을 상상으로 모델링할 때 도덕적으로 수상쩍은 태도나 동기, 의지가 작동하는 트롤리 문제를 만들 수 있어야 한다. 단 그 상황에서 직접적이고 개인적인 폭력은 없어야 한다. 우리가 맞다면, 그런 문제는 육교 문제에서의 전형적인 반응처럼 직관적으로 거부 반응이 나타나야 한다.

호출 문제를 살펴보자. 선로변환기나 육교 문제에서처럼, 다섯 명의 잠재적 희생자 쪽으로 향하는 제어되지 않고 스스로 멈출 수 없는 트롤리로 시작한다. 그런데 이번에는 선로변환기나 육교가 없다.

당신은 트롤리 선로에서 어느 정도 떨어져 있지만, 선로의 다른 쪽을 볼 수 있는데 제어가 되지 않는 트롤리와 다섯 명의 작업자 사이에 덩치 큰 남성이 있다. 큰 표지판이 시야를 가리고 있어서 이 남성은 달려오는 트롤리를 볼 수 없지만 선로에 있지도 않고 건너가려고 하지도 않기 때문에 위험한 상태는 아니다. 그는 가만히 서서 당신 쪽을 바라보고 있다. 당신은 그에게 당신 쪽으로 오라고 있는 힘껏 손짓해서 그가 달려오는 트롤리 쪽으로 움직이게 할 수 있다. 그 사람은 덩치가 커서 트롤리를 멈출 수 있을 것이다. 그는 죽겠지만, 다섯 명의 작업자를 구할 수 있을 것이다.

당신은 그 덩치 큰 남성에게 있는 힘껏 손을 흔들어 당신 쪽으로 오게 할 것인가?

이 시나리오를 이전과 같은 학생들에게 제시하면서 직관적인 응답을 요구했을 때, 단지 36%만이 '네'라는 응답을 했고 64%는 '아니오'라고 답했다. 이 결과는 사실상 육교 문제의 결과와 같다. 개인적인 폭력이 없고, 직접 한 것도 아니며, 단지 기만적으로 보이는 행동으로 별다른 눈치를 채지 못한 사람을 꾀어 죽음에 이르게 한 것이다. 물론 좋은 의도에서 했지만 분명 교활한 방법이다.* 위의 문제에서 누군가가 호출 신호를 보냈다는 것을 알게 된다면, 그에 대한 신뢰가 더 많아질지, 더 적어질지, 혹은 같을지 물었다. 아무도 더 많아진다는 응답을 하지 않았고, 79%가 더 적어진다고 응답했으며, 21%가 같다고 답했다. 이 결과는 본질적으로 육교 문제와 패턴이 같다. 그리고 이 결과는 선로변환기 문제나 버스 문제에서 누군가가 자연스럽게 레버를 당기거나 덩치 큰 남성을 밀게 만드는 동기와 비교하면, 호출 문제에서 누군가가 자연스럽게 덩치 큰 남성을 호출하게 만드는 동기의 예측 결과에 대한 암묵적인 사회적 평가일 것이다.

호출 문제와 비슷하지만 동기 체계에 특이한 점이 없는 트롤리 시나리오를 생각해보면 이 아이디어에 대한 추가 증거를 얻을 수 있을

---

* 호출 문제에는 선로변환기 문제에 없는 속임수(기만) 요소를 추가했다. 이 점이 직관의 극적인 반전을 설명할 수 있을까? 육교 문제에서도 선로변환기 문제에 없는 물리적 폭력이라는 일종의 범죄 행위 요소를 추가했다. 사람들이 추가된 범죄 행위가 선로변환기-육교 문제의 비대칭성을 설명할 수 있다고 생각한다면, 트롤리 문제는 수년 전에 해결되었을 것이다. 호출 문제에 추가한 속임수적 요소로 선로변환기와의 분명한 차이를 설명할 수 있을지도 마찬가지로 의심스럽다.

것이다. 호출 문제와 비슷하지만 약간의 차이가 있는 손짓 문제를 살펴보자

당신은 선로에서 일하고 있는 다섯 명의 작업자를 향해 제어되지 않는 트롤리가 빠른 속도로 달려가고 있는 것을 보고 있다. 트롤리가 오는 것을 보지 못한 작업자들은 곧 트롤리와 충돌하게 될 것이다. 한 명의 작업자가 선로의 왼쪽 편에 벽 가까이 서 있다. 당신이 소리를 질러도 거기까지 들리지는 않지만, 그들이 당신을 볼 수 있다. 당신이 있는 힘껏 손을 흔들어 오른쪽으로 가라고 하면, 다섯 명의 작업자는 선로에서 벗어나 안전하겠지만, 한 명의 작업자는 선로로 올라가게 되어 트롤리와 충돌해 사망할 것이다.
당신은 있는 힘껏 손을 흔들어 오른쪽으로 가라는 신호를 보내겠는가?

손짓 문제에서는 87%가 손을 흔들어야 한다고 응답했고, 13%는 아니라고 답했다. 신뢰와 관련해서는 20%가 손을 흔든 사람을 더 신뢰할 것이라고 응답했고, 68%는 같은 수준, 13%는 더 낮은 수준으로 신뢰할 것이라고 답했다. 이 결과는 본질적으로 선로변환기 문제와 패턴이 같다.
결국 트롤리 문제에서 직관적 응답 뒤에 숨어 있는 것은 생각했던 것보다 훨씬 더 복잡하고 정교하며 믿을 만한 행동과 그 행위자에 대한 암묵적인 사회적 역량일 것이다.
여기서 고민스러운 것은 이러한 시나리오에서 어떤 답을 옹호해야 하는지가 아니라, 트롤리 문제, 줄리와 마크, 그리고 제인과 매슈

같은 사례 혹은 이사회 그리고 염소 문제에서 직관적 도덕 판단이 행위와 행위자를 공감에 기반하여 사회적·전망적으로 평가할 수 있는 높은 수준의 역량을 포함하는가이다.

300년 전 데이비드 흄은《인간본성론》에서 도덕적 평가는 임의적인 사회 관습의 문제도 완전히 연역적인 추론의 문제도 아니라고 주장했다. 도덕적 평가는 인간의 사회적 삶, 즉 개인적 혹은 집단적 삶을 더 좋게 혹은 나쁘게 만드는 행동, 동기, 특성, 실천의 오랜 역사에 걸쳐 발달된 평가라는 단단한 토대를 가지고 있다. 심지어 악명높은 트롤리 문제도 흄의 전망적 접근을 적용하면 제대로 진단할 수 있는 것으로 보인다.

철학자와 심리학자는 인간이 생각하고 행동하는 이유를 추론할 수 있게 해주는 겉으로 드러나지 않은 권한, 감성, 능력을 상정할 필요성을 오랫동안 확인해왔다. 그런데 최근에 세상 그리고 세상의 전망과 위험을 모델링하는 역량의 심리적 현실에 대한 엄청나게 상세한 경험적 증거가 제시되기 시작했다. 이 역량을 제대로 이해하게 되면 물리적·사회적 세상의 현실과 가능성 그리고 평가적 특성을 계속 다루게 도와주는 인간의 정서 및 인지의 강점과 약점에 대한 통찰을 얻을 수 있을 것이다. 지금은 도덕철학에 믿기 힘든 관심을 보이는 시기다. 도덕철학은 마음과 마음의 작동 방식을 충실하게 이해하게 됨에 따라 일종의 혁명기를 겪고 있다. 도덕 판단을 근본적으로 회고적이며 반작용적이라고 보는 경우가 자주 있긴 하지만, 우리는 도덕심리학의 새로운 시기에 전망이 그 중심에 자리 잡을 것이라고 생각한다.

어떤 점에서, 아리스토텔레스에게 생기를 주는 도덕철학의 신념으로 돌아가는 것이다. 아리스토텔레스는 잘 조율된 정서 상태는 인간이 가치에 대응하는 적절한 방법이라는 생각을 옹호했다. "미덕은 감정 및 행동과 관련되어 있다." 그는 설명한다.

나는 인격의 미덕에 대해 이야기하고 있다. 이것은 감정 및 행동과 관련되어 있기 때문에 이 안에서 과도함, 결핍, 중용을 찾는다. 예를 들어, 두려움, 확신, 분노, 연민, 그리고 일반적인 즐거움과 고통은 너무 많이 혹은 너무 적게 경험할 수 있으며, 두 가지 모두 좋은 것은 아니다. 하지만 적절한 시점에, 옳은 것에 대해, 적합한 사람에게, 옳은 목적으로, 그리고 올바른 방법으로 이런 감정을 가지려면 중용이 가장 좋고, 바로 이것이 미덕이다(《니코마코스 윤리학Nicomachean Ethics》, 2000년 번역본, II. 06B17-20).

예를 들어, 용기의 주요 덕목에 관해 그는 이렇게 썼다.

용기 있는 사람은 인내하며 옳은 일에 확신을 가지면서 두려워하는 사람이다. 옳은 이유로, 올바른 방법으로, 적합한 시점에 그렇게 한다(《니코마코스 윤리학》, 2000년 번역본, III.5B17-19).

예를 들어, 완전히 도덕적인 전사는 인격과 삶의 지도적 가치에 대한 이론적 기초를 제공하는 실용적 지혜 혹은 실천지phronesis를 가질 수 있다. 하지만 아리스토텔레스는 도덕적인 전사를 제자리로 이끌 수 있는 엄격하고 규칙 기반적인 이론은 없다고 생각했다. 오히려, 전사는 정서적으로 관련된 위험, 행동을 취할 가능성, 그에 달린 가치를 실용적으로 평가한다. "용기 있는 사람은 자신에게 진실처럼 보이는 방식으로 구체적인 상황에 자신을 위치시키고, 그 사례의 가치에 부합하게 느끼고 행동한다"(《니코마코스 윤리학》, 2000 번역본, III.5B19). 두려움은 선택의 광경에서 평가적 표상을 제시하고, 제시된 위험을 제대로 파악한다면 이 두려움을 '합당한' '정확한' 혹은 '그럴 만한 이유가 있는' 것으로 말한다. 그래서 신중하지 않고, 맥락에 민감하며, 유연한 직관은 즉각적이면서도 성공적으로 위기에 대응할 수 있게 적응하는 능력을 설명해줄 수 있다. 적절하게 조율한 정서 반응은 추론 능력만큼이나 필수적으로 갖추어야 하는 실용적 지혜다.

신경과학의 최근 연구를 보면 정서 시스템이 여러 방향의 행동을 즉각적으로 시뮬레이션하게 해주는 평가 모형을 생성하여 이러한 가이드를 제공한다는 아이디어를 지지하고 있다. 정서 시스템은 지각 처리 과정의 흐름에 초기부터 개입하여 어떤 상황이나 행동이 조짐이 좋은지 혹은 위협적인지, 신중하게 보이는지 어리석게 보이는지, 옳은 것으로 보이는지 잘못된 것으로 보이는지에 대한 판단에 도움을 줄 수 있다. 정서에 기반한 전망 역량은 인간이 어떻게 직관적이면서 도덕적인 생명체일 수 있는지, 즉 인간이 옳은 것을 보는 동시에 가능한 행동에 대한 동기적·지능적 개념도를 갖게 되는 방법에 대해 처음으로 믿을 만한 설명을 제공한다.

10장

우울, 엉망이 되어버린 전망

마틴 셀리그먼, 앤 마리 롭케

9장에서는 전망을 진화에 유리한 적응적 과정으로 보았다. 그 이유는 전망이 인간이 미래를 계획하는 것과 생존하고, 재생산하고, 번창해 나가는 것을 도와줄 수 있기 때문이다. 전망이 엉망이 되어버리면 정서, 인지 행동에 부정적인 영향을 주게 되고, 우울이 나타날 수 있다. 우리는 잘못된 전망이 우울의 핵심적인 인과 과정이라고 제안한다. 우리의 관점에서는 잘못된 전망이 여러 종류의 병리적 측면을 만들어내고 유지하는 핵심적인 기저 처리 과정이다. 여기서 우리는 우울에 초점을 맞추지만, 잘못된 전망이 불안 장애를 비롯한 다른 종류의 심적 장애에 영향을 미치는 방식을 강조하는 많은 연구 결과들이 보고되고 있다(Alloy et al., 2008, Carleton et al., 2012).

여러 해 동안 미래에 관한 생각은 임상심리학에서 방치되었고, 인 과관계에 대한 가중치는 대부분 과거에 남겨 두었다. 초기 정신분석 적 접근에서는 현재의 심적 장애의 주요 원인으로 과거를 강조했다 (Freud, 1917). 고전적인 행동적 접근법도 과거를 강조했다. 고전적 조건화 와 도구적 강화에 관한 기억을 미래 행동을 예측하고 이해하는 데 필 요한 결정적인 도구로 본 것이다(Pavlov, 1927, Watson & Rayner, 1920). 그럼에도 행동주의와 인지심리학에서 일부 미래 지향적인 주제를 찾을 수 있 다. 가장 대표적인 것이 에런 벡Aaron Beck의 부정적 인지 3제negative cognitive triad인데, 벡은 이를 바탕으로 우울 연구에서 중대한 이론적 진보를 이 루었다(Beck, 1974). 벡은 우울의 특징적인 증상으로 세상, 자아, 미래에 대한 부정적인 관점을 상정했고, 이것들이 단순한 증상 이상이라고 제안했다(실제로 우울을 유발한다). 우리도 이 점에 동의하며, 더 나아가 미래에 대한 부정적 관점이 3제 중 가장 중요하다고 제안한다.

많은 연구와 치료법은 주로 자아에 대한 부정적 관점에 초점을 맞 춘다(Metalsky, Joiner, Harding, & Abramson, 1993, Orth, Robins, & Roberts, 2008). 하지만 미래 에 대한 부정적 관점이 훨씬 더 중요하다. 우리는 사실 인지 3제 전체 가 미래에 관한 부정적 생각으로 압출될 수 있다는 가설을 제기한다. 확실히 자신이 쓸모없고 세상이 형편없으며 그런 생각이 항상 맞았 다고 생각하게 되면 우울감을 느낀다. 이와는 대조적으로, 자신이 쓸 모없고 세상이 형편없지만 더 나은 내일에는 극적으로 변할 수 있다 면 그렇게 낙담하지 않는다. 슬픔과 실의는 상황이 항상 나쁠 것이라 는 믿음에 따른 당연한 반응이다. 여기서 정서 반응은 잘못되지 않았 지만, 미래의 표상이 잘못되었다. 벡은 치료사가 내담자가 제대로 기 능하지 않는 믿음을 찾아내고 바꿀 수 있게 도와주면 증상을 완화할 수 있다고 가정했다. 같은 맥락으로 우리도 치료사가 내담자가 제대로 기능하지 않는 미래에 관한 '만약 그렇다면' 시뮬레이션을 찾아내고 바꿀 수 있게 도와주면 회복과 탄력성을 증진시킬 수 있다고 가정한다. 인지 3제에서 이 부분에 초점을 맞추게 되면, 가장 중요한 중재요법 중 하나이자 이론과 치료법을 한층 더 발전시키는 데 가장 중요한 목표가 될 것이다.

이러한 전망적 틀은 또한 무기력감이 우울의 하위 유형을 유발하기에 충분하다고 상정하는 우울에 대한 무기력감 이론(Abramson, Metalsky, and Alloy, 1989)뿐 아니라 무기력감, 우울, 불안, 자살 행동을 묘사하는 심적 시뮬레이션에 구체적인 부적응적 문제를 지적하는 매클라우드 등(2005)과 밀로얀, 파차나, 서든도르프(2014)의 이론을 확장하고 관련 논의를 풍부하게 한다.

우리는 잘못된 전망이 우울을 유발하는 (그리고 잠재적으로 다른 동반질병 장애의 원인이 되는) 핵심적인 기저 과정이라는 것을 보았다. 그리고 전망은 단지 우울의 증상이나 관련 요인이 아니라 우울 연구에서 정중앙에 위치한 처리 과정이다.

먼저 우울을 유발하거나 지속하는 세 종류의 잘못된 전망을 논의해보자. 그리고 나서 이 관점에 대한 임상적 함의를 고민해보고, 전망능력을 향상하면 우울을 어떻게 완화할 수 있는지도 탐색해보자.

제대로 기능하지 않는 전망은 어떻게 우울을 유발하는가

우울을 잘못된 전망 장애로 재구성해보자. 연구 문헌은 이를 상세하게 기록하고 있다. 우울한 사람은 기능 장애를 유발하고 악화하며 지속하는 방식으로 미래를 시뮬레이션한다. 그들의 '만약 그렇다면' 시뮬레이션에서는 '만약' 절이 자주 부정적이거나 심지어는 재앙적인 '그렇다면' 절과 함께 끝난다(예를 들면, 만약 내 파트너와 논의하려고 하면 항상 상황이 악화된다, 만약 오늘 밤에 잘 자지 못하면 내일은 끔찍할 것이다). 이런 '만약 그렇다면' 조건문을 말이나 그림으로 표현하면, 그들은 이를 어느 정도 자각할 것이다.

부정적인 전망 그리고 심지어 우울도 본질적으로는 기능 장애나 부적응이나 문제를 일으키지 않는다. 사실 끊임없는 낙관주의도 상당한 손실을 가져올 수 있기 때문에, 두 가지 모두 적응적 기능에 필수적이다(Nesse, 2004, Norem, & Chang, 2002). 그래서 부정적 전망과 잘못된 전망을 구별하는 것이 좋다. 부정적 전망은 원하지 않는 미래에 대한 표상이다(정상이며 때로 종종 유용하다). 잘못되고 형편없고 기능 장애적인 전망은 부정적 내용이 두드러지고 심각한 기능 장애로 이어지는 전망의 형태를 의미한다.

우리의 설명 체계에서, 전망에 관한 세 가지 일반적인 결함이 우울을 초래한다. 미래 사건의 잘못된 생성, 미래 사건에 대한 잘못된 평가, 그리고 바탕에 깔린 미래에 관한 일반적인 부정적 믿음이 그것이다. 더 나아가 우리는 우울한 기분과 잘못된 기능은 결국 악순환의 고리에서 이러한 결함을 더 악화시키게 된다고 주장한다.

우울한 전망의 세 가지 결함

미래 사건의 시뮬레이션: 첫 번째 결함은 미래 사건의 구성에 관한 것이다. 우울한 사람은 긍정적인 시나리오를 거의 상상하지 않는 경향을 보이고, 우울한(그리고 불안한) 사람은 미래에 관한 부정적 시나리오를 더 쉽고 빠르게 상상하는 경향이 있다(Bjärehed, Sarkohi, & Andersson, 2010, MacLeod & Cropley, 1995, Miles, MacLeod, & Pote, 2004). 게다가 우울한 사람은 미래의 긍정적인 사건을 비교 집단보다 생생하게 상상하지 못한다(Morina, Deeprose, Pusowski, Schmid, & Holmes, 2011). 이것은 시나리오를 생생하게 상상하면 어렴풋이 했을 때보다 더 믿을 만해 보이고, 생생한 이미지가 말보다 정서를 강력하게 떠올리게 하기 때문에 문제가 된다(Holmes & Mathews, 2010). 자신의 죽음에 대한 생생한 심적 이미지는 특히 위험한데, 이런 종류의 플래시포워드flashforwards(미래의 장면으로 급히 건너뛰는 것)는 자살 위험의 증가와 연관되기 때문이다(Hales, Deeprose, Goodwin, & Holmes, 2011). 정반대로 미래의 긍정적인 사건을 상상하게 되면 자살 충동에 대한 완충 장치 역할을 할 수 있고, 전반적 무력감에 비해 자살 경향을 더 잘 예측할 수 있다(O'Connor, Fraser, Whyte, MacHale, & Masterton, 2008).

미래 사건에 대한 평가: 두 번째 결함은 미래 시나리오의 평가에 관한 것이다. 우울한 사람은 위험을 과대 평가하고, 가중치를 과하게 부여하며, 과도에게 집중해서, 미래를 좀 더 부정적으로 예측한다. 우울한 사람은 나쁜 일의 발생 가능성을 높게 판단할 뿐 아니라 왜 그렇게 되는가에 대해서도 더 많은 이유를 찾아낸다(Alloy & Ahrens, 1987, MacLeod, Tata, Kentish, Carroll, & Hunter, 1997). 이들의 예측은 지나치게 부풀려진 편이고(Strunk, Lopez, & DeRubeis, 2006), 우울이 심할수록 자신들의 예측이 더 확실하다고 생각한다(Miranda & Mennin, 2007). 우울한 사람은 나쁜 결과를 예측하며, 성공 경험을 한 다음에도 나쁜 결과를 바꿀 능력이 거의 없다고 생각한다(Abramson, Garber, Edwards, & Seligman, 1978, Kosnes, Whelan, O'Donovan, & McHugh, 2013, Seligman, 1972).

극단적인 비관주의에서, 무기력감 그리고 우울한 예측 확실성depressive predictive certainty, 즉 부정적 결과가 발생하고 긍정적 결과는 발생하지 않는다는 이분법적 기대를 확인할 수 있다(Abramson et al., 1989, Andersen, 1990, Beck, Weissman, Lester, & Trexler, 1974, Miranda, Fontes, & Marroquín, 2008). 우울한 예측 확실성은 중독성이 있다. 좋은 일이 생기지 않는다고 확신하는 사람은, 심지어 우울 증상과 일반적인 무기력감을 바로잡은 후에도 자살 생각을 더 많이 하는 경향을 보인다(Sargalska, Miranda, & Marroquín, 2011). 비슷한 이유로 무기력한 사람의 자살 가능성이 높고(Kovacs & Garrison, 1985), 무기력감은 우울 증상을 유발하기에 충분하다(Abramson et al., 1989).

일반적인 부정적 기대는 미래의 구체적 시뮬레이션과 연관되어 있다. 예를 들어, 감정이 고조된 시나리오를 반복적으로 시뮬레이션하면 점점 더 그 시나리오를 믿게 되어서, 부정적인 사건을 반복적으로 시뮬레이션하면 훨씬 더 부정적인 기대를 형성하게 된다(Szpunar & Schacter, 2013). 사실 긍정적 사건을 더 적게 상상할수록, 무기력감은 더 커지게 된다(MacLeod et al., 2005).

미래에 대한 부정적 믿음: 우울한 사람의 전망에 관한 세 번째 문제는 미래가 어떻게 될 것인지를 이해하기 위한 기저의 템플릿에 관한 것이다. 우리는 소위 비관적 예측 방식pessimistic predictive style이라 불리는 템플릿이 특히 가슴 아픈 것이라고 생각한다. 이 템플릿은 비관적 설명 방식pessimistic explanatory style(PES), 즉 과거와 현재 사건의 원인을 특정 형태로 설명하는 경향과 유사하다(Peterson et al., 1982). PES 성향을 가진 사람은 부정적 경험의 원인이 개인적이고 널리 퍼져 있으며 오래 지속된다고 설명한다(Peterson & Seligman, 1984). 나쁜 일은 자신의 결점으로 인해 발생한다고 생각하며, 이렇게 생각하는 방식은 삶의 모든 영역에 영향을 주어왔고 계속 영향을 주게 된다. 우울한 사람은 뚜렷한 PES 경향을 보이며(Alloy, Abramson, Metalsky, & Hartlage, 1988, Peterson & Seligman, 1984, Seligman, Abramson, Semmel, & von Baeyer, 1979), 동시에 우울한 사람은 좋은 사건을 본인과 상관없고, 일시적이며, 특이한 원인이 있는 것으로 설명한다.

하지만 설명 방식은 동전의 과거와 현재 면일 뿐, 미래 면은 등한시해왔다. 설명 방식의 이론화의 결점을 인식하고 왜 예측 방식이 진전된 것인지를 이해하려면 1970년대 후반 과학계의 분위기를 살펴볼 필요가 있다. 행동주의가 인지심리학에 자리를 내주었지만, 인지심리학은 오로지 기억(과거)과 지각(현재)에 관해서만 관심을 두었을 뿐, 미래의 기대에 대해서는 의도적으로 침묵했다. 설명 방식을 공식화할 때 심적인 삶에 관한 이론화를 받아들이는 정도였고, 그마저도 심적인 삶을 현재와 과거에 한정했다(Abramson, Seligman, & Teasdale, 1978). 미래 지향적 인지를 피하려는 명시되지 않은 전제는 설명 방식 이론과 벡의 이론화를 힘들게 했다. 왜 그럴까? 행동주의와 초기 인지 이론의 핵심은 목적론을 언급하지 않아야 한다는 것이었다. 미래를 계획하는 듯이 보이는 동물의 행동은 과거와 현재에 의해서만 설명해야 한다. 욕구와 강화는 인간에게 좀 더 다양할 수 있고, 인간은 자극-반응의 연결 고리를 더 길게 할 수 있고 자극 일반화도 더 폭넓게 할 수 있지만, 아직 존재하지 않는 미래 사건에 대한 기대와 같은 개념은 좋게 표현하면 검증 불가능성, 나쁘게 표현하면 반계몽주의와 논리의 모순이라는 문제가 있다.

과거 경험과 현재 사건에 대한 인지(생각)는 미래 사건에 대한 인지를 결정해줄 것이라고 기대되었다. 그래서 설명 방식을 공식화할 때, 그것은 과거와 현재 사건에 관한 것이며, 어떤 방식으로든 미래에 관한 인지를 결정한다는 무언의 전제를 가지고 있었다. 심지어 1970년대에도 이러한 전제를 미심쩍어하는 분위기였는데, 이는 브릭먼Brickman 등(1982)이 날카롭게 지적한 대로 문제의 원인에 대한 설명이 해결책에 대해 유사한 설명 방식을 강요하지 않기 때문이다. 얼굴에 흉터가 생긴 원인은 외부적이고 일시적이며 일부에 관한 것(미친놈이 얼굴에 염산을 뿌렸다)이지만, 미래의 결과(계속되는 수술과 사회적 거부)는 영속적이고 광범위한 영향을 미친다.

설명 방식은 동전의 다른 면(예측 방식, 미래 사건의 원인 파악)을 구체화할 필요가 있다. 이 부분은 연구에서 등한시되었다. 비관적 예측 방식은 PES와 같은 특징을 가지고 있다. 미래의 '만약 그렇다면'에 관한 우울한 예측은 (a) 널리 퍼져 있고, (b) 영속적이며, (c) 개인적이다(예를 들어, 이 시험을 망치면 절대 성공하지 못할 것이며 실패자로 죽을 것이다). 그리고 좋은 사건에 관한 예측 방식은 정반대여야 한다. 과거와 현재에 관한 설명 방식은 미래에 관한 예측 방식과 강하게 연관되었을 수도 있고 그렇지 않을 수도 있다. 이 점은 연구해볼 만한 주제이며, 경험적 연구를 통해 설명 방식과 예측 방식을 우울의 원인이라는 측면에서 비교해보아야 한다. 우리는 미래에 관한 예측이 과거와 현재의 설명보다 행동에 더 많은 영향을 줄 것이라고 생각한다.

악순환

미래에 관한 잘못된 시뮬레이션, 평가, 믿음은 우울을 유발하고, 이러한 세 가지 문제점은 상호작용을 일으켜 주요 우울 장애의 특징을 만들어낸다. 가장 대표적으로 우울한 기분, 짜증, 낮은 활력, 무관심, 자살을 꼽을 수 있다. 하지만 부족한 전망이《정신질환 진단 및 통계 편람》5판(DSM-5, American Psychiatric Association, 2013)에 있는 모든 증상을 유발한다고 생각하지는 않는다. 예를 들어, 전망이 집중 곤란, 즐거움의 상실, 혹은 정신운동 초조psychomotor agitation를 어떻게 유발하는지는 확인하기 어렵다. 이것이 DSM-5가 겹치는 지점에서 특징을 세분화해서 구분하지 않는 이유일 것이다. 주요 우울 장애는 분명하게 하나로 구분되지 않는다(Gorman, 1996, Haslam, 2003, Haslam & Beck, 1994, Ruscio & Ruscio, 2000). 이와 무관하게, 잘못된 전망은 필요하지도 충분하지도 않다. 오히려 잘못된 전망이 자아에 대한 부정적 관점, 세상에 대한 부정적 관점, PES와 같은 다른 원인보다 심리적 수준에서 더 많은 변화를 설명할 수 있다는 점에서 핵심 원인이라고 생각한다.

또한 우리는 잘못된 전망이 악순환의 고리를 만든다고 생각한다. 잘못된 전망은 우울을 만들고, 우울은 최소한 세 가지 방식으로 전망을 형편없게 만든다. 첫째, 우울한 사람은 사회적으로 어울리지 않고 자신의 행동을 제한하며 피하기만 해서, 긍정적 경험이 거의 없다 (Holahan, Moos, Holahan, Brennan, & Schutte, 2005, Kasch, Rottenberg, Arnow, Gotlib, 2002). 이런 탓에 우울한 사람에게는 긍정적인 미래 시나리오를 구성하는 데 필요한 재료가 매우 부족하다. 둘째, 우울하면 스트레스 경험과 대인관계에서 갈등을 일으키는 방식으로 행동하게 되고(Hammen, 2006), 이러한 부정적 경험이 미래에 관한 부정적인 시뮬레이션을 더 생생하게 만드는 재료를 제공한다. 셋째, 슬픈 기분을 느끼면 부정적인 과거를 기억하고 부정적인 미래를 상상할 가능성이 더 높아진다(Miloyan et al., 2014, O'Connor & Williams, 2014).

전망을 개선하기

잘못된 전망이 우울을 유발한다면, 전망을 바로잡기 위한 개입이 필요하다. 인지행동치료cognitive behavior therapy(CBT)는 이미 화살통에 미래 지향적 화살을 일부 꽂아 놓았으며, 이러한 시도를 공식화하고 확장하며 분류해볼 만한 가치가 있다. CBT 치료사는 미래 인지에 전적으로 초점을 맞추거나 아예 무시할 수도 있다. CBT 규약은 잘못된 전망을 바꾸려는 시도를 명시적으로 평가하지 않는다. 예를 들어 협력연구심리치료평가척도Collaborative Study Psychotherapy Rating Scale는 32개의 CBT 절차 목록으로 구성된다(Hollon et al., 1988). 이중 명시적으로 전망을 대상으로 삼은 것은 없다. 단지 세 개만 암묵적으로 전망에 관해 언급한다 (신념을 검증하기 위해 행동 실험을 준비하기, 행동의 실현 가능한 결과를 탐색하기, 즐거운 활동을 계획하기).

전망을 방치한 CBT 개입과 전망을 사용한 CBT 개입의 차이를 강조하는 시나리오를 살펴보자. 우울한 여성이 남편과 말다툼을 했고 심리치료사는 그 말다툼에 관해 그녀의 왜곡되고 비뚤어진 생각에 이의를 제기한다. 치료사는 전형적인 CBT 개입 두 가지 중 하나를 선택한다. 개입 A는 미래에 관한 그녀의 생각을 건드리지 않는 것이고, 개입 B는 그것을 정면으로 바라보게 하는 것이다.

개입 A에서, 치료사는 말다툼에 관한 내담자의 자동적인 생각("남편은 내가 끔찍하다고 생각하는 게 틀림없어요.")을 살펴보고 그것이 가장 중요한 점이라고 판단한다. (이는 우울의 인지 3제에서 자아에 대한 부정적인 관점의 반추를 말한다.) 내담자와 치료사는 이러한 생각의 기저에 있는 인지적 왜곡을 확인하고 그 생각에 들어맞는 증거와 반대되는 증거를 찾아본다. 그 생각을 반박하기 위해서 과거에 내담자의 남편이 그녀에 대해 긍정적으로 표현한 경험, 그녀가 남편을 배려하는 방식으로 행동한 경험, 그리고 그녀와 남편이 다투고 난 후 화해한 다음 서로를 불쾌하게 평가하지 않은 경험을 찾아본다. 내담자는 남편이 그녀를 균형 있고 연민 어린 눈으로 바라봐왔다는 것을 알게 되고 일단은 기분이 좋아진다.

완벽하게 잘 들어맞는 인지적 개입이라고 볼 수 있다. 하지만 내담자의 잘못된 전망은 여전히 그대로 둔 상태다. 내담자는 남편이 여전히 자신을 사랑하고 존중한다고 믿지만 동시에 남편이 자신을 떠나는 것은 시간 문제일 수도 있다는 계속되는 두려움에 시달린다. 그녀는 과거 증거의 효력을 없애고(예를 들어, 지난번에 다툰 후에 남편이 자신을 용서했다), 마음속으로 생각한다('그때는 그랬지만, 이번에는 나빠질 거야'). 그녀는 여전히 이혼으로 귀결되는 '만약 그렇다면' 시뮬레이션을 하면서 슬픈 미래(이혼 서류를 보는 장면, 남편의 물건을 담은 상자로 가득한 거실, 양육권 지정을 위한 법정 출석 등)를 상상한다. 그녀는 여전히 비관적이고, 부정적인 시뮬레이션을 반복할 때마다 우울감을 느낀다.

전망을 정면으로 바라보게 하는 개입 B에서, 치료사는 다음과 같은 자동적인 생각에 이의를 제기하기로 했다. "나는 우리의 관계를 결국 망치게 될 거야." (이는 우울의 인지 3제에서 미래에 관한 부정적 관점이다.) 내담자와 치료사는 이런 예측에 들러붙은 머릿속 그림을 확인한다. 그리고 운세 예언과 파국화와 같은 인지적 왜곡을 찾은 다음 증거를 살펴본다(Beck & Weishaar, 1989, Burns, 1980). 이제 다른 결과들을 생각해보고(예를 들면, 화해를 통한 관계 회복), 그에 대한 증거도 검토해본다. 또한 긍정적인 결과로 이어질 수 있는 행동을 탐색해본다(예를 들면,

부부 치료를 통해 소통 방식을 바꾸기). 내담자는 자신의 결혼이 파멸로 이어지지 않을 것이라고 결론을 내리고 기분이 좋아진다.

이것은 개입 A와 마찬가지로 잘 들어맞는 CBT 개입이지만, 미래를 직접적으로 건드린다. 이러한 개입의 가장 좋은 결과는 미래가 파국으로 치달으리라는 예측과 상상을 내담자가 중단하는 것이다. 그녀는 좀 더 폭넓고 현실적이며 힘을 북돋워주는 '만약 그렇다면' 시나리오들을 살펴본다. 물론 이러한 도전이 쉽고 빠르게 이루어지지는 않는다. 초기에는 내담자의 잘못된 전망이 굉장히 견고하기 때문에 미래 기반 개입을 하기 위해 많은 노력을 들여야 한다. 바로 이러한 방식의 개입이 필요한 이유다. 우리는 길게 보았을 때 이러한 개입이 다른 인지적 개입에 비해 좀 더 내담자를 보호할 수 있는 방식이라고 생각한다.

CBT 치료사는 치료 세션마다 여러 번 결정의 순간을 맞이한다. 어떤 문제에 우선순위를 두어야 할까? 어떤 자동적 생각을 목표로 삼아야 할까? 잘못된 전망이 우울의 핵심 요인이라면, 치료사는 아래의 두 가지 원리에 따라 결정을 내려야 할 것이다.

1. 여러 가지 자동적 생각 중에서 선택해야 할 때는, 특별히 다른 것에 주목할 이유가 없다면 미래에 관한 생각을 목표로 삼아야 한다.

2. 미래에 대한 기능 장애적 생각이 즉시 눈에 띄지 않을 때는 그것을 찾아라. 필요하다면, 하방 화살표 문제downward arrow question를 사용하여 기저의 전망적 사고를 찾아야 한다(Friedman & Thase 2006).

우리는 치료사가 체계적이고 광범위하게 우울한 전망을 목표로 하면, CBT가 더 좋은 결과를 만들어낼 것이라고 생각한다.

CBT는 어떻게 잘못된 전망을 목표로 삼았나

최소한 네 개의 CBT 전략이 이미 전망을 목표로 삼았고, CBT가 미래의 생각을 개선한다는 증거가 있다(Andersson, Sarkohi, Karlsson, Bjärehed, & Hesser, 2013, MacLeod, Coates, & Hetherton, 2008). 첫째, 치료사는 내담자의 비관적 예측을 바꾸려고 한다. 치료사는 내담자가 파국화와 운세 예언 같은 미래에 초점을 맞춘 왜곡을 확인하게 도와주고 소크라테스 방식의 질문으로 정확한 예측을 할 수 있게 코치한다(Beck, 1995). 둘째, 치료사는 내담자가 목표를 설정하고 계획할 수 있게 훈련시켜서 목표를 본질적으로 미래 지향적으로 만든다(Malouff, Thorsteinsson, & Schutte, 2007, Wright, Basco, & Thase, 2006). 셋째, 치료사는 인지적 시연으로 장애물을 극복할 수 있는 방법을 계획한다(Beck, Rush, Shaw, & Emery, 1979). 넷째, 치료사는 행동 활성화를 통해 내담자가 미래에 즐겁고 능숙한 경험을 계획할 수 있게 도와준다(Jacobson, Martell, & Dimidjian, 2001).

위의 네 가지 기법에 더해, 좋은 치료는 더 좋은 전망을 해낼 수 있게 해준다. 치료사는 희망을 생성한다. 기법 외에도 내담자가 더 좋은 느낌을 받기 위해 한 걸음 더 나아가고 자신을 지지하는 느낌을 받을 수 있기 때문에, 내담자는 밝은 미래를 상상하기 시작할 것이다. 더 나아가, 좋은 치료사는 내담자의 초점을 과거와 현재에서 미래로 전환하여 더 좋은 전망을 고취할 수 있을 것이다(Ellis, 2001).

여러 치료 프로그램은 다양한 기법을 조합하여 미래에 대한 생각을 체계적으로 공략한다. 여기에는 미래지향적치료(Vilhauer et al., 2012), 희망치료(Cheavens, Feldman, Gum, Michael, & Snyder, 2006), 해결중심치료(de Shazer, 1985),

목표설정과 계획하기(MacLeod et al., 2008), 그리고 미래지향적 집단훈련(van Beek, Kerkhof, & Beekman, 2009)이 있다. 이러한 개입을 경험적으로 증명된 치료로 고려하려면 무작위 대조군 평가가 추가적으로 필요하지만, 초기 결과는 매우 희망적이다.

미래지향적치료future-directed therapy(FDT)는 "과거를 곱씹거나 현재의 한계를 강조하는 것에서, 포괄적이고 분명한 기법을 사용하여 미래에 관한 좀 더 긍정적인 기대를 형성하는 쪽으로 체계를 전환하여, 우울 증상을 줄이고 안녕감을 증진하기 위해 계획된 10주간의 임상적 개입 프로그램"이다(Vilhauer et al., 2012, p. 103). 이 치료 기법에는 긍정적인 기대 생성, 마음챙김 훈련, 가치를 확인하고 그 방향으로 나아가기, 결과와 과정 시뮬레이션, 문제 해결이 포함되어 있다. 비 무작위적 예비 실험에서 FDT는 통상의 치료보다 더 높은 수준으로 우울을 개선했다(Vilhauer et al., 2012).

희망치료hope therapy는 "희망 이론에서 기술한 대로, 희망적인 생각을 증가하고 목표 추구 행동을 증진하기 위해 설계한 치료 방침"이다(Cheavens et al., 2006, p. 64). 희망 치료는 다섯 개의 기법을 중심으로 진행한다. 각각 목표 설정, 목표에 이르는 다중 경로 확인, 동기 증가, 진전도 점검, 우연한 목표 및 경로 수정이다. 초기에 무작위 대조군을 대상으로 시행했을 때 통제 집단보다 우울 증상을 줄였다(Cheavens et al., 2006).

해결중심치료solution-focused therapy(de Shazer, 1985)는 긍정적 변화에 미래 지향이 필수적이라는 전제에 기반하여 구축되었다. 이 치료법은 모든 기법을 포함하여 우울을 치료하는 데 긍정적인 결과를 보여주었다(Bozeman, 2000).

목표설정과 계획하기goal-setting and planning는 문제를 해결하거나 우울

증상을 직접적으로 건드리기보다는 긍정적 목표를 계발하고 추구하는 데 초점을 맞춘 매뉴얼화된 안녕감 증진 개입이다. 집단 기반 그리고 개인적인 자립 형식으로 검증되었고, 두 가지 모두에서 우울을 감소시켰다(Coote & MacLeod, 2012).

미래지향적 집단훈련future-oriented group training(van Beek et al., 2009)은 자살 경향에 초점을 맞추어 개입하는 기법이다. 다른 치료에 더해 부가적으로 시행한다. 10회의 워크숍을 거치면서 참가자는 자신들의 미래 지향적 생각과 행동을 변화하는 방법을 배우고 삶을 가치 있게 만드는 목표를 향해 나아간다. 초기 시행의 결과는 아직 발표되지 않았다.

이와 같은 치료 프로그램은 표준적인 CBT에서 완전히 분리되지 않았다. 오히려 잘못된 전망의 수정을 강조하는 전략을 사용하고 무작위 대조군 시행으로 추가적인 연구를 진행할 수 있다. 분명히 새로운 미래 지향적 치료 기법을 개발할 필요가 있으며, 이에 대해서는 다음 절에서 자세히 살펴보자.

유망한 기법

경로 기반 형상화: 대중적이며 때로 서툴기까지 한 자기계발 프로그램은 원하는 결과를 시각화하는 것의 중요성을 강조한다(Byrne, 2006). 하지만, 더 나은 미래를 시각화하는 것만으로는 충분치 않다. 거기에 이르는 경로를 시각화하는 것이 핵심이다(Oettingen, Hönig, & Gollwitzer, 2000, Taylor, Pham, Rivkin, & Armor, 1998). 경로 기반 형상화는 바라는 결과에 이르는 경로인 행동, 생각, 느낌을 확인하는 과정을 포함한다. 일련의 실험에서 경로를 시각화한 학생들은 높은 점수를 획득했고, 프로젝트를 더 일찍 끝냈으며, 적극적인 대처 전략을 더 많이 사용했다(Taylor et al., 1998).

이 결과는 치료와 관련이 있다. 우울한 사람들이 안녕감을 향해 작고 구체적인 단계를 밟아가는 모습을 시각화하면, 단지 좋은 결과를 시각화한 사람들보다 더 빨리 회복했다. 좋은 사건을 시각화하면 기분을 좋게 할 수 있지만, 거기에 이르는 경로를 시각화하지 못하면 위험할 수 있다. 멋진 미래를 생생하게 그리더라도 거기에 이르는 경로가 막혀 있다고 확신하면 우울이 지속될 수 있다. 우울하고 무기력한 사람들과 최근에 자살을 시도한 사람들이라고 해서 목표를 포기한 것은 아니다. 오히려 그들은 자신들의 목표가 행복에 필수적이지만 성취하기가 너무 어렵다고 생각하면서 고통스럽게 추구하고 있다(Danchin, MacLeod, & Tata, 2010).

시간 조망의 실험적 조작: 벡(1970)의 시간 예상 기법을 사용하면, 치료사는 내담자가 깊이 진정하고 좋은 경험을 생생하게 상상하면서 스스로 미래에 투사하게 도와준다. 이 기법은 밀턴 에릭슨Milton Erickson의 유사시간지향pseudo-orientation in time 절차와 비슷한데(Erickson, 1954), 내담자가 먼저 스스로 문제가 해결된 때로 투사한다. 그리고 나서 마치 실제로 미래에 있는 것처럼 치료사와 대화를 나누고, 삶을 개선하고 문제를 해결하기 위한 과정을 기술한다. 시간 조망 기법이 작동하는지 알려져 있지 않아서, 전망 기제를 목표로 할 수 있게 좀 더 개선해야 한다.

예측하는 감상: 치료사는 우울한 사람에게 예측하는 감상(Loewenstein, 1987)과 마음챙김 인식과 의미 있는 목표 추구 과정에 대한 평가(McCullough, 2002)를 가르칠 수 있다. 세 가지 좋은 것이라는 긍정적 심리치료positive psychotherapy(PPT) 훈련 기법은 과거가 아니라 미래에 초점을 맞추는 방식으로 변형할 수 있다(Seligman, Rashid, & Parks, 2006). 원래 훈련에

서는 매일 저녁 그날 있었던 혹은 하려고 한 세 가지 긍정적인 일을 기록했다. 전망 훈련에서는 우울한 내담자가 내일 생길 것 같은 좋은 일 세 가지와 그 일이 확실히 발생하도록 스스로 할 수 있는 것을 기록하게 했다. 원래 훈련은 PES를 목표로 하는 반면, 재구성한 훈련은 비관적인 예상 방식을 목표로 한다.

강점 기반 작업: 긍정적인 시뮬레이션을 관심을 가지고 스스로 만드는 방법은 내담자가 PPT와 해결 중심 치료와 같이 자신만의 강점을 발견하게 도와주는 것이다(Seligman et al., 2006). 내담자가 스스로에게 좋은 것을 확인하고 계발하면 긍정적인 결과를 더욱 달성 가능한 것으로, 그리고 더욱 그럴 만한 가치가 있는 것으로 느끼게 된다. 또한 의미 있는 목표를 추구하는 강점을 사용해서 시뮬레이션할 수 있다 (Padesky & Mooney, 2012).

목표 구축: 의미와 목표는 심리적 안녕감의 필수적인 요소이며, 절망과 자살에 대한 완충 역할을 한다(Ryff & Keyes, 1995, Seligman, 2012). 종종 용어를 섞여서 사용하기도 하지만, 목표는 좀 더 미래 지향적이라는 점에서 의미와는 다르다. 목표는 중요한 것, 즉 "목표를 조직하고 자극하며, 행동을 관리하고 의미를 제공하는… 그리고 삶의 목적과 일상의 결정을 이끄는 핵심적이고 스스로 조직화하는 삶의 목적"을 달성하려는 의도에 관한 것이다(Damon, Menon, & Cotton Bronk, 2003, McKnight & Kashdan, 2009, p. 242). 의미와 목표는 전망 기반 개입에 잘 들어맞는다.

CBT는 어떻게 목적을 구축할까? 첫째, 수용과 전념 치료처럼 내담자가 자신이 생각하는 가장 높은 가치를 명확하게 하고 그곳으로 향하는 경로를 그리게 도와줄 수 있다(Hayes, Strosahl, & Wilson, 1999). 둘째, 내담자가 가치 있는 결과를 얻기 위해 개인적인 프로젝트를 책임질 수 있도록 안내할 수 있다(Little, 1983). 그러한 프로젝트를 통해 우울한 내담자가 어두운 과거의 수렁에 빠져 있지 않고 의미 있는 미래로 향하도록 도와줄 수 있다. 셋째, CBT 치료사는 전방 화살표 기법을 사용할 수 있다. 이 기법은 CBT의 고전적인 하방 화살표 기법에서 영감을 받은 것으로(Burns, 1980, Friedman & Thase, 2006), 치료사가 내담자의 고통의 기저에 있는 핵심적인 두려움(예를 들면, "나는 홀로, 사랑받지 못한 채로 죽을 것이며, 이는 내 아내와의 결혼이 실패였다는 것을 의미한다")에 도달할 수 있게 해준다. 전방 화살표 기법은 비슷한 방법을 사용하지만 다른 결말로 이어지게 한다. 치료사는 긍정적인 시나리오를 이끌어내고 내담자에게 무엇이 그 시나리오를 만족스럽게 만드는지 물어본다. 그리고 내담자가 스스로를 미래로 이끄는 핵심적인 목표(예를 들면, "그래서 나는 가족들을 행복하게 했고 미래 세대를 위해 좋은 세상을 만들었다는 것을 알 것이다")에 도달할 때까지 이 질문을 반복한다. 그래서 치료사는 내담자가 긍정적인 시각으로 장애물을 통과하게 도와줄 수 있다. 이러한 긍정적 시각은 우울한 사람이 보이는 접근 목표는 적게, 회피 목표는 많이 세우고, 회피 관련 이유로 접근 목표(예를 들면, 가족이 실망하지 않게 승진하기)를 추구하는 경향을 방지할 수 있다(Sherratt & MacLeod, 2013, Vergara & Roberts, 2011).

제한점과 이후 연구 방향

빗나간 전망은 우울 이외의 수많은 다른 장애와 관련되어 있거나 심지어 핵심적인 원인일 수 있다. 이 부분은 다른 연구자들이 좀 더 정교화하게 남겨두겠지만, 중요한 것은 우리의 체계는 초진단적이라는 것이다. 초진단적 접근은 장애의 분류와 무관하게 병리적 측면을 초래하는 핵심적인 기저 과정을 평가하고 그것을 목표로 삼는다(Forgeard et al., 2011). 이 과정은 전통적인 진단 영역을 포함한다. 즉 두 가지 장애가 다른 증상으로 나타날 수 있지만 근본적으로 같은 문제로 인해 유발될 수도 있다. 우리는 잘못된 전망이 우울을 초래하는 근본적인 문제라고 주장했다. 그리고 잘못된 전망이 다양한 범위의 정신병리학을 뒷받침할 수 있다고 생각하며, 여기에는 모든 불안 장애가 포함된다. 이와 관련해서 자세히 논의하기는 어렵지만, 불안의 증상은 미래에 발생할 수 있는 위험에 관한 것인 반면, 불안 이론이 과거와 현재에 초점을 맞춘 것은 놀라운 역사적 사건이다. 중독은 빗나간 전망과 관련된 두 번째 사례다. 중독자는 만족을 지연할 수 없다. 시간 할인temporal discounting에서 중독자는 빨리 받을 수 있는 작은 보상을 위해 나중에 받을 수 있는 큰 보상을 포기한다(Claus, Kiehl, & Hutchison, 2011, Kirby, Petry, & Bickel, 1999, Monterosso et al., 2006). 그렇다면, 임상의사는 증상을 확인하고 치료하기보다는 잘못된 전망을 확인하고 수정해야 한다.

결점

우리가 가장 많이 걱정하는 두 가지 문제가 있다. 첫째, 전망을 강조하면 어떤 위험이 있는가? 둘째, 우울에서 미래에 관한 부정적인 관점과는 대조적으로 부정적인 자아 개념의 역할은 무엇인가?

전망을 강조하면 어떤 위험이 있는가?

전망은 일반적으로 정서 조절과 문제 해결 과정에서 적응적이다. 하지만 좋은 것도 한두 번이다. 과도하게 미래만 생각하고, 과거와 현재에는 거의 주의를 기울이지 않는 것이 가능할까? 강력한 미래 지향성으로 인해 현재의 순간을 즐기지 못하게 하거나 추억에서 이득을 얻지 못하는 것은 아닐까? 아직은 답이 없다.

이와 비슷하게, 우울한 사람은 과거, 현재, 미래에 대해 생각하는데 얼마나 많은 시간을 사용할까? 그리고 얼마나 많은 시간을 사용해야 할까? 일부 연구를 통해 우울한 사람이 덜 미래 지향적이라는 힌트를 얻을 수 있지만(Breier-Williford & Bramlett, 1995), 측정 방법이 아직 적절하지 않다. 현존하는 미래 지향성 척도는 자기 조절, 성실성, 낙관성, 희망을 자극하는 항목을 포함하고 있으며, 긍정적 미래와 부정적 미래를 명확하게 구분하지 못한다(Hirsch et al., 2006, Zimbardo & Boyd, 1999). 시간 지향에 관한 어휘집 제작과 같은 새로운 빅데이터 기술과 그걸 검증하기 위해 트위터나 페이스북을 사용하는 것은 이러한 질문에 답하는 매우 유망한 방법이다.

현재 중심적 치료와 미래 중심적 치료의 장점은 무엇인가? (현재 경험을 그대로 받아들이는) 마음챙김은 점점 더 대중적으로 되어가고 있으며, 그 유용성을 지지하는 증거들도 늘어나고 있다(Segal, Williams, & Teasdale, 2012). 전망 기법과 현재 중심적 기법의 이득과 위험을 이해하고 잘못된 전망을 수정하는 방식으로 시행되고 있는 현재 중심적 치료의 가능성을 살펴보려면 추가적인 연구를 진행해야 한다.

절망 대 우울

우리는 우울을 유발하는 과정에서 자기에 대한 부정적인 관점보다 미래에 대한 부정적 관점이 더 중요하다고 생각한다. 하지만 자기에 대한 부정적 관점이 우울의 필요조건일 가능성이 있다. 강제 수용소의 죄수를 떠올려보자. 그들은 세상과 미래를 부정적 관점으로 보겠지만, 자신은 불법적으로 수감된 희생자이자 도덕적인 사람이라며 상당히 긍적적인 관점으로 바라볼 것이다. 이로 인해 확실히 절망이 나타날 수 있지만, 우울도 나타날까? 벡(1974)은 우울이 발생하려면 자기에 대한 부정적 관점이 필요하며 합리적으로 접근해보면, 절망은 우울과 같지 않으며 장애도 아니라고 주장한다. 이와는 대조적으로 재구성된 우울의 무기력감 이론은 내부 귀인이 필요하지 않고 절망은 우울로 간주한다(Abramson et al., 1989).

한 가지 해결책은 자아는 특히 오래 지속되는 미래의 부분 집합일 뿐 그 이상이 아니라는 것이다. 이를 알아보기 위해 세상에 대한 부정적 관점과 자아에 대한 부정적 관점을 대조했다. 세상에 대한 부정적 관점은 더 나은 내일이 있을 것이라고 믿는다면 우울에서 거의 중요하지 않다. 미래에 대한 부정적 관점이 세상에 대한 부정적인 관점을 포함하는 것은 확실하다. 그 이유는 세상에 대한 부정적 관점이 미래로 투영되는 경우에만 우울과 관련되기 때문이다. 그래서 전망 체계 내에서 세상에 대한 부정적 관점을 생략하고 미래와 자기만을 남겨 우울을 설명하려고 한다.

하지만 자아에 대한 부정적 관점을 생략할 수 있을까? 자아는 매우 안정적인 요인이며 먼 미래로 투영된다. 자아 개념은 나는 누구인가, 그리고 나는 어떤 사람이 될 것인가에 관한 안정적이고 다면적이며 잘 조직화된 인식이다. 그래서 자아가 나쁜 미래의 전조인 한 우울에 중요할 수 있다. 개개인이 오늘만 자기 자신을 사랑스럽지 않다고 생각했다면, 그렇게 실망스러운 일은 아닐 것이다. '나는 사랑스럽지 않다'는 생각이 '아무도 나를 사랑하지 않을 것이다'라는 의미를 함축하기 때문에 스트레스를 받는 것이다. 정반대로 자아 개념은 미래에 대한 암시 이상으로 중요할 수 있다. 자아의 적극적인 역할은 단지 예측을 통해 죄책감과 분노를 내부적으로 돌리는 것과는 반대로 도덕적일 것이다(Freud, 1917). 사람들이 미래에 자기 자신을 보완할 수 있다고 생각한다고 하더라도, 과거에 한 나쁜 행동에 대한 고통과 죄책감은 강하게 느낄 것이다.

치료에서 자기에 대한 부정적 관점은 그대로 두고 미래에 대한 부정적 관점을 제거하면 우울을 완전히 완화하지 못할까?

결론적으로, 전망은 우울 연구의 핵심에 있다. 잘못된 전망이 우울을 유발하는지 그리고 전망을 어떻게 개선할 수 있는지에 관해 더 많은 연구가 진행되어야 한다. 우리는 잘못된 전망이 중대하지만 제대로 인정받지 못하는 초진단적 과정이라고 생각한다. 전망이 정신병리를 어떻게 형성하는지를 이해하게 되면 좀 더 효과적인 치료법을 만들 수 있고 고통받는 사람들에게 좀 더 밝은 미래를 선물할 수 있을 것이다.

11장

창의성과 노화에 대한 새로운 관점

마틴 셀리그먼, 마리 포기어드, 스콧 배리 카우프먼

이 책의 저자 네 명 중 세 명은 60세가 넘었고 나머지 한 명인 찬드라 스리파다도 더는 신진 연구자가 아니다. 나이와 무관하게 전망에 대한 우리의 주장은 심리학, 철학, 신경과학에 창의적 전환의 기회라고 생각한다. 그리고 우리 네 명이 노화와 창의성에 관심을 가지고 있다는 점에서 마지막 장에서 이런 민감한 사안에 대해 논쟁해보는 것은 상당히 자연스럽기도 하다.

거의 40년 전에 셀리그먼은 60대 중반이 된 제롬 브루너Jerome Bruner, 도널드 브로드벤트Donald Broadbent와 운 좋게 저녁 시간을 보냈다. "솔직히 말해서 당신이 가장 창의적인 때는 언제였습니까?"라는 질문을 받았을 때, 두 사람 모두 주저하지 않고 "지금!"이라고 답했다. 셀리그면은 93세의 아론 벡을 한 달에 한 번 만난다. 그의 대답 역시 "지금!"이었다. 이것은 자기를 고양하려는 착각일까? 아니면 실제로 창의성이 나이와 함께 증가하는 걸까?

대부분의 연구를 보면 신경 전도 속도, 기억, 체력은 나이가 들수록 감소한다(Baltes & Lindenberger, 1997, Hoyer & Verhaeghen, 2006, Salthouse, 1996, 2004). 게다가 조직측정학 연구에서 예술과 과학 분야의 창의적 생산성은 경력을 시작한 후 20~30년 안에 정점에 오르고 이후 점차 감소함을 보여주었다(Lehmab, 1966, Simonton, 1977, 2012, Zuckerman, 1977). 물론 예외도 있다. 칸트는 자신의 가장 유명한 작품인 『순수이성비판』을 57세에 썼고, 베르디는 〈팔스타프Falstaff〉를 80세에 작곡했다. 파블로프는 인생의 후반기에 이르기까지 조건화 연구를 시작하지도 못했다. 하지만 이 패턴은 분야에 따라 다양하고(다른 학자들보다 수학자나 시인에게 젊음이 더 큰 자산이 되는 것으로 보인다), 두 번째 정점(마지막 작품)은 종종 늦은 시기에 온다(Feist, 2006, Simonton, 2006).

현재까지 출간된 문헌으로 도출할 수 있는 결론에 따르면, 창의성은 나이와 함께 감소한다. 물론 이와 반대되는 이야기도 있기는 하다. 하지만 우리는 사실에 반하는 사고 실험을 제안하고자 한다. 나이가 들면서도 창의적 능력을 유지하거나 심지어는 향상시킬 수 있는 사람들을 잠시 떠올려보자. 어떻게 이게 가능할까? 이 문제에 답을 하기 위해서는 창의성 훈련을 해야 한다. 그렇게 하면 나이의 부정적 경향을 설명하는 요인을 이해할 수 있을 것이다. 이런 방식으로, 창의성을 구성하는 것으로 추정되는 수많은 요소를 추출하고 어떤 요소가 실제로 연령과 함께 나빠지고 어떤 요소는 그렇지 않은지, 그리고 어떤 요인이 그렇게 만드는지 물을 수 있을 것이다. 이 문제에 답하게 되면 이 책의 저자도 위안을 얻을 것이고, 청소년에게 적용할 수 있는 창의성 훈련 방법을 알려줄 수도 있을 것이다.

창의성의 정의

창의성의 작업적 정의 그리고 구성 개념과 상상력, 전망, 독창성, 혁신과 같은 관련 개념과의 차이점부터 시작해보자. 각각의 개념에 대한 기본적 정의를 명확하게 하여 창의성을 이해할 수 있는 체계를 만들어보자.

가장 핵심적인 능력은 상상력이다. 상상력은 감각 정보가 존재하지 않는 것에 대한 (시각적·언어적·청각적) 심적 표상으로 구성된다. 상상력은 현재 지각에 대한 일종의 대안에 관한 것으로(Markman, Klein, & Suhr, 2009), 다음의 모든 것을 포함한다. 존재하거나 존재하지 않는 사물의 심적 형상화, 반사실적 추측, 대안적 과거, 몽상, 공상, 시치미, 다른 사람의 생각에 대한 심적 시뮬레이션, 심적 시연, 꿈. '상상력이 풍부한'이라는 용어가 일상 대화에서 긍정적인 의미를 가지고 있다고 하더라도(예를 들어, 상상력이 풍부한 영화 대본), 상상 그 자체는 중립적이다. 상상력에는 적응적 행동(비즈니스 환경에서 효과적인 시나리오 플래닝)과 부적응적 행동(공포 회피를 부채질하는 무서운 이미지 형상화)이 포함된다. 비슷한 맥락으로 상상력은 비전문가에게는 새로움을 의미하지만, 독창적일 필요는 없다. 골프 스윙을 심적으로 시연하거나 오븐을 켜 놓았는지 계속 걱정하는 행위는 지극히 평범한 상상력의 사례다. 상상력은 미래에 관한 것일 필요도 없다. 예를 들어, 사냥하는 모습을

그린 고대의 동굴 벽화는 없는 사건을 표상하지만, 과거의 사건이기
도 하다.

이 책의 핵심 주제인 전망은 가능한 미래에 대한 상상이다. 정의
에 따르면, 가능성은 지금 감각 기관에 존재하지 않는 요소를 포함
한다. 전망을 하게 되면 시각적·언어적·운동 감각적·청각적 표상을
가질 수 있다(Buckner & Carroll, 2007, Gilbert & Wilson, 2007, Seligman, Railton, Baumeister, &
Sripada, 2013, Taylor, Pham, Rivkind, & Armor, 1998).

독창성은 새로움을 선보이는 전망이다. 과거를 이해하고 단지 이
를 미래에 투사하면 독창성 없이도 전망할 수 있다. 반대로 독창성은
새로운 변인, 관점, 가능성을 제시한다(Sawyer, 2012).

창의성은 독창성을 요구하고, 이는 전망을 요구하며, 이는 상상력
을 요구한다. 결정적으로 창의성은 유용성 그리고 그 아이디어를 사
용할 독자에 대한 좋은 감각을 필요로 한다(Amabile, 1983, Sternberg & Lubart,
1999). "독자Audience"는 문자 그대로의 의미일 수도 있지만, 가장 높은 수
준의 창의성에서는 종종 독창적인 아이디어의 적용 원리를 통제하는
사람이다(Csikszentmihalyi, 1999). 감각이 있는 사람은 충분한 수준의 지식을
가지고 있으며, 이를 통해 새로운 아이디어의 가치와 성공 가능성을
정확하게 평가한다. 연구자들은 창의성이 '놀랄 만한' 혹은 '뻔하지
않은' 아이디어나 제품을 요구한다고 주장해왔으며(Boden, 2004, Bruner, 1962,
Simonton, 2012), 우리도 동의한다.

마지막으로 혁신은 창의적인 아이디어를 조직이나 사회 내에서
대규모로 성공적으로 구현하는 것을 말한다(Amabile, 1998, Sawyer, 2012). 다음
그림은 창의성을 기술하기 위해 사용한 용어가 상호 연결된 모습을
보여준다.

창의성 관련 용어

- 상상 – 실재하지 않는 사건에 대한 심적 표상
- 전망 – 미래에 대한 심적 표상
- 독창성 – 미래에 대한 독창적 심적 표상
- 창의성 – 미래에 대한 독창적이고 유용한 심적 표상
- 혁신 – 대규모로 구현된 미래에 대한 독창적이고 유용한 심적 표상

창의성은 독창적이고 유용한 아이디어나 제품의 생성으로 구성되기 때문에, 다수의 개별적이지만 연관된 인지 과정이 작용해서 독창성과 유용성이라는 두 가지 기준을 모두 충족해야 한다. 그래서 연구자들의 주장에 따르면, 창의적 과정은 생성 단계에 따라 가장 잘 특징지을 수 있으며, 이 단계에서 독창적인 아이디어가 정밀한 검토를 거치지 않고 자유롭게 발생한다. 다음으로 평가 혹은 탐구 단계에서 아

2부 전망, 삶에서 지속되는 질문들

이디어의 가치를 검토하고 아이디어를 정교화하며 필요에 따라 개선한다(Finke, Ward, & Smith, 1992). 학생들이 라이너스 폴링Linus Pauling에게 훌륭한 아이디어를 어떻게 그렇게 많이 생각할 수 있었는지를 물었을 때, 그는 "여러분도 많은 아이디어를 가지고 있습니다. 그저 나쁜 것만 내뱉고 있을 뿐이죠."라고 대답한 것은 널리 알려져 있다(Csikszentmihalyi, 1996, p. 116).

물론 창의적인 과정은 그렇게 깔끔한 순서로 이루어지지 않으며, 생성과 평가 과정은 종종 반복적이고 거의 동시다발적으로 발생한다. 그럼에도 이 체계는 창의성에서 역할을 하는 요인을 고찰하여 각각의 인지 과정이 생성과 평가 과정에 어느 정도 공헌하게 되는지 알려줄 수 있을 것이다. 다음 절에서 검토할 요인들은 주로 생성 과정에 영향을 줄 가능성이 있는 반면, 다른 요인들은 주로 평가 과정에 영향을 미치게 될 것이다. 물론 이 요인들은 두 과정에 모두 영향을 준다.

고찰

창의성에 영향을 주는 심리학적 요인을 검토하는 문헌이 점점 늘어나고 있다. 관련 문헌에서는 노화의 영향을 이해하려면 세 가지 세트를 고려해야 한다고 제안한다. 먼저 첫째, 인지와 전문성에 관련된 요인을 고찰할 것이다. 여기에는 인지 능력, 독창성, 마음거닐기, 지식과 전문성, 직관, 형태 재인, 어림법이 포함된다. 둘째, 성격과 동기에 관련된 요인의 역할을 살펴볼 것이다. 여기에는 유연성, 경험에 대한 개방성, 통합적 복합성, 관심 강도, 내재적 동기, 야망, 그릿grit, 낙관성, 확신, 자기효능감self-efficacy, 활력이 포함된다. 셋째, 대인관계 과정에 영향을 주는 좋은 감각과 협력 참여와 같은 과정을 검토할 것이다.

여기에서 열거한 목록이 완전하지는 않겠지만, 심리학적으로 영향을 주는 요인 중 이 요인들이 가장 중요하며 꼼꼼하게 연구가 진행되었다.

인지와 전문성

인지 능력

지난 100년에 걸쳐 지능 연구자들은 다양한 인지 능력 가운데서 공변성covariations의 목록을 만드는 대단한 작업을 수행했다(Carroll, 1993). 이를 통합한 것이 바로 인지 능력에 관한 캐틀-혼-캐럴 이론Cattell-Horn-Carroll theory(CHC 이론)이다. 이는 아홉 개의 폭넓은 인지 능력으로 구성되어 있으며, 지난 10년간 지속적으로 타당성이 입증되어왔다 (Schneider & McGrew, 2012).

1. 유동지능(Gf): 이전에 학습한 습관, 도식, 각본만을 사용해서 해결할 수 없는 새로운, 즉각적인 문제를 푸는 데 필요한 신중하지만 유연한 주의 통제
2. 결정지능(Gc): 한 문화권에서 평가하는 지식과 기술의 깊이와 폭
3. 단기기억(Gsm): 정보를 즉각적으로 인식하여 부호화하고 유지하며 조작하는 능력
4. 장기저장소와 인출(Glr): 장기간에 걸쳐 정보를 저장하고 통합하며 인출하는 능력
5. 시각처리(Gv): 문제를 해결하기 위해 시뮬레이션한 심적 이미지를 (종종 현재 지각하는 이미지와 함께) 사용하는 능력
6. 청각처리(Ga): 소리에서 의미 있는 비언어적 정보를 탐지하고 처리하는 능력

7. 처리속도(Gs): 단순하고 반복적인 인지 과제를 빠르고 능숙하게 수행하는 능력

8. 양적지식(Gq): 수학과 관련된 지식의 깊이와 폭

9. 읽기와 쓰기(Grw): 문자 언어와 관련된 지식과 기술의 깊이와 폭

아홉 개의 인지 능력은 부분적으로 구분되긴 하지만 모두 서로 정적 상관을 보이며, 일반지능(g)과도 정적 상관을 보인다(Carroll, 1993, Jensen, 1998).

인지 능력과 창의성: 이러한 인지 능력은 창의성과 어떻게 연관되어 있을까? 일반적 인지 능력과 창의성의 관계를 분석한 초기 연구는 역치 이론으로 이어졌으며, 이 이론에서 전반적인 일반지능 g가 특정 지점, 대략 IQ 점수로 120점 정도까지는 중요하다고 주장했다(Guilford, 1967, Jung et al., 2009, Yamamoto, 1964). 하지만 역치 이론을 지지하지 않는 결과도 있다(Kim, 2005, Preckel, Holling, & Wiese, 2006).

역치 이론을 평가할 때는 창의적 인지(인지 능력 복합체의 일부)와 창의적 성과(이후 논의할 비인지적 요인을 포함하여 다른 많은 요인에 의존)를 구분하는 것이 유용하다고 생각한다. 최근에 예술과 과학에서 창의적 성과의 인지적·성격적 예측 변수를 분석한 연구가 진행되었다(S. B. Kaufman et al., 2015). 인구학적으로 다양한 1,000명 이상의 참가자로 구성된 네 개의 표본을 대상으로 연구를 진행한 결과, 일반지능 g와 확산적 사고가 예술(시각 예술, 음악, 춤, 창작, 유머, 연극, 영화)보다는 과학(발명과 과학적 발견) 분야에서 훨씬 더 강력한 예측 변수로 작용했다. 사실 예술에서는 인지 능력의 역치가 없는 것으로 보였다. 인지 능력은 예술에서 창의적 성과와 유의미한 상관을 보이지 않았다.

이를 종합하면, 인지 능력은 창의적 인지를 촉진하지만 (영역에 따

라) 한계가 있다. 역치를 넘어서서도, 인지 능력은 창의적 아이디어가 실제 창의적 성과로 바뀌는 정도에 여전히 큰 영향을 준다. 아마도 평가와 아이디어의 유용성에 도움이 되는 방식으로 영향을 주는 것으로 보이는데, 물론 추가 연구를 통해 이러한 가설을 확인해야 한다.

인지 능력과 노화: 50년 이상 진행된 연구 결과에서 유동지능(Gf)과 처리속도(Gs)는 노화에 매우 취약한 반면 지식, 즉 결정지능(Gc)은 성인기를 거치며 유지된다는 것이 밝혀졌다(Cattell & Horn, 1978, Salthouse, 1985, 1996). CHC 이론에 근거한 IQ 검사가 출현한 이래, 연구자들은 좀 더 넓은 범위의 인지 능력의 발달 궤적을 평가할 수 있었다. 그래서 유동지능(Gf), 단기기억(Gsm), 처리속도(Gs), 독해(Gc의 구성 요소), 양적지식(Gq), 수학추론(MR), 수학계산(MC), 작문능력(Grw-Writing) 모두 연령이 증가함에 따라 감퇴한다는 것을 확인했다(A. S. Kaufman, Johnson, & Liu, 2008).

이와는 대조적으로 IQ 검사 배터리로 수행한 대규모 연구에서 장기인출(Glr), 시각처리(Gv), 청각처리(Ga), 어문지식(Gc의 언어적·일반적 요소), 학문적 지식(AK), 읽기능력(Grw), 구두표현(OE), 청취이해력(LC)은 최소한 65세까지 유지된다는 것을 확인했다.

그래서 우리는 속도, 유동지능, 단기기억 모두 연령에 따라 감퇴하고, 이는 창의적 사고와 창의성 성과 저하에 영향을 준다는 결론에 이르렀다.

독창성

창의성과 연관된 다른 인지 능력으로는 다양한 가능성, 아이디어, 해결책을 상상하고 생성하는 능력이 있다. 이러한 능력을 E. 폴 토런스E. Paul Torrance(1998)는 '확산적 사고divergent thinking', 존 캐럴John Carroll(1993)은 '아이디어 생성idea production', J. P. 길퍼드J. P. Guilford(1984)는 '확산적 생성divergent production'이라고 했다. 우리는 새로운 아이디어에 대한 심적 표상인 '독창성originality'이라고 하겠다. 명칭이야 어떻든, 이 능력은 일반 인지 능력 복합체의 일부이며(Silvia, 2008), CHC 모형의 핵심을 구성하는 폭넓은 인지 능력과는 부분적으로 다르다.

독창성은 40세 이후부터 감소하는데(McCrae, Arenberg, & Costa, 1987), 유동지능과 실행 기능에 의존하기 때문인 것으로 보인다(Batey, Chamorro-Premuzic, & Furnham, 2009, Silvia & Beaty, 2012). 하지만 고령층도 수행 증진을 위해 다른 인지적 전략을 사용하고 서술기억에 의존하면 독창성을 유지할 수 있다(Leon, Altmann, Abrams, Gonzalez Rothi, & Heilman, 2014). 이 결과는 축적된 지식이 인지 과제에 미치는 노화의 효과를 보상할 수 있다고 제안한다. 그럼에도 둘째 요인인 독창성이 나이에 따라 감소하며 창의적 성과의 감소에 영향을 주는 것으로 결론을 내린다.

몽상과 마음 거닐기

50여 년 전에 제롬 싱어 연구팀은 선구적 연구를 통해 몽상이 인간의 내적 경험의 광범위하고 정상적인 측면이라는 증거를 제시했다(McMillan, Kaufman, & Singer, 2013, Singer, 1966). 지난 10년간 '마음 거닐기'라는 용어를 사용한 논문의 빈도가 급격하게 증가하면서 몽상의 손실과 이득에 관한 연구가 다시 유행했다(Callard, Smallwood, Golchert, & Marguiles, 2013). 마음 거닐기에 대한 새로운 관심은 이전에 논의한 기본 네트워크의 발견에서 부분적으로 비롯되었다.

창의성과 연관된 마음 거닐기에서 발생한 기본 네트워크와 자기 생성적 인지는 무엇인가? 우선, 기본 네트워크는 상상에서 중요한 역할을 하는데, 이는 "기억, 미래에 대한 생각, 그리고 현재에 대한 대안적 관점과 시나리오를 상상할 때 사용되는 개인적 경험에 근거한 역동적인 심적 시뮬레이션을 수행"하기 때문이다(Buckner, Andrews-Hanna, & Schacter, 2008, pp. 18-19). 이런 이유로 우리는 기본 네트워크를 상상 네트워크로 생각하고자 한다. 창의성의 신경과학에 관해 최근에 진행된 대규모 고찰 연구를 보면, 기본 네트워크는 독창성에 대단히 중요한 영향을 미친다(Jung, Mead, Carrasco, & Flores, 2013). 인지 통제, 억제, 유연성과 같은 실행 기능과 함께, 미래에 대한 심적 시뮬레이션은 실용적인 가치를 위해 활용될 수 있다. 최근 연구를 보면, 기본 네트워크는 (실행 주의 네트워크executive attention network와 같은) 뇌의 다른 대규모 시스템과 상호작용하여 내적으로 생각이 이어지게 해준다(Andrews-Hanna, Smallwood, & Spreng, 2014, Smallwood, Brown, Baird, & Schooler, 2012).

둘째, 기본 네트워크는 마음 거닐기와 관련이 있으며(Mason et al., 2007), 이는 창의적 통찰의 생성에 함의를 가진다. '아하 경험Aha experience'은 문제 해결에 열정적으로 초점을 맞추고 있는 동안에는 경험하기 어렵다. 오히려 지휘 감독이 없는 상황에서 의식적인 사고가 눈앞의 과제로부터 멀어졌을 때 즉각적으로 생성된 새로운 연결이 이루어지면서 창의적 통찰이 발생한다. 마음의 기계 모형과는 달리, 마음은 한참 동안 대혼란 상태에 있을 것이다. 마음은 여기저기 거닐면서 민첩하게 기회를 잘 포착하지만, 아주 짧은 시간 동안 초점을 맞출 수 있다.

이에 따라서 창의적 성과에 더불어 독창적인 아이디어를 생성하는 능력은 외부 환경에 대한 산만하고 멍한 관심과 연합되어 있다(Jung et al., 2013, Martindale, 1981, White & Shah, 2006).

마음 거닐기와 노화: 마음 거닐기 및 과제와 관련 없는 생각은 최소한 실험실 환경에서는 나이에 따라 감소하는 것으로 나타났다 (Giambra, 1989, Singer & McCraven, 1961, Tamplin, Krawietz, Radvansky, & Copeland, 2013). 이 결과는 나이에 따라 기본 네트워크의 활성화가 감소한다는 연구 결과와 일치한다(Damoiseaux et al., 2008).

지금까지 나이에 따라 감소하며 창의성에 미치는 영향도 줄어드는 것으로 보이는 다섯 가지 인지 요인을 살펴보았다.

1. 속도

2. 단기기억

3. 유동지능

4. 독창성

5. 마음 거닐기

이는 나이가 들어가는 브루너, 브로드벤트, 벡 그리고 우리에게 암울한 그림이다. 하지만 장기인출, 어문지식과 학문적 지식, 읽기능력, 구두표현, 청취이해력과 같은 일부 인지 요인은 고연령층도 유지할 수 있다. 이러한 능력은 지식과 전문성에 더 많이 의존하기 때문에, 나이와 무관하게 향상될 가능성이 있다. 이제 나이에 따른 창의성의 보상적 증가에 영향을 주는 것으로 보이는 추가적인 지식 관련 요인을 살펴보자.

지식과 전문성

모든 영역에서 지식의 습득은 창의적 과정의 중요한 부분이지만,

위에서 논의한 인지 능력 검사로 모든 형태의 지식을 제대로 포착할 수 있는 것은 아니다. 인지 능력의 전통적 측정 방법으로 평가할 수 없는 개인차의 중요한 원천 중 하나는 (직업적 지식이나 취미에 대한 지식과 같은) 영역 특정적 지식이다. 필립 애커먼Philip Ackerman은 이러한 지식을 지능의 '암흑 물질dark matter'이라고 불렀는데(Ackerman, 2000), 아직 제대로 알려지지 않았으나 성과를 이루는 데 매우 핵심적인 결정 요인이기 때문이다.

영역 특정적 지식의 다른 용어는 '전문성expertise'이다. 전문성은 두 가지 형태로 나눌 수 있다. 절차적 지식(무언가를 하는 방법으로, 스포츠나 무용과 같은 운동 영역에서 아주 많이 필요함)과 선언적 지식(장기기억에 저장된 사실 정보로, 인지 영역에 필요함)이다.

K. 안데르스 에릭손K. Anders Ericsson 연구팀은 의학, 수술, 소프트웨어 설계, 글쓰기, 음악, 시각 예술, 연기, 발레, 체스와 같은 아주 다양한 영역에서 전문성 발달에 관한 연구를 진행했다(Ericsson, Charness, Feltovich, & Hoffman, 2006). 위 분야의 전문가들이 특정 영역에서 전통을 체득하려면 아주 긴 시간을 학습과 연습에 투자해야 한다(Ericsson, Krampe, & Tesch-Römer, 1993, Ericsson & Ward, 2007).

물론 창의성이 전문성은 아니다. 아이디어가 영역 특정적 지식을 일정 수준 확장하는 정도라면, 대개 창의적이라고 평가하지 않는다. 예를 들어, 미국 특허청은 발명이 기존의 전문성 정도에 그치면 특허권를 부여하지 않는다. 하지만 어떤 것도 완전히 독창적일 수 없다는 점에서, 창의성은 창작자가 전통과 독창성 사이에서 적절한 균형을 찾을 것을 요구한다. 창작자는 전통과 적절한 거리를 유지해야 한다. 너무 가까우면 아이디어가 지극히 평범해지고, 너무 멀면 아이디어가

2부 전망, 삶에서 지속되는 질문들

기이해진다.

또한 세계적 수준의 전문성을 획득하는 데 필요한 전문성의 양은 영역 간에 엄청나게 다르고, 영역에 숙달되는 비율도 매우 다르다(Simonton, 1999). 더구나, 훈련이 성공하기 위해서는 과제에 쏟는 시간 이외에도 동기, 환경, 그리고 작업기억과 같은 인지 요인도 중요하다(Hambrick et al., 2014, S. B. Kaufman, 2013). 예를 들어, 멘토와 롤모델에 대한 접근(Simonton, 1975)과 가족 자원(음악가 집안에서 자란 요한 제바스티안 바흐를 생각해보라)이 훈련을 통한 창의적 성과를 결정하는 데 아주 큰 영향을 줄 수 있다.

마지막으로, 창의성에서 축적된 지식의 중요성은 절대로 영역 특정적 전문성에만 한정되지 않는다. 창의적인 사람들은 종종 다른 영역에서 얻은 지식(일반 지식)을 찾아서 문제를 꿰뚫어본다. 예를 들어, 헝가리의 저명한 수학자 파울 에르되시Paul Erdös는 수학을 사회적 노력이라고 보며, 511명의 연구자와 함께 수학 문제의 전 범위에 걸쳐 논문을 출간했다(Baker & Bollobás, 1999). 그는 오랫동안 수학의 여러 분야를 섭렵하여 하나의 영역에서 다른 영역으로 연결하는 데 능숙한 정도로 전 분야에 해박했다. 그의 광범위한 지식과 영향 덕에 거의 모든 수학자가 '에르되시 수Erdös Numbers'로 그와 떨어진 정도를 표시할 수 있다. 에르되시와 함께 논문을 쓴 적은 없지만 에르되시와 함께 논문을 쓴 사람과 공동으로 논문을 출판했다면 그 사람의 에르되시 수는 2다. 세계 수학자의 90%가 8보다 낮은 에르되시 수를 가지고 있다고 추정된다.

지식, 전문성, 노화: 노인이 영역 특정적 지식을 청년보다 더 많이 습득했다는 것은 그다지 놀랄 일이 아니다. 애커먼(2000)은 18개 영역

(예술, 음악, 세계문학, 생물학, 기술, 법 등등)에서 21세부터 62세 사이의 정규 교육을 받은 228명을 대상으로 지식과 인지 능력을 측정했다. 예상한 대로, 청년과 비교할 때 중년 참가자의 영역 특정적 지식 수준이 더 높게 나타났다.

전문성에 대한 연령의 효과도 축적된 지식(절차적 혹은 선언적)의 본질에 따라 달랐다. 일반적으로 선언적 지식이 필요한 영역에서의 성공은 인지 능력과 상관관계를 보이는 경향이 있다(Ackerman, 2011, Schipolowski, Wilhelm, & Schroeders, 2014). 하지만 영역에 따라 차이가 있었다. 유동지능이나 비언어적 지능은 수학과 과학의 지식과 훨씬 더 큰 연관성을 보이는 반면 언어적 지능이나 결정지능은 인문학 지식과 더 큰 연관성을 보인다(Ackerman, 2011, Park, Lubinski, & Benbow, 2007). 이와는 대조적으로 절차적 지식(스포츠나 무용)이 필요한 영역에서는 전문성이 증가함에 따라 인지 능력과의 관련성이 줄어들었는데, 이 영역에서의 수행이 지각-운동 기능에 의존하기 때문인 것으로 추정된다(Ackerman, 2011).

삶의 전반에 걸쳐 일반적 지식, 영역 특정적 지식, 그리고 절차적 기능은 한번 습득하면 보존되는 경향이 있고(Ackerman, 2011), 지식 습득은 축구, 음악, 체스, 과학 등 다양한 영역에서 인지 능력의 감소를 보상하는 데 도움이 되는 것으로 보인다(Ericsson, 2013). 게다가, 지식은 누적된다는 이점이 있다. 이른 시기에 성공하게 되면 선순환을 가능하게 하는 이점이 있는데(Merton, 1968, Petersen, Jung, Yang, & Stanley, 2011), 그 시기에 습득한 지식이 더 많은 지식을 발견하고 사용하게 하여 창의적 아이디어가 출현할 가능성을 크게 증가시킨다.

많은 인지 능력이 연령에 따라 감소하는 반면 지식과 전문성은 증가하는데, 이 요인이 창의성에서 핵심적이고 필수적인 역할을 한다.

지식의 증가는 나이에 따라 감소하는 처리 속도, 줄어든 단기기억, 부족해진 유동지능, 떨어진 독창성을 보완하는 데 도움을 준다.

직관, 형태 재인, 어림법

연구자들은 많은 정보 처리 과정이 의도, 인식, 혹은 의식적 추리 없이 암묵적으로 발생한다는 것을 지난 30년에 걸쳐 밝혀왔고, 이러한 암묵적 형태의 지식은 생각, 추론, 창의성에서 결정적인 역할을 한다(Kihlstrom, 1987, Polyani, 1966, Wagner & Sternberg, 1985). 이러한 결과는 두 가지 형태 혹은 시스템으로 생각을 구분하는 이중처리 이론dual-process theory으로 이어지게 된다(Evans, 2008, Kahneman, 2011).

시스템 1은 빠르고 자동적으로 작동하며, 느리고 의식적이며 수의적(자발적)인 통제 시스템에 의존하지 않는다. 시스템 1은 정서, 형태 재인, 직관, 어림법, 암묵적 학습, 잠재적 억제를 포함하는데, 빠르고 무의식적이며 노력이 필요하지 않고 불수의적이다. 반면에 시스템 2는 주의가 필요하며 일반지능 g와 연관되어 있고 자발적으로 관리하는 실행 기능으로, 느리고 선형적이며 의식적이고 노력을 필요하며 질문에 대한 답을 찾으려고 고민하거나 시스템 1의 결과를 확인할 때 작동한다. 이 절에서는 시스템 1의 처리 과정 중 직관, 형태 재인, 어림법과 창의성의 관계를 논의할 것이다.

잘 정립되어 있는 지식은 이전에 접한 상황과 비슷한 상황을 자동적으로 재인하게 해준다. 이런 종류의 자동적 재인을 종종 '직관'이라고 부른다. 예를 들어, 우리는 탁자나 게임을 보았을 때 문제없이 그것들을 인식한다. 그런데 어떻게 그렇게 할 수 있는 것일까? 동그라미와는 달리, 모든 게임이 공통으로 가지고 있는 단 하나의 특징도 없고(필요 조건 부재), 게임을 다른 행동과 구분하거나 혹은 탁자를 다른 물체와 구분할 수 있는 단 하나의 특징도 없다(충분조건 부재). 비트겐슈타인은 직관적 재인을 '가족 유사성family resemblances'으로 설명할 수 있다고 주장했으나(Wittgenstein, 1953/2009), 이 설명은 단지 한 가지 궁금증만 해결할 뿐이다. 셀리그먼과 카하나Kahana(2008)는 탁자를 탁자라고 하기 위해서는 세 개의 과제를 수행해야 한다고 제안했다. 첫째, 결정에 관련된 모든 차원을 확인한다(비트겐슈타인에 의하면, 관련이 있을 뿐 필요조건이나 충분조건이 아님). 둘째, 관련된 차원마다 그리고 상호작용마다 가치와 가중치를 할당한다. 셋째, 탁자라는 특징에 대한 결정 규칙을 만든다. 이 과정으로 각각의 차원과 상호작용에 가중치를 부여하여 과거에 접한 탁자 사례와 비탁자 사례를 믿을 만하게 구별하는 수학적 모형을 만들게 된다. 이 모형은 위아래가 뒤바뀌거나 윤곽이 다른 얼굴도 재인한다는 것을 보여주었다(Lacroix, Murre, Postma, & van den Herik, 2006).

그래서 직관의 작용에 핵심적인 과정 중 하나가 형태 재인으로 보인다. 형태 재인은 탁자를 재인하는 수준을 넘어서서, 기저 영역에서 목표 영역으로 지식을 배치하고 맞추는 유추적 추론을 뒷받침해준다. 예를 들어, 원자의 구조는 태양계의 구조를 떠올림으로써 이해할 수 있다(Gentner, 1989). 예를 들어 중력에 대한 뉴턴의 통찰도 떨어지는 사과와 달이 같은 시야각을 이루는 것을 관찰한 데서 나왔다. 지식과 전문성으로 무장한 뉴턴은 사과를 땅으로 끌어당기는 것이 달을 공전 궤도에 묶어 두는 힘과 같은지 궁금했다(Gleick, 2004). 창의성이 발휘되는 다른 사례에서도 창의성에서 형태 재인과 유추적 추론의 역할을 보여준다. 번개가 배터리를 충전하는 데 사용되는 것과 같은 종류의 무언가(전기)를 포함하고 있다는 것을 발견한 밴저민 프랭클린Benjamin

Franklin도 이와 같은 사례다.

형태 재인은 제프리 호킨스의 지능 이론(그리고 창의성으로 이어지는)의 정수다. 호킨스와 블레이크스리(2007)는 지능은 과거의 지식이 아니라 미래의 예측으로 구성된다고 제안했다. 이들은 시각겉질을 모델로 사용했다(Clark, 2013). 시각겉질은 층으로 나뉘어 있으며 가장 낮은 층(V1)의 신경세포는 망막에 유입되는 방대한 정보의 처리를 담당한다. 다음 층은 하위 층에서 전달하는 정보만 받아들인다. 중요한 것은 정보 전달이 상향으로 이어지는 것만이 아니라 하향으로도 발생한다는 것이다. 하향 전달은 상향 전달보다 10배 정도 많이 발생한다. 이들의 이론에서 하향 전달은 하위층에 눈의 단속적 운동이 발생하는 다음 시점에 예측되는 형태를 알려준다. 예측되지 않는 형태는 억제하고 예측되는 형태는 활성화한다.

호킨스는 모든 가용한 정보를 통합하는 교차 감각층인 가장 상위층에 형성된 패턴에 창의성이 있다고 생각했다. 그렇다면 예측하지 않은 정보를 억제하고 지금 시점에서 미래와 행동을 예측하는 기억에만 의존한다면 창의적 통찰이 어떻게 발생할까? 호킨스의 기억-예측 체계에 의하면, 그 답은 형태 재인에 있다. 새로운 문제를 직면하면, 비슷한 상황에 대한 기억을 떠올리고 유추적 추론으로 해결 방법을 찾는다. 호킨스와 블레이크스리(2007)는 모든 유추를 창의적이라고 여겼지만, "기억 예측 시스템이 가장 높은 수준의 추상화를 사용할 때, 그래서 흔치 않은 유추로 흔치 않은 예측을 할 때 창의성이 가장 분명하게 나타난다."고 설명한다(p. 185). 호킨스의 이론은 그 자체로 분별력 있는 이론이라고 언급할 만하다. 그는 창의성이 고차적인 유추의 발견으로 이루어지며, 창의적 과정은 시각 체계를 사용하는 고차 수준의 유추라고 주장했다.

어림법: 어림법은 직관 및 형태 재인과 매우 밀접하게 관련되어 있다. 축적된 지식은 노력을 요하는 결정 방식에 의존하기보다는 빠른 지름길, 즉 어림법을 사용해 결정하는 능력으로 이어진다(Baron, 2000, Peters, Finucane, MacGregor, & Slovic, 2000). 중요한 것은 어림법은 알고리즘(문제 해결에 사용되는 판에 박힌 방법)이 아니라, 일정 수준의 유연성을 부여해 창의적 해결책을 찾는 데 도움이 되도록 한다(Amabile, 1996). 또한 어림법은 자동적으로(하지만 여전히 유연하게) 정보를 처리하고 결정을 하는 방법이다. 그래서 사용한 지름길을 말로 표현하지 못할 때가 많다. 어림법은 크게 '부정적 어림법'(피해야 하는 것)과 '긍정적 어림법'(해야 하는 것)으로 분류할 수 있다(Lakatos, 1970). 해를 가하지 않겠다는 의료인의 선서, 도둑질하지 말라는 십계명의 제8계명, 그리고 "고장 나지 않았으면 고치지 마라."라는 격언 모두 부정적 어림법의 사례다.

하지만 부정적 어림법에서 주의할 것은 순서다. 틀리지 않았다고 해서 맞다는 의미는 아니다. 문법 오류가 없는 연설을 생각해보자. 혹은 허위의 내용이 없는 전기를 쓴다고 해보자. 혹은 맛이 이상하지 않은 음식을 준비한다고 생각해보자. 혹은 모든 명제가 사실인 정리를 증명한다고 생각해보자. 혹은 베토벤 109번을 실수 없이 연주한다고 해보자. 혹은 무례한 사람이 없는 회의를 주재한다고 해보자. 그 어느 사례도 훌륭한 연설, 좋은 책, 맛있는 음식, 정확한 증명, 훌륭한 연주, 좋은 회의를 보장하지는 않는다.

이 점이 바로 긍정적 어림법의 개입이 필요한 지점으로, 해야 할 일을 알아내는 지름길을 제공하게 된다. 하지만 바로 그런 어림법이 편향으로 이어질 수 있다는 것이다. 대개 유용한 어림법이 어떻게 잘못되는가에 관한 연구는 카너먼과 트버스키 연구의 핵심이었다 (Gilovich, Griffin, & Kahneman, 2002, Kahneman, 2011). '가용성 어림법availability heuristics' 을 살펴보자. 예를 들어, 한 여성에게 거주지에서 신체적 폭력이 얼마 나 자주 있었는지 추정해보라고 요청했다. 그녀는 아주 흔하다고 답 했다. 가용성 어림법에 의하면, 이 여성은 '쉽게 떠오르는 사례'에 근 거해서 판단했다(Kahneman, 2011). 이 사례에서 그 여성은 바로 직전에 신 체적 폭력에 관한 글을 읽었다. 안전하지 않은 곳에 산다면, 어림법이 정확한 답을 도출해내고 시간도 아끼게 해주었을 것이다. 반면 그녀 가 사는 곳이 비교적 안전한 곳이라면, 어림법은 인지 처리 시간은 아 껴주었을지 몰라도 부정확한 답으로 이어졌을 것이다. 이렇게 가용성 어림법은 편향을 유발하기도 한다.

어림법이 이따금 부정적 결과를 유발한다는 점에서 어림법과 연 관된 문제에 관한 연구가 중요하다는 것은 의심할 여지가 없다. 하지 만 연구자들은 적응적 어림법과 그 어림법이 종종 향상된 결과를 낳 기도 하는 이유에 대한 추가 연구를 소홀히 해선 안 된다. 어림법은 생각의 오류를 유발하지는 않는 편이다. 우리는 시스템 1과 시스템 1 이 사용하는 지름길이 미래에 관한 적응적 전망의 핵심이라고 생각 한다. 장기적으로 보면 어림법은 오류를 만들어내기도 하지만, 대체 로 미래의 길을 찾아가는 첫 번째이자 가장 탄탄한 방법이다(Seligman et al., 2013). 어림법이 편향으로 이어지지 않으면, 긍정적 어림법은 좋음, 바름, 아름다움, 그리고 진실이 나쁨, 잘못됨, 추함, 거짓의 단순 부재 위에 발생하게 될 것이다.

포여 죄르지Pólya George 의 고전 『어떻게 문제를 풀 것인가?How to solve it?』는 학생들이 수학 문제를 스스로 푸는 학습을 도와주는 지름길을 제공한다(예를 들면, "관련된 문제를 알고 있는가?"). 베스트셀러 『쓰기의 감각』의 저자인 앤 라모트Anne Lamott는 모든 워크숍을 "좋은 글은 진실에 관해 말하는 것이다."라는 말로 시작했다. W. J. 고든W. J. Gordon은 『발견적 문제해결법Synectics』에서 "친숙한 것을 낯설게, 낯선 것을 친숙하게 만들라."고 장려했다. 창의적 문제해결creative problem solving(CPS) 접근법은 "무언가를 보고 다른 것을 보라."는 조언을 건넨다(Treffinger, Isaksen, & Dorval, 2000, p.57). 일부 창의성 훈련 프로그램(예를 들어 CPS)은 연구 결과로 지지를 받고 있기는 하지만(Puccio, Firestien, Coyle, & Masucci, 2006), 창의적 사고에서 긍정적 어림법의 사용이 어느 정도 도움이 되는지는 샅샅이 살펴보지 않았다.

게다가 긍정적 어림법이 어느 정도까지 영역 일반적인지는 여전히 명확하지 않다. 많은 어림법이 영역 특정적이고 영역 특정적 지식을 간결하게 전달하기 때문에 작동한다. 하지만, 일반적인 원리 중에는 여러 영역에 걸쳐 적용할 수 있는 사례가 있으며 전술한 창의성 훈련 프로그램은 대개 영역 일반적 어림법을 제공하려고 한다. 긍정적 어림법이 창의성의 주요 원천인 것으로 보이고 지혜의 중요한 부분일 가능성이 있다는 점에서, 우리는 미래에 대해 긍정적 어림법에 대한 과학적 접근을 권한다. 다양한 영역에서 창의성에 대한 추가적인 어림법의 사례를 살펴보자. 무엇보다 친절해야 한다. 훌륭한 비극은 "얼어붙은 감수성을 깨는 도끼가 되어야 한다." 의심스러울 때는 원칙을 지켜라. 좋은 교향곡은 완벽한 해결책이 된다. 희극에서 가장 재미있는 부분은 마지막에 있다. 다음으로 재미있는 부분은 처음에 있다. 좋은 요리는 재료 자체에서 최고의 맛을 만들어낸다.

훌륭한 과학 작품은 우리가 틀렸다고 생각했던 것이 사실이라거나 사실이라고 생각했던 것이 틀렸음을 알려준다. 혹은 이전에 전혀 생각해본 적 없는 것에 대해 생각하게 한다. 다음을 살펴보자. 훌륭한 이론은 직관에 반하는 예측을 한다. 훌륭한 사람은 우리의 삶을 이끄는 방법을 보여준다.

직관, 형태 재인, 어림법, 그리고 노화: 직관, 형태 재인, 어림법은 연령에 따라 어떻게 나타날까? 인지 능력에서처럼, 형태를 파악하려면 종종 추상적 통합과 유동지능이 필요해서(Green, Kraemer, Fugelsang, Gray, & Dunbar, 2010, 2012), 노화에 따라 일부 저하되는 모습이 보인다. 하지만 자동적인 측면의 형태 재인은 연령에 따라 증가할 가능성이 높은 지식과 영역 특정적 전문성에 강하게 의존한다.

그래서 유추, 형태 재인, 직관은 파울 발테스Paul Baltes와 마르그레트 발테스Margret Baltes(1990)가 노화에 따른 '최적화 보상' 이론에서 주장한 '보상' 기제의 모범적인 사례일 것이다. 나이가 들어감에 따라 가용한 정보와 경험이 더 많아지며, 형태, 어림법, 직관의 성공적인 사례도 더 늘어난다. 시간이 지남에 따라 직관적으로 가중치를 부여해야 하는 정보의 차원을 정제할 수 있을 것이다. 매복이 있을 것 같다고 인식한 군인을 살펴보자. 군인은 관련 정보의 가중치에 근거해서 이쪽 숲의 일부분에 매복이 있을 것 같다고 직관적이고 정확하게 판단한다. 매복(혹은 매복 시뮬레이션)을 더 자주 접할수록 (a) 매복과 관련된 더 많은 차원을 찾아보게 될 것이고, (b) 각 차원에 더 정확한 평균 가치를 부여하게 될 것이며(곤충 소리는 매복 신호일 수 있다), (c) 각 차원과 상호작용의 가중치가 더 정확해질 것이다(곤충 소리에 더해 마을에 성인 남성이 없다면 매복이 거의 확실하다). 다차원적 공간에서 결정 규칙의 정확성은 경험에 따라 개선되지만, 한 가지 단서가 있다. 중요한 순간에 유용한 경험을 통해 주목해야 할 특징을 판단해야 한다는 것이다. 경험만이 매복 여부를 판단하는 명확한 사례라면, 경험으로 얻을 수 있는 것은 없다.

그래서 창의성에 필요한 인지 요인을 살펴보고, 그중 세 가지가 나이에 따라 증가할 가능성이 있어서 고령의 저자에게도 잘 맞는 요인이라는 결론을 내린다.

1. 영역 특정적 지식
2. 일반 지식
3. 직관, 형태 재인, 어림법

성격과 동기

인지의 다양한 역할을 검토한 뒤 우리는 성격과 동기가 창의성에 미치는 영향과 나이에 따른 변화를 살펴보기로 했다. 토런스는 창의성 성과에 관한 종단 연구를 통해 성격과 동기의 역할에 대한 중요한 정보를 제공했다. 초기 결과를 보면 인지 능력과 확산적 사고(독창성)가 창의적 성과를 예측하는 중요한 요인이었다(Cramond, Matthews-Morgan, Bandalos, & Zuo, 2005, Plucker, 1999). 50년 추적 조사 결과에서는 인지 능력이 개인적으로 그리고 대중적으로 인정받는 창의적 성과를 잘 예측하지 못했다(Runco, Millar, Acar, & Cramond, 2010). 반면 토런스가 '뛰어넘은 사람 beyonder'이라고 일컫는 특징은 학업 성적에 더해 창의적 성과를 예측하는 주요 요인이었다(Runco et al., 2010, Torrance, 1993). 이 특징은 '일에 대한 애정', '끈기', '깊은 생각', '실수에 대한 관용', '삶의 목적', '경험의 다양성', '높은 활력', '창의적 자기 개념', '모험가', '변화에 대한 개방성', '소수'일 때의 편안함을 포함한다. 그래서 토런스의 종단 연구는 창의성이 나이에 따라 어떻게 진행되는지를 이해하려면 인지와 전문성 이상의 무언가를 보아야 한다고 제안한다.

경험의 다양성과 유연성

노화는 경직의 위험을 야기한다. 독창성보다 전통을 따르는 것이 더 매력적이라고 생각하게 되거나 옛것과 새것의 섬세한 균형이 시간이 지남에 따라 변하게 된다. "전문가는 자신의 관점이나 방법이 확고해서 대상을 다르게 보기가 점점 어려워진다"(Sternberg, 1996, p. 347). 전문가는 경직성이 증가하여 초보자보다 변화에 적응하는 데 어려움을 보인다. 경직성을 방지하려면 어떻게 해야 할까? 딘 사이먼턴Dean Simonton (2000)은 59명의 클래식 음악 작곡가의 경력을 분석해서 그들이 작곡한 오페라의 미학적 성공을 아주 잘 예측하는 두 가지 요인을 찾았다. 전문화(과도한 훈련)는 부정적 효과를 보였고, 다재다능함(교차훈련)은 긍정적 효과를 보였다.

다양한 영향에 노출됨으로써 얻는 이점은 역사와 '교차로에 서 있는standing at crossroads' 문명 세계에 부여된 이점으로 잘 설명된다. 15세기 유럽인들의 면역 체계는 인종의 다양성과 오랜 세월 전 대륙이 노출된 질병 덕에 강해졌다. 그 덕분에 콜럼버스의 선원들은 새롭게 발생한 카리브 인디언의 질병에 노출되었음에도 살아남은 반면, 카리브 인디언은 몰살당했다. 보건을 넘어서서 문화로 들어가보면, 거의 교류가 불가능한 태즈먼 해협으로 갈라진 태즈메이니아 원주민은 2000년에 걸쳐 자신들이 사용하는 도구의 정교함이 떨어지는 것을 손 놓고 본 반면, 유목민의 삶을 살았던 호주 원주민의 도구는 개선되었다(Diamond, 1997). 교차로에 서 있을 때 문명 세계는 관련이 없거나 이질적인 영향을 서로 연결하고 통합하는 기회를 가지게 된다(Mednick, 1962).

개인적인 수준에서 유연성의 증가는 다양한 경험의 이득을 설명하는 주요 기제 중 하나일 것이다. 외국에서 살고 그 문화에 적응하게 되면 (다음 절에서 논의할 사고방식인) 통합적 복합성을 증진하여 창의적 사고를 촉진할 수 있다고 연구 결과가 말해주고 있다(Simonton, 1994, 1997, Tadmor, Galinsky, & Maddux, 2012).

최근 제시된 연구 결과에 의하면, 특이하고 예상하지 못한 경험은 인지 유연성을 증가할 수 있다. 리트 등(2012)은 참가자들을 특이하고 기존의 도식을 위배하는 특이한 환경에 노출시켰다(예를 들면, 탁자 위에 놓인 여행 가방으로 가까이 걸어가면 가방이 작아지고 멀어지면 커졌다). 이렇게 특이한 가상 환경에 적극적으로 참여한 참가자는 그러한 경험을 하지 않는 참가자에 비해 인지 유연성 검사에서 더 높은 점수를 받았다(확산적 사고를 측정할 때 범주 이동을 더 많이 했다).

다양성, 유연성, 노화: 나이가 들수록 다양성을 접할 수 있는 기회는 늘어난다. 경험에 대한 개방성을 유지하는 범위에서 경험이 많다는 것이 단순히 반복 횟수가 많은 것이 아니라면, 나이가 들면서 '교차로에 서 있게' 된다. 그런 경험을 거부하기보다 받아들이는 경향은 다음에 논의할 성격에 따라 달라질 가능성이 있다.

경험에 대한 개방성, 유연성, 통합적 복합성

'경험에 대한 개방성'은 성격 특성 5요인Big Five Personalily 이론의 한 가지 요인으로, 창의성과 일관된 관련성을 보여준다(S. B. Kaufman, 2013, McCrae, 1987, Silvia, Nusbaum, Berg, Martin, & O'Connor, 2009). 이 특성은 탐구에 대한 욕구를 반영하고 공상, 감정, 행위, 아이디어, 가치, "자신을 위한 다양한 경험에 대한 흥미"에 대한 개방성을 포함한다(McCrae, 1987, p. 1259). 그래서 새로운 경험에 개방적인 사람은 겉보기에는 무관해 보이는 정보를 연결하고 새로운 형태를 찾아낼 가능성이 크다.

경험에 대한 개방성은 크게 두 가지 하위 요소로 나눌 수 있다(DeYoung, Quilty, & Peterson, 2007). 개방성(감각, 지각 정보와 맞물림)과 지적 능력(주로 명시적 추론을 통한 추상적 정보와 맞물림)이다. 지적 능력은 일반 인지 능력 그리고 작업기억과 연합되어 있고, 개방성은 암묵적 학습과 상관관계를 보인다(S. B. Kaufman et al., 2010). 암묵적 학습은 '복잡하고 분명하지 않은 규칙성을 자동적이고 암묵적으로 탐지하는 능력'으로 정의하며, 직관과 밀접하게 연관되어 있고, 확률적 순차-학습 과제에서의 반응 시간으로 측정할 수 있다(S. B. Kaufman et al., 2010, p. 321. Shanks, 2005).

최근 연구에 의하면, 개방성과 지적 능력의 구분은 창의적 성과에 매우 중요한 의미를 가진다. 에밀리 누스바움Emily Nusbaum과 폴 J. 실비아Paul J. Silvia(2011)는 개방성이 전체적인 창의적 성과를 예측하며 지적 능력은 유동지능을 예측하지만 전체적인 창의적 성과를 예측하지 않는다고 주장했다. 이후에 진행된 연구를 보면, 개방성은 예술에서 창의적 성과를 예측하며 지적 능력은 과학에서 창의적 성과를 예측한다(S. B. Kaufman et al., 2015).

경험에 대한 개방성은 통합적 복합성intergrative complexity, 즉 여러 유력한 관점을 연결하는 역량 및 의지와 밀접하게 관련되어 있다(Suedfeld, Tetlock, & Streufert, 1992). 많은 연구에서 경험에 대한 개방성과 통합적 복합성은 유의미한 상관을 보였으나, 하위 요소로 구분해서 살펴보지 않았다. 매캐덤스McAdams 등(2004)은 전기를 분석하여 경험에 대한 개방성이 다중적 관점, 혼합된 동기, 복잡한 정서, 자기에 대한 대조적 관점을 포함하는 서술의 복잡성 정도를 예측함을 보여주었다. 통합적 복합성과 경험에 대한 개방성의 유의미한 상관은 미국 대통령(Simonton, 2006), 그리고 경영학석사 과정 학생(Tetlock, Peterson, & Berry, 1993)에게서도 주목할 만한 요인이었다.

경험에 대한 개방성, 통합적 복합성, 노화: 나이가 들어갈수록 경험에 개방적인 모습을 보이는 것은 인지 능력을 유지하는 데 매우 중요한 역할을 한다. 파울라 윌리엄스Paula Williams, 야나 서키Yana Suchy, 매슈 크레이빌Matthew Kraybill(2013)은 고령층에서 경험에 대한 개방성의 수준이 낮으면 이어지는 한 해 동안 인지적 감소가 발생한다는 신호라는 것을 보여주었다. 특히 미학과 가치에서 낮은 점수를 보이는(예술과 아름다움에 무감각하고 무관심한 그리고 독단적이고 융통성 없는 사회적·정치적·종교적 가치를 가진) 고령층에게 해당되었다.

하지만 상관 연구와 종단 연구에서, 나이가 들수록 모호함에 대한 허용 수준과 경험에 대한 개방성이 안정적으로 유지되거나 감소하는 경향을 보이기도 했다(Costa et al., 1986, Diehl, Coyle, & Labouvie-Vief, 1996, Soldz & Vaillant, 1999, Wortman, Lucas, & Donnellan, 2012).

지금까지 개방성과 지적 능력을 분리하여 진행한 노화 연구는 없는 것으로 알려져 있다. 우리는 지적 능력이 유동지능에 의존하기 때문에 노화의 영향에 더 취약할 것이고 경험에 대한 개방성은 인지 능력과 독립적이기 때문에 나이가 들수록 안정적으로 유지되거나 증가할 것이라고 가정한다. 이러한 예측은 인지적 복잡성(인과관계 단어

2부 전망, 삶에서 지속되는 질문들

나 통찰 단어)과 '현명한 추리'(통합적 사고와 밀접하게 연관된 구성 개념)의 언어적 지표가 나이에 따라 유의미하게 증가한다는 결과와 긴밀하게 연결되어 있다(de Vries & Lehman, 1996, Grossmann, Na, Varnum, Kitayama, & Nisbett, 2012, Pennebaker & Stone, 2003).

덧붙여서 사회적 요인도 나이에 따라 더 많은 개방성을 발현시킬 수 있다. 학자는 종신교수직을 보장받고 나면, 새로운 (그리고 이상해 보이는) 아이디어를 진지하게 고려하는 데 훨씬 더 자유롭다고 느낄 것이다. 그래서 나이가 들수록 개방성 자체는 감소할 수 있어도 사회적 요인이 독창적인 아이디어를 표현하는 의지를 증가시킨다. 그러한 의미에서 나이가 들수록 위험 감수 경향이 줄어들고 자신의 아이디어에 진취적일 가능성이 줄어들면서 개방성이 감소할 가능성이 있다 (Simonton, 1994). 그래서 이 모든 것을 고려할 때 경험에 대한 개방성과 통합적 복합성이 나이에 따라 어떻게 변해가는지 아직 결론을 내리기 어렵다. 그럼에도 우리가 검토한 내용을 토대로, 경험에 대한 개방성은 다양한 경험을 추구하게 하여 결과적으로 창의적 성과에 도움이 된다고 제안한다.

흥미와 동기

바버라 L. 프레더릭슨Barbara L. Fredrickson(1998, 2001)의 '확장 및 구축broaden-and-build' 이론에 따르면, 긍정적 정서는 우리를 새로운 자극으로 이끌어 무언가와 사랑에 빠지게 해줄 수 있다(Torrance, 1983). 이런 정서 중 하나가 '흥미interest'다. 폴 실비아Paul Silvia는 흥미를 '장기적인 적응 기능을 가진 기본 정서'로 정의한다(2001, p. 285). 흥미는 "삶의 모든 단계에서 지식을 구축하고 경험을 다양화하여 드러나지 않게 기술과 전문성을 구축하게 한다." 흥미를 정서로 정의함으로써(이와 연합된 얼굴과 목소리 표현 그리고 주관적 감정과 함께), 과학자는 흥미가 어떻게 의미 있는 행동과 연관되는지를 더 잘 이해할 수 있을 것이다(Izard & Ackerman, 2000, Silvia, 2006).

흥미라는 정서는 경험을 다양화하고 호기심을 불러일으키는 알려지지 않은 자극과 관련시키는 것을 넘어서서 특정 영역에서 전문성을 구축하는 데 도움을 준다. 이와 관련하여 '창의성의 사회심리학'에 관한 방대한 문헌을 보면, 내재적 동기(외적인 결과가 아닌 고유의 보상을 위한 행동에 관여하는 정도)가 창의적 생각을 증진한다(Amabile, 1996). 내재적 동기는 고된 연습을 하는 동안 앞으로 나아가게 해준다(Ericsson et al., 1993, Ericsson & Ward, 2007).

내재적 동기는 창의적 과정에서 '몰입flow'을 가능하게 한다. 자신의 예술 지식을 과학에 연관시킨 교양의 살아 있는 사례인 미하이 칙센트미하이Mihaly Csikszentmihalyi는 1960년대에 화가를 관찰하여 이러한 현상을 기록했다(Csikszentmihalyi, 1990). 몰입은 높은 숙련도와 도전정신으로 정의할 수 있는 심리적 상태로, 현재의 행동에 통제감을 준다. 몰입은 열정적인 집중력, 행동과 인식의 융합, 시간 감각의 상실이라는 특징을 가지고 있다. 몰입 상태에서는 새롭지만 감당할 수 있는 도전을 추구하고 해낸다. 몰입을 경험하고 나면 개인은 만족감과 즐거움을 보고한다.

흥미, 동기, 노화: 흥미와 내재적 동기는 나이에 따라 변할까? 아직은 추측만 할 수 있는데, 우리가 아는 한 창의적인 사람을 추적하여 여러 영역에 걸쳐 그들의 동기(내재적 혹은 외적)가 나이에 따라 어떻게 변하는지 평가한 연구는 없다. 내재적 동기가 촉진하는 몰

2부 전망, 삶에서 지속되는 질문들

입 상태는 다양한 연령대에서 비슷한 것으로 보고되었으나(Massimini, Csikszentmihalyi, & Delle Fave, 1988, Nakamura & Csikszentmihalyi, 2005), 몰입이 나이에 따라 바뀌는지는 알려지지 않았다. 특정 영역에 대한 내재적 동기는 안정적으로 유지되거나 숙련도가 증가함에 따라 증가할 수 있다. 특정 영역에서 궁금한 질문 그리고 그걸 해결하기 위해 사용하는 방법은 수십 년에 걸쳐 바뀔 수 있지만 더 잘 이해하고 싶은 동기는 바뀌지 않는다. 반대로, (관련 연구는 없지만) 야망의 불길은 나이가 들수록 점차 쌓일 수 있다. 그래서 나이가 동기의 전체 집합체의 균형에 어떻게 영향을 주는지는 아직 모른다.

심리적 자원: 그릿, 자기효능감, 활력

지금까지 창의적 과정에 직접적이고 구체적인 영향을 주는 개념들을 자세히 살펴보았다. 덧붙여 창의성에 특화되어 있지 않지만 일반적으로 성과를 도출하는 데 사용된 핵심적인 수많은 심리적 자원이 있다. 이들 중 그릿, 낙관주의, 자기효능감을 살펴보자.

장기간의 목표를 위한 그릿, 열정, 인내는 장애물을 만났을 때 집중력 있고 단호한 모습을 유지하게 해준다(Duckworth, Peterson, Matthews, & Kelly, 2007). 그릿이 있는 사람은 쉽게 무기력감에 굴복하지 않고, 장애물이 있어도 우직하게 밀고 나간다. 낙관주의와 자기효능감도 비슷한 이점을 가지고 있다(Bandura, 1997, Seligman, 1991). 낙관주의와 자기효능감이 없으면, 창의적 경력을 쌓아나갈 때 어쩔 수 없이 맞닥뜨리게 되는 무수히 많은 좌절에 처음부터 낙담한다. 앨버트 반두라Albert Bandura가 언급했듯이 "특히 혁신적이려면 창의적인 시도를 지속하게 해주는 확고부동한 효능감을 가지고 있어야 한다."(1997, p. 239)

이러한 자원에는 활력과 체력이 필요하다. 심적·신체적 에너지가 있어야 지속적인 노력과 자기 훈련이 필요한 인지 과정을 수행할 수 있다(Baumeister, Vohs, & Tice, 2007, Chaiken & Trope, 1999). 심적 에너지와 활력이 높으면 직무 관여도도 높게 나타날 것이다(Atwater & Carmeli, 2009, Carmeli, McKay, & Kaufman, 2014). 놀라운 것은 신체적 에너지가 무엇이고, 어떻게 측정하며, 창의성 성과에 어떻게 공헌하는지를 언급하는 문헌이 거의 없다는 것이다. 업무에서 '피로 곡선'을 분석한 오래전의 연구는 격렬한 신체 작업에서 무거운 것을 들고 이동하는 능력의 저하와 이를 위해 필요한 휴식 시간을 측정하여 신체적 에너지를 평가했으나(Hockey, 2013), 이와 대응해서 볼 수 있는 개념이 없고 프로이트의 정신역학 이론이 쇠퇴한 이후에 유감스럽게도 심적·신체적 에너지의 개념이 이론 구축 과정에서 별다른 역할을 하지 못하고 있다. 큰 성취를 이룬 사람들의 전기를 보면 그들이 가진 이례적인 에너지 수준을 강조한다(Jamison, 2004). 우리는 추후 창의성 연구에서 심적·신체적 에너지 연구가 충실히 이루어지기를 고대한다.

그릿, 자기효능감, 활력, 노화: 앤절라 더크워스Angela Duckworth 등 (2007)은 성인 대상의 횡단 연구를 실시하여 그릿이 연령에 따라 증가한다는 것을 보여주었다. 이 결과는 동년배 효과cohort effect일 수도 있다. 그것이 아니라면 고령층이 인내를 통한 성공 경험으로 학습된 것일 수도 있다. 덧붙여 자기효능감은 어린 시절부터 성인기까지 각 단계에서 필요한 것들을 이루어나가는 법을 배우면서 전 생애에 걸쳐 증가한다. 노년기에서 변동성이 크긴 하지만, 고령층 대부분은 개인적 효능감에 대한 감각을 가지고 있다(Lachman, 1986). 자기효능감을 높게 유지할 수 있고 지원을 아끼지 않고 도전적인 환경에 있는 사람은 (객관적인 역량이 저하된다 하더라도) 지적으로 그리고 정서적으로 더 좋은 모습을 보인다(Bandura, 1994).

그에 반해 활력과 체력에 대한 노화의 영향에 관한 결과를 보면, 활력과 체력은 나이에 따라 감소한다. 신체적 에너지에 관해서 노화가 체력 저하를 가져온다는 것은 의심할 여지가 없다. 심지어는 세포의 에너지 발생기인 미토콘드리아의 DNA 변이가 노화를 유발한다고 주장하는 연구도 있다(Miquel, 1992, Spirduso, Francis, & MacRae, 2005). 더욱이 신체 성분과 신진대사의 변화는 신체 활동의 감소로 이어진다(Roberts & Rosenberg, 2006). 그래서 노화에 따른 활력과 체력의 저하는 창의적 성과를 감소시키는 것이 당연해 보인다.

그래서 창의성을 촉진하는 심리적 자원에 대한 노화의 영향은 관련 연구가 충분히 이루어지지 않아서 아직 분명하지 않다.

- 나이가 들수록 나타나는 경직성 증가를 경험의 다양성 증가로 상쇄할 수 있는지 알려져 있지 않다.
- 경험에 대한 개방성과 통합적 복합성이 연령 증가에 따라 어떻게 변화하는지 알려져 있지 않다.
- 그릿과 자기효능감은 연령에 따라 증가할 것이다.
- 신체적·심적 에너지는 나이에 따라 감소할 가능성이 있지만, 나이에 따라 이러한 에너지가 어떻게 되는지에 관해서는 놀라울 정도로 연구가 진행되지 않았다.

대인관계

창의성에 관해 인지, 지식, 성격, 동기 이외에 대인관계의 역할에 주목하여 연구가 진행되고 있다. 그래서 독자의 감각 훈련과 협력 능력을 살펴보고 이러한 과정이 노화에 따라 어떻게 변화하는지 확인해보자.

독자에 대한 감각

창작자는 다른 사람이 어떻게 반응할지 생각한다. 이와 같은 '독자에 대한 감각sense of the audience'은 창의성을 정의하는 두 가지 요소, 창의적 아이디어의 생성과 평가에서 아주 큰 역할을 할 것이다. 독자에 대한 감각은 독창성과 유용성을 구분해주는 핵심적인 요인이다. 창의성은 독창적인 아이디어가 유용한지, 유익한지, 관련 독자가 원하는 것인지 정확하게 평가해야 한다(Csikszentmihalyi, 1999). '독자'는 예술과 기술 분야에서 문자 그대로의 의미로 사용되고 비유적으로도 사용된다. 과학과 학문 분야에서 '독자'는 그 분야의 최첨단에 있는 사람을 의미하며, 어떤 연구가 각광을 받을지를 결정하는 힘을 가진 게이트키퍼를 포함한다(Csikszentmihalyi, 1999).

독자에 대한 훌륭한 감각은 다른 사람이 새롭고 가치 있는 것으로 보는 것이 무엇인지를 정확하게 판단하게 해주는 조망적 사고를 사용할 것이다(Grant & Berry, 2011). 이 아이디어와 같은 맥락에서, 기본 네트워크 영역에서 (다른 사람의 마음에 대한 심적 시뮬레이션인) '마음 이론과 연합되어 있는 부분은 독자의 긍정적 반응에 결정적이라는 것이 밝혀졌다(Falk, Morelli, Welborn, Dambacher, & Lieberman, 2013). 적절한 조망적 사고는 창의적 거래에서 조현병 환자의 친척이 그렇지 않은 사람보다 더 우수한 이유를 설명해준다(Kinneyet al., 2001, Kyaga et al., 2011). 조현병 환자의 느슨하게 풀린 생각과 과잉 침범은 아주 새로운 아이디어의 생성으로 이어질 수 있지만, 정확한 평가는 어렵다. 친척에게는 있으나 조현병 환자에게는 부족한 것이 독자에 대한 감각이다.

조망적 사고는 무엇으로 구성되어 있는가? 조망적 사고는 다른 사람의 관점으로 세상을 바라보는 능력(Galinsky, Ku, & Wang, 2005)과 다른 사람의 생각, 동기, 정서를 이해할 수 있는 능력(Parker, Atkins, & Axtell, 2008)으로 정의되어왔다. 독자에 대한 감각은 경험으로 축적된 영역 특정적 지식과 일반 지식을 사용하지만, 단지 독자를 즐겁게 해주려는 목적이라고 오해하지 않는 것도 중요하다. 창작자는 독자에 대한 자신들의 감각을 바탕으로 수용이나 거부를 예상하지만, 실제로 그보다 더 폭넓은 기능을 가지고 있다. 독자에 대한 감각이 잘 발달되어 있으면 창작자는 단기적으로는 만족스럽지 않을 수도 있지만 독자와 그 영역이 궁극적으로 무엇으로부터 이득을 얻을 수 있는지를 예상할 수 있다(Forgeard & Mecklenburg, 2013, Silvia, 2012).

독자에 대한 훌륭한 감각은 부분적으로 '다른 사람을 돕거나 그들에게 공헌하려는 생각에 따라 노력하는 욕구'로 정의되는 친사회적 동기에서 유래한다(Batson, 1987, Grant & Berry, 2011). 이 맥락에서 다른 사람의 이득을 위한 행동이 창의성의 증가와 연관되어 있다는 연구 결과가 축적되고 있다.* 친사회적 동기와 독자에 대한 훌륭한 감각은 궁극

---

* 관련 연구는 다음을 보라. Forgeard & Mecklenburg, 2013.

적으로 창작자에게 그들의 아이디어를 독자와 효과적으로 소통할 수 있는 자원을 제공할 것이다.

이런 종류의 설득이 조망적 사고의 중요한 측면이다(Simonton, 1990). 창작자는 자신들의 작품으로 다른 사람에게 확신과 영감을 주는 간접적인 방식이나 투자자를 설득하는 직접적인 방식으로 설득할 수 있다(Gardner, 2011). 이와 관련해서 하워드 가드너Howard Gardner(1993)는 20세기의 일곱 천재인 지그문트 프로이트, 알베르트 아인슈타인, 파블로 피카소, 이고르 스트라빈스키, T. S. 엘리엇, 마사 그레이엄, 마하트마 간디의 유사성 중 핵심은 효과적이고 끈질긴 자기 홍보라고 주장했다.

독자에 대한 감각과 노화: 나이가 조망 수용을 돕는다고 믿을 이유는 많다. 이중 일부는 다른 사람(특히 미래 세대)의 안녕감에 대한 관심이 증가하고 후속 세대에 물려줄 유산에 대한 생각이 많아지는 데서 기인한다. 에리크 에릭슨Erik Erikson은 이를 생식성generativity이라고 칭했는데(Erikson, 1963), 이는 중년기에 시작해서 노년기까지 이어지는 주요 관심사다(Keyes & Ryff, 1998, Sheldon & Kasser, 2001). 창의성에서 과거의 유산이 하는 역할은 사이먼턴(1989)이 클래식 작곡가를 대상으로 한 연구에서 주장한 백조의 노래 현상으로 설명할 수 있다. 창작자는 종종 그들 삶의 가장 마지막에 성공적인 작품을 만든다.

다른 사람에 대한 관심과 동기가 증가하는 것과는 별개로, 노화가 독자에 대한 훌륭한 감각에 작용하는 인지 과정에 어떻게 영향을 주는 것일까? 마음 이론에서 나이에 따른 차이에 관한 연구는 일관되지 않은 결과를 보인다. 일부 연구는 나이에 따라 증가하고(Happé, Winner, & Brownell, 1998) 일부 연구는 아무런 차이가 없으며(MacPherson, Phillips, & Della Sala, 2002) 일부 연구는 감소한다(Maylor, Moulson, Muncer, & Taylor, 2002, Pratt, Diessner, Pratt,

Hunsberger, & Pancer, 1996). 하지만 이에 대한 메타 분석 결과에서는 노화가 마음 이론과 과업 양상의 결핍과 확실하게 연관되어 있다는 것을 보여준다(Henry, Phillips, Ruffman, & Bailey, 2013) 나이에 따른 쇠퇴의 근본적인 기제에 관한 연구는 실행 기능과 일반 인지 기능의 감소가 이를 부분적으로만 설명하고 있으며, 사회적 인지 능력도 분명히 쇠퇴한다고 주장한다(Moran, 2013, Sullivan & Ruffman, 2004).

모든 것을 감안할 때 독자에 대한 축적된 지식 덕분에 노화는 독자에 대한 향상된 감각으로 이어질 것이라고 생각된다. 그리고 이렇게 향상된 감각은 나이에 따른 마음 이론의 쇠퇴보다 더 클 것이다. 하지만 이것이 성립하려면 오랜 시간에 걸친 독자의 안정성이 필요하다. 때로 독자는 창작자가 축적해나가는 것보다 빠르게 변화할 수 있다. 예를 들어, 피에트로 마스카니Pietro Mascagni의 가장 위대한 오페라는 그의 첫 작품이었고, 이후 이어진 오페라에 대한 관객의 반응은 결국 그가 야유를 받으며 무대에서 쫓겨날 때까지 줄어들었다.

협력

마지막으로 논의할 요인은 창의성만이 아니라 일반적인 성공과도 관련이 있다. 바로 협력의 역할이다. 1901년부터 1972년까지의 노벨상 수상자 약 300명 중 3분의 2는 공동 연구로 상을 받았고, 상을 받지 못한 과학자는 공동 연구를 수행했을 가능성이 낮았을 것이다(Zuckerman, 1967, 1977). 게다가 논문의 저자 수는 인용 횟수를 예측한다(Nemeth & Goncalo, 2005).

물론 효과적으로 협력하려면 어떤 협력자를 선택하는지가 중요할 것이다. 성격과 전문성이 비슷하면서도 충분히 다른 사람, 서로에게 도전적인 질문을 꺼리지 않고 아이디어나 의견의 타당한 근거를 물어보는 사람(Shenk, 2014)이 좋다. 그래서 협력은 다양성을 제공하여 창의성을 증진시킬 수 있다. 더욱이 협력은 독자에 대한 감각과 아이디어의 유용성을 평가할 때 특별히 도움이 된다. 대부분의 창작자는 혼자 작업하지 않고 다른 사람과 자신의 아이디어에 대해 논의하고 의견을 듣는다. 다른 사람들은 창작자가 통찰력의 싹을 다듬고 충분히 이해하도록 도와준다. 이와 관련된 좋은 사례로 대니얼 카너먼과 아모스 트버스키의 공동 연구를 들 수 있다(Kahneman, 2011). 여러 해 동안 두 연구자는 모든 것에 관해 매일 많은 시간 이야기를 나누고, 각각의 연구팀과의 대화를 즐겼으며, 이론을 검증하는 방법을 고안했다.

노화와 협력: 협력은 나이가 들수록 어떻게 될까? 나이가 들어감에 따라 일반적인 인지 감소를 보상하기 위한 방법으로 다른 사람의 능력을 빌리는 협력을 사용할 수 있다(Dixon, 2000). 더욱이 인간은 성숙해질수록 잘 맞는 협력자(비전을 공유하면서도 다른 관점을 제안하는 사람)를 선택할 수 있게 된다. 우리는 잠재적인 협력자를 선택할 수 있는 큰 네트워크를 가지고 있고 이러한 과정으로 어려움을 헤쳐나갈 수 있는 더 좋은 능력을 갖추게 될 것이다.

요약과 논의

이번 장은 나이가 들어감에 따라 속도, 단기기억, 유동지능이 감소함에도 어떻게 창의성이 증가할 수 있는지에 대한 질문으로 시작했다. 우리는 창의성에 영향을 주는 요인 3세트의 역할을 검토했다. 인지 능력은 나이에 따라 감소하는 반면, 지식, 전문성, 그리고 다른 자원은 나이에 따라 증가한다는 것을 확인했다.

특히 아래의 구성 요소는 나이에 따라 감소한다.

- 속도
- 단기기억
- 유동지능
- 독창성
- 마음 거닐기
- 활력과 체력
- 경험에 대한 개방성

반면 나이에 따라 증가하거나 안정적으로 유지되는 요소는 다음과 같다.

- 영역 특정적 지식과 전문성
- 일반 지식
- 형태 재인, 직관, 어림법
- 경험의 다양성
- 흥미와 동기
- 그릿과 자기효능감
- 효과적인 협력

독자에 대한 감각, 조망 수용, 통합적 복합성과 같은 요소의 경우에는 현재까지 축적된 증거로는 명확하게 말하기 어렵다.

구성 요소의 조합

천재에 대한 통념적 이론은 그 위대함을 단 하나의 극도로 드문 재능으로 설명하려고 한다. 웅장한 멜로디를 생각해낸 베토벤, 화강암을 깎아 작품을 만든 미켈란젤로, 적군의 가장 약한 부분을 예측한 나폴레옹. 하지만 테레사 애머빌Teresa M. Amabile의 창의성의 구성 요소 개념화 이론(1983, 1996), 사이먼턴의 월등한 수행에 대한 창발적·후생적 모형(1999), 로버트 J. 스턴버그Robert J. Sternberg와 토드 러버트Todd Lubart의 창의성의 투자 이론(1991)과 같은 창의성에 대한 과학적 이론은 다르게 주장한다.

사실 작곡이나 조각 또는 공격 장소와 시기를 파악하는 데 필요한 여러 가지 구성 요소 하나하나에 능숙한 사람은(가령 100명 중 한 명일 정도로), 진귀한 업적을 달성할 수 있다. 그래서 창의적 천재는 한 가지 요소에만 탁월해서는 안 되고, 모든 구성 요소에서 매우 능숙해야 한다. 골프의 구성 요소는 타이거 우즈가 명쾌하게 보여준다. 그는 퍼팅, 드라이브샷, 혹은 숏게임 각각에서 최고가 아니다. 그가 세 가지 각각에서 100명 중 1명인 정도로 훌륭하다면, 이는 골프에서 100만 명 중 1명인 정도로 훌륭하다는 의미다.

개별 구성 요소는 정상 분포를 보이더라도, 구성 요소의 조합(따라서 창의적 성과)은 심하게 편중될 수 있다(Lotka, 1926, Murray, 2003, Simonton, 2006). 창의성이 여러 구성 요소로 이루어져 있다면, 훈련을 통해 개별 구성 요소를 높은 수준(초인적인 수준은 아닌)으로 향상시킬 수 있을 것이다. 하지만 각각의 영역에 속한 구성 요소를 확인하려면 추가적인

2부 전망, 삶에서 지속되는 질문들

연구가 필요하다.

더욱이 구성 요소의 관점은 노화의 영향이 구성 요소가 무엇인지에 따라 달라진다고 주장한다. 골프의 개별 구성 요소, 퍼팅, 드라이브 샷, 숏게임이 나이에 따라 약해져서 35세 이후에 PGA 토너먼트에서 우승하는 사례는 감소한다. 그런데 농구에서는 또 다를 것이다. 3점 슛의 정확도는 나이에 따라 감소하지만 패스나 코트에서의 위치에 대한 감각은 나이에 따라 최소한 일정 기간 증가할 수 있다. 줄리어스 어빙Julius Erving은 20세에는 뛰어난 슈터였지만 30세에는 뛰어난 패스를 하고 리바운드를 잡았다.

구성 요소의 개수와 인지 능력의 중요성은 영역 간 발달 과정의 모습에서 나타나는 차이를 설명할 수 있다. 유동지능에 의해 크게 좌우되는 시 창작, 이론 수학, 이론 물리학과 같은 영역에서의 창의적 성과는 30대 초에 정점에 이르고 빠르게 쇠락하는 경향을 보인다. 반면에 소설 집필, 역사, 철학, 의학과 같은 지식과 전문성에 더 많이 의존하는 영역에서는 40대 초에 정점에 이르고 서서히 쇠퇴한다. 심리학자는 두 가지 형태의 가운데에 있어서, 40세 정도에 정점에 이른다 (Dennis, 1966, Simonton, 1997).

영역별 구성 요소 분석은 일부 구성 요소는 나이에 따라 쇠퇴하지만 증대되는 요소도 있다는 결론에 도달했다. 근본적으로 단일 구성 요소 경기인 육상 단거리 경기와 같은 영역에서는 역량이 나이에 따라 꾸준히 감소한다. 농구나 과학과 같은 다중 구성 요소 경기에서는 연령이 창의성에 도움이 될 수도 있다.

문헌 검토 결과 창의성은 나이가 들어도 증가할 수 있는 것으로 보이는데, 관련 문헌에서 이 놀라운 가설에 대한 논의를 찾아보기는 어렵다.

만약 그렇다면, 진화적으로 여러 생리적 기능이 쇠퇴하기 시작하는 그 시점에 창의성이 늘어나는 이유는 무엇일까? 폐경기를 설명하는 최근 이론을 보면 흥미로운 지점이 있다. 다른 동물과 달리 인간은 폐경 이후에도 20년 정도를 더 사는 경향을 보인다. 그래서 번식 능력의 쇠퇴가 신체적인 쇠퇴보다 훨씬 더 빨리 온다. 인간만이 가진 이러한 특징이 건강과 관련해 어떤 이득을 가져오는 것일까? 그 답은 경제적 생산성에서 찾을 수 있다. 경제적 생산성은 대체로 전 생애에 걸쳐 습득한 지식을 통해 성장한다. 반면에 자식이 스스로 살아갈 수 있는 수준의 생산성에 도달하는 데는 20년 정도 소요된다. 성인은 경제적 잉여물을 생산해서 아이들에게 제공해야 하고, 번식 능력이 일찍 중단되면 이렇게 아이들을 도울 수 있게 제대로 준비할 것이다. 폐경기를 거친 뒤에도 아이들이 20세가 될 때까지 살아서 필요한 잉여 자원을 생산할 수 있다. 영장류(침팬지)와 인간(볼리비아의 저지대에 거주하면서 수렵-채집과 농사를 짓는 토착민 치마네족) 표본으로부터 수집한 증거를 검토한 연구가 있다(Kaplan, Gurven, Winking, Hooper, Stieglitz, 2010). 침팬지의 경우 번식 능력의 노쇠화가 신체적인 노쇠화와 밀접하게 연관되는 반면 인간은 그렇지 않았다. 게다가 치마네 족에서는 나이에 따라 생산하고 소비하는 칼로리 패턴이 노인은 충분한 잉여 칼로리를 생산하여 다음 세대에 전달할 수 있게 한다는 이론의 예측치와 잘 들어맞았다. 흥미로운 것은 남성과 여성 모두 이러한 패턴을 보였다는 것이다. 일부일처 사회에서는 배우자가 마지막 아이를 출산했을 때 남성의 번식 중단이 나타난다.

이 이론은 여기서 검토한 연구의 결론과 밀접하게 연관되어 있다.

인간의 창의성에 핵심적인 과정들은 나이가 들수록 안정적으로 유지되거나 증가한다. 창의성은 번식 중단 이전에 습득한 기술과 전문성으로부터 도움을 받고, 나이가 들면서 쇠퇴하기보다는 점점 더 쌓여나간다. 이 이론은 번식 중단의 주요 기능은 앞 세대 사람들이 경제적 잉여물을 생산하여 다음 세대에 전달하는 것이고, 창의성은 본질적으로 생산성을 증대할 수 있게 설계되었다고 주장한다.

이 모든 것은 벡, 브로드벤트 그리고 브루너가 자기 고양적 착각에 빠져 있지 않다는 것을 말해주며, 더 중요한 것은 창의성을 가르치는 데 좋은 징조가 된다는 것이다. 나이에 따라 나아지는 모든 역량은 가르칠 수 있으며, 명시적으로 가르치게 되면 창의적인 세상을 더 많이 만드는 데 도움이 될 것이다.

《휴스턴 크로니클Huston Chronicle》의 기자 잭 라이머Jack Riemer는 바이올린 연주자 이츠하크 펄먼Itzhak Perlman의 1995년 연주에 관한 이야기를 대중에게 알렸다. 어렸을 때 소아마비를 앓은 그는 무대 위로 힘겹게 올라갔다. 연주를 시작하려는 찰나 바이올린 줄 하나가 끊어졌다. 펄먼은 단 세 줄로 연주를 마쳐 관객을 놀라게 했다. 물론 이 이야기가 사실인지 아닌지는 모른다. 하지만 중요한 것은 펄먼의 결론이다. "종종 연주자는 자신에게 남은 것으로 얼마나 만들어낼 수 있는지를 찾아내야 한다."

후기

미래의 무한한 가능성을 위하여

마틴 셀리그먼

돌이켜보면, 심리학은 과거와 현재를 과대평가하고 미래를 과소평가했다. 물론 과거와 현재에 집중할 충분한 이유가 있었다. 방법론적으로 볼 때 적절했다. 과거와 현재는 이론적으로 측정할 수 있지만, 미래는 아직 발생하지 않았기에 측정할 수 없다. 과거는 현재와 인과관계로 얽혀 있지만 미래는 그렇지 않다. 우리는 기본적으로 단 하나의 과거와 단 하나의 현재를 경험하지만, 앞으로 펼쳐질 미래에는 여러 가능성이 펼쳐져 있다.

방법론적으로 타당하다는 이유로 심리학과 신경과학은 100년 넘게 과거의 심리적 표상인 기억과 현재의 심리적 표상인 지각, 감각, 정서를 과감하게 측정해왔다. 완벽하게 측정할 수 있다면, 과거와 현재는 미래를 결정할 수 있으며, 기억, 지각, 정서를 과학적으로 측정함으로써 행동을 정확하게 예측할 것으로 보인다.

하지만 이와 같은 용감한 시도는 여러 이유로 실패했다.

- 첫째, 우리가 아는 모든 과학은 통계를 사용하고, 모든 과학 중 가장 기초적이고 포괄적인 물리학은 개연론probabilism이 이 세계에 대한 심오한 사실이라고 말하는 것으로 보인다.

- 둘째, 기억, 지각, 정서는 이 책에서 충분히 논의한 대로 과거와 현재만을 의미하지 않으며, 본질적으로 미래에 대한 추정에 관여하는 것으로 밝혀졌다. 기억은 미래의 유용성을 지향한다. 감각과 지각은 수용적이면서도 생성적이고, 예측하는 정보에 선택적으로 주의를 기울인다. 정서는 미래의 현실을 지향하며, 이전에 발생한 것에 대한 반응에 얽매여 있지 않다. 그래서 전망의 과학이 없는 상태에서, 기억, 지각, 정서는 단지 일부분에 불과하다.

- 셋째, 개념적 오류 탓에 미래에 대한 관심이 더욱 부족해진 것으로 보인다. 미래에 의해 현재의 인과성이 영향을 받는다는 형이상학적 목적론은 시간의 흐름을 거스르는 것이며, 상당히 의심스러워 보인다. 이는 행동이 실제 과거의 흔적뿐만 아니라 발생 가능한 미래에 이끌릴 수 있다는 전혀 신비롭지 않은 생각과 융합한다. 이런 방식으로 '단순한 미래의 가능성'은 지금 그리고 여기에서 구체적인 행동을 설명할 수 있다.

인간은 과거를 분해하고 합성하여 미래를 시뮬레이션하고 평가한다. 그래서 신진대사 작용처럼 이전에 없던 것을 만들어낸다. 이는 인간이 가진 불가피하고 보편적인 처리 과정이다. 감각, 지각, 직관과 같은 무의식적 처리 과정 그리고 마음 거닐기와 심사숙고 같은 의식적 처리 과정에도 만연해 있다. 이와 같은 새로운 체계를 도입함에 따라 미래에 대한 추정은 심리학과 신경과학에서 향후 가장 중요한 위치를 차지할 것이다.

그렇다면 어떻게 이런 개념을 이해하고 측정할 것인가?

이 책은 관련된 연구에 활력을 불어넣으려는 목적에서 시작되었다. 네 명의 저자는 3년이라는 시간 동안 책을 쓰는 과정에서 수차례 보정했을 뿐만 아니라 활력을 불어넣을 수 있는 가장 좋은 방법을 고민했다.

존 템플턴 재단에 관한 이야기로 돌아가보자. 우리는 재단의 프로젝트 책임자인 버나비 마시와 크리스 스토스키Chris Stawski에게 '전망'에 관한 연구 과제 공모를 진행하길 제안했고, 이들은 적극적으로 동의했다. 존 템플턴 재단은 마틴 셀리그먼과 함께 긍정심리학과 긍정신경과학에서 유사한 연구 과제 공모를 진행한 적이 있었다. 그래서 재단의 넉넉한 지원을 받아 230만 달러를 새로운 과제 공모에 배정하여 미래에 대한 심적 표상과 활용에 대한 과학적 이해의 폭을 넓히고자 했다. 연구 과제는 (a) 전망의 측정 방식, (b) 전망의 기제, (c) 전망의 적용, (d) 전망의 증진 방법에 관한 주제였다.

운영위원회 구성은 다음과 같았다. 의장으로 다트머스대학교의 탈리아 휘틀리Thalia Wheatley, 위원으로 로이 바우마이스터, 하버드대학교의 랜디 버크너Randy Buckner, 예일대학교의 로리 산토스Laurie Santos, 샌타바버라 캘리포니아주립대학교의 조너선 스쿨러, 스워트모어칼리지의 배리 슈워츠Barry Schwartz, 마틴 셀리그먼, 찬드라 스리파다가 위촉되었다.

250개가 넘는 제안서가 제출되었고, 2014년 8월에 과학적으로 매우 우수하고 전망 심리학이라는 새로운 분야에서 미래를 이끌어 나갈 것으로 보이는 18개 제안서를 선택하였다.

- 2014 템플턴 전망 과학상
- 콜로라도대학교의 제시카 앤드루-해나와 조애나 아크Joanna Arch 는 일상에서 전망적 사고의 작동 방식을 연구하고 스마트폰 어 플리케이션을 사용하여 적응적인 전망적 사고를 정의하고 구별 하는 인지신경학적 기제를 평가한 연구로 14만 5,000달러를 받 았다.
- 하버드대학교의 피어리 커시먼Fiery Cushman은 여러 가지 미래 사 건에 관한 정보를 추적하는 시스템인 사회적 예측을 지지하는 별개의 신경다발의 존재 여부에 관한 연구로 9만 5,000달러를 받았다.
- 매사추세츠 종합병원의 이블리나 페도렌코Evelina Fedorenko와 하버 드대학교의 엘리너 아미트Elinor Amit는 가까운 혹은 발생 가능성 이 높은 미래에 대한 전망은 시각적 이미지에 의존하는 반면, 먼 혹은 발생 가능성이 낮은 미래에 대한 전망은 내적 언어에 의존한다는 연구로 14만 5,000달러를 받았다.
- 뉴욕대학교의 커린 로드Karin Roerde와 컬럼비아대학교의 다프나 쇼하미Daphna Shohamy는 전망에서 도파민의 구체적 역할을 규명하 고, 도파민이 전망에 미치는 영향에 대한 인지적·신경학적 기체 를 밝힌 연구로 9만 5,000달러를 받았다.
- 데이비스 캘리포니아주립대학교의 사이머나 게티Simona Ghetti는 9 세, 12세, 청소년을 대상으로 일화적 전망의 발달 과정을 검토 한 연구로 13만 5,000달러를 받았다.

- 워털루대학교의 이고르 그로스먼Igor Grossman과 미네소타대학교의 캐슬린 보스Kathleen Vohs는 심적으로 현재와 거리를 두게 되면 더 정확한 예측을 할 수 있는지에 대한 연구로 14만 5,000달러를 받았다.
- 로체스터대학교의 벤저민 헤이든Benjamin Hayden은 붉은털원숭이의 미래 지향적 결정을 조사하여 동물이 시간에 갇혀 있다는 개념에 도전하는 연구로 14만 5,000달러를 받았다.
- 조지타운대학교의 애비게일 마시Abigail Marsh는 줄기세포 기증자의 전망적 이타심이 이후에 사라질 가능성을 줄이는 방법을 찾아보기 위해 타인에게 줄기세포를 기증하는 이타적인 사람들의 전망적 이타심을 연구하여 15만 달러를 받았다.
- 스탠퍼드대학교의 앤서니 와그너Anthony Wagner는 전망적 계획에 관여하는 방식 그리고 계획을 짜는 동안 전망의 복잡성과 시간 범위를 제한할 때 나타나는 급성 심리적 스트레스의 효과를 확인하는 연구로 10만 달러를 받았다.
- 예일대학교의 데이비드 랜드David Rand는 만족을 지연하여 이득을 얻을 때 기꺼이 그렇게 하는 의지를 키우는 방법에 관한 중재 연구로 10만 달러를 받았다.
- 요크대학교의 조녀선 스몰우드는 전망의 일차적인 이득이 복잡한 사회 환경을 다루고 이에 관한 신경적 기제를 탐구하기 위해 창의적이고 독창적인 생각을 할 수 있는 역량인지에 관한 연구로 15만 달러를 받았다.
- 버지니아대학교의 베서니 티치먼Bethany Teachman은 인지적 편향 수정법을 적용하여, 미래 상태에 대해 건강하고 비교적 긍정적

인 표상을 생성하기 위해 전망을 사용하는 연구로 15만 달러를 받았다.

- 콜로라도대학교의 리프 밴 보번Leaf Van Boven과 시카고대학교의 유진 카루소Eugene Caruso는 가상현실 기법으로 미래 사건에 단순히 주의를 기울이고 예상되는 경험을 능숙하게 떠올리는 것이 미래 사건에 대한 심리적 거리를 줄일 수 있는지에 관한 연구로 14만 5,000달러를 받았다.

- 다트머스대학교의 마티스 반 더 미어Matthijs van der Meer는 실험용 쥐를 대상으로 공간 탐색 문제를 주었을 때 이전의 경로를 다시금 떠올릴 뿐만 아니라 새로운 경로를 심적으로 구성하게 된다는 동물의 전망에 관한 연구로 14만 5,000달러를 받았다.

- 하버드대학교의 펠릭스 워너켄Felix Warneken은 발달적 관점에서 전망이 생기는 시점부터 유년기까지의 발달 과정을 평가하기 위해서, 전망이 친사회적 행동에 대한 가능성을 높이는 방식을 탐색한 연구로 15만 달러를 받았다.

- 에모리대학교의 필립 울프Phillip Wolff와 유진 아기슈테인Eugene Agichtein 그리고 프랑스 국립과학연구센터이자 파리 8대학의 브리지트 코플리Bridget Copley는 트위터 글 분석을 통해 미래 지향적 사고가 심리적으로 그리고 신체적으로 긍정적인 결과와 관련된 이유를 분석한 연구로 14만 5,000달러를 받았다.

- 보스턴칼리지의 리앤 영Liane Young, 브렌든 게이서Brendan Gaesser, 엘리자베스 켄싱어Elizabeth Kensinger는 전망에 관한 인지적·신경적 기제를 사용해서 성인의 친사회성 조성을 살펴본 연구로 14만 5,000달러를 받았다.

- 하버드대학교의 조지 베일런트와 멜버른대학교의 페기 컨Peggy Kern은 하버드대학교 동창회록에 미래를 생각하는 방식으로 글을 쓴 사람들이 더 오래 산다는 예측을 한 연구로 1만 4,000달러를 받았다.

우리가 구축한 전망에 관한 웹사이트(www.prospectivepsych.org)를 방문하면 그동안 진행된 연구를 확인해볼 수 있다. 우리는 향후 진행될 전망 연구의 미래를 훌륭한 과학자들에게 맡기고 싶다.

참고문헌

서문

Baumeister, R. F., & Masicampo, E. J.(2010), "Conscious thought is for facilitating social and cultural interactions: How mental simulations serve the animal- culture interface," *Psychological Review*, 117, 945–971.

Gilbert, D.(2006), *Stumbling on Happiness*, New York, NY: Knopf.

Seligman, M. E. P., Railton, P., Baumeister, R. F., & Sripada, C.(2013), "Navigating into the future or driven by the past," *Perspectives on Psychological Science*, 8, 119–141.

White, M.(1956), *Toward Reunion in Philosophy*, Cambridge, MA: Harvard University Press.

1장 | 호모 프로스펙투스의 탄생

Aslin, R. N., Saffran, J. R., & Newport, E. L.(1998), "Computation of conditional probability statistics by 8-month-old infants," *Psychological Science*, 9, 321–324.

Blaisdell, A. P., Sawa, K., Leising, K. J., & Waldmann, M. R.(2006), "Causal reasoning in rats," *Science*, 311, 1020–1022.

Buckner, R. L., Andrews-Hanna, J. R., & Schacter, D. L.(2008), "The brain's default network," *Annals of the New York Academy of Sciences*, 1124, 1–38.

Buckner, R. L., & Carroll, D. C.(2007), "Self- projection and the brain," *Trends in Cognitive Sciences*, 11, 49–57.

Clark, A.(2013), "Whatever next? Predictive brains, situated agents, and the future of cognitive science," *Behavioral and Brain Sciences*, 36, 181–204.

Conant, R. C., & Ashby, W. R.(1970), "Every good regulator of a system must be a model of that system," *International Journal of Systems Science*, 1, 89–97.

Decety, J., & Stevens, J.(2009), "Action representation and its role in social interaction" In K. D. Markman, W. M. P. Klein, & J. A. Suhr(Eds.), *The Handbook of imagination and mental simulation*, New York, NY: Psychology Press, 3–20.

Doll, B. B., Shohamy, D., & Daw, N. D.(2015), "Multiple memory systems as substrates for multiple decision systems," *Neurobiology of Learning and Memory*, 117, 4–13.

Dugatkin, L. A.(2004), *Principles of Animal Behavior*, New York, NY: W. W. Norton.

Genovesio, A., Wise, S. P., & Passingham, R. E.(2014), "Prefrontal–parietal function: From foraging to foresight," *Trends in Cognitive Sciences*, 18, 72–81.

Gilbert, D. T., & Wilson, T. D.(2007), "Prospection: Experiencing the future," *Science*, 317, 1351–1354.

Gopnik, A., Glymour, C., Sobel, D. M., Schulz, L. E., Kushnir, T., & Danks, D.(2004), "A theory of causal learning in children: Causal maps and Bayes nets," *Psychological Review*, 111, 3–32.

Gopnik, A., & Wellman, H. M.(2012), "Reconstructing constructivism: Causal models, Bayesian learning mechanisms, and the theory," *Psychological Bulletin*, 138, 1085–1108.

James, W.(1890), *The Principles of Psychology*(Vols. I & II), Cambridge, MA: Harvard University Press.

King, P. D., Zylberberg, J., & DeWeese, M. R.(2013), "Inhibitory interneurons decorrelate excitatory cells to drive sparse code formation in a spiking model of V1," *The Journal of Neuroscience*, 33, 5475–5485.

Moser, E. I., Kropff, E., & Moser, M.-B.(2008), "Place cells, grid cells, and the brain's spatial representation system," *Annual Review of Neuroscience*, 31, 69–89.

Nader, K.(2003), "Memory traces unbound," *Trends in Neurosciences*, 26, 65–72.

Pessoa, L.(2008), "On the relationship between emotion and cognition," *Nature Reviews Neuroscience*, 9, 148–158.

Portelli, A.(2010), *The death of Luigi Trastulli and other stories: Form and meaning in oral history*. Albany, NY: State University of New York Press.

Railton, P.(2012), "That obscure object: Desire," *Proceedings and Addresses of the American Philosophical Association*, 86, 22–46.

Rescorla, R. A.(1988), "Pavlovian conditioning: It's not what you think it is," *American Psychologist*, 43, 151–160.

Ruby, P., & Decety, J.(2001), "Effect of subjective perspective taking during simulation of action: A PET investigation of agency," *Nature Neuroscience*, 4, 546–550.

Schacter, D. L., Addis, D. R., & Buckner, R. L.(2007), "Remembering the past to imagine the future:

The prospective brain," *Nature Reviews Neuroscience*, 8, 657–661.

Stern, E. R., Gonzalez, R. Welsh, R. C., & Taylor, S. F.(2010), "Updating beliefs for a decision: Neural correlates of uncertainty and underconfidence," *The Journal of Neuroscience*, 30, 8032–8041.

Tobler, P. N., O'Doherty, J. P., Dolan, R. J., & Schultz, W.(2007), "Reward value coding distinct from risk attitude-related uncertainty coding in human reward systems," *Journal of Neurophysiology*, 97, 1621–1632.

Zajonc, R. B.(1980), "Feeling and thinking: Preferences need no inferences," *American Psychologist*, 35, 151–175.

Zajonc, R. B.(1984), "On the primacy of affect," *American Psychologist*, 39, 117–123.

2장 | 직관, 행위를 이끄는 암묵적 전망

Adams, C. D., & Dickinson, A.(1981), "Instrumental responding following reinforcer devaluation," *The Quarterly Journal of Experimental Psychology*, 33, 109–121.

Ainge, J. A., Tamosiunaite, M., Worgotter, F., & Dudchenko, P. A.(2012), "Hippocampal place cells encode intended destination, and not a discriminative stimulus, in a conditional T-maze task," *Hippocampus*, 22, 534–543.

Aslin, R. N., Saffran, J. R., & Newport, E. L.(1998), "Computation of conditional probability statistics by 8-month-old infants," *Psychological Science*, 9, 321–324.

Badre, D., & Frank, M. J.(2012), "Mechanisms of hierarchical reinforcement learning in cortico-striatal circuits 2: Evidence from fMRI," *Cerebral Cortex* 22, 527–536.

Balleine, B. W., & Dickinson, A.(1998), "Goal-directed instrumental action: Contingency and incentive learning and their cortical substrates," *Neuropharmacology*, 37, 407–419.

Balleine, B. W., & O'Doherty, J. P.(2010), "Human and rodent homologies in action control: Corticostriatal determinants of goal- directed and habitual action," *Neuropsychopharmacology*, 35, 48–69.

Bargh, J. A., & Chartrand, T. L.(1999), "The unbearable automaticity of being," *American Psychologist*, 54, 462–479.

Baron, A. S., & Banaji, M. R.(2006), "The development of implicit attitudes: Evidence of race evaluations from ages 6 and 10 and adulthood," *Psychological Science*, 17, 53–58.

Baron-Cohen, S.(1997), *Mindblindness: An essay on autism and theory of mind*. Cambridge, MA: MIT Press.

Barrera, M. E., & Maurer, D.(1981), "The perception of facial expressions by the three-month-old,"

Child Development, 52, 203–206.

Baumeister, R. F., Bratslavsky, E., Muraven, M., & Tice, D. M.(1998), "Ego depletion: Is the active self a limited resource?" *Personality Processes and Individual Differences*, 74, 1252–1265.

Behrens, T. E. J., Woolrich, M. W., Walton, M. W., & Rushworth, M. F. S.(2007), "Learning the value of information in an uncertain world," *Nature Neuroscience*, 10, 1214–1221.

Berger, J.(1980), "A robust generalized Bayes estimator and confidence region for a multivariate normal mean," *The Annals of Statistics*, 8, 716–761.

Blaisdell, A. P., Sawa, K., Leising, K. J., & Waldmann, M. R.(2006), "Causal reasoning in rats," *Science*, 311, 1020–1022.

Blaisdell, A. P., & Waldmann, M. R.(2012), "Rational rats: Causal inference and representation," In E. A. Wasserman and T. R. Zentall (Eds.), *Handbook of comparative cognition*, Oxford, England: Oxford University Press, 175–198.

Bollinger, J., Rubens, M. T., Zanto, P., & Gazzaley, A.(2010), "Expectation- driven changes in cortical functional connectivity influence working memory and long- term memory performance," *The Journal of Neuroscience*, 30, 14399–14410.

Braun, D. A., Nagengast, A. J., & Wolpert, D. M.(2011), "Risk-sensitivity in sensorimotor control," *Frontiers in Human Neuroscience*, 5(1), 1–10. doi:10.3389/ fnhum.2011.00001

Brickman, P., & Campbell, D.(1971), "Hedonic relativism and planning the good society" In M. H. Apley (Ed.), *Adaptationlevel theory: A symposium*, New York, NY: Academic Press, 287–302.

Brooks, A. M., & Berns, G. S.(2013), "Aversive stimuli and loss in the mesocorticolimbic dopamine system," *Trends in Cognitive Sciences*, 17, 281–286.

Buckner, R. L., Andrews-Hanna, J. L., & Schacter, D. L.(2008), "The brain's default mode network," *Annals of the New York Academy of Sciences*, 1124, 1–38.

Calvo-Merino, B., Glaser, D. E., Grezes, J., Passingham, R. E., & Haggard, P.(2005), "Action observation and acquired motor skills: An fMRI study with expert dancer,". *Cerebral Cortex*, 15, 1243–1249.

Chater, N., & Manning, C. D.(2006), "Probabilistic models of language processing and acquisition," *Trends in Cognitive Sciences*, 10, 335–344.

Chater, N., & Oaksford, M.(Eds.)(2008), *The Probabilistic Mind: Prospects for a Bayesian Cognitive Science*. Oxford: Oxford University Press.

Conant, R. C., & Ashby, W. R.(1970), "Every good regulator of a system must be a model of that system," *International Journal of Systems Science*, 1, 89–97.

Courville, A.C., Daw, N.D., & Touretzky, D.S.(2006), "Bayesian theories of conditioning in a changing world," *Trends in Cognitive Sciences*, 10, 294–300.

Craig, J. J.(1986), *Introductiontorobotics*. Reading, MA: Addison- Wesley.

Crossman, E. R. F. W.(1959), "A theory of the acquisition of speedskill," *Ergonomics*, 2, 153–166.

Dasgupta, N.(2013), "Implicit attitudes and beliefs adapt to situations: A decade of research on the malleability of implicit prejudice, stereotypes, and the self- concept" In P. G. Devine & E. A. Plant (Eds.), *Advances in experimental social psychology*, Vol. 47, Oxford, England: Academic Press, 233–279.

Dayan, P., & Berridge, K. C.(2014), "Model-based and model-free Pavlovian reward learning: Revaluation, revision, and revelation," *Cognitive and Affective Behavioral Neuroscience*, 14, 473–492.

Decety, J., & Ickes, W.(Eds.), (2009), *The social neuroscience of empathy*. Cambridge, MA: MIT Press.

de la Fuente- Fernandez, R., Phillips, A. G., Zamburlini, M., Sossi, V., Calne, D. B., Ruth, T. J., & Stoessi, A. J.(2002), "Dopamine release in human ventral striatum and expectation of reward," *Behavioural Brain Research*, 136, 359–363.

de Oliveira- Souza, R., Moll, J., & Grafman, J.(2011), "Emotion and social cognition: Lessons from contemporary human neuroanatomy," *Emotion Review*, 3, 310–312.

Derdikman, D., & Moser, E. I.(2010), "A manifold of spatial maps in the brain," *Trends in Cognitive Sciences*, 14, 561–569.

Dickinson, A.(1985), "Actions and habits: The development of behavioural autonomy," *Philosophical Transactions of the Royal Society of London*, 308, 67–78.

Diener, E., & Diener, C.(1996), "Most people are happy," *Psychological Science*, 7, 181–185.

Diener, E., Sandvik, E., Seidlitz, L., & Diener, M.(1993), "The relationship between income and subjective well- being: Relative or absolute?" *Social Indicators Research*, 28, 195–223.

Doll, B. B., Shohamy, D., & Daw, N. D.(2015), "Multiple memory systems as substrates for multiple decision systems," *Neurobiology of Learning and Memory*, 117, 4–13.

Doll, B. B., Simon, D. A., & Daw, N. D.(2012), "The ubiquity of modelbased reinforcement learning," *Current Opinion in Neurobiology*, 22, 1075–1081.

Dugatkin, L. A.(2004), *Principles of animal behavior*. New York, NY: W. W. Norton.

Eid, M., & Diener, E.(1999), "Intraindividual variability in affect: Reliability, validity, and personality correlates," *Journal of Personality and Social Psychology*, 76, 662–676.

Eid, M., & Diener, E.(2004), "Global judgments of subjective wellbeing: Situational variability and long- erm stability," *Social Indicators Research*, 65, 245–277.

Fiorillo, C. D., Tobler, P. N., & Schultz, W.(2003), "Discrete coding of reward probability and uncertainty by dopamine neurons," *Science*, 299, 1898–1902.

Fodor, J. A.(1983), *The modularity of mind: An essay on faculty psychology*. Cambridge, MA: MIT Press.

Frank, M. J., & Badre, D.(2012), "Mechanisms of hierarchical reinforcement learning in cortico- striatal circuits 1: Computational analysis," *Cerebral Cortex*, 22, 509–526.

Gallistel, R., Mark, T. A., King, A. P., & Latham, P. E.(2001), "The rat approximates an ideal detector of changes in rates of reward: Implications for the law of effect," *Journal of Experimental Psychology*, 27, 354–372.

Gershman, S. J., & Niv, Y.(2015), "Novelty and inductive generalization in human reinforcement learning," *Topics in Cognitive Science*, 7, 391–415.

Gillan, C. M., Otto, A. R., Phelps, E. A., & Daw, N. D.(2015), "Modelbased learning protects against forming habits," *Cognitive, Affective and Behavioral Neuroscience*, 15, 523–536.

Gopnik, A., Glymour, C., Sobel, D. M., Schulz, L. E., Kushnir, T., & Danks, D.(2004), "A theory of causal learning in children: Causal maps and Bayes nets," *Psychological Review*, 111, 3–32.

Griffiths, T. L., Steyvers, M., & Tenenbaum, J. B.(2007), "Topics in semantic representation," *Psychological Review*, 114, 211–244.

Gupta, A. S., van der Meer, M. A. A., Touretzky, D. S., & Redish, A. D.(2010), "Hippocampal replay is not a simple function of experience," *Neuron,* 65, 695–705.

Haidt, J.(2001), "The emotional dog and its rational tail: A social intuitionist approach to moral judgment," *Psychological Review*, 108, 814–834.

Haidt, J.(2007), "The new synthesis in moral psychology," *Science*, 316, 998–1002.

Hasher, L., & Zacks, R. T.(1984), "Automatic processing of fundamental information: The case of frequency of occurrence," *American Psychologist*, 39, 1372–1388.

Hauser, M. D., Chomsky, N., & Fitch, T.(2002), "The faculty of language: What is it, who has it, and how did it evolve?" *Science*, 298, 1569–1579.

Henneberger, C., Papouin, T., Oliet, S. H. R., & Rusakov, D. A.(2010), "Long-term potentiation depends on release of D- serine from astrocytes," *Nature*, 463, 232–236.

Herman, J. L.(1992), "Complex PTSD: A syndrome in survivors of prolonged and repeated trauma," *Journal of Traumatic Stress*, 5, 377–391.

Hohwy, J. *The Predictive Mind*, Oxford: Oxford University Press, 2013.

Jeffrey, R. C.(1965), *The logic of decision*, New York, NY: McGraw- Hill.

Ji, D., & Wilson, M. A.(2007), "Coordinated memory replay in the visual cortex and hippocampus during sleep," *Nature Neuroscience*, 10, 100–107.

Johnson, A., & Redish, A. D.(2007), "Neural ensembles at CA3 transiently encode paths forward of the animal at a decision point," *The Journal of Neuroscience*, 27, 12176–12189.

Johnson, A., van der Meer, M., & Redish, A. D.(2007), "Integrating hippocampus and striatum in decision-making," *Current Opinion in Neurobiology*, 17, 692–697.

Kahneman, D.(2011), *Thinking, fast and slow*. New York, NY: Farrar, Straus and Giroux.

Kahneman, D., & Deaton, A.(2010), "High income improves evaluation of life but not emotional well-being," *Proceedings of the National Academy of Sciences*, 107, 16489–16493.

Kahneman, D., & Klein, G.(2009), "Conditions for intuitive expertise: A failure to disagree," *American Psychologist*, 64, 515–526.

Kersten, D., Mamassian, P., & Yuille, A.(2004), "Object perception as Bayesian inference," *Annual Review of Psychology*, 55, 271–304.

Kirkham, N. Z., Slemmer, J. A., & Johnson, S. P.(2002), "Visual statistical learning in infancy: Evidence for a domain general learning mechanism," *Cognition*, 83, B35–B42.

Knudsen, E. I., Heckman, J. J., Cameron, J. L., & Shonkoff, J. P.(2006), "Economic, neurobiological and behavioral perspectives on building America's future workforce" *Proceedings of the National Academy of Sciences*, 103, 10155–10162.

Kolling, N., Behrens, T. E. J., Mars, R. B., & Rushworth, M. F. S.(2012), "Neural mechanisms of foraging," *Science*, 336, 95–98.

Kording, K. P., & Wolpert, D. M.(2006), "Bayesian decision theory in sensorimotor control," *Trends in Cognitive Sciences*, 10, 319–326.

Lacquaniti, F., Borghese, N. A., & Carrozzo, M.(1992), "Internal models of limb geometry in the control of hand compliance," *Journal of Neuroscience*, 12, 1750–1762.

Lake, B. M., Salakhutdinov, R., & Tenenbaum, J. B.(2015), "Humanlevel concept learning through probabilistic program induction," *Science*, 350, 1332–1338.

Lamm, C., Batson, C., & Decety, J.(2007), "The neural substrate of empathy: Effects of perspective-taking and cognitive appraisal," *Journal of Cognitive Neuroscience*, 19, 42–58.

Langston, R. F., Ainge, J. A., Couey, J. J., Canto, C. B., Bjerknes, T. L., Witter, M. P., ...Moser, M.-B.(2010), "Development of the spatial representation system in the rat," *Science*, 328, 1576–1580.

Lashley, K. S.(1929), *Brain mechanisms and intelligence*. Chicago, IL: University of Chicago Press.

Lewis, C. M., Baldassarre, A., Committeri, G., Romani, G. L., & Corbetta, M.(2009), "Learning sculpts the spontaneous activity of the resting human brain," *Proceedings of the National Academy of Sciences*, 106, 17558–17563.

Lieberman, M. D.(2000), "Intuition: A social cognitive neuroscience approach," *Psychological Bulletin*, 126, 109–137.

Liu, D., & Todorov, E.(2007), "Evidence for the flexible sensorimotor strategies predicted by optimal feedback control," *The Journal of Neuroscience*, 27, 9354–9368.

Lucas, R. E., Clark, A. E., Georgellis, Y., & Diener, E.(2004), "Unemployment alters the set point for life satisfaction," *Psychological Science*, 15, 8–13.

Luo, Q., Holroyd, T., Majestic, C., Cheng, X., Schecter, J., & Blair, R. J.(2010), "Emotional automaticity is a matter of timing," *The Journal of Neuroscience*, 30, 5825–5829.

Lupien, S. J., McEwen, B. S., Gunnar, M. R., & Heim, C.(2009), "Effects of stress throughout the lifespan on the brain, behaviour, and cognition," *Nature Reviews Neuroscience*, 10, 434–445.

Macrae, C. N., Bodenhausen, G. V., Milne, A. B., & Jetten, J.(1994), "Out of mind but back in sight: Stereotypes on the rebound," *Journal of Personality and Social Psychology*, 67, 808–817.

Markson, L., & Bloom, P.(1997), "Evidence against a dedicated system for word learning in children," *Nature*, 385, 813–815.

Meltzoff, A. N.(1995), "Understanding the intentions of others: Reenactment of intended acts by 18-month-old children," *Developmental Psychology*, 31, 838–850.

Miall, R. C., & Wolpert, D. M.(1996), "Forward models for physiological motor control," *Neural Networks*, 9, 1265–1279.

Moser, E. I., Kropff, E., & Moser, M. B.(2008), "Place cells, grid cells, and the brain's spatial representation system," *Annual Review of Neuroscience*, 31, 69–89.

Najemnik, J., & Geisler, W. S.(2005), "Optimal eye movement strategies in visual search," *Nature*, 434, 387–391.

Nesse, R. M. & Ellsworth, P. C.(2009), "Evolution, emotion, and emotional disorders," *American Psychologist*, 64, 129–139.

Neurons and synapses.(n.d.), In *The human memory: What it is, how it works, and how it can go wrong*. Retrieved from http://www.human- memory.net/ brain_ neurons.html

Onishi, K. H., & Baillargeon, R.(2005), "Do 15-month-old infants understand false beliefs?" *Science*, 308, 255–258.

Pessoa, L.(2008), "On the relationship between emotion and cognition," *Nature Reviews Neuroscience*, 9, 148–158.

Pleskac, T. J., & Hertwig, R.(2014), "Ecologically rational choice and the structure of the environment," *Journal of Experimental Psychology: General*, 143, 2000–2019.

Preuschoff, K., Bossaerts, P., & Quartz, S. R.(2006), "Neural differentiation of expected reward and risk in human subcortical structures," *Neuron*, 51, 381–390.

Prevost, C., McNamee, D., Jessup, R. K., Bossaerts, P., & O'Doherty, J. P.(2013), "Evidence for model- based computations in the human amygdala during Pavlovian conditioning," *PLoS Computational Biology*, 9(2), 1–13.

Quartz, S.(2009), "Reason, emotion and decision-making: risk and reward calculation with feeling," *Trends in Cognitive Sciences*, 13, 209–215.

Raichle, M. E., & Gusnard, D. A.(2005), "Intrinsic brain activity sets the stage for expression of motivated behavior," *The Journal of Comparative Neurology*, 493, 167–176.

Raiffa, H.(1974), *Analysis for decision making: An audiographic, self-instructional course*. Chicago, IL: Encyclopaedia Britannica Educational Corporation.

Reber, P.(2010, April 1), "What is the memory capacity of the human brain?" *Scientific American*,

Retrieved from http://www.scientificamerican.com/article/what-is-the-memory-capacity/

Rescorla, R. A.(1988), "Pavlovian conditioning: It's not what you think it is," *American Psychologist*, 43, 151–160.

Reynolds, S. M., & Berridge, K. C.(2008), "Emotional environments retune the valence of appetitive versus fearful functions in nucleus accumbens," *Nature Neuroscience*, 11, 423–425.

Rolls, E. T.(2007), *Emotion explained*. Oxford, England: Oxford University Press.

Ruby, P., & Decety, J.(2001), "Effect of subjective perspective taking during simulation of action: A PET investigation of agency," *Nature Neuroscience*, 4, 546–550.

Saffran, J. R., Aslin, R. N., & Newport, E. L.,(1996), "Statistical learning by 8-month-old infants," *Science*, 274, 1926–1928.

Schimmack, U., & Oishi, S.(2005), "The influence of chronically and temporarily accessible information on life satisfaction judgments," *Journal of Personality and Social Psychology*, 89, 395–406.

Schultz, W.(2002), "Getting formal with dopamine and reward," *Neuron*, 36, 241–263.

Schultz, W., Dayan, P. & Montague, P. R.(1997), "A neural substrate of prediction and reward," *Science*, 275, 1593–1599.

Schwarz, N., & Clore, G. L.(1983), "Mood, misattribution, and judgments of well-being: Informative and directive functions of affective states," *Journal of Personality and Social Psychology*, 45, 513–523.

Schwarz, N., & Clore, G. L.(2007), "Feelings and phenomenal experiences" In A. Kruglanski & E. T. Higgins (Eds.), *Social psychology: Handbook of basic principles* (2nd ed.), New York, NY: Guilford, 385–407.

Serrano, J. M., Iglesias, J., & Loeches, A.(1992), "Visual discrimination and recognition of facial expressions of anger, fear, and surprise in 4-to 6-month old infants," *Developmental Psychobiology*, 25, 411–425.

Shuman, V., Sander, D., & Scherer, K. R.(2013), "Levels of valence," *Frontiers in Psychology*, 4(261), doi:10.3389/ fpsyg.2013.00261

Simon, H. A.(1992), "What is an 'explanation' of behavior?" *Psychological Science*, 3, 150–161.

Singer, T., Critchley, H. D., & Preuschoff, K.(2009), "A common role of insula in feelings, empathy, and uncertainty," *Trends in Cognitive Sciences*, 13, 334–340.

Singer, T., & Lamm, C.(2009), "The social neuroscience of empathy," *Annals of the New York Academy of Sciences*, 1156, 81–96.

Slovic, P., Finucane, M. L., Peters, E., & MacGregor, M.(2004), "Risk as analysis and risk as feelings: Some thoughts about affect, reason, risk, and rationality," *Risk Analysis*, 24, 311–322.

Slovic, P., Finucane, M. L., Peters, E., & MacGregor, M.(2007), "The affect heuristic," *European*

Journal of Operational Research, 177, 1333–1352.

Smith, L. B., & Yu, C.(2007), "Infants rapidly learn word-referent mappings via cross-situational statistics" In D. S. McNamara & J. G. Trafton (Eds.), *Proceedings of the 29th annual conference of the Cognitive Science Society*, Austin, TX: Cognitive Science Society, 385–407.

Smith, K. S. & Graybiel, A. M.(2014), "Investigating habits: strategies, technologies and models," *Frontiers in Behavioral Neuroscience*, 8, Article 39, 1–17.

Sobel, D. M., & Kirkham, N. Z.(2006), "Blickets and babies: The development of causal reasoning in toddlers and infants," *Developmental Psychology*, 42, 1103–1115.

Southgate, V., Senju, A., & Csibra, G.(2007), "Action anticipation through attribution of false belief by 2-year-olds," *Psychological Science*, 18, 587–592.

Stauffer, W. R., Lak, A., & Schultz, W.(2014), "Dopamine reward prediction error responses reflect marginal utility," *Current Biology*, 24, 2491–2500.

Stickgold, R.(2013), "Parsing the role of sleep in memory processing," *Current Opinion in Neurobiology*, 23, 847–853.

Suh, E., Diener, E., & Fukita, F.(1996), "Events and subjective wellbeing: Only recent events matter," *Journal of Personality and Social Psychology*, 70, 1091–1102.

Suzuki, A., Stern, S. A., Bozdagi, O., Huntley, G. W., Walker, R. H., Magistretti, P. J., & Alberini, C. M.(2011), "Astrocyte-neuron lactate transport is required for long- term memory formation," *Cell*, 144, 810–823.

Tenenbaum, J. B., de Silva, V., & Langford, J. C.(2000), "A global geometric framework for nonlinear dimensionality reduction," *Science*, 290, 2319–2393.

Tenenbaum, J. B., Kemp, C., Griffiths, T. L., & Goodman, N. D.(2011), "How to grow a mind: Statistics, structure, and abstraction," *Science*, 331, 1279–1285.

Tobler, P. N., O'Doherty, J. P., Dolan, R. J., & Schultz, W.(2006), "Reward value coding distinct from risk attitude-related uncertainty coding in human reward systems," *Journal of Neurophysiology*, 97, 1621–1632.

Todorov, E., & Jordan, M. I.(2002), "Optimal feedback control as a theory of motor coordination," *Nature Neuroscience*, 5, 1226–1235.

Tolman, E. C.(1948), "Cognitive maps in rats and men," *Psychological Review*, 55, 189–208.

Tolman v. Underhill, 39 Cal.2d 708 (Cal. 1955),

Tremblay, L., & Schultz, W.(1999), "Relative reward preference in primate orbitofrontal cortex," *Nature*, 398, 704–708.

Tricomi, E., Balleine, B. W., & O'Doherty, J. P.(2009), "A specific role for posterior dorsolateral striatum in human habit learning," *European Journal of Neuroscience*, 29, 2225–2232.

Waldmann, M. R., Schmid, M., Wong, J., & Blaisdell, A. P.(2012), "Rats distinguish between absence of events and lack of evidence in contingency learning," *Animal Cognition*, 15, 979–990.

Walsh, B.(2013, August 14), "The surprisingly large energy footprint of the digital economy(Update)," *Time*. Retrieved from http://science.time.com/2013/08/14/power-drain-the-digital-cloud-isusing-more- energy-than-you-think/

Ward, C. L., McCoy, J. G., McKenna, J. T., Connolly, N. P., McCarley, R. W., & Strecker, R. E.(2009), "Spatial learning and memory deficits following exposure to 24 h of sleep fragmentation or intermittent hypoxia in a rat model of obstructive sleep apnea," *Brain Research*, 1294, 128–137.

Watson, D., & Clark, L. A.(1994), "Emotions, moods, traits, and temperaments: Conceptual distinctions and empirical findings" In E. P. Ekman & R. J. Davidson(Eds.), *The nature of emotion: Fundamental questions*, New York, NY: Oxford University Press, 89–93.

Webb, A. R., & Copsey, K. D.(2011), *Statistical pattern recognition*(3rd ed.), Chichester, England: Wiley.

Wittgenstein, L.(1953), *Philosophical investigations*(G. E. M. Anscombe, Trans.), London, England: Macmillan.

Yarrow, K., Brown, P., & Krakauer, J. W.(2009), "Inside the brain of an elite athlete: The neural processes that support high achievement in sports," *Nature Reviews Neuroscience*, 10, 585–596.

Zajonc, R. B.(1980), "Feeling and thinking: Preferences need no inferences," *American Psychologist*, 35, 151–175.

Zajonc, R. B.(1984), "On the primacy of affect," *American Psychologist*, 39, 117–123.

3장 | 심사숙고, 반사실적 방식의 직관적 전망

Allen, T. A., & Fortin, N. J.(2013), "The evolution of episodic memory," *Proceedings of the National Academy of Sciences*, 110, 10379–10386.

Basten, U., Biele, G., Heekeren, H. R., & Fiebach, C. J.(2010), "How the brain integrates costs and benefits during decision making," *Proceedings of the National Academy of the Sciences*, 107, 21767–21772.

Bechara, A., & Damasio, A. R.(2005), "The somatic marker hypothesis: A neural theory of economic decision," *Games and Economic Behavior*, 52, 336–372.

Bechara, A., Damasio, H., Tranel, D., & Damasio, A. R.(1997), "Deciding advantageously before knowing the advantageous strategy," *Science*, 275, 1293–1295.

Bechara, A., Damasio, H., Tranel, D., & Damasio, A. R.(2005), "The Iowa Gambling Task and the somatic marker hypothesis: Some questions and answers," *Trends in Cognitive Sciences*, 9, 159–162.

Buckner, R. L., & Carroll, D. C.(2007), "Self-projection and the brain," *Trends in Cognitive Sciences,* 11, 49–57.

Busby, J., & Suddendorf, T.(2005), "Recalling yesterday and predicting tomorrow," *Cognitive Development,* 20, 362–372.

Damasio, A.(1994), *Descartes' Error: Emotion, Reason, and the Human Brain.* New York, NY: Avon.

Davachi, L.(2006), "Item, context and relational episodic encoding in humans," *Current Opinion in Neurobiology,* 16, 693–700.

Epstein, S.(1994), "Integration of the cognitive and psychodynamic unconscious," *American Psychologist,* 49, 709–724.

Fincham, J. M., Carter, C. S., van Veen, V., Stenger, V. A., & Anderson, J. R.(2002), "Neural mechanisms of planning: A computational analysis using event- related fMRI," *Proceedings of the National Academy of Sciences,* 99, 3346–3351.

Gaesser, B., Spreng, R. N., McLelland, V. C., Addis, D. R., & Schacter, D. L.(2013), "Imagining the future: Evidence for a hippocampal contribution to constructive processing," *Hippocampus,* 23, 1150–1161.

Gerlach, K. D., Spreng, R. N., Madore, K. P., & Schacter, D. L.(2014), "Future planning: Default network activity couples with frontoparietal control network and reward-processing regions during process and outcome simulations," *Social Cognitive and Affective Neuroscience,* 9, 1942–1951.

Hare, T. A., Camerer, C. F., & Rangel, A.(2009), "Self-control in decision-making involves modulation of the vmPFC valuation system," *Science,* 324, 646–648.

Hassabis, D., Kumaran, D., Vann, S. D., & Maguire, E. A.(2007), "Patients with hippocampal amnesia cannot imagine new experiences," *Proceedings of the National Academy of Sciences,* 104, 1726–1731.

Hassabis, D., & Maguire, E. A.(2007), "Deconstructing episodic memory with construction," *Trends in Cognitive Sciences,* 11, 299–306.

Johnson, M. K., Nolen-Hoeksema, S., Mitchell, K. J., & Levin, Y.(2009), "Medial cortex activity, self-reflection and depression," *Social Cognitive and Affective Neuroscience,* 4, 313–327.

Johnson, M. K., Raye, C. L., Mitchell, K. J., Touryan, S. R., Greene, E. J., & Nolen-Hoeksema, S.(2006), "Dissociating medial frontal and posterior cingulate activity during self-reflection," *Social Cognitive and Affective Neuroscience,* 1, 56–64.

Kahneman, D.(2003), "A perspective on judgment and choice: Mapping bounded rationality," *American Psychologist,* 58, 697–720.

Kahnt, T., Greuschow, M., Speck, O., & Haynes, J. D.(2011), "Perceptual learning and decision-making in human medial frontal cortex," *Neuron,* 70, 549–559.

Konkel, A., & Cohen, N. J.(2009), "Relational memory and the hippocampus: Representations and methods," *Frontiers in Neuroscience*, 3, 166–174.

Mitchell, K. J., Raye, C. L., Ebner, N. C., Tubridy, S. M., Frankel, H., & Johnson, M. K.(2009), "Age-group differences in medial cortex activity associated with thinking about self-relevant agendas," *Psychology and Aging*, 24, 438–449.

Montague, P. R., & Berns, G. S.(2002), "Neural economics and the biological substrates of valuation," *Neuron*, 36, 265–284.

Montague, P. R., King-Casas, B., & Cohen, J. D.(2006), "Imaging valuation models in human choice," *Annual Review of Neuroscience*, 29, 417–448.

Race, E., Keane, M. M., & Verfaille, M.(2011), "Medial temporal lobe damage causes deficits in episodic memory and episodic future thinking not attributable to deficits in narrative construction," *The Journal of Neuroscience*, 31, 10262–10269.

Rangel, A., Camerer, C., & Montague, P. R.(2008), "A framework for studying the neurobiology of value- based decision making," *Nature Reviews Neuroscience*, 9, 545–556.

Schacter, D. L., & Addis, D. R.(2007), "The cognitive neuroscience of constructive memory: Remembering the past and imagining the future," *Philosophical Transactions of the Royal Society B: Biological Sciences*, 362, 773–786.

Schacter, D. L., Addis, D. R., & Buckner, R. L.(2007), "Remembering the past to imagine the future: The prospective brain," *Nature Reviews Neuroscience*, 8, 657–661.

Schacter, D. L., Addis, D. R., Hassabis, D., Martin, V. C., Spreng, R. N., & Szpunar, K. K.(2012), "The future of memory: Remembering, imagining, and the brain," *Neuron*, 76, 677–694.

Sloman, S. A.(1996), "The empirical case for two systems of reasoning," *Psychological Bulletin*, 119, 3–22.

Slovic, P., Peters, E., Finucane, M. L., & MacGregor, D. G.(2005), "Affect, risk, and decision making," *Health Psychology*, 24, S35–S40.

Spreng, R. N., & Grady, C. L.(2010), "Patterns of brain activity supporting autobiographical memory, prospection, and theory of mind, and their relationship to the default mode network," *Journal of Cognitive Neuroscience*, 22, 1112–1123.

Spreng, R. N., & Schacter, D. L.(2012), "Default network modulation and large- scale network interactivity in healthy young and old adults," *Cerebral Cortex*, 22, 2610–2621.

Squire, L. R., van der Horst, A. S., McDuff, S. G., Frascino, J. C., Hopkins, R. O., & Mauldin, K. N.(2010), "Role of the hippocampus in remembering the past and imagining the future," *Proceedings of the National Academy of Sciences*, 107, 19044–19048.

Stawarczyk, D., & D'Argembeau, A.(2015), "Neural correlates of personal goal processing during episodic future thinking and mindwandering: An ALE meta- analysis," *Human Brain Mapping*,

36, 2928–2947.

Suddendorf, T., & Corballis, M. C.(2007), "The evolution of foresight: What is mental time travel, and is it unique to humans?" *Behavioral and Brain Sciences*, 30, 299–313.

Tulving, E.(1985), "Memory and consciousness," *Canadian Psychology*, 26, 1–12.

Tulving, E.(2002), "Episodic memory: From mind to brain," *Annual Review of Psychology*, 53, 1–25.

Vohs, K. D., Baumeister, R. B., Schmeichel, B. J., Twenge, J. M., Nelson, N. M., & Tice, D. M.(2008), "Making choices impairs subsequent self-control: A limited resource account of decision-making, selfregulation, and active initiative," *Journal of Personality and Social Psychology*, 84, 883–898.

4장 │ 마음 거닐기, 방황하는 생각에 따른 전망

Addis, D. R., Cheng, T., Roberts, R. P., & Schacter, D. L.(2010), "Hippocampal contributions to the episodic simulation of specific and general future events," *Hippocampus*, 10, 1045–1052.

Addis, D. R., Pan, L., Vu, M. A., Laiser, N., & Schacter, D. L.(2008), "Constructive episodic simulation of the future and the past: Distinct subsystems of a core brain network mediate imagining and remembering," *Neuropsychologia*, 47, 2222–2238.

Allen, T. A., & Fortin, N. J.(2013), "The evolution of episodic memory," *Proceedings of the National Academy of Sciences*, 110, 10379–10386.

Andrews- Hanna, J. R., Reidler, J. S., Huang, C., & Buckner, R. L.(2010), "Evidence for the default network's role in spontaneous cognition," *Journal of Neurophysiology*, 104, 322–335.

Baars, B. J.(1997), "Some essential differences between consciousness and attention, perception, and working memory," *Consciousness and Cognition*, 6, 363–371.

Baars, B. J.(2002), "The conscious access hypothesis: Origins and recent evidence," *Trends in Cognitive Sciences*, 6, 47–52.

Baars, B. J.(2005), "Global workspace theory of consciousness: Toward a cognitive neuroscience of human experience," *Progress in Brain Research*, 150, 45–53.

Baddeley, A.(1996), "Exploring the central executive," *The Quarterly Journal of Experimental Psychology Section A: Human Experimental Psychology*, 49, 5–28.

Baddeley, A., Chincotta, D., & Adlam, A.(2001), "Working memory and the control of action: Evidence from task switching," *Journal of Experimental Psychology: General*, 130, 641–657.

Baird, B., Smallwood, J., & Schooler, J. W.(2011), "Back to the future: Autobiographical planning and the functionality of mindwandering," *Consciousness and Cognition*, 20, 1604–1611.

Baird, B., Smallwood, J., Mrazek, M. D., Kam, J. W. Y., Franklin, M. S., & Schooler, J. W.(2012), "Inspired by Distraction: Mind Wandering Facilitates Creative Incubation," *Psychological Science*,

23(10), 1117–1122.

Barnes, C. A., McNaughton, B. L., Mizumori, S. J. Y., Leonard, B. W., & Lin, L.-H.(1990), "Comparison of spatial and temporal characteristics of neuronal activity in sequential stages of hippocampal processing," *Progress in Brain Research*, 83, 287–300.

Berman, M. G., Peltier, S., Nee, D. E., Kross, E., Deldin, P. J., & Jonides, J.(2011), "Depression, rumination and the default network," *Social Cognitive and Affective Neuroscience*, 6, 548–555.

Bliss, T. V. P., & Collingridge, G. L.(1993), "A synaptic model of memory: Long- term potentiation in the hippocampus," *Nature*, 361, 31–39.

Brune, M., & Brune- Cohrs, U.(2006), "Theory of mind—evolution, ontogeny, brain mechanisms and psychopathology," *Neuroscience and Biobehavioral Reviews*, 30, 437–455.

Buckner, R. L, Andrews-Hanna, J. R., & Schacter, D. L.(2008), "The brain's default network: Anatomy, function, and relevance to disease," *Annals of the New York Academy of Sciences*, 1124, 1–38.

Buckner, R. L., & Carroll, D. C.(2007), "Self-projection and the brain," *Trends in Cognitive Sciences*, 11, 49–57.

Burgess, N., Maguire, E. A., & O'Keefe, J.(2002), "The human hippocampus and spatial and episodic memory," *Neuron*, 35, 625–641.

Buzsaki, G.(1989), "Two-stage model of memory trace formation: A role for 'noisy' brain states," *Neuroscience*, 31, 551–570.

Callard, F., Smallwood, J., Golchert, J., & Margulies, D. S.(2013), "The era of the wandering mind? Twenty- first century research on self- generated mental activity," *Frontiers in Psychology*, 4(891), 1–11.

Carruthers, P.(2006), *The architecture of the mind*. New York, NY: Oxford University Press.

Carruthers, P.(2015), *The centered mind: What the science of working memory shows us about the nature of human thought*. New York, NY: Oxford University Press.

Christoff, K., Gordon, A. M., Smallwood, J., Smith, R., & Schooler, J. W.(2009), "Experience sampling during fMRI reveals default network and executive system contributions to mind wandering," *Proceedings of the National Academy of Sciences*, 106, 8719–24.

Corbetta, M., & Shulman, G. L.(2002), "Control of goal-directed and stimulus-driven attention in the brain," *Nature Reviews Neuroscience*, 3, 201–215.

Davidson, T. J., Kloosterman, F., & Wilson, M. A.(2009), "Hippocampal replay of extended experience," *Neuron*, 63, 497–507.

De Brigard, F., & Prinz, J.(2010), "Attention and consciousness," *Wiley Interdisciplinary Reviews: Cognitive Science*, 1, 51–59.

Dehaene, S., Kerszberg, M., & Changeux, J.- P.(1998), "A neuronal model of a global workspace in effortful cognitive tasks," *Proceedings of the National Academy Sciences*, 95, 14529–14534.

Dehaene, S., & Naccache, L.(2001), "Towards a cognitive neuroscience of consciousness: Basic evidence and a workspace framework," *Cognition*, 79, 1–37.

Delamillieure, P., Doucet, G., Mazoyer, B., Turbelin, M.- R., Delcroix, N., Mellet, E., ...Joliet, M.(2010), "The resting state questionnaire: An introspective questionnaire for evaluation of inner experience during the conscious resting state," *Brain Research Bulletin*, 81, 565–573.

Elman, J.(1998), "Generalization, simple recurrent networks, and the emergence of structure" In M. A. Gernsbacher & S. Derry (Eds.), *Proceedings of the twentieth annual conference of the cognitive science society*, Mahwah, NJ: Erlbaum, 6.

Fincham, J. M., Carter, C. S., van Veen, V., Stenger, V. A., & Anderson, J. R.(2002), "Neural mechanisms of planning: A computational analysis using event- related fMRI," *Proceedings of the National Academy of Sciences*, 99, 3346–3351.

Fox, K. C. R., Nijeboer, S., Solomonova, E., Domhoff, G. W., & Christoff, K.(2013), "Dreaming as mind wandering: Evidence from functional neuroimaging and first-person content reports," *Frontiers in Human Neuroscience*, 7(412), 1–18.

Fox, K. C. R., Spreng, R. N., Ellamil, M., Andrews- Hanna, J. R., & Christoff, K.(2015), "The wandering brain: Meta- analysis of functional neuroimaging studies of mind-wandering and related spontaneous thought processes," *NeuroImage*, 111, 611–621.

Frankland, P. W., & Bontempi, B.(2005), "The organization of recent and remote memories," *Nature Reviews Neuroscience*, 6, 119–130.

Gaesser, B., Spreng, R. N., McClelland, V. C., Addis, D. R., & Schacter, D. L.(2013), "Imagining the future: Evidence for a hippocampal contribution to constructive processing," *Hippocampus*, 23, 1150–1161.

Gallagher, H. L, & Frith, C. D.(2003), "Functional imaging of 'theory of mind,'" *Trends in Cognitive Sciences*, 7, 77–83.

Gentner, D., & Markman, A. B.(1997), "Structure mapping in analogy and similarity," *American Psychologist*, 52, 45–56.

Girardeau, G., & Zugaro, M.(2011), "Hippocampal ripples and memory consolidation," *Current Opinion in Neurobiology*, 21, 452–459.

Gopnik, A., & Glymour, C.(2002), "Causal maps and Bayes nets: A cognitive and computational account of theory-formation" In P. Carruthers, S. Stich, & M. Siegal (Eds.), *The cognitive basis of science*, Cambridge, England: Cambridge University Press, 117–132.

Gopnik, A., Glymour, C., Sobel, D. M., Schulz, L. E., Kushnir, T., & Danks, D.(2004), "A theory of causal learning in children: Causal maps and Bayes nets," *Psychological Review*, 111, 3–32.

Holyoak, K. J., & Thagard, P.(1996), *Mental leaps: Analogy in creative thought*, Cambridge, MA: MIT

Press.

Irving, Z.(2015), "Mind-wandering is unguided attention: Accounting for the 'purposeful' wanderer," *Philosophical Studies*, 1–25.

Karmiloff- Smith, A., Klima, E., Bellugi, U., Grant, J., & Baron- Cohen, S.(1995), "Is there a social module? Language, face processing, and theory of mind in individuals with Williams syndrome," *Journal of Cognitive Neuroscience*, 7, 196–208.

Killingsworth, M. A., & Gilbert, D. T.(2010), "A wandering mind is an unhappy mind," *Science*, 330, 932.

Klinger, E., & Cox, W. M.(1987), "Dimensions of thought flow in everyday life," *Imagination Cognition and Personality*, 7, 105–128.

Kross, E., Davidson, M., Weber, J., & Ochsner, K.(2009), "Coping with emotions past: The neural bases of regulating affect associated with negative autobiographical memories," *Biological Psychiatry*, 65, 361–366.

Lee, A. K., & Wilson, M. A.(2002), "Memory of sequential experience in the hippocampus during slow wave sleep," *Neuron*, 36, 1183–1194.

Locke, J.(1979), *An essay concerning human understanding*, P. Nidditch (Ed.), Oxford, England: Oxford University Press(Original work published 1689).

Marr, D.(1971), "Simple memory: A theory for archicortex," *Philosophical Transactions of the Royal Society B: Biological Sciences*, 262, 23–81.

Mason, M. F., Norton, M. I., Van Horn, J. D., Wegner, D. M., Grafton, S. T., & Macrae, C. N.(2007), "Wandering minds: The default network and stimulus- independent thought," *Science*, 315, 393–395.

McClelland, J. L., McNaughton, B. L., & O'Reilly, R. C.(1995), "Why there are complementary learning systems in the hippocampus and neocortex: Insights from the successes and failures of connectionist models of learning and memory," *Psychological Review*, 102, 419–457.

McNaughton, B. L., & Morris, R. G. M.(1987), "Hippocampal synaptic enhancement and information storage within a distributed memory system," *Trends in Neurosciences*, 10, 408–415.

McVay, J. C., & Kane, M. J.(2010), "Does mind wandering reflect executive function or executive failure? Comment on Smallwood and Schooler (2006) and Watkins (2008)," *Psychological Bulletin*, 136, 188–197(Discussion pp. 198–207).

Miller, E. K.(2000), "The prefrontal cortex and cognitive control," *Nature Reviews Neuroscience*, 1, 59–65.

Miller, E. K., & Cohen, J. D.(2001), "An integrative theory of prefrontal cortex function," *Annual Review of Neuroscience*, 24, 167–202.

Monsell, S.(2003), "Task switching," *Trends in Cognitive Sciences*, 7, 134–140.

Montague, P. R., & Berns, G. S.(2002), "Neural economics and the biological substrates of valuation," *Neuron*, 36, 265–284.

Montague, P. R., King-Casas, B., & Cohen, J. D.(2006), "Imaging valuation models in human choice," *Annual Review of Neuroscience*, 29, 417–448.

Morsella, E., Ben-Zeev, A., Lanska, M., & Bargh, J. A.(2010), "The spontaneous thoughts of the night: How future tasks breed intrusive cognitions," *Social Cognition*, 28, 641–650.

Moscovitch, M., Nadel, L., Winocur, G., Gilboa, A., & Rosenbaum, R. S.(2006), "The cognitive neuroscience of remote episodic, semantic and spatial memory," *Current Opinion in Neurobiology*, 16, 179–190.

Nakazawa, K., Sun, L. D., Quirk, M. C., Rondi- Reig, L., Wilson, M. A., & Tonegawa, S.(2003), "Hippocampal CA3 NMDA receptors are crucial for memory acquisition of one-time experience," *Neuron*, 38, 305–315.

Nejad, A. B., Fossati, P., & Lemogne, C.(2013), "Self-referential processing, rumination, and cortical midline structures in major depression," *Frontiers in Human Neuroscience*, 7(666),

Newman, S. D., Carpenter, P. A., Varma, S., & Just, M. A.(2003), "Frontal and parietal participation in problem solving in the Tower of London: fMRI and computational modeling of planning and high-level perception," *Neuropsychologia*, 41, 1668–1682.

Norman, K. A., & O'Reilly, R. C.(2003), "Modeling hippocampal and neocortical contributions to recognition memory: A complementarylearning-systems approach," *Psychological Review*, 110, 611–646.

O'Neill, J., Pleydell-Bouverie, B., Dupret, D., & Csicsvari, J.(2010), "Play it again: Reactivation of waking experience and memory," *Trends in Neurosciences*, 33, 220–229.

O'Reilly, R. C., & Norman, K. A.(2002), "Hippocampal and neocortical contributions to memory: Advances in the complementary learning systems framework," *Trends in Cognitive Sciences*, 6, 505–510.

Prinz, J. J.(2012), *The conscious brain*. New York, NY: Oxford University Press. Raichle, M. E., MacLeod, A. M., Snyder, A. Z., Powers, W. J., Gusnard, D. A., & Shulman, G. L.(2001), "A default mode of brain function," *Proceedings of the National Academy of Sciences*, 98, 676–682.

Raichle, M. E., & Snyder, A. Z.(2007), "A default mode of brain function: A brief history of an evolving idea," *NeuroImage*, 37, 1083–1090(Discussion pp. 1097–1099),

Rumelhart, D. E., McClelland, J. L., & PDP Research Group.(1986), *Parallel distributed processing: Explorations in the microstructure of cognition*, Volume 1: Foundations. Cambridge, MA: MIT Press.

Schultz, W.(2000), "Multiple reward signals in the brain," *Nature Reviews Neuroscience*, 1, 199–207.

Seligman, M. E. P., Railton, P., Baumeister, R. F., & Sripada, C.(2013), "Navigating into the future or driven by the past," *Perspectives in Psychological Science*, 8, 119–141.

Sheline, Y. I., Barch, D. M., Price, J. L., Rundle, M. M., Vaishnavi, S. N., Snyder, A. Z., ... Raichle, M. E.(2009), "The default mode network and self- referential processes in depression," *Proceedings of the National Academy of Sciences*, 106, 1942–1947.

Singer, J. L.(1974), "Daydreaming and the stream of thought," *American Scientist*, 62, 417–25.

Singer, J. L., & Antrobus, J. S.(1963), "A factor-analytic study of daydreaming and conceptually-related cognitive and personality variables," *Perceptual and Motor Skills* 17, 187–209.

Singer, J. L., & Schonbar, R. A.(1961), "Correlates of daydreaming: A dimension of self-awareness," *Journal of Consulting Psychology*, 25, 1–6.

Smallwood, J., & Andrews- Hanna, J.(2013), "Not all minds that wander are lost: The importance of a balanced perspective on the mind-wandering state," *Frontiers in Psychology*, 4(441),

Smallwood, J., Brown, K., Baird, B., & Schooler, J. W.(2012), "Cooperation between the default mode network and the frontal–parietal network in the production of an internal train of thought," *Brain Research*, 1428, 60–70.

Smallwood J., & Schooler J. W.(2006), "The restless mind," *Psychological Bulletin*, 132, 946–958.

Smallwood J., & Schooler J. W.(2015), "The science of mind wandering: Empirically navigating the stream of consciousness," *Annual Review of Psychology*, 66, 487–518.

Spivey, M., & Mirman, D.(2001) "Retroactive interference in neural networks and in humans: The effect of pattern-based learning," *Connection Science*, 13, 257–275.

Squire, L. R.(1992), "Memory and the hippocampus: A synthesis from findings with rats, monkeys, and humans," *Psychological Review*, 99, 195–231.

Squire, L. R, & Alvarez, P.(1995), "Retrograde amnesia and memory consolidation: A neurobiological perspective," *Current Opinion in Neurobiology*, 5, 169–177.

Squire, L. R., & Bayley, P. J.(2007), "The neuroscience of remote memory," *Current Opinion in Neurobiology*, 17, 185–196.

Stickgold, R.(2005), "Sleep-dependent memory consolidation," *Nature*, 437, 1272–1278.

Stickgold, R., & Walker, M. P.(2013), "Sleep-dependent memory triage: Evolving generalization through selective processing," *Nature Neuroscience*, 16, 139–145.

Suddendorf, T., & Corballis, M. C.(2007), "The evolution of foresight: What is mental time travel, and is it unique to humans?" *Behavioral and Brain Sciences*, 30, 299–313 (Discussion pp. 313–351),

Teasdale, J. D., Dritschel, B. H., Taylor, M. J., Proctor, L., Lloyd, C. A., Nimmo-Smith, I., & Baddeley, A. D.(1995), "Stimulusindependent thought depends on central executive resources," *Memory & Cognition*, 23, 551–559.

Tulving, E.(2002), "Episodic memory: From mind to brain," *Annual Review of Psychology*, 53, 1–25.

Vohs, K. D., Baumeister, R. F., Schmeichel, B. J., Twenge, J. M., Nelson, N. M., & Tice, D. M.(2008), "Making choices impairs subsequent self-control: A limited-resource account of decision making, selfregulation, and active initiative," *Journal of Personality and Social Psychology*, 94, 883–898.

Wagner, U., Gais, S., Haider, H., Verleger, R., & Born, J.(2004), "Sleep inspires insight," *Nature*, 427, 352–355.

White, H.(1989), "Learning in artificial neural networks: A statistical perspective," *Neural Computation*, 1, 425–464.

White, T. P., Engen, N. H., Sørensen, S., Overgaard, M., & Shergill, S. S.(2014), "Uncertainty and confidence from the triple-network perspective: Voxel-based meta-analyses," *Brain and Cognition*, 85, 191–200.

Wig, G. S., Grafton, S. T., Demos, K. E., Wolford, G. L., Petersen, S. E., & Kelley, W. M.(2008), "Medial temporal lobe BOLD activity at rest predicts individual differences in memory ability in healthy young adults," *Proceedings of the National Academy of Sciences*, 105, 18555–18560.

Woldorff, M. G., Hazlett, C. J., Fichtenholtz, H. M., Weissman, D. H., Dale, A. M., & Song, A. W.(2004), "Functional parcellation of attentional control regions of the brain," *Journal of Cognitive Neuroscience*, 16, 149–165.

Yang, X.- F., Bossmann, J., Schiffhauer, B., Jordan, M., & Immordino-Yang, M. H.(2012), "Intrinsic default mode network connectivity predicts spontaneous verbal descriptions of autobiographical memories during social processing," *Frontiers in Psychology*, 3(592), 1–10.

5장 | 집단적 전망, 미래의 사회적 구성

Axelrod, R.(1980), "Effective choice in the prisoner's dilemma," *Journal of Conflict Resolution*, 24, 3–25.

Axelrod, R., & Hamilton, W. D.(1981), "The evolution of cooperation," *Science*, 211, 1390–1396.

Baumeister, R. F.(2005), *The Cultural Animal: Human Nature, Meaning, and Social Life*, New York, NY: Oxford University Press.

Berger, P., & Luckmann, T.(1966), *The Social Construction of Reality: A Treatise in the Sociology of Knowledge*, New York, NY: Doubleday.

Bernstein, W.(2004), *The Birth of Plenty: How the Prosperity of the Modern World was Created*, New York, NY: McGraw- Hill.

Dawkins, R.(1976), *The Selfish Gene*, New York, NY: Oxford University Press.

de Waal, F.(2001), *The Ape and the Sushi Master: Cultural Reflections of a Primatologist*, New York, NY: Basic Books.

Dunning, D., Anderson, J. E., Schlosser, T., Ehlebracht, D., & Fetchenhauer, D.(2014), "Trust at zero acquaintance: More a matter of respect than expectation of reward," *Journal of Personality and Social Psychology*, 107, 122–141.

Eliade, M.(1978), *A History of Religious Ideas, Volume 1: From the Stone Age to the Eleusinian Mysteries*(W. Trask, Trans.), Chicago, IL: University of Chicago Press.

Hamilton, W. D.(1964a), "The genetical evolution of social behavior. I," *Journal of Theoretical Biology*, 7, 1–16.

Hamilton, W. D.(1964b), "The genetical evolution of social behavior. II," *Journal of Theoretical Biology*, 7, 17–52.

Mallon, R.(2013), "Naturalistic approaches to social construction" In E. N. Zalta (Ed.), *The Stanford encyclopedia of philosophy*(Fall 2013 edition), Retrieved from http://plato.stanford.edu/archives/fall2013/entries/social-construction-naturalistic/

Norenzayan, A.(2013), *Big gods: How religion transformed cooperation and conflict*, Princeton, NJ: Princeton University Press.

Norenzayan, A., Shariff, A. F., Gervais, W. M., Willard, A. K., McNamara, R. A., Slingerland, E., & Heinrich, J.(2015), "The cultural evolution of prosocial religions. Behavioral and Brain Sciences," *Advance online publication*. doi:10.1017/S0140525X14001356

Rand, D. G., Greene, J. D., & Nowak, M. A.(2012), "Spontaneous giving and calculated greed," *Nature*, 489, 427–430.

Roberts, W. A.(2002), "Are animals stuck in time?" *Psychological Bulletin*, 128, 473–489.

Searle, J. R.(1995), *The Construction of Social Reality*. New York, NY: Free Press.

Tomasello, M.(2014), *A Natural History of Human Thinking*. Cambridge, MA: Harvard University Press.

Tomasello, M., & Call, J.(1997), *Primate Cognition*. New York, NY: Oxford University Press.

Weatherford, J.(1997), *The History of Money*. New York, NY: Three Rivers Press.

6장 | 미래에 대한 결정론적 세계관

Aries, P.(1981), *The Hour of Our Death*(H. Weaver, Trans.), New York, NY: Knopf.

Barsalou, L. W.(2008), "Grounded cognition," *Annual Review of Psychology*, 59, 617–645.

Barsalou, L. W., Niedenthal, P. M., Barbey, A. K., & Ruppert, J. A.(2003), "Social Embodiment" In B. Ross (Ed.), *The Psychology of Learning and Motivation* (Vol. 43, pp. 43–92), New York, NY: Academic Press.

Baumeister, R. F., Bratslavsky, E., Finkenauer, C., & Vohs, K. D.(2001), "Bad is stronger than good," *Review of General Psychology*, 5, 323–370.

Baumeister, R. F., Hofmann, W., & Vohs, K. D.(2015), "Everyday thoughts about the past, present, and future: An experience sampling study of mental time travel," Manuscript submitted for publication.

Becker, E.(1973), *The Denial of Death*, New York, NY: Free Press.

Berg, J., Dickhaut, J., & McCabe, K.(1995), "Trust, reciprocity, and social history," *Games and Economic Behavior*, 10, 122–142.

Byers, E. S., Purdon, C., & Clark, D. A.(1998), "Sexual intrusive thoughts of college students," *Journal of Sex Research*, 35, 359–369.

Dunbar, R. I. M.(1993), "Coevolution of neocortical size, group size, and language in humans," *Behavioral and Brain Sciences*, 16, 681–694.

Dunbar, R. I. M.(1998), "The social brain hypothesis," *Evolutionary Anthropology*, 6, 178–190.

Dunning, D., Anderson, J. E., Schlosser, T., Ehlebracht, D., & Fetchenhauer, D.(2014), "Trust at zero acquaintance: More a matter of respect than expectation of reward," *Journal of Personality and Social Psychology*, 107, 122–141.

Eliade, M.(1978), "A history of religious ideas: Vol. 1. From the stone age to the Eleusinian mysteries"(W. Trask, Trans.), Chicago, IL: Chicago University Press.

Eliade, M.(1982), "A history of religious ideas: Vol. 2. From Gautama Buddha to the triumph of Christianity"(W. Trask, Trans.), Chicago, IL: Chicago University Press.

Eysenck, H. J.(1971), "Masculinity-femininity, personality, and sexual attitudes," *Journal of Sex Research*, 7, 83–88.

Freud, S.(1965), *New Introductory Lectures on Psychoanalysis*(J. Strachey, Trans.), New York, NY: W. W. Norton.(Original work published 1933)

Greenberg, J., Pyszczynski, T., & Solomon, S.(1986), "The causes and consequences of a need for self-esteem: A terror management theory" In R. F. Baumeister (Ed.), *Public Self and Private Self*, New York, NY: Springer-Verlag. 189–212.

Gollwitzer, P. M., & Kinney, R. F.(1989), "Effects of deliberative and implemental mind- sets on illusion of control," *Journal of Personality and Social Psychology*, 56, 531–542.

Hawkins, J., & Blakeslee, S.(2004), *On Intelligence* [iBook]. Retrieved from http://www.apple.com/ibooks/

Jussim, L.(2012), *Social Perception and Social Reality: Why Accuracy Dominates Bias and Self-fulfilling Prophecy*, New York, NY: Oxford University Press.

Jussim, L., Cain, T. R., Crawford, J. T., Harber, K., & Cohen, F.(2009), "The unbearable accuracy of stereotypes" In T. Nelson (Ed.), *Handbook of Prejudice, Stereotyping, and Discrimination*, Mahwah, NJ: Erlbaum, 199–228.

Kahneman, D.(2011), *Thinking, Fast and Slow*, New York, NY: Farrar, Strauss, & Giroux.

Kahneman, D., & Tversky, A.(1979), *Prospect Theory: An Analysis of Decision Under Risk*. Econometria, 47, 263–291.

Laumann, E. O., Gagnon, J. H., Michael, R. T., & Michaels, S.(1994), *The Social Organization of Sexuality: Sexual Practices in the United States*, Chicago, IL: Chicago University Press.

Madon, S., Jussim, L., Keiper, S., Eccles, J., Smith, A., & Palumbo, P.(1998), "The accuracy and power of sex, social class, and ethnic stereotypes: A naturalistic study in person perception," *Personality and Social Psychology Bulletin*, 24, 1304–1318.

Monroe, A. E., Ainsworth, S. E., Vohs, K. D., & Baumeister, R F.(2015), "Fearing the future? Increasing future-oriented thought leads to heightened aversion to risky investments, trust, and immorality". Manuscript submitted for publication.

Pyszczynski, T., Greenberg, J., & Solomon, S.(1999), "A dual-process model of defense against conscious and unconscious deathrelated thoughts: An extension of terror management theory," *Psychological Review*, 106, 835–845.

Rand, D. G., Greene, J. D., & Nowak, M. A.(2012), "Spontaneous giving and calculated greed," *Nature*, 489, 427–430.

Rozin, P., & Royzman, E. B.(2001), "Negativity bias, negativity dominance, and contagion," *Personality and Social Psychology Review*, 5, 296–320.

Swim, J. K.(1994), "Perceived versus meta-analytic effect sizes: An assessment of the accuracy of gender stereotypes," *Journal of Personality and Social Psychology*, 66, 21–36.

Taylor, S. E., & Brown, J. D.(1988), "Illusion and well-being: A social psychological perspective on mental health," *Psychological Bulletin*, 103, 193–210.

Taylor, S. E., & Gollwitzer, P. M.(1995), "Effects of mindset on positive illusions," *Journal of Personality and Social Psychology*, 69, 213–226.

Tomasello, M.(2014), *A Natural History of Human Thinking*, Cambridge, MA: Harvard University Press.

Weinstein, N. D.(1980), "Unrealistic optimism about future life events," *Journal of Personality and Social Psychology*, 39, 806–820.

7장 | 자유의지와 선택의 자유

Baer, J.(1993), *Creativity and Divergent Thinking: A Task-specific Approach*, Hillsdale, NJ: Erlbaum.

Buckner, R. L., Andrews- Hanna, J. R., & Schacter, D. L.(2008), "The brain's default network: Anatomy, function, and relevance to disease," *Annals of the New York Academy of Sciences*, 1124, 1–38.

Buckner, R. L., & Carroll, D. C.(2007), "Self-projection and the brain," *Trends in Cognitive Sciences*, 11, 49–57.

Campbell, D. T.(1960), "Blind variation and selective retentions in creative thought as in other knowledge processes," *Psychological Review*, 67, 380–400.

Gentner, D., Brem, S., Ferguson, R., & Wolff, P.(1997), "Analogy and creativity in the works of Johannes Kepler" In T. B. Ward, S. M. Smith, & J. Vaid(Eds.), *Creative Thought: An Investigation of Conceptual Structures and Processes* (pp. 403–459), Washington, DC: American Psychological Association.

Holyoak, K. J., & Thagard, P.(1996), *Mental Leaps: Analogy in Creative Thought*, Cambridge, MA: MIT Press.

Johnson-Laird, P.(1989), "Analogy and the exercise of creativity" In S. Vosniadou & A. Ortony(Eds.), *Similarity and Analogical Reasoning*. Cambridge, England: Cambridge University Press.

Kim, K. H.(2008), "Meta-analyses of the relationship of creative achievement to both IQ and divergent thinking test scores," *The Journal of Creative Behavior*, 42, 106–130.

Miller, G. A., Galanter, E., & Pribram, K. H.(1960), *Plans and the Structure of Behavior* (Vol. 29), New York, NY: Adams Bannister Cox.

Raichle, M. E., MacLeod, A. M., Snyder, A. Z., Powers, W. J., Gusnard, D. A., & Shulman, G. L.(2001), "A default mode of brain function," *Proceedings of the National Academy of Sciences*, 98, 676–682.

Roberts, W. A.(2002), "Are animals stuck in time?" *Psychological Bulletin*, 128, 473–489.

Runco, M. A.(1991), *Divergent Thinking Westport*, CT: Ablex.

Sartre, J. P.(1966), *Existentialism and Humanism*(P. Mairet, Trans.), London, England: Methuen.

Searle. J. R.(1984), *Minds, Brains and Ccience*, Cambridge, MA: Harvard University Press.

Simonton, D. K.(1999), "Creativity as blind variation and selective retention: Is the creative process Darwinian?" *Psychological Inquiry*, 10, 309–328.

Spreng, R. N., Mar, R. A., & Kim, A. S.(2008), "The common neural basis of autobiographical memory, prospection, navigation, theory of mind and the default mode: A quantitative meta-analysis," *Journal of Cognitive Neuroscience*, 21, 489–510.

Sripada, C.(2015), "Self- expression: A deep self theory of moral responsibility," *Philosophical Studies*, 1–30.

Sripada, C.(2016), "Free will and the construction of options," *Philosophical Studies*, 1–21. Advance online publication. doi:10.1007/ s11098- 016- 0643- 1

Baron, R. M., & Kenny, D. A.(1986), "The moderator–mediator variable distinction in social psychological research: Conceptual, strategic, and statistical considerations," *Journal of Personality and Social Psychology*, 51, 1173–1182.

Baumeister, R. F., Vohs, K. D., DeWall, C. N., & Zhang, L.(2007), "How emotion shapes behavior: Feedback, anticipation, and reflection rather than direct causation," *Personality and Social Psychology Review*, 11, 167–203.

Berkowitz, L.(1989), "Frustration-aggression hypothesis: Examination and reformulation," *Psychological Bulletin*, 106, 59–73.

Bushman, B. J., Baumeister, R. F., & Phillips, C. M.(2001), "Do people aggress to improve their mood? Catharsis beliefs, affect regulation opportunity, and aggressive responding," *Journal of Personality and Social Psychology*, 81, 17–32.

Cosmides, L., & Tooby, J.(2000), "Evolutionary psychology and the emotions" In M. Lewis & J. M. Haviland- Jones (Eds.), *Handbook of emotions* (2nd ed., pp. 91–115), New York, NY: Guilford.

Damasio, A.(1994), *Descartes' Error: Emotion, Reason, and the Human Brain*, New York, NY: Putnam.

DeWall, C. N., Baumeister, R. F., Chester, D. S., & Bushman, B. J.(2015), "How often does currently felt emotion predict social behavior and judgment? A meta- analytic test of two theories," *Emotion Review*. Advance online publication. doi:10.1177/ 1754073915572690

Dunn, E. W., Wilson, T. D., & Gilbert, D. T.(2003), "Location, location, location: The misprediction of satisfaction in housing lotteries," *Personality and Social Psychology Bulletin*, 29, 1421–1432.

Frank, R. H.(1988), *Passions within Reason: The Strategic Role of the Emotions*. New York, NY: W. W. Norton.

Frijda, N. H.(1986), *The Emotions*. Cambridge, England: Cambridge University Press.

Gilbert, D. T., Pinel, E. C., Wilson, T. D., Blumberg, S. J., & Wheatley, T. P.(1998), "Immune neglect: A source of durability bias in affective forecasting," *Journal of Personality and Social Psychology*, 75, 617–638.

Haidt, J.(2001), "The emotional dog and its rational tail: A social intuitionist approach to moral judgment," *Psychological Review*, 108, 814–834.

Isen, A. M.(1984), "Toward understanding the role of affect in cognition" In R. S. Wyer & T. K. Srull(Eds.), *Handbook of Social Cognition*(Vol. 3, pp. 179–236), Hillsdale, NJ: Erlbaum.

Isen, A. M.(1987), "Positive affect, cognitive processes, and social behavior" In L. Berkowitz (Ed.), *Advances in experimental social psychology*(Vol. 20, pp. 203–253), New York, NY: Academic Press.

Izard, C., & Ackerman, B.(2000), "Motivational, organizational, and regulatory functions of discrete emotions" In M. Lewis & J. M. Haviland-Jones(Eds.), *Handbook of Emotions*(2nd ed., pp.

253–264), New York, NY: Guilford.

Kant, I.(1967), *Kritik der praktischen Venunft[Critique of practical reason]*. Hamburg, Germany: Felix Meiner Verlag.(Original work published 1797)

Larsen, R. J., Diener, E., & Emmons, R. A.(1986), "Affect intensity and reactions to daily life events," *Journal of Personality and Social Psychology*, 51, 803–814.

Manucia, G. K., Baumann, D. J., & Cialdini, R. B.(1984), "Mood influences on helping: Direct effects or side effects?" *Journal of Personality and Social Psychology*, 46, 357–364.

Merker, B.(2012), "From probabilities to percepts: A subcortical 'global best estimate buffer' as locus of phenomenal experience" In S. Edelman, T. Fekete, & I. Zach (Eds.), *Being in Time: Dynamical Models of Phenomenal Experience*, Amsterdam, The Netherlands: John Benjamins, 37–80.

Polivy, J.(1981), "On the induction of emotion in the laboratory: Discrete moods or multiple affect states?" *Journal of Personality and Social Psychology*, 41, 803–817.

Schwarz, N., & Clore, G. L.(1996), "Feelings and phenomenal experiences" In E. T. Higgins & A. Kruglanski(Eds.), *Social Psychology: Handbook of Basic Principles*, New York, NY: Guilford, 433–465.

Schwarz, N., & Clore, G. L.(2007), "Feelings and phenomenal experiences" In E. T. Higgins & A. Kruglanski(Eds.), *Social Psychology: Handbook of Basic Principles*(2nd ed.), New York, NY: Guilford, 385–407.

Tice, D. M., Bratslavsky, E., & Baumeister, R. F.(2001), "Emotional distress regulation takes precedence over impulse control: If you feel bad, do it!" *Journal of Personality and Social Psychology*, 80, 53–67.

Zajonc, R. B.(1980), "Feeling and thinking: Preferences need no inference," *American Psychologist*, 35, 151–175.

9장 | 도덕적 판단과 전망

Adams, E. W.(1970), "Subjunctive and indicative conditionals," *Foundations of Language*, 6, 89–94.

Ahlenius, H., & Tannsjo, T.(2012), "Chinese and westerners respond differently to the trolley dilemmas," *Journal of Cognition and Culture*, 12, 195–201.

American Psychiatric Association.(2000), *Diagnostic and statistical manual of mental disorders*(4th ed., text rev.), Washington, DC: Author.

Anderson, E.(2010), *The Imperative of Integration*. Princeton, NJ: Princeton University Press.

Baird, J. A., & Astington, J. W.(2004), "The role of mental state understanding in the development of moral cognition and moral action," *New Directions for Child and Adolescent Development*, 103,

37–49.

Baron- Cohen, S.(1997), *Mindblindness: An Essay on Autism and Theory of Mind*, Cambridge, MA: MIT Press.

Baron-Cohen, S., & Wheelwright, S.(2004), "The empathy quotient: An investigation of adults with Asperger syndrome or high functioning autism, and normal sex differences," *Journal of Autism and Developmental Disorders*, 34, 163–175.

Bartells, D. M., & Pizarro, D. A.(2012), "The mismeasure of morals: Antisocial personality traits predict utilitarian responses to moral dilemmas," *Cognition*, 121, 154–161.

Bennett, J.(1981), "Morality and consequences" In S. McMurrin (Ed.), *The Tanner lectures on human values*(Vol. 2, pp. 45–95), Salt Lake City, UT: University of Utah Press.

Blair, I. V.(2002), "The malleability of automatic stereotypes and prejudice," *Personality and Social Psychology Review*, 6, 242–261.

Blincoe, S., & Harris, M. J.(2009), "Prejudice reduction in white students: Comparing three conceptual approaches," *Journal of Diversity in Higher Education*, 2, 232–242.

Cantor, G.(1891), "UbereineelementareFragederMannigfaltigkeitslehre," *Jahresbericht der Deutschen Mathematiker-Verienigung*, 1, 75–78.

Chaiken, S., & Trope, Y.(Eds.), (1999), *Dual-process Theories in Social Psychology*. New York, NY: Guilford.

Church, A.(1936), "A note on the entscheidungsproblem," *Journal of Symbolic Logic*, 1, 40–41.

Cushman, F., Young, L., & Hauser, M.(2006), "The role of conscious reasoning and intuition in moral judgment: Testing three principles of harm," *Psychological Science*, 17, 1082–1089.

Dasgupta, N.(2013), "Implicit attitudes and beliefs adapt to situations: A decade of research on the malleability of implicit prejudice, stereotypes, and the self- concept" In P. G. Devine and E. A. Plant (Eds.), *Advances in Experimental Social Psychology* (Vol. 47, pp. 233–279), London, England: Academic Press.

Dasgupta, N., & Greenwald, A. G.(2001), "On the malleability of automatic attitudes: Combating automatic prejudice with images of admired and disliked individuals," *Journal of Personality and Social Psychology*, 81, 800–814.

Decety, J., & Ickes, W.(2009), *The Social Neuroscience of Empathy*. Cambridge, MA: MIT Press.

Duke, A. A., & Begue, L.(2015), "The drunk utilitarian: Blood alcohol concentration predicts utilitarian responses in moral dilemmas," *Cognition*, 134, 121–127.

Dunbar, R.(1996), *Grooming, Gossip, and the Evolution of Language*, Cambridge, MA: Harvard University Press.

Ent, M. R., & Baumeister, R. F.(2015), "Individual differences in guilt proneness affect how people respond to moral tradeoffs between harm avoidance and obedience to authority," *Personality and*

Individual Differences, 74, 231–234.

FeldmanHall, O., Mobbs, D., Evans, D., Hiscox, L., Navrady, L., & Dalgeish, T.(2012), "What we say and what we do: The relationship between real and hypothetical moral choices," *Cognition*, 123, 434–441.

Foot, P.(1967), "The problem of abortion and the doctrine of double effect," *Oxford Review* (Trinity), 5, 5–15.

Fyhn, M., Molden, S., Witter, M. P., Moser, E. I., & Moser, M.- B.(2004), "Spatial representation in the entorhinal cortex," *Science*, 305, 1258–1264.

Gibbard, A.(1990), *Wise Choices, Apt Feelings: A Theory of Normative Judgment*, Cambridge, MA: Harvard University Press.

Gold, N., Colman, A. M., & Pulford, B. D.(2014), "The outlandish, the realistic, and the real: Contextual manipulation and agent role effects in trolley problems," *Frontiers in Psychology*, 5(35),

Gold, N., Pulford, B. D., & Colman, A. M.(2014), "Cultural differences in responses to real- life and hypothetical trolley problems," *Judgment and Decision Making*, 9, 65–76.

Greene, J. D.(2013), *Moral Tribes: Emotion, Reason, and the Gap Between Us and Them*. New York, NY: Penguin.

Greene, J. D., Cushman, F. A., Stewart, L. E., Lowenberg, K., Nystrom, L. E., & Cohen, J. D.(2009), "Pushing moral buttons: The interaction between personal force and intention in moral judgment," *Cognition*, 111, 364–371.

Greene, J., & Haidt, J.(2002), "How (and where) does moral judgment work?" *Trends in Cognitive Sciences*, 6, 517–523.

Greene, J. D., Sommerville, R. B., Nystrom, L. E., Darley, J. M., & Cohen, J. D.(2001), "An fMRI investigation of emotional engagement in moral judgment," *Science*, 293, 2105–2108.

Guiora, A. Z., Brannon, R. C. L., & Dull, C. Y.(1972), "Empathy and second language learning," *Language Learning*, 22, 111–130.

Gupta, A. S., van der Meer, M. A. A., Touretzky, D. S., & Redish, D.(2010), "Hippocampal replay is not a simple function of experience," *Neuron*, 65, 695–705.

Haidt, J.(2001), "The emotional dog and its rational tail: A social intuitionist approach to moral judgment," *Psychological Review*, 108, 814–834.

Haidt, J., McCauley, C., & Rozin, P.(1994), "Individual differences in sensitivity to disgust: A scale sampling seven domains of disgust elicitors," *Personality and Individual Differences*, 16, 701–713.

Hamlin, J. K., & Wynn, K.(2011), "Young infants prefer prosocial to antisocial others," *Cognitive Development*, 26, 30–39.

Hauser, M., Cushman, F., Young, L., Jin, R. K.- X., & Mikhail, J.(2007), "A dissociation between moral judgments and justifications," *Mind & Language*, 22, 1–21.

Henrich, J., Heine, S. J., & Norenzayan, A.(2010), "The weirdest people in the world?" *Behavioral and Brain Sciences*, 33, 61–83.

Hoffman, M. L.(2000), *Empathy and Moral Development: Implications for Caring and Justice*. Cambridge, England: Cambridge University Press.

Hume, D.(1969), *A Treatise of Human Nature*. London, England: Penguin.(Original work published 1739–1740)

Inbar, Y., Knobe, J., Pizarro, D. A., & Bloom, P.(2009), "Disgust sensitivity predicts disapproval of gays," *Emotion*, 9, 435–439.

Ji, D., & Wilson, M. A.(2007), "Coordinated memory replay in the visual cortex and hippocampus during sleep," *Nature Neuroscience*, 10, 100–107.

Kahane, G., Everett, J. A. C., Earp, B. D., Farias, M., & Savulescu, J.(2015), "'Utilitarian' judgments in sacrificial moral dilemmas do not reflect impartial concern for the greater good," *Cognition*, 134, 193–209.

Kahneman, D.(2003), "Maps of bounded rationality: Psychology for behavioral economics," *The American Economic Review*, 93, 1449–1475.

Kahneman, D.(2011), *Thinking, Fast and Slow*, New York, NY: Farrar, Straus and Giroux.

Knobe, J.(2010), "Person as scientist, person as moralist," *Behavioral and Brain Sciences*, 33, 315–329.

Koenigs, M., Young, L., Adolphs, R., Tranel, D., Cushman, F., Hauser, M., & Damasio, A.(2007), "Damage to the prefrontal cortex increases utilitarian moral judgements," *Nature*, 446, 908–911.

Konrath, S., & Sripada, C. S.(2011), "Telling more than we can know about intentional action," *Mind & Language*, 26, 353–380.

Lewis, D.(1973), *Counterfactuals*. Cambridge, MA: Harvard University Press.

Lieberman, D., & Smith, A.(2010), "It's all relative: Sexual aversions and moral judgments regarding sex among siblings," *Current Directions in Psychological Science*, 21, 243–247.

Masci, D., & Motel, S.(2015), "Five facts about same-sex marriage," *Fact Tank: News in the Numbers*. Retrieved from http://www.pewresearch.org/fact-tank/2015/06/26/same-sex-marriage/

Mayer, J. D., Caruso, D. R., & Salovey, P.(1999), "Emotional intelligence meets traditional standards for an intelligence," *Intelligence*, 27, 267–298.

Mayer, J. D., & Gehrer, G.(1996), "Emotional intelligence and the identification of emotion," *Intelligence*, 22, 89–113.

Mikhail, J.(2011), *Elements of moral cognition: Rawls' linguistic analogy and the cognitive science of moral and legal judgment*, New York, NY: Cambridge University Press.

Moll, J., de Oliveira-Souza, R., & Zahn, R.(2008), "The neural basis of moral cognition: Sentiments, concepts, and values," *Annals of the New York Academy of Sciences*, 1124, 161–180.

Moore, A. B., Lee, N. Y. L., Clark, B. A. M., & Conway, A. R. A.(2011), "In defense of the personal/impersonal distinction in moral psychology research: Cross- cultural validation of the dual process model of moral judgment," *Judgment and Decision Making*, 6, 186–195.

Navarette, D. C., McDonald, M. M., Mott, M. L., & Asher, B.(2012), "Virtual morality: Emotion and action in a simulated threedimensional 'trolley problem,'" *Emotion*, 12, 364–370.

Nucci, L. P., & Nucci, M. S.(1982), "Children's responses to moral and social conventional transgressions in free-play settings," *Child Development*, 53, 1337–1342.

Onishi, K. H., & Baillargeon, R.(2005), "Do 15-month-old infants understand false beliefs?" *Science*, 308, 255–258.

Premack, D.(1990), "The infant's theory of self-propelled objects," *Cognition*, 36, 1–16.

Premack, D., & Premack, A. J.(1997), "Infants attribute value ± to the goal-directed actions of self-propelled objects," *Journal of Cognitive Neuroscience*, 9, 848–856.

Ruby, P., & Decety, J.(2001), "Effect of subjective perspective taking during simulation of agency: A PET investigation of agency," *Nature Neuroscience*, 4, 546–550.

Sabini, J., & Silver, M.(1982), *Moralities of Everyday Life*. Oxford, England: Oxford University Press.

Saffran, J. R., Aslin, R. N., & Newport, E. L., (1996), "Statistical learning by 8-month-old infants," *Science*, 274, 1926–1928.

Small, D. M.(2012), "Flavor is in the brain," *Physiology and Behavior*, 107, 540–552.

Sripada, C. S.(2012), "Mental state attributions and the side-effect effect," *Journal of Experimental Social Psychology*, 48, 232–238.

Strawson, P. F.(1974), *Freedom and Resentment*. London, England: Metheun.

Tangney, J. P., Stuewig, J., & Mashek, D. J.(2007), "Moral emotions and moral behavior," *Annual Review of Psychology*, 58, 345–372.

Thomson, J. J.(1976), "Killing, letting die, and the trolley problem," *The Monist*, 59, 204–217.

Thomson, J. J.(1985), "The trolley problem," *The Yale Law Journal*, 94, 1395–1415.

Turiel, E.(1983), *The Development of Social Knowledge: Morality & Convention*, Cambridge, England: Cambridge University Press.

Turing, A. M.(1937), "On computable numbers, with an application to the entscheidungsproblem," *Proceedings of the London Mathematical Society*, 2, 230–265.

Tversky, A., & Kahneman, D.(1973), "Availability: A heuristic for judging frequency and probability," *Cognitive Psychology*, 5, 207–232.

Tversky, A., & Kahneman, D.(1974), "Judgment under uncertainty: Heuristics and biases," *Science*, 185, 1124–1131.

Tversky, A., & Kahneman, D.(1981), "The framing of decisions and the psychology of choice," *Science*, 211, 453–458.

Tybur, J. M., Kurzban, R., Lieberman, D., & DeScioli, P.(2013), "Disgust: Evolved function and structure," *Psychological Review*, 120, 65–84.

Uhlmann, E. L., Zhu, L. L., & Tannenbaum, D.(2013), "When it takes a bad person to do the right thing," *Cognition*, 126, 326–334.

Wellman, H. M.(2014), *Making Minds: How the Theory of Mind Develops*. Oxford: Oxford University Press.

Wellman, H. M., & Bartsch, K.(1988), "Young children's reasoning about beliefs," *Cognition*, 30, 239–277.

Wellman, H. M., Cross, D., & Watson, J.(2001), "Meta-analysis of theory-of-mind development: The truth about false belief," *Child Development*, 72, 655–684.

Yarrow, K., Brown, P., & Krakauer, J. W.(2009), "Inside the brain of an elite athlete: The neural processes that support high achievement in sports," *Nature Reviews Neuroscience*, 10, 585–596.

Young, L., Cushman, F., Hauser, M., & Saxe, R.(2007), "The neural basis of the interaction between theory of mind and moral judgment," *Proceedings of the National Academy of Sciences*, 104, 8235–8240.

10장 | 우울, 엉망이 되어버린 전망

Abramson, L. Y., Garber, J., Edwards, N. B., & Seligman, M. E. P.(1978), "Expectancy changes in depression and schizophrenia," *Journal of Abnormal Psychology*, 87, 102–109.

Abramson, L. Y., Metalsky, G. I., & Alloy, L. B.(1989), "Hopelessness depression: A theory-based subtype of depression," *Psychological Review*, 96, 358–372.

Abramson, L. Y., Seligman, M. E. P., & Teasdale, J. D.(1978), "Learned helplessness in humans: Critique and reformulation," *Journal of Abnormal Psychology*, 87, 49–59.

Alloy, L. B., Abramson, L. Y., Metalsky, G. I., & Hartlage, S.(1988), "The hopelessness theory of depression: Attributional aspects," *British Journal of Clinical Psychology*, 27, 5–21.

Alloy, L. B., Abramson, L. Y., Walshaw, P. D., Cogswell, A., Grandin, L. D., ...Hogan, M. E.(2008), "Behavioral approach system and behavioral inhibition system sensitivities and bipolar spectrum disorders: Prospective prediction of bipolar mood episodes," *Bipolar Disorders*, 10, 310–322.

Alloy, L. B., & Ahrens, A. H.(1987), "Depression and pessimism for the future: Biased use of statistically relevant information in predictions for self versus others," *Journal of Personality and Social Psychology*, 52, 366–378.

American Psychiatric Association.(2013), *Diagnostic and statistical manual of mental disorders*(5th ed.), Washington, DC: Author.

Andersen, S. M.(1990), "The inevitability of future suffering: The role of depressive predictive certainty in depression," *Social Cognition*, 8, 203–228.

Andersson, G., Sarkohi, A., Karlsson, J., Bjarehed, J., & Hesser, H.(2013), "Effects of two forms of internet-delivered cognitive behaviour therapy for depression on future thinking," *Cognitive Therapy and Research*, 37, 29–34.

Beck, A. T.(1970), "Cognitive therapy: Nature and relation to behavior therapy," *Behavior Therapy*, 1, 184–200.

Beck, A. T.(1974), "The development of depression: A cognitive model" In R. J. Friedman & M. M. Katz (Eds.), *The psychology of depression: Contemporary theory and research*, Oxford, England: Wiley, 318–330.

Beck, A. T., Rush, A. J., Shaw, B. F., & Emery, G.(1979), *Cognitive therapy of depression.* New York, NY: Guilford.

Beck, A. T., & Weishaar, M.(1989), "Cognitive therapy" In A. Freeman, K. M. Simon, L. E. Beutler, & H. Arkowitz(Eds.), *Comprehensive handbook of cognitive therapy*, New York, NY: Springer, 21–36.

Beck, A. T., Weissman, A., Lester, D., & Trexler, L.(1974), "The measurement of pessimism: The hopelessness scale," *Journal of Consulting and Clinical Psychology*, 42, 861–871.

Beck, J. S.(1995), *Cognitive Therapy: Basics and Beyond.* New York, NY: Guilford.

Bjarehed, J., Sarkohi, A., & Andersson, G.(2010), "Less positive or more negative? Future-directed thinking in mild to moderate depression," *Cognitive Behaviour Therapy*, 39, 37–45.

Bozeman, B. N.(2000), *The Efficacy of Solution- Focused Therapy Techniques on Perceptions of Hope in Clients with Depressive Symptoms*(Doctoral dissertation), Retrieved from ProQuest Information & Learning.

Breier-Williford, S., & Bramlett, R. K.(1995), "Time perspective of substance abuse patients: Comparison of the scales in Stanford Time Perspective Inventory, Beck Depression Inventory, and Beck Hopelessness Scale," *Psychological Reports*, 77, 899–905.

Brickman, P., Rabinowitz, V. C., Karuza, J., Coates, D., Cohn, E., & Kidder, L.(1982), "Models of helping and coping," *American Psychologist*, 37, 368–384.

Burns, D. D.(1980), *Feeling Good: The New Mood Therapy*, New York, NY: William Morrow.

Byrne, R.(2006), *The secret*, New York, NY: Atria.

Carleton, R. N., Mulvogue, M. K., Thibodeau, M. A., McCabe, R. E., Antony, M. M., & Asmundson, G. J. G.(2012), "Increasingly certain about uncertainty: Intolerance of uncertainty across anxiety and depression," *Journal of Anxiety Disorders*, 26, 468–479.

Cheavens, J. S., Feldman, D. B., Gum, A., Michael, S. T., & Snyder, C. R.(2006), "Hope therapy in a community sample: A pilot investigation," *Social Indicators Research*, 77, 61–78.

Claus, E. D., Kiehl, K. A., & Hutchison, K. E.(2011), "Neural and behavioral mechanisms of impulsive choice in alcohol use disorder," *Alcoholism: Clinical and Experimental Research*, 35, 1209–1219.

Coote, H. M., & MacLeod, A. K.(2012), "A self-help, positive goalfocused intervention to increase well- being in people with depression." *Clinical Psychology & Psychotherapy*, 19, 305–315.

Damon, W., Menon, J., & Cotton Bronk, K.(2003), "The development of purpose during adolescence," *Applied Developmental Science*, 7, 119–128.

Danchin, C. L., MacLeod, A. K., & Tata, P.(2010), "Painful engagement in deliberate self- harm: The role of conditional goal setting," *Behaviour Research and Therapy*, 48, 915–920.

de Shazer, S.(1985), *Keys to Solution in Brief Therapy*. New York, NY: W. W. Norton.

Ellis, A.(2001), *Overcoming Destructive Beliefs, Feelings, and Behaviors: New Directions for Rational Emotive Behavior Therapy*. Amherst, NY: Prometheus.

Erickson, M. H.(1954), "Pseudo-orientation in time as an hypnotherapeutic procedure," *International Journal of Clinical and Experimental Hypnosis*, 2, 261–283.

Forgeard, M. J. C., Haigh, E. A. P., Beck, A. T., Davidson, R. J., Henn, F. A., Maier, S. F., ... Seligman, M. E. P.(2011), "Beyond depression: Toward a process-based approach to research, diagnosis, and treatment," *Clinical Psychology: Science and Practice*, 18, 275–299.

Freud, S.(1917), Mourning and melancholia. *Standard edition of the complete psychological works of Sigmund Freud*, 14, 243–258.

Friedman, E. S., & Thase, M. E.(2006), "Cognitive-behavioral therapy for depression and dysthymia" In D. J. Stein, D. J. Kupfer, & A. F. Schatzberg (Eds.), *Textbook of mood disorders*, Washington, DC: American Psychiatric Publishing, 353–371.

Gorman, J. M.(1996), "Comorbid depression and anxiety spectrum disorders," *Depression and Anxiety*, 4, 160–168.

Hales, S. A., Deeprose, C., Goodwin, G. M., & Holmes, E. A.(2011), "Cognitions in bipolar affective disorder and unipolar depression: Imagining suicide," *Bipolar Disorders*, 13, 651–661.

Hammen, C.(2006), "Stress generation in depression: Reflections on origins, research, and future directions," *Journal of Clinical Psychology*, 62, 1065–1082.

Haslam, N.(2003), "Categorical versus dimensional models of mental disorder: The taxometric evidence," *Australian and New Zealand Journal of Psychiatry*, 37, 696–704.

Haslam, N., & Beck, A. T.(1994), "Subtyping major depression: A taxometric analysis," *Journal of Abnormal Psychology*, 103, 686–692.

Hayes, S. C., Strosahl, K. D., & Wilson, K. G.(1999), *Acceptance and Commitment Therapy: An Experiential Approach to BehaviorCchange*. New York, NY: Guilford.

Hirsch, J. K., Duberstein, P. R., Conner, K. R., Heisel, M. J., Beckman, A., Franus, N., & Conwell,

Y.(2006), "Future orientation and suicide ideation and attempts in depressed adults ages 50 and over," *The American Journal of Geriatric Psychiatry*, 14, 752–757.

Holahan, C. J., Moos, R. H., Holahan, C. K., Brennan, P. L., & Schutte, K. K.(2005), "Stress generation, avoidance coping, and depressive symptoms: A 10-year model," *Journal of Consulting and Clinical Psychology*, 73, 658–666.

Hollon, S. D., Evans, M. D., Auerbach, A., DeRubeis, R. J., Elkin, I., Lowery, A., ...Piasecki, J.(1988), *Development of a System for Rating Therapies for Depression: Differentiating Cognitive Therapy, Interpersonal Psychotherapy, and Clinical Management Pharmacotherapy.* Unpublished manuscript, Vanderbilt University, Nashville, TN.

Holmes, E. A., & Mathews, A.(2010), "Mental imagery in emotion and emotional disorders," *Clinical Psychology Review*, 30, 349–362.

Jacobson, N. S., Martell, C. R., & Dimidjian, S.(2001), "Behavioral activation treatment for depression: Returning to contextual roots," *Clinical Psychology: Science and Practice*, 8, 255–270.

Kasch, K. L., Rottenberg, J., Arnow, B. A., & Gotlib, I. H.(2002), "Behavioral activation and inhibition systems and the severity and course of depression," *Journal of Abnormal Psychology*, 111, 589–597.

Kirby, K. N., Petry, N. M., & Bickel, W. K.(1999), "Heroin addicts have higher discount rates for delayed rewards than non-drugusing controls," *Journal of Experimental Psychology: General*, 128, 78–87.

Kosnes, L., Whelan, R., O'Donovan, A., & McHugh, L. A.(2013), "Implicit measurement of positive and negative future thinking as a predictor of depressive symptoms and hopelessness," *Consciousness and Cognition*, 22, 898–912.

Kovacs, M., & Garrison, B.(1985), "Hopelessness and eventual suicide: A 10-year prospective study of patients hospitalized with suicidal ideation," *American Journal of Psychiatry*, 142, 559–563.

Little, B. R.(1983), "Personal projects: A rationale and method for investigation," *Environment and Behavior*, 15, 279–309.

Loewenstein, G.(1987), "Anticipation and the valuation of delayed consumption," *The Economic Journal*, 97, 666–684.

MacLeod, A. K., Coates, E., & Hetherton, J.(2008), "Increasing wellbeing through teaching goal setting and planning skills: Results of a brief intervention," *Journal of Happiness Studies*, 9, 185–196.

MacLeod, A. K., & Cropley, M. L.(1995), "Depressive futurethinking: The role of valence and specificity," *Cognitive Therapy and Research*, 19, 35–50.

MacLeod, A. K., Tata, P., Kentish, J., Carroll, F., & Hunter, E.(1997), "Anxiety, depression, and explanation-based pessimism for future positive and negative events," *Clinical Psychology &*

Psychotherapy, 4, 15–24.

MacLeod, A. K., Tata, P., Tyrer, P., Schmidt, U., Davidson, K., & Thompson, S.(2005), "Hopelessness and positive and negative future thinking in parasuicide," *British Journal of Clinical Psychology*, 44, 495–504.

Malouff, J. M., Thorsteinsson, E. B., & Schutte, N. S.(2007), "The efficacy of problem solving therapy in reducing mental and physical health problems: A meta- analysis," *Clinical Psychology Review*, 27, 46–57.

McCullough, M. E.(2002), "Savoring life, past and present: Explaining what hope and gratitude share in common," *Psychological Inquiry*, 13, 302–304.

McKnight, P. E., & Kashdan, T. B.(2009), "Purpose in life as a system that creates and sustains health and well-being: An integrative, testable theory," *Review of General Psychology*, 13, 242–251.

Metalsky, G. I., Joiner, T. E., Hardin, T. S., & Abramson, L. Y.(1993), "Depressive reactions to failure in a naturalistic setting: A test of the hopelessness and self-esteem theories of depression," *Journal of Abnormal Psychology*, 102, 101–109.

Miles, H., MacLeod, A. K., & Pote, H.(2004), "Retrospective and prospective cognitions in adolescents: Anxiety, depression, and positive and negative affect," *Journal of Adolescence*, 27, 691–701.

Miloyan, B., Pachana, N. A., & Suddendorf, T.(2014), "The future is here: A review of foresight systems in anxiety and depression," *Cognition & Emotion*, 28, 795–810.

Miranda, R., Fontes, M., & Marroquin, B.(2008), "Cognitive contentspecificity in future expectancies: Role of hopelessness and intolerance of uncertainty in depression and GAD symptoms," *Behaviour Research and Therapy*, 46, 1151–1159.

Miranda, R., & Mennin, D. S.(2007), "Depression, generalized anxiety disorder, and certainty in pessimistic predictions about the future," *Cognitive Therapy and Research*, 31, 71–82.

Monterosso, J., Ainslie, G., Xu, J., Cordova, X., Domier, C., & London, E.(2006), "Frontoparietal cortical activity of methamphetamine-dependent and comparison subjects performing a delay discounting task," *Human Brain Mapping*, 28, 383–393.

Morina, N., Deeprose, C., Pusowski, C., Schmid, M., & Holmes, E. A.(2011), "Prospective mental imagery in patients with major depressive disorder or anxiety disorders," *Journal of Anxiety Disorders*, 25, 1032–1037.

Nesse, R. M.(2004), "Natural selection and the elusiveness of happiness. Philosophical Transactions— Royal Society of London," *Series B Biological Sciences*, 359, 1333–1348.

Norem, J. K., & Chang, E. C.(2002), "The positive psychology of negative thinking," *Journal of Clinical Psychology*, 58, 993–1001.

O'Connor, R. C., Fraser, L., Whyte, M. C., MacHale, S., & Masterton, G.(2008), "A comparison of specific positive future expectancies and global hopelessness as predictors of suicidal ideation in a prospective study of repeat self-harmers," *Journal of Affective Disorders*, 110, 207–214.

O'Connor, R. C., & Williams, J. M. G.(2014), "The relationship between positive future thinking, brooding, defeat and entrapment," *Personality and Individual Differences*, 70, 29–34.

Oettingen, G., Honig, G., & Gollwitzer, P. M.(2000), "Effective self-regulation of goal attainment," *International Journal of Educational Research*, 33, 705–732.

Orth, U., Robins, R. W., & Roberts, B. W.(2008), "Low self-esteem prospectively predicts depression in adolescence and young adulthood," *Journal of Personality and Social Psychology*, 95, 695–708.

Padesky, C. A., & Mooney, K. A.(2012), "Strengths-based cognitive–behavioural therapy: A four-step model to build resilience," *Clinical Psychology & Psychotherapy*, 19, 283–290.

Pavlov, I. P.(1927), *Conditioned Reflexes: An Investigation of the Physiological Activity of the Cerebral Cortex*. London, England: Oxford University Press.

Peterson, C., & Seligman, M. E. P.(1984), "Causal explanations as a risk factor for depression: Theory and evidence," *Psychological Review*, 91, 347–374.

Peterson, C., Semmel, A., Baeyer, C., Abramson, L. Y., Metalsky, G. I., & Seligman, M. E. P.(1982), "The attributional style questionnaire," *Cognitive Therapy and Research*, 6, 287–300.

Ruscio, J., & Ruscio, A. M.(2000), "Informing the continuity controversy: A taxometric analysis of depression," *Journal of Abnormal Psychology*, 109, 473–487.

Ryff, C. D., & Keyes, C. L. M.(1995), "The structure of psychological well- being revisited," *Journal of Personality and Social Psychology*, 69, 719–727.

Sargalska, J., Miranda, R., & Marroquin, B.(2011), "Being certain about an absence of the positive: Specificity in relation to hopelessness and suicidal ideation," *International Journal of Cognitive Therapy*, 4, 104–116.

Segal, Z. V., Williams, J. M. G., & Teasdale, J. D.(2012), *Mindfulness-based Cognitive Therapy for Depression*. New York, NY: Guilford.

Seligman, M. E. P.(1972), "Learned helplessness," *Annual Review of Medicine*, 23, 407–412.

Seligman, M. E. P.(2012), *Flourish: A Visionary New Understanding of Happiness and Well-being*. New York, NY: Free Press.

Seligman, M. E. P., Abramson, L. Y., Semmel, A., & von Baeyer, C.(1979), "Depressive attributional style," *Journal of Abnormal Psychology*, 88, 242–247.

Seligman, M. E. P., Rashid, T., & Parks, A. C.(2006), "Positive psychotherapy," *American Psychologist*, 61, 774–788.

Sherratt, K. A., & MacLeod, A. K.(2013), "Underlying motivation in the approach and avoidance goals of depressed and non-depressed individuals," *Cognition & Emotion*, 27, 1432–1440.

Strunk, D. R., Lopez, H., & DeRubeis, R. J.(2006), "Depressive symptoms are associated with unrealistic negative predictions of future life events," *Behaviour Research and Therapy*, 44, 861–882.

Szpunar, K. K., & Schacter, D. L.(2013), "Get real: Effects of repeated simulation and emotion on the perceived plausibility of future experiences," *Journal of Experimental Psychology: General*, 142, 323–327.

Taylor, S. E., Pham, L. B., Rivkin, I. D., & Armor, D. A.(1998), "Harnessing the imagination: Mental simulation, self-regulation, and coping," *American Psychologist*, 53, 429–439.

van Beek, W., Kerkhof, A., & Beekman, A.(2009), "Future oriented group training for suicidal patients: A randomized clinical trial," *BMC Psychiatry*, 9(65), 1–7. doi:10.1186/ 1471–244X-9–65

Vergara, C., & Roberts, J. E.(2011), "Motivation and goal orientation in vulnerability to depression," *Cognition & Emotion*, 25, 1281–1290.

Vilhauer, J. S., Young, S., Kealoha, C., Borrmann, J., IsHak, W. W., Rapaport, M. H., …… Mirocha, J.(2012), "Treating major depression by creating positive expectations for the future: A pilot study for the effectiveness of future-directed therapy (FDT) on symptom severity and quality of life," *CNS Neuroscience & Therapeutics*, 18, 102–109.

Watson, J. B., & Rayner, R.(1920), "Conditioned emotional reactions," *Journal of Experimental Psychology*, 3, 1–14.

Wright, J. H., Basco, M. R., & Thase, M. E.(2006), *Learning Cognitive-behavior therapy: An illustrated guide*, Arlington, VA: American Psychiatric Publishing.

Zimbardo, P. G., & Boyd, J. N.(1999), "Putting time in perspective: A valid, reliable individual-differences metric," *Journal of Personality and Social Psychology*, 77, 1271–1288.

11장 | 창의성과 노화에 대한 새로운 관점

Ackerman, P. L.(2000), "Domain-specific knowledge as the 'dark matter' of adult intelligence: Gf/Gc, personality and interest correlates," *The Journals of Gerontology Series B: Psychological Sciences and Social Sciences*, 55, P69–P84.

Ackerman, P. L.(2011), "Intelligence and expertise" In R. J. Sternberg & S. B. Kaufman (Eds.), *Cambridge handbook of intelligence*, New York, NY: Cambridge University Press, 847–860.

Amabile, T. M.(1983), "The social psychology of creativity: A componential conceptualization," *Journal of Personality and Social Psychology*, 45, 357–376.

Amabile, T. M.(1988), "A model of creativity and innovation in organizations," *Research in Organizational Behavior*, 10, 123–167.

Amabile, T. M.(1996), *Creativity in Context*. Boulder, CO: Westview Press.

Andrews-Hanna, J. R., Smallwood, J., & Spreng, R. N.(2014), "The default network and self-generated thought: Component processes, dynamic control, and clinical relevance," *Annals of the New York Academy of Sciences*, 1316, 29–52.

Atwater, L., & Carmeli, A.(2009), "Leader–member exchange, feelings of energy, and involvement in creative work," *The Leadership Quarterly*, 20, 264–275.

Baker, A., & Bollobas, B.(1999), Paul Erdős. 26 March 1913–20 September 1996. *Biographical Memoirs of Fellows of the Royal Society*, 45, 149–164.

Baltes, P. B., & Baltes, M. M.(1990), "Psychological perspectives on successful aging: The model of selective optimization with compensation" In P. B. Baltes & M. M. Baltes(Eds.), *Successful Aging: Perspectives from the Behavioral Cciences*, Cambridge, England: Cambridge University Press, 1–35.

Baltes, P. B., & Lindenberger, U.(1997), "Emergence of a powerful connection between sensory and cognitive functions across the adult life span: A new window to the study of cognitive aging?" *Psychology and Aging*, 12, 12–21.

Bandura, A.(1994), "Self-efficacy" In V. S. Ramachaudran(Ed.), *Encyclopedia of human behavior*(Vol. 4, pp. 71–81), New York, NY: Academic Press.

Bandura, A.(1997), *Self-efficacy: The Exercise of Control*, New York, NY: Freeman.

Baron, J.(2000), *Thinking and Deciding*, New York, NY: Cambridge University Press.

Batey, M., Chamorro-Premuzic, T., & Furnham, A.(2009), "Intelligence and personality as predictors of divergent thinking: The role of general, fluid and crystallised intelligence," *Thinking Skills and Creativity*, 4, 60–69.

Batson, C. D.(1987), "Prosocial motivation: Is it ever truly altruistic?" In L. Berkowitz(Ed.), *Advances in experimental social psychology*(Vol. 20, pp. 65–122), New York, NY: Academic Press.

Baumeister, R. F., Vohs, K. D., & Tice, D. M.(2007), "The strength model of self-control," *Current Directions in Psychological Science*, 16, 351–355.

Boden, M. A.(2004), *The Creative Mind: Myths and Mechanisms*(2nd ed.), London, England: Routledge.

Bruner, J. S.(1962), "The conditions of creativity," In H. Gruber, G. Terrell, & M. Wertheimer(Eds.), *Contemporary Approaches to Creative Thinking*, New York, NY: Atherton, 1–30.

Buckner, R. L., Andrews-Hanna, J. R., & Schacter, D. L.(2008), "The brain's default network," *Annals of the New York Academy of Sciences*, 1124, 1–38.

Buckner, R., & Carroll, D.(2007), "Self-projection and the brain," *Trends in Cognitive Sciences*, 11, 49–57.

Callard, F., Smallwood, J., Golchert, J., & Margulies, D. S.(2013), "The era of the wandering mind? Twenty-first century research on selfgenerated mental activity," *Frontiers in Psychology*, 4(891),

1–11.

Carmeli, A., McKay, A. S., & Kaufman, J. C.(2014), "Emotional intelligence and creativity: The mediating role of generosity and vigor," *The Journal of Creative Behavior*, 48, 290–309.

Carroll, J. B.(1993), *Human Cognitive Abilities: A Survey of Factor-Analytic Studies*, Cambridge, England: Cambridge University Press.

Cattell, R. B., & Horn, J. L.(1978), "A check on the theory of fluid and crystallized intelligence with description of new subtest designs," *Journal of Educational Measurement*, 15, 139–164.

Chaiken, S., & Trope, Y.(Eds.), (1999), *Dual-process Theories in Social Psychology*. New York, NY: Guilford.

Clark, A.(2013), "Whatever next? Predictive brains, situated agents, and the future of cognitive science," *Behavioral and Brain Sciences*, 36, 181–204.

Costa, P. T., McCrae, R. R., Zonderman, A. B., Barbano, H. E., Lebowitz, B., & Larson, D. M.(1986), "Cross-sectional studies of personality in a national sample: II. Stability in neuroticism, extraversion, and openness," *Psychology and Aging*, 1, 144–149.

Cramond, B., Matthews-Morgan, J., Bandalos, D., & Zuo, L.(2005), "A report on the 40-year follow-up of the Torrance Tests of Creative Thinking: Alive and well in the new millennium," *Gifted Child Quarterly*, 49, 283–291.

Csikszentmihalyi, M.(1990), *Flow: The Psychology of Optimal Experience*. New York, NY: Harper & Row.

Csikszentmihalyi, M.(1996), *Creativity: Flow and the Psychology of Discovery and Invention*. New York, NY: HarperCollins.

Csikszentmihalyi, M.(1999), "Implications of a systems perspective for the study of creativity" In R. J. Sternberg(Ed.), *Handbook of creativity*, Cambridge, England: Cambridge University Press, 313–335.

Damoiseaux, J. S., Beckmann, C. F., Arigita, E. S., Barkhof, F., Scheltens, P., Stam, C. J., ... & Rombouts, S. A. R. B.(2008), "Reduced resting-state brain activity in the 'default network' in normal aging," *Cerebral Cortex*, 18, 1856–1864.

Dennis, W.(1966), "Creative productivity between the ages of 20 and 80 years," *Journal of Gerontology*, 21, 1–8.

de Vries, B., & Lehman, A.(1996), "The complexity of personal narratives" In J. Birren, G. Kenyon, & J.-E. Ruth(Eds.), *Aging and biography*, New York, NY: Springer, 149–166.

DeYoung, C. G., Quilty, L. C., & Peterson, J. B.(2007), "Between facets and domains: 10 aspects of the Big Five," *Journal of Personality and Social Psychology*, 93, 880–896.

Diamond, J.(1997), *Guns, Germs, and Steel: The Fate of Human Societies*. New York, NY: W. W. Norton.

Diehl, M., Coyle, N., & Labouvie-Vief, G.(1996), "Age and sex differences in strategies of coping and defense across the life span," *Psychology and Aging*, 11, 127–139.

Dixon, R. A.(2000), "Concepts and mechanisms of gains in cognitive aging" In D. C Park(Ed.), *Cognitive aging: A primer*, Philadelphia, PA: Psychology Press, 23–42.

Duckworth, A. L., Peterson, C., Matthews, M. D., & Kelly, D. R.(2007), "Grit: Perseverance and passion for long-term goals," *Journal of Personality and Social Psychology*, 92, 1087–1101.

Ericsson, K. A.(2013), "Why expert performance is special and cannot be extrapolated from studies of performance in the general population: A response to criticisms," *Intelligence*, 45, 81–103.

Ericsson, K. A., Charness, N., Feltovich, P. J., & Hoffman, R. R.(Eds.)(2006), *The Cambridge Handbook of Expertise and Expert Performance*. New York, NY: Cambridge University Press.

Ericsson, K. A., Krampe, R. T., & Tesch-Romer, C.(1993), "The role of deliberate practice in the acquisition of expert performance," *Psychological Review*, 100, 363–406.

Ericsson, K. A., & Ward, P.(2007), "Capturing the naturally occurring superior performance of experts in the laboratory toward a science of expert and exceptional performance," *Current Directions in Psychological Science*, 16, 346–350.

Erikson, E.(1963), *Childhood and Society*. New York, NY: W. W. Norton.

Evans, J. S. B.(2008), "Dual-processing accounts of reasoning, judgment, and social cognition," *Annual Review of Psychology*, 59, 255–278.

Falk, E. B., Morelli, S. A., Welborn, B. L., Dambacher, K., & Lieberman, M. D.(2013), "Creating buzz: The neural correlates of effective message propagation," *Psychological Science*, 24, 1234–1242.

Feist, G. J.(2006), "The development of scientific talent in Westinghouse finalists and members of the National Academy of Sciences," *Journal of Adult Development*, 13, 23–35.

Finke, R. A., Ward, T. B., & Smith, S. M.(1992), *Creative Cognition*. Cambridge, MA: MIT Press.

Forgeard, M. J. C., & Mecklenburg, A. C.(2013), "The two dimensions of motivation and a reciprocal model of the creative process," *Review of General Psychology*, 17, 255–266.

Fredrickson, B. L.(1998), "What good are positive emotions?" *Review of General Psychology*, 2, 300–319.

Fredrickson, B. L.(2001), "The role of positive emotions in positive psychology: The broaden-and-build theory of positive emotions," *American Psychologist*, 56, 218–226.

Galinsky, A. D., Ku, G., & Wang, C. S.(2005), "Perspective-taking and self-other overlap: Fostering social bonds and facilitating social coordination," *Group Processes & Intergroup Relations*, 8, 109–124.

Gardner, H.(1993), *Creating minds: An Anatomy of Creativity as Seen Through the Lives of Freud, Einstein, Picasso, Stravinsky, Eliot, Graham, and Gandhi*. New York, NY: Basic Books.

Gardner, H.(2011), *Leading Minds: An Anatomy of Leadership*. New York, NY: Basic Books.

Gentner, D.(1989), "The mechanisms of analogical learning" In S. Vosniadou & A. Ortony(Eds.), *Similarity and analogical reasoning*, Cambridge, England: Cambridge University Press, 199–241.

Giambra, L. M.(1989), "Task-unrelated thought frequency as a function of age: A laboratory study," *Psychology and Aging*, 4, 136–143.

Gilbert, D., & Wilson, T.(2007), "Prospection: Experiencing the future," *Science*, 351, 1351–1354.

Gilovich, T., Griffin, D., & Kahneman, D.(2002), *Heuristics and Biases: The Psychology of Intuitive Judgment*, New York, NY: Cambridge University Press.

Gleick, J.(2004), *Isaac Newton*, New York, NY: Random House.

Gordon, W. J.(1961), *Synectics: The Development of Creative Capacity*. New York, NY: Harper & Row.

Grant, A. M., & Berry, J.(2011), "The necessity of others is the mother of invention: Intrinsic and prosocial motivations, perspective- taking, and creativity," *Academy of Management Journal*, 54, 73–96. Green, A. E., Kraemer, D. J., Fugelsang, J. A., Gray, J. R., & Dunbar,

K. N.(2010), "Connecting long distance: Semantic distance in analogical reasoning modulates frontopolar cortex activity," *Cerebral Cortex*, 20, 70–76.

Green, A. E., Kraemer, D. J., Fugelsang, J. A., Gray, J. R., & Dunbar, K. N.(2012), "Neural correlates of creativity in analogical reasoning," *Journal of Experimental Psychology: Learning, Memory, and Cognition*, 38, 264–272.

Grossmann, I., Na, J., Varnum, M. E., Kitayama, S., & Nisbett, R. E.(2012), "A route to well-being: Intelligence versus wise reasoning," *Journal of Experimental Psychology: General* 142, 944–953.

Guilford, J. P.(1967), *The Nature of Human Intelligence*. New York, NY: McGraw- Hill.

Guilford, J. P.(1984), "Varieties of divergent production," *The Journal of Creative Behavior*, 18, 1–10.

Hambrick, D. Z., Oswald, F. L., Altmann, E. M., Meinz, E. J., Gobet, F., & Campitelli, G.(2014), "Deliberate practice: Is that all it takes to become an expert?" *Intelligence*, 45, 34–45.

Happe, F. G., Winner, E., & Brownell, H.(1998), "The getting of wisdom: Theory of mind in old age," *Developmental Psychology*, 34, 358–362.

Hawkins, J., & Blakeslee, S.(2007), *On intelligence*. New York, NY: Owl Books.

Henry, J. D., Phillips, L. H., Ruffman, T., & Bailey, P. E.(2013), "A meta-analytic review of age differences in theory of mind," *Psychology and Aging*, 28, 826–839.

Hockey, R.(2013), *The Psychology of Fatigue: Work, Effort, and Control*, Cambridge, England: Cambridge University Press.

Hoyer, W. J., & Verhaeghen, P.(2006), "Memory aging. In J. E. Birren & W. Schaie"(Eds.), *Handbook of the psychology of aging*, Burlington, MA: Elsevier, 209–232.

Izard, C. E., & Ackerman, B. P.(2000), "Motivational, organizational, and regulatory functions of discrete emotions" In M. Lewis & J. M. Haviland-Jones(Eds.), *Handbook of emotions*, New York,

NY: Guilford, 253–264.

Jamison, K. R.(2004), *Exuberance: The Passion for Life*, New York, NY: Knopf.

Jensen, A. R.(1998), *The g factor: The Science of Mental Ability*. Westport, CT: Praeger.

Jung, R. E., Gasparovic, C., Chavez, R. S., Flores, R. A., Smith, S. M., Caprihan, A., & Yeo, R. A.(2009), "Biochemical support for the 'threshold' theory of creativity: A magnetic resonance spectroscopy study," *The Journal of Neuroscience*, 29, 5319–5325.

Jung, R. E., Mead, B. S., Carrasco, J., & Flores, R. A.(2013), "The structure of creative cognition in the human brain," *Frontiers in Human Neuroscience*, 7(330), 1–13.

Kahneman, D.(2011), *Thinking, Fast and Slow*. New York, NY: Farrar, Straus and Giroux.

Kaplan, H., Gurven, M., Winking, J., Hooper, P. L., & Stieglitz, J.(2010), "Learning menopause, and the human adaptive complex," *Annals of the New York Academy of Sciences*, 1204, 30–42.

Kaufman, A. S., Johnson, C. K., & Liu, X.(2008), "A CHC theory-based analysis of age differences on cognitive abilities and academic skills at ages 22 to 90 years," *Journal of Psychoeducational Assessment*, 26, 350–381.

Kaufman, S. B.(2013), "Opening up openness to experience: A fourfactor model and relations to creative achievement in the arts and sciences," *The Journal of Creative Behavior*, 47, 233–255.

Kaufman, S. B., DeYoung, C. G., Gray, J. R., Jimenez, L., Brown, J., & Mackintosh, N.(2010), "Implicit learning as an ability," *Cognition*, 116, 321–340.

Kaufman, S. B., Quilty, L. C., Grazioplene, R. G., Hirsh, J. B., Gray, J. R., Peterson, J. B., & DeYoung, C. G.(2015), "Openness to experience and intellect differentially predict creative achievement in art and science," *Journal of Personality*, 82, 248–258.

Keyes, C. L. M., & Ryff, C. D.(1998), "Generativity in adult lives: Social structural contours and quality of life consequences" In D. McAdams & E. de St Aubin(Eds.), *Generativity and adult development: How and why we care for the next generation*, Washington, DC: American Psychological Association, 227–263.

Kihlstrom, J. F.(1987), "The cognitive unconscious," *Science*, 237, 1445–1452.

Kim, K. H.(2005), "Can only intelligent people be creative? A meta-analysis," *Journal of Advanced Academics*, 16, 57–66.

Kinney, D. K., Richards, R., Lowing, P. A., LeBlanc, D., Zimbalist, M. E., & Harlan, P.(2001), "Creativity in offspring of schizophrenic and control parents: An adoption study," *Creativity Research Journal*, 13, 17–25.

Kyaga, S., Lichtenstein, P., Boman, M., Hultman, C., Langstrom, N., & Landen, M.(2011), "Creativity and mental disorder: Family study of 300,000 people with severe mental disorder," *The British Journal of Psychiatry*, 199, 373–379.

Lachman, M. E.(1986), "Personal control in later life: Stability, change, and cognitive correlates" In

M. M. Baltes & P. B. Baltes(Eds.), *The psychology of control and aging*, Hillsdale, NJ: Erlbaum, 207–236.

Lacroix, J., Murre, J. M. J., Postma, E. O., & van den Herik, H. J.(2006), "Modeling recognition memory using the similarity structure of natural input," *Cognitive Science*, 30, 121–145.

Lakatos, I.(1970), "Falsification and the methodology of scientific research programmes" In I. Lakatos & A. Musgrave (Eds.), *Criticism and the growth of knowledge*, Cambridge, England: Cambridge University Press, 91–196.

Lamott, A.(1994), *Bird by Bird: Some Instructions on Writing and Life*. New York, NY: Anchor.

Lehman, H. C.(1966), "The psychologist's most creative years," *American Psychologist*, 21, 363–369.

Leon, S. A., Altmann, L. J., Abrams, L., Gonzalez Rothi, L. J., & Heilman, K. M.(2014), "Divergent task performance in older adults: Declarative memory or creative potential?" *Creativity Research Journal*, 26, 21–29.

Lotka, A. J.(1926), "The frequency distribution of scientific productivity," *Journal of the Washington Academy of Sciences*, 16, 137–323.

MacPherson, S. E., Phillips, L. H., & Della Sala, S.(2002), "Age, executive function and social decision making: A dorsolateral prefrontal theory of cognitive aging," *Psychology and Aging*, 17, 598–609.

Markman, K. D., Klein, W. M., & Suhr, J. A.(2009), "Overview" In K. D. Markman, W. M. Klein, & J. A., Suhr(Eds.), *Handbook of imagination and mental simulation*, New York, NY: Taylor & Francis, vii-xvi.

Martindale, C.(1981), "Creativity and primary process thinking," *Contemporary Psychology*, 26, 568–568.

Mason, M. F., Norton, M. I., Van Horn, J. D., Wegner, D. M., Grafton, S. T., & Macrae, C. N.(2007), "Wandering minds: The default network and stimulus- independent thought," *Science*, 315, 393–395.

Massimini, F., Csikszentmihalyi, M., & Delle Fave, A.(1988), "Flow and biocultural evolution," In. M. Csikszentmihalyi & I. Csikszentmihalyi(Eds.), *Optimal experience: Psychological studies of flow in consciousness*, New York, NY: Cambridge University Press, 60–81.

Maylor, E. A., Moulson, J. M., Muncer, A. M., & Taylor, L. A.(2002), "Does performance on theory of mind tasks decline in old age?" *British Journal of Psychology*, 93, 465–485.

McAdams, D. P., Anyidoho, N. A., Brown, C., Huang, Y. T., Kaplan, B., & Machado, M. A.(2004), "Traits and stories: Links between dispositional and narrative features of personality," *Journal of Personality*, 72, 761–784.

McCrae, R. R.(1987), "Creativity, divergent thinking, and openness to experience," *Journal of Personality and Social Psychology*, 52, 1258–1265.

McCrae, R. R., Arenberg, D., & Costa, P. T., Jr.(1987), "Declines in divergent thinking with age: Cross-sectional, longitudinal, and cross-sequential analyses," *Psychology and Aging*, 2, 130–137.

McMillan, R. L., Kaufman, S. B., & Singer, J. L.(2013), "Ode to positive constructive daydreaming," *Frontiers in Psychology*, 4(626), 1–9.

Mednick, S. A.(1962), "The associative basis of the creative process," *Psychological Review*, 69, 220–232.

Merton, R. K.(1968), "The Matthew effect in science," *Science*, 159, 56–63.

Miquel, J.(1992), "An update on the mitochondrial-DNA mutation hypothesis of cell aging," *Mutation Research/DNAging*, 275, 209–216.

Moran, J. M.(2013), "Lifespan development: The effects of typical aging on theory of mind," *Behavioural Brain Research*, 237, 32–40.

Murray, C.(2003), *Human Accomplishment: The Pursuit of Excellence in the Arts and Sciences*, New York, NY: HarperCollins.

Nakamura, J., & Csikszentmihalyi, M.(2005), "The concept of flow" In C. R. Snyder & S. J. Lopez(Eds.), *Handbook of Positive Psychology*, New York, NY: Oxford University Press, 89–105.

Nemeth, C. J., & Goncalo, J. A.(2005), "Creative collaborations from afar: The benefits of independent authors," *Creativity Research Journal*, 17, 1–8.

Nusbaum, E. C., & Silvia, P. J.(2011), "Are intelligence and creativity really so different? Fluid intelligence, executive processes, and strategy use in divergent thinking," *Intelligence*, 39, 36–45.

Park, G., Lubinski, D., & Benbow, C. P.(2007), "Contrasting intellectual patterns predict creativity in the arts and sciences tracking intellectually precocious youth over 25 years," *Psychological Science*, 18, 948–952.

Parker, S. K., Atkins, P. W. B., & Axtell, C. M.(2008), "Building better work places through individual perspective taking: A fresh look at a fundamental human process," *International Review of Industrial and Organizational Psychology*, 23, 149–196.

Pennebaker, J. W., & Stone, L. D.(2003), "Words of wisdom: Language use over the life span," *Journal of Personality and Social Psychology*, 85, 291–301.

Peters, E., Finucane, M. L., MacGregor, D. G., & Slovic, P.(2000), "The bearable lightness of aging: Judgment and decision processes in older adults" In P. C. Stern & L. L. Carstensen(Eds.), *The aging mind: Opportunities in cognitive research*, Washington, DC: National Academies Press, 144–165.

Petersen, A. M., Jung, W. S., Yang, J. S., & Stanley, H. E.(2011), "Quantitative and empirical demonstration of the Matthew effect in a study of career longevity," *Proceedings of the National Academy of Sciences*, 108, 18–23.

Plucker, J. A.(1999), "Is the proof in the pudding? Reanalyses of Torrance's (1958 to present) longitudinal data," *Creativity Research Journal*, 12, 103–114.

Polya, G.(1945), *How to Solve It*, Princeton, NJ: Princeton University Press.

Polyani, M.(1966), *The Tacit Dimension*, Garden City, NY: Doubleday.

Pratt, M. W., Diessner, R., Pratt, A., Hunsberger, B., & Pancer, S. M.(1996), "Moral and social reasoning and perspective taking in later life: A longitudinal study," *Psychology and Aging*, 11, 66–73.

Preckel, F., Holling, H., & Wiese, M.(2006), "Relationship of intelligence and creativity in gifted and non-gifted students: An investigation of threshold theory," *Personality and Individual Differences*, 40, 159–170.

Puccio, G. J., Firestien, R. L., Coyle, C., & Masucci, C.(2006), "A review of the effectiveness of CPS training: A focus on workplace issues," *Creativity and Innovation Management*, 15, 19–33.

Riemer, J.(2001, February 10), "Perlman makes his music the hard way," *Houston Chronicle*. Retrieved from http://www.chron.com/life/houston-belief/article/Perlman-makes-his-music-the-hardway-2009719.php

Ritter, S. M., Damian, R. I., Simonton, D. K., van Baaren, R. B., Strick, M., Derks, J., & Dijksterhuis, A.(2012), "Diversifying experiences enhance cognitive flexibility," *Journal of Experimental Social Psychology*, 48, 961–964.

Roberts, S. B., & Rosenberg, I.(2006), "Nutrition and aging: Changes in the regulation of energy metabolism with aging," *Physiological Reviews*, 86, 651–667.

Runco, M. A., Millar, G., Acar, S., & Cramond, B.(2010), "Torrance tests of creative thinking as predictors of personal and public achievement: A fifty-year follow-up," *Creativity Research Journal*, 22, 361–368.

Salthouse, T.(1985), *A Theory of Cognitive Aging*, New York, NY: Elsevier.

Salthouse, T. A.(1996), "The processing- speed theory of adult age differences in cognition," *Psychological Review*, 103, 403–428.

Salthouse, T. A.(2004), "What and when of cognitive aging," *Current Directions in Psychological Science*, 13, 140–144.

Sawyer, R. K.(2012), *Explaining Creativity: The Science of Human Innovation*(2nd ed.), New York, NY: Oxford University Press.

Schipolowski, S., Wilhelm, O., & Schroeders, U.(2014), "On the nature of crystallized intelligence: The relationship between verbal ability and factual knowledge," *Intelligence*, 46, 156–168.

Schneider, W. J., & McGrew, K.(2012), "The Cattell-Horn-Carroll model of intelligence" In D. Flanagan & P. Harrison(Eds.), *Contemporary intellectual assessment: Theories, tests, and issues*, New York, NY: Guilford, 99–144.

Seligman, M. E. P.(1991), *Learned Optimism*. New York, NY: Knopf.

Seligman, M. E. P., & Kahana, M.(2008), "Unpacking intuition: A conjecture," *Perspectives on Psychological Science*, 4, 399–402.

Seligman, M. E. P., Railton, P., Baumeister, R. F., & Sripada, C.(2013), "Navigating into the future or driven by the past," *Perspectives on Psychological Science*, 8, 119–141.

Shanks, D. R.(2005), "Implicit learning," In K. Lamberts & R. Goldstone(Eds.), *Handbook of cognition*, Thousand Oaks, CA: Sage, 202–220.

Sheldon, K. M., & Kasser, T.(2001), "Getting older, getting better? Personal strivings and psychological maturity across the lifespan," *Developmental Psychology*, 37, 491–501.

Shenk, J. W.(2014), *Powers of Two: Finding the Essence of Innovation in Creative Pairs*, New York, NY: Houghton Mifflin Harcourt.

Silvia, P. J.(2001), "Interest and interests: The psychology of constructive capriciousness," *Review of General Psychology*, 5, 270–290.

Silvia, P. J.(2006), *Exploring the Psychology of Interest*. New York, NY: Oxford University Press.

Silvia, P. J.(2008), "Discernment and creativity: How well can people identify their most creative ideas?" *Psychology of Aesthetics, Creativity, and the Arts*, 2, 139–146.

Silvia, P. J.(2012), "Human emotions and aesthetic experience: An overview of empirical aesthetics" In A. P. Shimamura & S. E. Palmer(Eds.), *Aesthetic science: Connecting minds, brains, and experience*, New York, NY: Oxford University Press., 250–275.

Silvia, P. J., & Beaty, R. E.(2012), "Making creative metaphors: The importance of fluid intelligence for creative thought," *Intelligence*, 40, 343–351.

Silvia, P. J., Nusbaum, E. C., Berg, C., Martin, C., & O'Connor, A.(2009), "Openness to experience, plasticity, and creativity: Exploring lower-order, high-order, and interactive effects," *Journal of Research in Personality*, 43, 1087–1090.

Simonton, D. K.(1975), "Sociocultural context of individual creativity: A transhistorical time-series analysis," *Journal of Personality and Social Psychology*, 32, 1119–1133.

Simonton, D. K.(1977), "Creative productivity, age, and stress: A biographical time-series analysis of 10 classical composers," *Journal of Personality and Social Psychology*, 35, 791–804.

Simonton, D. K.(1989), "The swan-song phenomenon: Last-works effects for 172 classical composers," *Psychology and Aging*, 4, 42–47.

Simonton, D. K.(1990), *Psychology, Science, and History: An Introduction to Historiometry*, New Haven, CT: Yale University Press.

Simonton, D. K.(1994), *Greatness: Who Makes History and Why*, New York, NY: Guilford.

Simonton, D. K.(1997), "Creative productivity: A predictive and explanatory model of career trajectories and landmarks," *Psychological Review*, 104, 66–89.

Simonton, D. K.(1999), "Talent and its development: An emergenic and epigenetic model,"

Psychological Review, 106, 435–457.

Simonton, D. K.(2000), "Creative development as acquired expertise: Theoretical issues and an empirical test," *Developmental Review*, 20, 283–318.

Simonton, D. K.(2006), "Creative productivity through the adult years" In H. R. Moody(Ed.), *Aging: Concepts and controversies*, Thousand Oaks, CA: Pine Forge Press, 95–100.

Simonton, D. K.(2012), "Creative productivity and aging: An age decrement—or not?" In S. K. Whitbourne & M. J. Sliwinski(Eds.), *The Wiley-Blackwell Handbook of Adulthood and Aging*, Oxford, England: Wiley- Blackwell, 477–496.

Singer, J. L.(1966), *Daydreaming: An Introduction to the Experimental Study of Inner Experience*, New York, NY: Random House.

Singer, J. L., & McCraven, V. G.(1961), "Some characteristics of adult daydreaming," *The Journal of Psychology*, 51, 151–164.

Smallwood, J., Brown, K., Baird, B., & Schooler, J. W.(2012), "Cooperation between the default mode network and the frontal–parietal network in the production of an internal train of thought," *Brain Research*, 1428, 60–70.

Spirduso, W., Francis, K., & MacRae, P.(2005), Physical dimensions of aging(2nd ed.), Champaign, IL: Human Kinetics.

Soldz, S., & Vaillant, G. E.(1999), "The Big Five personality traits and the life course: A 45- year longitudinal study," *Journal of Research in Personality*, 33, 208–232.

Sternberg, R. J.(1996), "Costs of expertise" In K. A. Ericsson(Ed.), *The road to excellence: The acquisition of expert performance in the arts and sciences, sports, and games*, Hillsdale, NJ: Erlbaum, 347–354.

Sternberg, R. J., & Lubart, T. I.(1991), "An investment theory of creativity and its development," *Human Development*, 34, 1–31.

Sternberg, R. J., & Lubart, T. I.(1999), "The concept of creativity: Prospects and paradigms" In R. J. Sternberg(Ed.), *Handbook of creativity*, New York, NY: Cambridge University Press. 3–15.

Suedfeld, P., Tetlock, P. E., & Streufert, S.(1992), "Conceptual/integrative complexity" In C. P. Smith(Ed.), *Motivation and personality: Handbook of thematic content analysis*, New York, NY: Cambridge University Press. 393–400.

Sullivan, S., & Ruffman, T.(2004), "Social understanding: How does it fare with advancing years?" *British Journal of Psychology*, 95, 1–18.

Tadmor, C. T., Galinsky, A. D., & Maddux, W. W.(2012), "Getting the most out of living abroad: Biculturalism and integrative complexity as key drivers of creative and professional success," *Journal of Personality and Social Psychology*, 92, 1087–1101.

Tamplin, A. K., Krawietz, S. A., Radvansky, G. A., & Copeland, D. E.(2013), "Event memory and moving in a well-known environment," *Memory & Cognition*, 41, 1109–1121.

Taylor, S. E., Pham, L. B., Rivkind, I. D., & Armor, D. A.(1998), "Harnessing the imagination: Mental simulation, self-regulation, and coping," *American Psychologist*, 53, 429–439.

Tetlock, P. E., Peterson, R. S., & Berry, J. M.(1993), "Flattering and unflattering personality portraits of integratively simple and complex managers," *Journal of Personality and Social Psychology*, 64, 500–511.

Torrance, E. P.(1983), "The importance of falling in love with 'something,'" *Creative Child & Adult Quarterly*, 8, 72–78.

Torrance, E. P.(1988), "The nature of creativity as manifest in its testing" In R. J. Sternberg(Ed.), *The nature of creativity*, New York, NY: Cambridge University Press, 43–75.

Torrance, E. P.(1993), "The beyonders in a thirty year longitudinal study of creative achievement," *Roeper Review*, 15, 131–135.

Treffinger, D. J., Isaksen, S. G., & Dorval, K. B.(2000), *Creative problem-solving: An introduction*(3rd ed.), Waco, TX: Prufrock.

Wagner, R. K., & Sternberg, R. J.(1985), "Practical intelligence in realworld pursuits: The role of tacit knowledge," *Journal of Personality and Social Psychology*, 49, 436–458.

White, H. A., & Shah, P., (2006), "Uninhibited imaginations: Creativity in adults with attention-deficit/hyperactivity disorder.," *Personality and Individual Differences*, 40, 1121–1131.

Williams, P. G., Suchy, Y., & Kraybill, M. L.(2013), "Preliminary evidence for low openness to experience as a pre-clinical marker of incipient cognitive decline in older adults," *Journal of Research in Personality*, 47, 945–951.

Wittgenstein, L.(2009), *Philosophical investigations*. Malden, MA: Blackwell. (Original work published 1953).

Wortman, J., Lucas, R. E., & Donnellan, M. B.(2012), "Stability and change in the Big Five personality domains: Evidence from a longitudinal study of Australians," *Psychology and Aging*, 27, 867–874.

Yamamoto, K.(1964), "Threshold of intelligence in academic achievement of highly creative students," *The Journal of Experimental Education*, 32, 401–405.

Zuckerman, H.(1967), "Nobel laureates in science: Patterns of productivity, collaboration, and authorship," *American Sociological Review*, 32, 391–403.

Zuckerman, H.(1977), *Scientific Elite: Nobel Laureates in the United States*, New York, NY: Free Press.

찾아보기

용어

ㄱ

강화물 109, 110, 112

강화 학습 107, 311

개념 학습 시스템 146~148, 150

개방성 373, 392~395, 399, 405

개인적 목표 153~155

검색 엔진 76, 77, 80, 81

결정론 21, 22, 195~203, 236

결정지능 374, 376, 382

결핍 29, 30, 344

경로 기반 형상화 360

경쟁 29, 30, 114, 173~175

경험 19, 20, 30~32, 34~36, 39~42, 48,
49, 56, 57, 62~65, 68, 70, 74, 75, 78,
81~83, 88, 89, 91, 92, 95, 99, 100,
103, 104, 105, 108, 109, 111, 112,
117, 123~125, 127, 140~143, 149,
153~156, 158, 159, 170, 222, 251~253,
258~260, 262~264, 267, 285, 289, 290,
298, 301, 303, 305, 312~316, 325, 327,
331, 343, 350~354, 356, 358, 361, 365,
373, 377, 378, 389~399, 401, 405, 410,
415

경험 표집 방법 136, 153

계획 30, 31, 52, 63, 76, 90, 115, 136~138,
151, 154, 157, 166, 167, 169, 170, 172,
179, 180, 200, 201, 206~211, 219, 228,
234, 240~242, 245, 302, 310, 311, 313,
331, 346, 352, 355, 358, 359, 414

공감 58, 59, 95~99, 173, 302, 316, 318,
319, 326, 333, 339, 343

공감 시뮬레이션 300, 301, 315, 318, 327,
339

공포 관리 이론(TMT) 227, 229, 230, 232

과거 18~20, 22, 24, 30, 31, 34, 35, 44, 52,
59, 62, 32, 88, 94, 104, 123~125, 130,
136, 171, 172, 196, 198~200, 203~207,
210, 231, 266, 320, 327, 347, 351~354,
356, 358, 361, 364, 365, 371, 385, 410

과제 세트 152~154

관계기억 124, 125

교차 배열 방식 145, 154

마틴 셀리그먼 Martin Seligman

긍정심리학의 창시자이자, 학습된 무기력과 우울증 분야의 최고 권위자다. 현재 펜실베이니아대학교 심리학과 젤러바흐 패밀리 Zellerbach Family 교수이자, 동 대학교 긍정심리학센터 소장으로 재직 중이다. 1996년 역대 가장 많은 득표로 미국심리학회APA 회장에 선출된 바 있다.

비관주의와 무기력을 낙관적 태도로 변화시킴으로써 우울증 치료 및 회복탄력성, 정신 건강에 기여하는 과학적 연구인 긍정심리학을 제안하였고, 이는 30여 년이 지난 현재까지 교육·보건·신경과학 등 다양한 분야에 확장 적용되고 있다.

350편 이상의 학술출판물과 30권의 책을 저술하고 50여 개 언어로 번역 출간된 베스트셀러의 작가다. 대표작으로『긍정심리학Authentic Happiness』, 『플로리시Flourish』, 『낙관성 학습Learned Optimism』, 『낙관적인 아이The Optimistic Child』 등이 있다.

마틴 셀리그먼은 지난 세기 동안 심리학이 부정적인 과거에 대한 사후적 해석에 지배되어왔음을 지적하며, 인간 행동을 이끄는 본질적인 동인은 미래에 대한 전망 즉, 예측, 기대, 의지 등에 있다고 보았다. 이를 심도 있게 연구하고자 펜실베니아대학교와 존 템플턴 재단의 후원을 받아 2012년 '전망 심리학prospective psychology' 프로젝트를 발족하였으며, 심리학·인지과학·신경과학·철학 등 분야 최고 석학들과 함께 '전망'이라는 프레임으로 인간의 생각과 행동의 지도를 그려나가고 있다. 『전망하는 인간, 호모 프로스펙투스Homo Prospectus』(2016)는 사회과학 연구의 패러다임을 바꿀 그 거대한 연구의 결정체이자 기념비적 책이다.

로이 바우마이스터 Roy Baumeister

플로리다주립대학교의 심리학과 교수이며, 프랜시스 에피스Francis Eppes 석좌교수이다. 의지력, 자제력, 대인관계와 소속감, 섹슈얼리티와 젠더, 공격성, 자아존중감 등 광범위한 주제로 500여 편의 논문을 발표했으며, 미국과학정보기구에서 가장 많이 인용한 심리학자 중 하나로 선정되었다. 2013년 심리학회에서 수여하는 최고 영예인 윌리엄 제임스 펠로우상을 받았다.

지은 책으로 뉴욕타임스 베스트셀러인 『의지력의 재발견Willpower』을 비롯하여 『소모되는 남자Is There Anything Good About Men?』, 『정체성Identity』, 『문화적 동물The Cultural Animal』, 『자존감Self-esteem』 등 30여 권이 있다.

피터 레일턴 Peter Railton

미시간대학교 철학과 교수. 버클리와 프린스턴대학교에서 방문 교수를 지냈으며, 윤리와 과학철학 분야에 중점을 두고 객관성, 가치, 도덕적 규범 등을 연구하고 있다. 미국 예술과학아카데미와 노르웨이 과학문학 아카데미, 코넬대학교 인문학회, 구겐하임 재단, 국립 인문학 센터 등에서 회원으로 선출되었으며, 2011년 미국철학협회 중부지역 회장을 역임했다. 지은 책으로 『사실, 가치 및 규범Fact, Value and Norms』, 『19세기 코팅엄 학교Cottingham Schools in the Nineteenth Century』 등이 있다.

찬드라 스리파다 Chandra Sripada

미시간대학교 철학 및 정신의학과 부교수로, 의사결정, 전망 및 자제의 뇌 메커니즘을 연구한다. 2006년 럿거스대학교에서 철학 박사 학위를 받았고 2009년 미시간대학교에서 정신과 레지던트 과정을 마치고 공동 임용되었다.

김경일 아주대학교 심리학과 교수

고려대학교 심리학과와 동 대학원을 졸업한 뒤, 미국 텍사스 주립
대학교 심리학과에서 박사학위를 받았다. 인지심리학 분야의 세계적
석학인 아서 마크먼 교수의 지도하에 인간의 판단, 의사결정, 문제해
결 그리고 창의성에 관해 연구했다. 아주대학교 창의력연구센터장을
지냈고 게임문화재단 이사장을 맡고 있다. 대학과 각종 교육기관, 기
업에서 왕성하게 강연하고 있으며, 〈어쩌다 어른〉, 〈세바시〉, 〈책 읽
어드립니다〉 등 다수의 방송 프로그램에 출연하고 있다. 지은 책으로
『적정한 삶』, 『이끌지 말고 따르게 하라』, 『지혜의 심리학』, 『어쩌면
우리가 거꾸로 해왔던 것들』이 있으며, 『초전설득』, 『혁신의 도구』 등
을 옮겼다.

김태훈 경남대학교 심리학과 교수

고려대학교에서 심리학과와 동 대학원을 졸업하고 미국 오하이오 주립대학교에서 박사 학위를 받았다. 인간의 움직임을 연구하는 국내 유일의 인지심리학자로, 정교한 움직임을 제어하는 기저 원리에서부터 판단과 결정 및 메타인지에 이르기까지 인지심리학의 다양한 분야를 연구하고 있다. 그간의 연구 결과를 바탕으로 다양한 기업과 기관에서 활발한 강연과 컨설팅을 수행하고 있다. 옮긴 책으로『혁신의 도구』,『인간 이해의 심리학』이 있다.

전망하는 인간, 호모 프로스펙투스

초판 1쇄 발행 2021년 10월 4일

지은이 | 마틴 셀리그먼, 로이 바우마이스터, 피터 레일턴, 찬드라 스리파다
옮긴이 | 김경일, 김태훈

발행인 | 이재진   단행본사업본부장 | 신동해
편집장 | 김예원   책임편집 | 정다이
교정교열 | 정일웅   디자인 | 최우영
마케팅 | 권오권   홍보 | 최새롬 권영선 최지은
제작 | 정석훈   국제업무 | 김은정

브랜드 | 웅진지식하우스
주소 | 경기도 파주시 회동길 20
문의전화 | 031-956-7362(편집) 031-956-7068(마케팅)
홈페이지 | www.wjbooks.co.kr
페이스북 | www.facebook.com/wjbook
포스트 | post.naver.com/wj_booking

발행처 | ㈜웅진씽크빅
출판신고 | 1980년 3월 29일 제 406-2007-000046호

한국어판 출판권© ㈜웅진씽크빅, 2021
ISBN 978-89-01-25341-1 03180